荷蘭 比利時 盧森堡

no.86

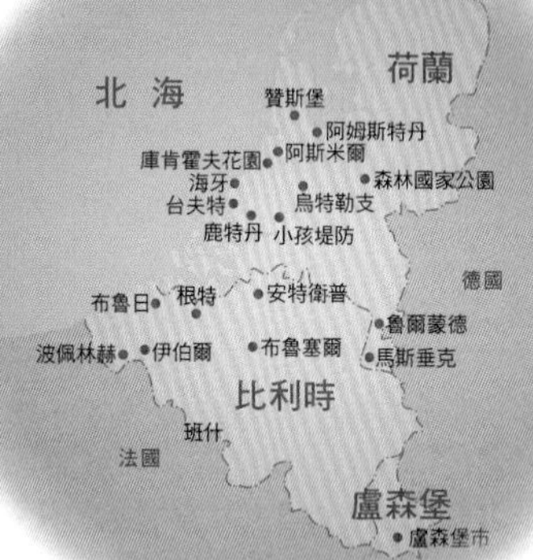

The Netherlands Belgium Luxembourg

MOOK NEWAction

荷蘭 比利時 盧森堡

MOOK NEWAction no.86

The Netherlands, Belgium & Luxembourg

荷比盧
Netherlands
Belgium
Luxembourg

荷蘭 比利時 盧森堡

MOOK NEWAction no.86

The Netherlands, Belgium & Luxembourg

本書所提供的各項可能變動性資訊，如交通、時間、價格(含票價)、地址、電話、網址，係以2024年9月前所收集的為準；特別提醒的是，正確內容請以當地即時標示的資訊為主。

如果你在旅行中發現資訊已更動，或是有任何內文或地圖需要修正的地方，歡迎隨時指正和批評。你可以透過下列方式告訴我們：

寫信：115台北市南港區昆陽街16號7樓MOOK編輯部收

傳真：02-25007796

E-mail：mook_service@hmg.com.tw

FB粉絲團：「MOOK墨刻出版」www.facebook.com/travelmook

符號說明

電話　休日　注意事項　所需時間　旅遊諮詢

地址　價格　營業項目　如何前往　住宿

時間　網址　特色　市區交通

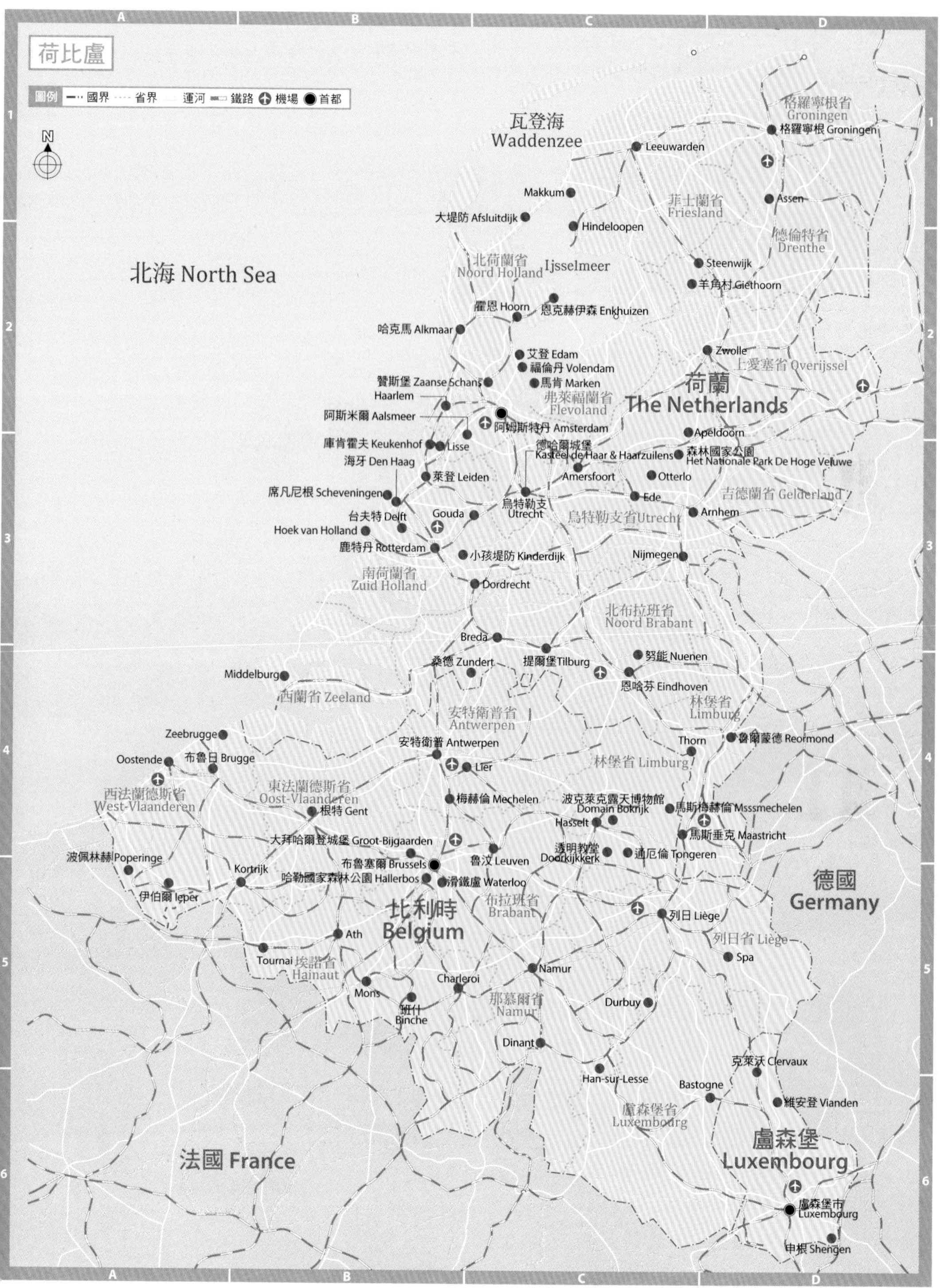
荷比盧
圖例 國界 省界 運河 鐵路 機場 首都
瓦登海 Waddenzee
北海 North Sea
格羅寧根省 Groningen
格羅寧根 Groningen
Leeuwarden
Makkum
大堤防 Afsluitdijk
Hindeloopen
菲士蘭省 Friesland
Assen
德倫特省 Drenthe
北荷蘭省 Noord Holland
Ijsselmeer
Steenwijk
羊角村 Giethoorn
霍恩 Hoorn
恩克赫伊森 Enkhuizen
哈克馬 Alkmaar
Zwolle
上愛塞省 Overijssel
艾登 Edam
福倫丹 Volendam
贊斯堡 Zaanse Schans
馬肯 Marken
荷蘭 The Netherlands
Haarlem
弗萊福蘭省 Flevoland
阿斯米爾 Aalsmeer
阿姆斯特丹 Amsterdam
Apeldoorn
庫肯霍夫 Keukenhof
Lisse
德哈爾城堡 Kasteel de Haar & Haarzuilens
森林國家公園 Het Nationale Park De Hoge Veluwe
海牙 Den Haag
萊登 Leiden
Amersfoort
Otterlo
席凡尼根 Scheveningen
烏特勒支 Utrecht
Ede
吉德蘭省 Gelderland
台夫特 Delft
Gouda
烏特勒支省 Utrecht
Arnhem
Hoek van Holland
鹿特丹 Rotterdam
小孩堤防 Kinderdijk
Nijmegen
南荷蘭省 Zuid Holland
Dordrecht
北布拉班省 Noord Brabant
Breda
桑德 Zundert
提爾堡 Tilburg
努能 Nuenen
Middelburg
恩哈芬 Eindhoven
西蘭省 Zeeland
林堡省 Limburg
安特衛普省 Antwerpen
Zeebrugge
Thorn
魯爾蒙德 Reormond
安特衛普 Antwerpen
Oostende
布魯日 Brugge
Lier
林堡省 Limburg
西法蘭德斯省 West-Vlaanderen
東法蘭德斯省 Oost-Vlaanderen
梅赫倫 Mechelen
波克萊克露天博物館 Domain Bokrijk
馬斯梅赫倫 Msssmechelen
根特 Gent
Hasselt
馬斯垂克 Maastricht
大拜哈爾登城堡 Groot-Bijgaarden
波佩林赫 Poperinge
透明教堂 Doorkijkkerk
通厄倫 Tongeren
魯汶 Leuven
Kortrijk
布魯塞爾 Brussels
德國 Germany
哈勒國家森林公園 Hallerbos
滑鐵盧 Waterloo
伊伯爾 Ieper
布拉班省 Brabant
比利時 Belgium
列日 Liège
Ath
列日省 Liège
Tournai
埃諾省 Hainaut
Spa
Charleroi
Namur
Mons
那慕爾省 Namur
班什 Binche
Durbuy
Dinant
克萊沃 Clervaux
Han-sur-Lesse
Bastogne
維安登 Vianden
盧森堡省 Luxembourg
盧森堡 Luxembourg
法國 France
盧森堡市 Luxembourg
申根 Shengen

Welcome to The Netherlands, Belgium & Luxembourg

歡迎來到荷蘭、比利時&盧森堡

提起歐洲，通常會立即想起優雅的建築、城堡、教堂……，然而荷蘭、比利時和盧森堡這西歐3國，除了可以看到歷史悠久、古色古香的建築外，更多的是造型奇特、打破傳統想像的前衛建築，讓人驚訝於這樣的龐然大物究竟是如何安全建構的？可是它們就是穩穩地呈現在眼前，還能向世人展示它們是如何有效率地發揮運用空間、如何吸收大自然的光和熱、然後轉變成很好用的能量！總之，就是教人目瞪口呆，只能讚嘆啊。和印象中的歐洲比較起來，這3個國家顯得很活潑、不按牌理出牌，但是又不失該有的沉穩。而且電子化、無紙化愈來愈普及，旅遊時身上不用多備現金，只要一張信用卡，就可以暢行各種大眾交通工具、或在大小商店買好想買的東西；盧森堡的大眾交通工具甚至免費。方便極了，也順暢極了！讓我迫不及待想等有空的時候，訂好機票、住宿，輕輕鬆鬆再度往這3個充滿驚喜的國家飛去。

Top Reasons to Go

必去荷比盧理由

追尋童話世界

提起荷蘭，幾乎人人衝口而出「風車！」，在小孩堤防、贊斯堡等地，有機會看到為數眾多的風車此起彼落，甚至入內一窺究竟。這不是在畫作中、不是在夢境，而是現實裡的童話世界。

感受北方威尼斯

阿姆斯特丹最早以密集交織的運河吸引國際旅客，其實除了阿姆斯特丹外，這3個國家很多城鎮都滿布運河，包括布魯日、根特、羊角村、艾登等，隨處都可以欣賞到水都特有的悠閒氣質與浪漫風情。

沉醉花花世界

想起荷蘭，就立刻想到鬱金香！除了知名的庫肯霍夫花園外，這3個國家還有許多當地人才知道的賞花秘境，特地在此報與你知，以提供愛花的旅人們不一樣的選擇。

瞻仰藝術大師

光影大師林布蘭與維梅爾、捕捉瞬間神情的哈爾斯、巴洛克巨匠魯本斯、油畫的先驅楊凡艾克、以顏色描繪生命能量的梵谷，荷蘭和比利時博物館中的藝術大師巨作，等待你親眼感受穿越時空的震攝人心的魅力。

見識創意建築

從注重機能的風格派、線條流動的新藝術、到挑戰想像極限的後現代，阿姆斯特丹、鹿特丹、布魯塞爾、安特衛普是露天的當代建築史博物館，準備好迎接一場視覺衝擊。

盡情吃香喝辣

外層酥脆內餡鬆軟的炸薯條、鮮甜白酒煮淡菜搭配數百種獨特風味的精釀啤酒、現做鬆餅淋上香濃巧克力、以啤酒入菜的各種肉類料理，不管是荷蘭街邊小吃，還是比利時、盧森堡的餐桌，各地的美食美酒都讓人難以抗拒！

旅行計畫
Plan Your Trip

Top Highlights of The Netherlands, Belgium

荷比盧之最

文◎蒙金蘭・墨刻編輯部　攝影◎蒙金蘭・墨刻攝影組

風車 Windmills

風車是荷蘭早期最主要的動力來源與排水工具，一個地區擁有上千座風車也是司空見慣。如今隨著科技發展，大部分的風車都已拆除，只有鹿特丹近郊的小孩堤防，保留了19座17世紀的汲水風車，寧靜的鄉間小路和風車映照在水圳上的倒影，猶如藝術大師筆下的風景。（P.180）

最佳打卡地標
The Best Check in Spots

水壩廣場，
阿姆斯特丹/荷蘭
Dam, Amsterdam/The Netherlands
（P.96）

方塊屋，
鹿特丹/荷蘭
Kijk Kubus, Rotterdam/
The Netherlands（P.167）

運河
Canals

荷蘭有1/4的土地低於海平面，與鄰近的比利時皆屬於低地國，過去為了擴展貿易與城市居住空間，開鑿了許多運河，除了交通、商業與排水的重要功能，縱橫交錯的水道，更是美麗又浪漫的風景。阿姆斯特丹、羊角村、布魯日、根特……無不教人流連忘返。

大廣場，
布魯塞爾/比利時
Grand Place,
Bruxelles/Belgium
（P.232）

聖米歇爾橋，
根特/比利時
Sint Michelsbrug,
Ghent/
Belgium（P.302）

康尼徐走廊，
盧森堡
Chemin de la Corniche/
Luexmbourg
（P.314）

鬱金香
Tulips

鬱金香是荷蘭的國花，但原產地其實是在遙遠的喜馬拉亞山北麓，當它輾轉地植入荷蘭貧瘠的土壤時，就註定要在這個國度發揚光大。每年3到5月，世界各地的遊客湧入阿姆斯特丹南方的庫肯霍夫花園，爭睹700多萬株鬱金香一齊綻放的驚豔！這座面積達數百公頃的花園，勢必會讓你陷入如夢似幻的綺麗情懷。（P.144）

阿姆斯特丹國家博物館，
阿姆斯特丹/荷蘭
Rijksmuseum Amsterdam
, Amsterdam/
The Netherlands
（P.114）

梵谷博物館，
阿姆斯特丹/荷蘭
Van Gogh Museum,
Amsterdam/
The Netherlands
（P.118）

藝術大師 Artistic Masters

除了最廣為人知的天才畫家梵谷，早期荷蘭、比利時所屬的尼德蘭地區還誕生了許多偉大又具影響力的藝術大師：開創法蘭德斯畫派的魯本斯、光影大師林布蘭、畫風平實動人的維梅爾等，高雅的作品，開闊人們對世界的理解，感受藝術的無窮魅力。（P.50）

莫里斯宮皇家美術館，海牙/荷蘭
Mauritshuis, Den Haag/The Netherlands （P.188）

比利時皇家美術館，布魯塞爾/比利時
Musées Royaux des Beaux-Arts de Belgique, Bruxelles/Belgium （P.242）

普朗坦-莫雷圖斯印刷博物館，安特衛普/比利時
Museum Plantin-Moretus, Antwerpen/Belgium （P.278）

建築競技場
Architecture

如果說阿姆斯特丹是個神奇的建築競技場，那麼鹿特丹更接近詭異了：所有著名的建築，幾乎沒有一座是和諧對稱、四平八穩的，讓人在欣賞之餘，禁不住嘖嘖稱奇。（P.62）

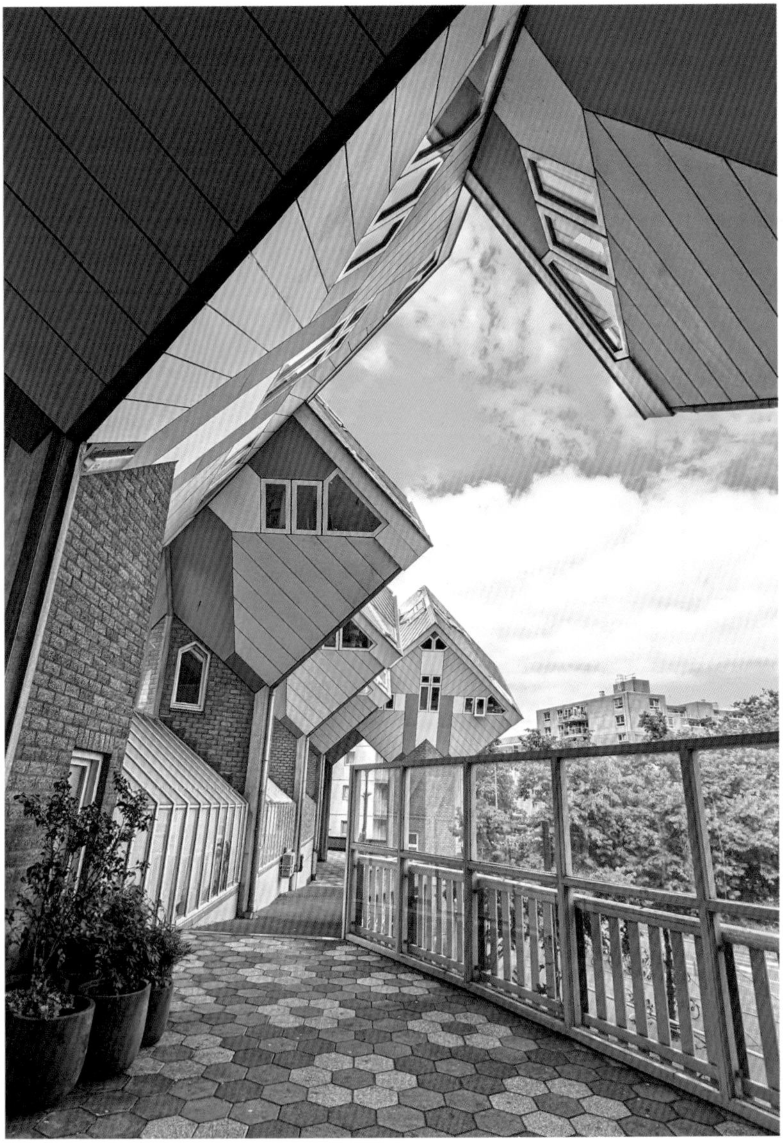

最佳市集
The Best Markets

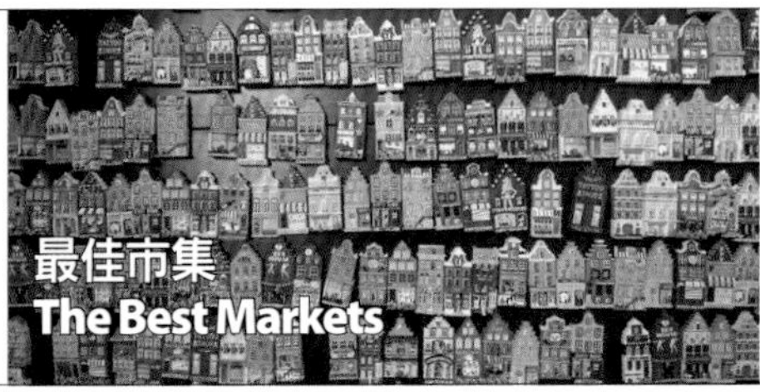

亞伯特蓋普市場，
阿姆斯特丹/荷蘭
Albert Cuypmarkt ,
Amsterdam/
The Netherlands
（P.113）

辛格花市，
阿姆斯特丹/荷蘭
Bloemenmarkt Singel,
Amsterdam/
The Netherlands
（P.106）

單車
Bicycles

在阿姆斯特丹停紅綠燈，眼前不是一輛輛汽車或摩托車，而是數不清的腳踏車；到處看得到的腳踏車停車場，更是教人嘆為觀止！整體清新的空氣，實在讓人羨慕。（P.87）

鹿特丹市集大廳，鹿特丹/荷蘭 Markthal, Rotterdam/ The Netherlands（P.166）

通厄倫古董市集，布魯塞爾/比利時 Veemarkt in Togeren, Bruxelles/ Belgium（P.252）

跳蚤市場，布魯塞爾/比利時 Marché aux Puces, Bruxelles/Belgium（P.259）

布魯塞爾大廣場
Grand Place of Bruxelles

被法國大文豪雨果讚為「歐洲最美麗的廣場」，四周包圍著一座座華麗、獨特的建築，每棟都有獨特的屋頂或門楣裝飾，不但是世界文化遺產，更是旅客來到布魯塞爾必定率先報到的第一站。（P.232）

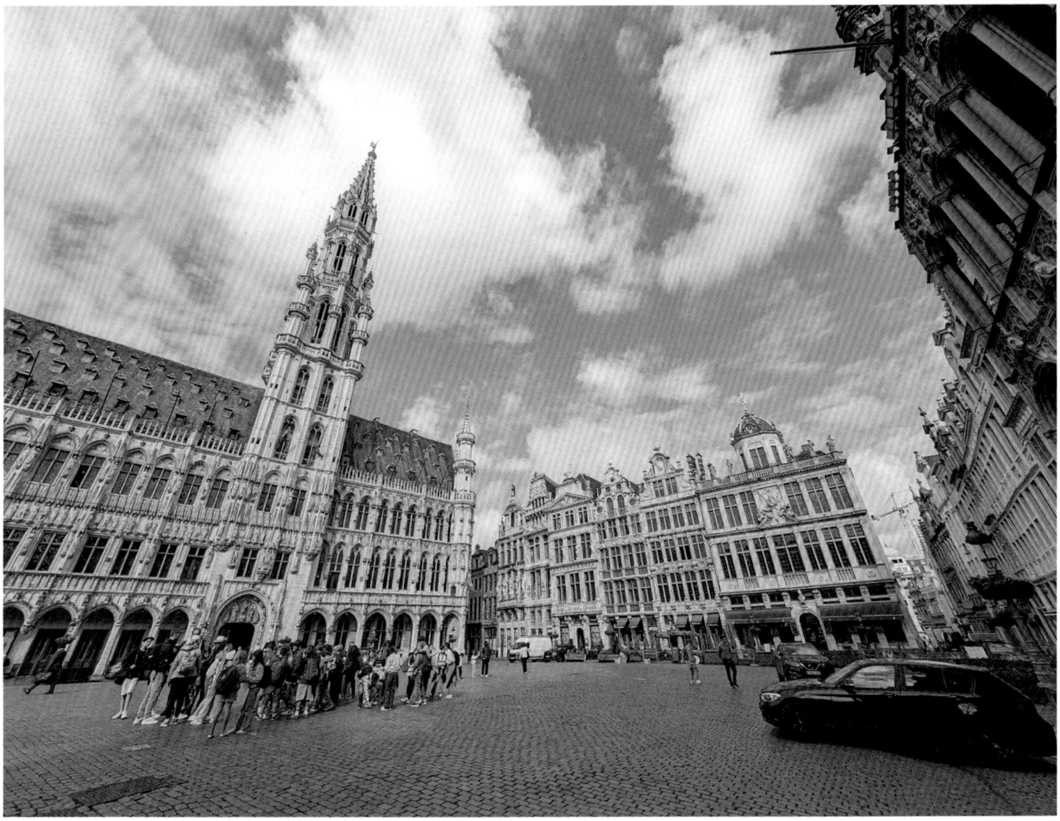

最美中世紀古城
The Most Beautiful Medieval Cities

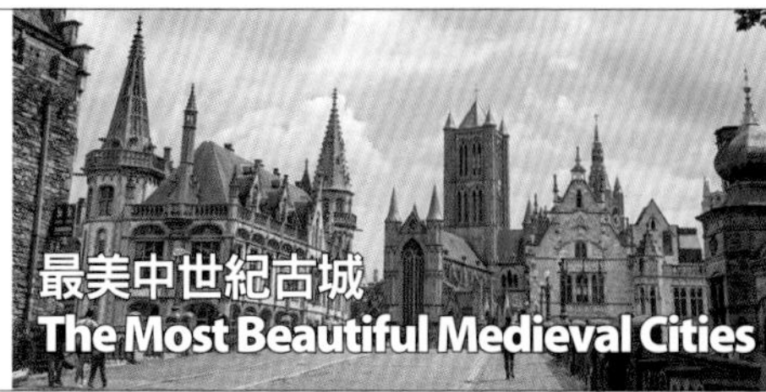

馬斯垂克/荷蘭
Maastricht/The Netherlands
（P.206）

烏特勒支/荷蘭
Utrecnt/The Netherlands
（P.198）

原子塔
Atomium

巴黎有個愛菲爾鐵塔；布魯塞爾的原子塔也不遑多讓。造型前衛的原子塔，原本是1958年世界博覽會的精神象徵，構想來自放大1,650億倍的鐵晶體分子，超現實感的原子模型當年曾被誇讚為「全球最令人驚嘆的建築」。（P.250）

布魯日/比利時 Brugge/Belgium（P.284）

根特/比利時 Gent/Belgium（P.299）

盧森堡市/盧森堡 Luxembourg City/Luxembourg（P.310）

布魯日
Brugge

踏著碎石子小路，噠噠的馬蹄聲迴繞在中世紀的古老建築中，交織著鐘樓、運河與橋樑的美景，宛如露天的歷史博物館。（P.284）

阿姆斯特丹/
荷蘭
Amsterdam/
The Netherlands
（P.82）

羊角村/
荷蘭
Giethoorn/
The Netherlands
（P.158）

根特Gent

中世紀的根特因海權貿易和紡織工業，曾是僅次於巴黎的歐洲第二大城，有500多年一直是北海低地國的最大城市，16世紀從繁華歸於沈寂。目前保留了許多中世紀美麗的建築，像濃縮中世紀精華的甘露，醇香迷人。（P.299）

Top Itineraries of The Netherlands, Belgium &

荷比盧精選行程

文●蒙金蘭・墨刻編輯部

經典荷蘭5天

●行程特色

如果只有5天的時間，建議以阿姆斯特丹為中心點，每天安排一日小旅行，可免除天天搬行李的奔波；交通時間都在1小時內，可輕易調整行程，更具彈性。行程安排可將荷蘭經典畫面與特色城市一網打盡，不過鬱金香和起司市場需視季節調整：庫肯霍夫花園只有3月下旬~5月花季開放，哈克馬起司市集於4~9月開放，若造訪時並無開放，則可改去羊角村或馬斯垂克。小孩堤防和贊斯堡的風車群則二選一即可。

●行程內容

Day1：阿姆斯特丹

Day2：阿姆斯特丹→鹿特丹→小孩堤防→阿姆斯特丹

Day3：阿姆斯特丹→庫肯霍夫花園→海牙→阿姆斯特丹

Day4：阿姆斯特丹→烏特勒支→台夫特→阿姆斯特丹

Day5：阿姆斯特丹→哈克馬→霍恩→阿姆斯特丹

荷比修道院啤酒之旅7天

●行程特色

造訪特有的修道院釀酒廠，品嘗當地啤酒，體驗當地小酒館文化，以及啤酒入菜的道地料理之旅。行程不妨安排一天參觀一間修道院或精釀酒廠，時間充裕，可以不慌不忙地悠閒觀光。可選擇由布魯塞爾機場搭機回台，也可回阿姆斯特丹同點進出。

●行程內容

Day1：阿姆斯特丹

Day2：阿姆斯特丹→鹿特丹

Day3：鹿特丹→安特衛普

Day4：安特衛普→布魯日→根特

Day5：根特→布魯塞爾

Day6：布魯塞爾

Day7：布魯塞爾→阿姆斯特丹

荷比盧精華10天

●行程特色

這條路線可以走遍荷比盧3國的精華景點，也是最多旅客選擇的路線。行程從阿姆斯特丹出發，漫遊鬱金香花海、搭小船遊水鄉羊角村、參與熱鬧的起司拍賣、騎單車迎向風車，蒐集完經典荷蘭畫面後，前往比利時時尚的安特衛普、中世紀古城布魯日與根特，以及首都布魯塞爾。最後一天留給被美麗河谷與森林包圍的盧森堡市，畫下完美句點。

●行程內容

Day1：阿姆斯特丹
Day2：阿姆斯特丹→哈克馬→阿姆斯特丹
Day3：阿姆斯特丹→羊角村→阿姆斯特丹
Day4：阿姆斯特丹→庫肯霍夫花園→海牙
Day5：海牙→烏特勒支→台夫特→鹿特丹
Day6：鹿特丹→小孩堤防→鹿特丹
Day7：鹿特丹→安特衛普→布魯日
Day8：布魯日→根特→布魯塞爾
Day9：布魯塞爾→盧森堡市
Day10：盧森堡市

荷比盧深度14天

●行程特色

這條行程比較有充裕的時間，可以把荷比盧更多美景納入，較能安排深度遊覽。尤其是阿姆斯特丹、鹿特丹、布魯塞爾和盧森堡市等幾個最具代表性的大城，最好至少能各停留2個晚上的時間，才能真正玩出箇中真味，其餘的時間再分配給自己有興趣的主題旅遊目的地。

●行程內容

Day1：阿姆斯特丹
Day2：阿姆斯特丹
Day3：阿姆斯特丹→哈克馬→阿姆斯特丹
Day4：阿姆斯特丹→羊角村→阿姆斯特丹
Day5：阿姆斯特丹→庫肯霍夫花園→海牙
Day6：海牙→烏特勒支→台夫特→鹿特丹
Day7：鹿特丹
Day8：鹿特丹→小孩堤防→鹿特丹
Day9：鹿特丹→安特衛普→布魯日
Day10：布魯日→根特
Day11：根特→布魯塞爾
Day12：布魯塞爾
Day13：布魯塞爾→盧森堡市
Day14：盧森堡市→阿姆斯特丹

When to go
最佳旅行時刻

文◎墨刻編輯部　攝影◎墨刻攝影組

荷比盧3國都屬於溫帶海洋性氣候，受到北大西洋環流影響，區域間氣候差異不大，春花、夏樹、秋楓、冬雪，能夠明顯感受四季更迭。托海洋調節氣候的福，夏季涼爽，即使7~8月盛夏，平均高溫在25° C左右，只是日夜溫差頗大，即使夏季也要記得帶件薄外套；冬季大約0~5° C，雖然寒冷，但整體而言較乾燥，對於來自亞熱帶地區的旅客不至於有酷寒感覺。最適合旅遊的季節當然是6~8月，由於緯度較高，夏季日照時間長，即使晚上9點都還沒天黑，有充裕的時間可遊覽。10月到隔年3月間，荷蘭和比利時進入陰沈多雲、時有降雨的秋冬，11月以後大約下午4點就快沒陽光了，而許多博物館、遊客中心、遊覽船及景點在10月底至隔年復活節（約4月初）前會減少營運時間或不開放，這個季節前往旅遊要有心理準備。當然，冬季還是有些好處：少了大批遊客喧擾，正是在博物館中靜靜欣賞名畫的好機會；而下過雪的城市像灑了層糖霜，逛耶誕市集特別有氣氛。

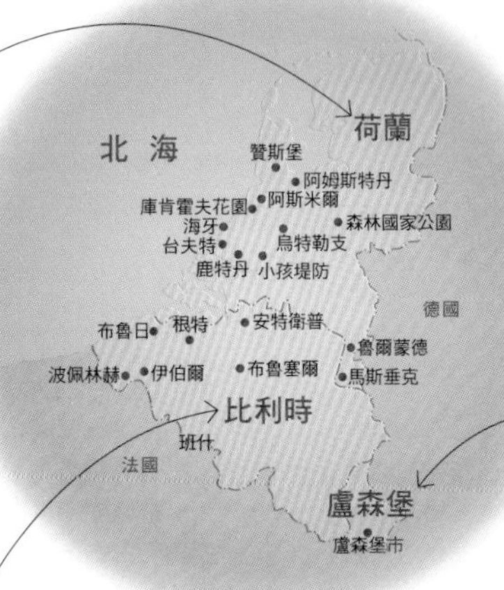

荷蘭 The Netherlands

荷蘭是著名的低地國，高達24%的國土低於海平面，且不少土地是透過填海造地而來，除了東部及南部有幾座數百公尺高的小丘外，其餘地區一片平坦。大致而言氣候溫和，一年四季雨量分配均勻，但北海沿岸風力強、天氣變化多端，一整年都要準備防風防雨用具，優點是即使下雨也不會持續太久。4、5月適逢花季，是旅遊旺季，但春寒料峭，最好還是準備禦寒衣物；6~8月進入乾爽宜人的夏季；冬季則較寒冷且容易降雨。整體來說還是比台灣乾燥，要注意保濕。

盧森堡 Luxembourg

盧森堡南北全長82公里、寬57公里，北部多平原，東部是岩壁與葡萄園環繞的河谷，南部則是礦藏豐富的紅土地。有點接近海洋性氣候與大陸型氣候的過度帶：北部地區雨量充足、降雪豐沛、氣溫低且冬季長，至每年4、5月始轉為春季；南部地區氣候較溫和、夏季較炎熱、蔬果生長期長，因而有利於農業發展。夏季僅7、8兩個月，9月中旬起氣後開始轉涼，冬季常陰雨多霧，但整體而言還是乾燥型氣候。

比利時 Belgium

比利時從南到北，可區分為比利時低地、中比利時、阿登尼斯（Ardennes）3個區域。整體而言氣候與荷蘭相似，四季都算舒適且有少量降雨：冬天常下雪，但不至於酷寒；夏天不會太熱，但天氣多變，有時一日之內即可經歷到四季，薄外套和傘都是隨身必需品。比利時的觀光旺季是從5月布魯日的聖血大遊行、伊伯爾（Ieper）的拋貓節開啟，緊接著7月的布魯塞爾中世紀慶典和根特藝術節達到巔峰。秋季多雲常雨。

比利時的嘉年華會

每年冬季接近尾聲，就是比利時嘉年華開始的季節，充滿舞蹈、音樂的慶典以狂歡與戲劇化的熱鬧遊行，一掃陰冷漫長的冬日。這些在天主教四旬齋前的嘉年華慶典有好幾個，其中以班什狂歡節（Carnaval de Binche）最為著名，從16世紀舉辦至今，是歐洲最古老的嘉年華之一。其中戴著面具的「憨人」（Gille）發送橘子給路人，是遊行最吸睛的部分，原本淳樸的小鎮瞬間湧入大批遊客，熱鬧非凡。

俗語說「3個比利時人聚在一起，就足以舉辦一場慶典派對」，可窺見比利時人一有事就慶祝的生活態度。其實比利時整年都有不同的慶典活動：5月在伊伯爾（Ieper）舉行的拋貓節雖然有個毛骨悚然的歷史，但最後一次血腥的真正拋貓節已在1817年結束，直到1938年後才以布偶代替真貓舉行。近年來拋貓節受到了全球愛貓人士歡迎，尤其以不少日本遊客包車盛裝前往參加，最為熱烈。

荷比盧**旅行日曆**

荷蘭

日期	節慶/活動	地點	內容
1/1	**◎新年New Years day**	全國	各地新年煙火和市集
3月下旬至5月	**庫肯霍夫花園開放 Keukenhof**	庫肯霍夫	2025年花園開放時間為3/20～5/11
3月底至4月初	**◎復活節假期**	全國	尋找彩蛋活動
4月初至9月初	**起司市場 Alkmaarse Kaasmarkt**	哈克馬	期間每週五早上舉行傳統的起司市場拍賣
4/27	**◎國王日Koningsdag**	全國	整個阿姆斯特丹會被染成一整片橘色，慶祝國王威廉亞歷山大的生日。這天幾乎所有博物館和景點都不開放
5月	**◎光復日（5/5）** **◎耶穌升天紀念日** **◎聖靈降臨節**	全國	耶穌升天紀念日為復活節後第40天；聖靈降臨節為復活節後第50天
7至8月	**起司市場 Edam Kaasmarkt**	艾登	每週日11:00~16:00舉行傳統起司拍賣。8月第1個週六夜晚有特別的夜間拍賣和跳蚤市場
9月第3個週二	**親王日Prinsjesdag**	海牙	國王夫婦會搭乘黃金馬車，在衛隊遊行下抵達內庭中心的騎士廳，並在王座上發表演說
11月中旬	**聖尼可拉斯節 Sinterklaas**	阿姆斯特丹	聖尼可拉斯就是荷蘭的耶誕老人，從西班牙搭蒸汽船而來，不但會繞市區遊行，還會沿路發糖果給小孩
11月底至1月中	**光雕藝術節 Amsterdam Light Festival**	阿姆斯特丹	運河就是舞台，色彩多變的燈光藝術照亮整個城市夜晚，奇幻而浪漫
12/25	**◎耶誕節**	全國	12月初開始聖誕市集

◎代表國定假日，許多博物館會在當天休館

比利時

日期	節慶/活動	地點	內容
1/1	**◎新年**	全國	各地新年煙火和市集
二月下旬	**班什嘉年華會** **Carnaval de Binche**	班什	歐洲著名嘉年華會之一，被列為非物質文化遺產。最著名的是戴著白色巨大毛帽的「憨人」一邊遊行一邊發橘子
3月底至4月初	**◎復活節假期**	全國	尋找彩蛋活動。巧克力店會應景製作兔子和彩蛋巧克力
5/1	**◎勞動節**	全國	
5月第2個週日	**拋貓節** **Kattenstoet**	伊伯爾	源於中世紀鼠疫肆虐，為捕捉老鼠而養貓，然而當鼠患解除，貓無用武之地時，就將之拋出窗口摔死。後來為表達對貓的歉意，每3年舉辦一次遊行及表演，高潮是最後將許多貓布偶拋向天空
復活節後第40天（5月上旬）	**◎耶穌升天紀念日** **Heilig-Bloedprocessie**	布魯日	聖血遊行：聖血禮拜堂中的聖血遺物被拿出來遊行展示，市民裝扮成十字軍或聖經人物，演出「耶穌受難」
復活節後第50天	**◎聖靈降臨節**		
7月初	**中世紀慶典** **Ommegang**	布魯塞爾	起源於14世紀信徒捧著莎布侖教堂的聖母瑪莉亞雕像沿街遊行。21:00在大廣場，由打扮成查理五世的人領軍，跟隨著貴族、騎兵、公會代表等
7/21	**◎國慶日**	全國	布魯塞爾大廣場有盛大閱兵遊行
7月下旬	**根特藝術節** **Gentse Feesten**	根特	長達10天的文化節，有音樂會、戲劇表演、街頭表演等
8/15	**◎聖母升天節**	全國	兩年1次的布魯塞爾花毯節
11/1	**◎萬聖節**	全國	
11/11	**◎第一次世界大戰停戰紀念日**	全國	
11月中旬	**聖尼可拉斯節** **Sinterklaas**	全國	穿著紅袍的聖尼可拉斯與夥伴彼得，從西班牙搭船而來，沿路發糖果餅乾給小朋友
12/25	**◎耶誕節**	全國	12月初開始聖誕市集

盧森堡

日期	節慶/活動	地點	內容
5月底至6月初	**埃西特納赫舞蹈** **Echternach**	全國	歐洲僅存的宗教舞蹈，是羅馬天主教每年舉辦的活動，被列為非物質文化遺產
6/23	**◎國慶日**	全國	施放煙火及盧森堡市閱兵典禮
7月底至8月初	**中世紀慶典** **Festival Médiéval**	維安登	維安登城堡中舉辦的中世紀活動，包含中古擊劍、閱兵遊行、音樂及手工藝表演等

◎盧森堡的國定假日除了國慶日及第一次世界大戰停戰紀念日以外，均與比利時相同

Best Taste in the Netherlands, Belgium & Luxembourg

荷比盧好味

文◎墨刻編輯部　攝影◎墨刻攝影組

荷蘭、比利時與盧森堡不僅在歷史上關係緊密，文化上也互相影響，然而飲食方面則因民族性而略有不同：務實的荷蘭人偏愛CP值高的小吃文化；而比利時與盧森堡則深受法式料理薰陶，菜色美味且創新，比利時人更自稱是" Bourgondiërs"（勃根地人，亦即熱愛與享受美酒美食的饕客），光是2024年比利時就有141家餐廳在米其林評鑑下摘星。

比利時

法蘭德斯燉牛肉Carbonnades Flamandes a la Biere

以啤酒入菜是比利時常見的料理方式，著名的法蘭德斯燉牛肉就是使用Trappist修道院啤酒將牛肉小火燉煮，啤酒讓肉質更軟嫩，雖然酒精最後皆已蒸發，但啤酒入菜確實為食物增添不少風味。通常會附上薯泥或炸薯條上桌。

焗烤菊苣 Chicons au Gratin

菊苣（Witloof/Chicon）也有人稱作苦小白菜，是比利時的特產蔬菜，纖維與營養成分高、熱量低，味道清甜中帶著微苦，與苦瓜有異曲同工之妙，屬於成人的滋味，很多人都很喜愛。菊苣料理眾多，其中以培根或火腿捲起來焗烤，再搭配馬鈴薯泥是最經典的吃法。有些餐廳會挖空菊苣，在內部塞入絞肉，再配上紅酒醬汁，這種作法也極其美味。

雞肉奶油燉菜 Waterzooi a la Gantoise

根特地區的家鄉菜，現在各傳統餐廳都吃得到。將水煮雞胸肉與馬鈴薯泥呈盤，最後淋上由鮮奶油熬煮的醬汁，奶香濃郁而不膩，味道簡單樸質，溫暖直達人心；有時會撒上點醃菜，淡淡的酸味恰能平衡奶油的滋味。此外，比利時餐廳裡還常見到另一道口味類似的法式料理：奶油雞肉酥盒（Vol-au-vent），將奶油與雞肉醬汁淋在酥皮小麵包上，也很受大眾歡迎。

淡菜Moules

說起比利時最有名的料理，首推淡菜。淡菜烹煮的方式很多，有焗烤、煎煮、搭配不同醬汁清蒸等，其中最推薦的是白酒淡菜（Moules au Vin Blanc），把洋蔥、西洋芹等香料先炒過，再加入淡菜與白酒一起蒸煮，芹菜的清爽和淡菜的鮮甜互為幫襯，通常搭配炸薯條，此時再來杯啤酒，堪稱最完美的搭配。

番茄鑲北海灰蝦沙拉Tomaat Garnaal/Tomate-Crevette

北海灰蝦是法蘭德斯地區的特產海鮮，去皮後約1~2公分，呈現粉紅色，肉質軟嫩有嚼勁，被譽為海鮮之后。傳統的吃法是把番茄挖空，內部填入以美乃滋與其他香料混合的灰蝦沙拉，灰蝦鮮甜濃郁，搭配酸甜清爽的番茄，通常做為開胃的前菜。

番茄醬肉丸 Boulettes Sauce Tomates

比利時的傳統家常菜，一般餐廳與家庭的餐桌上都找得到。使用牛絞肉與豬絞肉混合的肉丸，與番茄醬汁一同熬煮，一次遍嘗酸、甜、鹹的融合滋味。

啤酒燉兔肉Lapin a la Biere

比利時料理深受法國影響，兔肉也是常用食材之一，布魯塞爾多家餐廳都有提供兔肉與季節野味，是道地的傳統料理。通常以修道院啤酒或天然發酵蘭比克啤酒（Gueuze/Kriek）燉煮兔肉，並加入蘋果或櫻桃等酸甜味水果，兔肉口感與雞肉十分類似，別有一番風味。

豬血腸佐蘋果泥Bloedpens

以豬血加入脂肪與各式不同香料製成的豬血腸，略帶甜味，好的豬血腸味道並不腥羶，每家自製的豬血腸味道都不盡相同，通常會搭白香腸一起享用，再配上酸甜的蘋果泥或煎蘋果，滋味絕佳。

鬆餅Waffle

鬆餅是美食王國比利時的另一項驕傲，站在街角大啖鬆餅的畫面，在觀光市區裡隨時上演。比利時鬆餅有兩種：列日鬆餅（Leige Waffles）呈現橢圓格子形狀，以雞蛋、砂糖、麵粉、牛奶混合後烘烤，口感較有嚼勁且扎實；另一種布魯塞爾鬆餅（Brussels Waffles）在食材上加入蛋白，因此口感鬆軟較具空氣感，入口即化。兩種鬆餅都可選擇加上巧克力、草莓、冰淇淋或鮮奶油等不同配料一起享用。

西式糕點Pâtisserie

比利時深受法國飲食文化影響，不僅有舉世聞名的巧克力品牌，甜點也不惶多讓。比利時有許多著名的甜品店，如Wittamer、Pierre Marcolini等，巧克力大師往往就是甜點師傳出身。店內宛如珠寶盒的甜點櫃內，展示著巧克力黑森林（Forest Noir）、千層酥（Millefeuilles）、水果塔（Touti Fruti）、栗子塔（Mont Blanc aux Marrons）等，甜點控不容錯過。

荷蘭

生鯡魚Haring

荷蘭俗語說：「只要有生鯡魚，就不需要醫生了（Haring in het land, dokteraan de kant.）。」生鯡魚含有Omega3、魚油等豐富的營養素，早在14世紀時就有製作鹽漬生鯡魚的紀錄：新鮮鯡魚去除了苦味的內臟後，再以鹽醃漬待其熟成。新鮮的生鯡魚肉色應呈現白色，有著柔軟結實的肉質與豐富的油脂，食用時配上切碎的生洋蔥，香郁濃醇，滋味更上一層樓。當地人的吃法是抓起魚尾，仰頭將整條魚直接放入口中；現在的攤販都會切塊，再用牙籤叉著吃。每年5至7月是鯡魚的盛產季，也是品嘗的最佳時機；但荷蘭幾乎整年都吃得到。

荷式煎餅Pannenkoek

荷式煎餅比較像一大張展開的法式可麗餅，但餅皮較厚，上面鋪滿餡料，口味除了傳統的巧克力、焦糖等，也可選擇加上火腿、起司、培根等食材與麵糊一起煎，當作一份正餐也十分有飽足感。食用時不用捲起來，直接在餐盤上用刀叉食用。各家煎餅專賣店也會發揮創意發展不同口味，有多達30種以上的創意組合。

炸肉丸Bitterballen

混合各種辛香料的炸肉泥丸，是荷蘭典型的開胃菜或搭配啤酒的下酒菜，許多酒館或餐廳、超市都能找得到，是很適合派對或聚會聊天時的小點心。炸肉泥丸是一種可樂餅的概念：外層酥脆、內餡入口即化，有各種口味，如牛肉（Rundvlees/Kalfsvlees）、起司（Kaas）、蝦泥（Garnalen）等。

荷蘭小鬆餅Poffertjes

顧名思義就是容易入口的小尺寸鬆餅，有點類似雞蛋糕的口感，嚼起來鬆軟但又有勁，通常撒上糖粉、搭配蜂蜜或奶油，是十分簡單樸實的傳統小吃。通常在街頭、市集或鬆餅專賣店、超市都能找得到。

碗豆濃湯Erwtensoep

冬天時最能療癒身心的食物之一，是一般荷蘭家庭的必備料理，在街頭、市集與餐廳都能找得到。湯中除了碗豆，還加入洋蔥、胡蘿蔔等大量根莖類蔬菜，以及能讓碗豆吸收油脂的培根，一起長時間熬煮至水分蒸發，最後再加入香腸，分量感十足，既可當前菜，也可成為主菜。荷蘭人認為濃湯不能太稀，若將叉子插入湯中而不會倒下，才能稱得上是一碗真正的荷式碗豆濃湯。

荷式蘋果塔 Appeltaart/Appelgebak

荷蘭人最鍾愛的甜點莫過於蘋果塔了。早在17世紀的繪畫中，就看得到蘋果塔的蹤跡：運用蘋果酸酸甜甜的滋味，加上桂皮或檸檬汁，塔皮既脆又鬆軟，內部充滿大塊軟嫩多汁的蘋果肉，由於口味偏酸，因此會搭配鮮奶油食用，就是經典的荷式蘋果塔風味。阿姆斯特丹、鹿特丹等大城市都有以蘋果塔聞名的餐館，不容錯過。

薯條Friet/Patat

炸薯條最早起源於比利時，雖然現在家家戶戶幾乎都有一台薯條油炸機，然而街頭的薯條店的美味卻常常讓人留連忘返。油炸兩次：先低溫油炸一次，靜置薯條一會兒，再以高溫油炸，最後搭配偏酸味的美乃滋，是最傳統的比利時薯條口味（Frieten）。許多薯條店在挑選馬鈴薯的品種上特別謹慎，對於薯條最適當的尺寸大小也不有不同看法：有扁平帶皮的、也有些去皮長條型，因此口感上也有所不同。此外，店家並提供多種醬汁，其中較特別的為略帶辣味的Samura、帶酸甜的綜合口味cocktail等。除了傳統老店，連米其林二星主廚Sergio Herman也以料理專業改造這項傳統美味，開設了油炸薯條店，將薯條的風味推往更上一層樓。薯條這項國民小吃在荷蘭、比利時、盧森堡各地都找得到，但若想體會一下廣受好評的薯條滋味，以下則提供一些媒體票選、當地人推薦的知名薯條店以供參考。

城市	店名	特色	資訊
阿姆斯特丹	Vleminckx Sausmeesters	媒體、當地人與遊客推薦阿姆斯特丹最好吃的薯條店，菜單還包括中文版本	Voetboogstraat 33 vleminckxdesausmeester.nl 詳見P.127
布魯塞爾	Maison Antoine	曾被紐約時報盛讚為世界最美味的薯條，每季會試炸6種不同馬鈴薯評選；名人與政治家光顧的名店	Place Jourdan 1 www.maisonantoine.be 詳見P.256
布魯塞爾	Fritland	離市中心最近的薯條店，提供法國麵包夾油炸香腸、薯條淋上特殊醬汁的創意吃法	Rue Henri Maus 49 詳見P.256
安特衛普	Frites Atelier Amsterdam	荷蘭米其林二星主廚Sergio Herman所創，特選馬鈴薯不削皮切片油炸，並研發獨門醬汁，搭配燉牛肉醬汁或沙拉，在布魯塞爾、根特皆有分店	P000xx 32 Korte Gasthuisstraat www.fritesatelieramsterdam.com

荷蘭&比利時

炸魚塊Kibbeling

在荷蘭與比利時的市集、路邊攤或魚鋪都可買得到，炸魚塊有各式魚類可選擇，但通常都以炸鱈魚為主（Kibbeling kabeljauw），有些店家提供多種醬料或獨門的自製醬料，但一般都以美乃滋為主。好吃的現炸魚塊外層裹了極薄的麵衣，炸得酥脆，使得魚肉的鮮美都被鎖住，咬下去鮮嫩多汁，炸物的誘惑，教人很難抵擋得住。

蔬菜薯泥Stoemp

Stoemp指的是將馬鈴薯與各類蔬菜一起壓成泥狀，讓薯泥增添不同風味，有點類似上海菜飯的概念。蔬菜薯泥可搭配各式肉類，如肉丸、燉肉，尤其鹹味的煎香腸是最家常、也最適合的搭配，幾乎每家餐廳都有提供。

油炸麵球Oliebollen

每年12月初就會看到油炸麵球的攤位出現。作法為將麵粉、牛奶、蛋揉合後油炸再撒上糖粉，這樣組合的小吃幾乎是全球通行的美味，每個國家都有類似作法的小吃。油炸麵球有類似甜甜圈與台灣炸雙胞胎的口感，但有時還會在內餡中加入蘋果或葡萄乾（Krentenbollen），大部分販賣的活動攤販通常在年底才會出現，是一項季節限定的美食。由於很受歡迎，某些甜點專賣店會將這道點心列入菜單中，因此在其他季節也吃得到。

可樂餅Kroket/Croquette

荷蘭文的Kroket來自法文Croquette一字，指的是餡料中加入醬料與牛肉泥（Rudvleeskroket）、起司（Kaassouffle）、蝦泥（Garnalenkroket）或炒麵（Bamikroket）等的可樂餅。外層以麵衣包裹，再進行油炸，肉類通常是長條形、蝦類通常橢圓四方體。火車站、Smullers自助販賣機內都可看得到，投入零錢後，打開一隔小窗戶，就能取出熱騰騰的可樂餅。比利時通常能在餐廳或海鮮攤找到，以起司與炸蝦口味（Croquette de Crevettes）居多。

盧森堡

燻豬肉配蠶豆Judd mat Gaardebounen

©Visit Luxembourg

有人說這是盧森堡最著名的「國菜」，使用靠近豬頸較軟嫩的部分，將燻豬肉泡水整晚，隔日與各式蔬菜、香料一起熬煮，最後再放入培根、淋上醬汁，通常搭配蠶豆食用。

油炸馬鈴薯薄餅Gromperekichelcher

將馬鈴薯切絲，與切碎的洋蔥、香菜、雞蛋、麵粉和鹽混合後，壓成扁平的餡餅狀再油炸，起鍋時香味四溢，外表炸得酥脆、內部吃得到各種食材，是盧森堡最受歡迎的小吃之一，可以在市場或聖誕市集上找到。通常搭配蘋果醬或番茄醬，有些人也會配著熱湯一起食用。

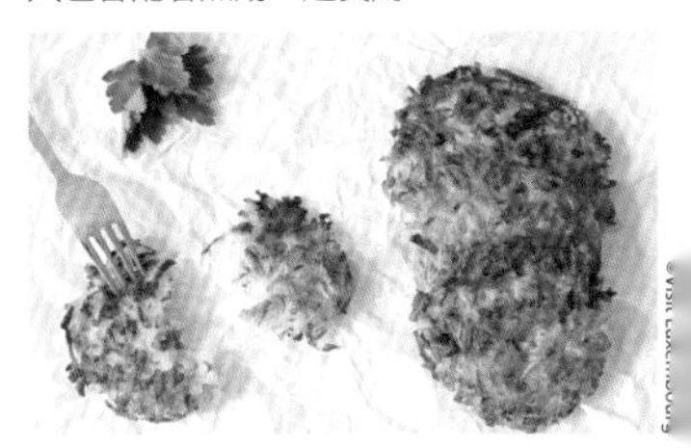
©Visit Luxembourg

關於點餐與小費

在餐廳用餐，通常只要一坐下，服務生就會先問你要喝什麼飲料，這是西方人的用餐習慣。一般來說餐廳都會準備英文菜單，若真的沒有也別擔心，只要不是太鄉下，荷比盧這3國人民的英文能力普遍不錯。另外，這3個國家的餐點分量都不小，點菜時也可以只單點主菜就好。

大部分餐廳已包含服務費。若在高級餐廳用餐且對服務很滿意，可自行斟酌給小費，通常是餐費的5~10%。請不要把剩下的幾毛錢放在桌上當小費，這是很沒禮貌的行為；使用信用卡會在簽帳單下面看見小費欄，自行填上金額就可以。如果想省錢或趕時間，可選擇購物商場的美食街或是路邊小攤販買點簡單的食物。荷蘭還有熱食自動販賣機，當然食物品質就不用多想了。

Best Buy in the Netherlands, Belgium & Luxembourg
荷比盧好買

文●蒙金蘭．陳蓓蕾．墨刻編輯部　攝影●蒙金蘭．墨刻攝影組

荷蘭、比利時有太多讓人失心瘋的小物，包括具地區特色的木屐鞋、台夫特藍瓷、布魯日蕾絲、米菲兔、名畫或卡通漫畫的周邊商品，還有起司、巧克力、焦糖煎餅、奶油脆餅等誘人美味，挑伴手禮並不難，就怕行李超重

荷蘭

起司Kaas

荷蘭人平均身高榮登世界第一，原因之一據說是日常實用許多乳製品的關係；荷蘭人1人1年平均就要吃掉8公斤的起司。荷蘭不以起司種類取勝，但光靠艾登起司（Edam）和高達起司（Gouda）兩大種類，就能躋身全球最大的起司輸出國。荷蘭不管在哪個城鎮，都會有起司專賣店，可以先試吃再決定選購口味，其中有羊奶製成的、添加不同調味的真空包裝起司，攜帶回國相當方便。若是有時間造訪修道院啤酒廠，也別忘了把握機會添購修士們的自製起司。就算不喜歡起司的味道，順道看看相關的餐廚具，也是令人愛不釋手的伴手禮。

高達起司Gouda

半硬質起司的代表，從13世紀開始就在高達這個小村落生產，口感溫和綿密，非常好入口，加熱後有極佳的延展性，因此常被用於料理中，也有「萬能起司」的封號。高達起司占荷蘭起司總生產量的60%，口味眾多，依照熟成時間有多達7種不同口味：熟成25個月以上的為特級高達（Premium Gouda）；也有加入香草、核桃等熟成的香草高達（Spice Gouda）。香草高達具有濃郁的香料味，可搭配黑麵包或馬鈴薯吃，也可磨碎撒在湯裡。還有最受國人歡迎的煙燻高達（Smoked Gouda），外型為長筒狀，經由煙燻過程，最適合搭配啤酒。

艾登起司Edam

外表為球形的艾登起司，也是荷蘭主要的起司代表，產量約占荷蘭總產量的25%。口感溫和柔順，後味略帶微酸，可以直接當點心，也常被用於三明治或者製作甜點。依熟成的長短，4星期的稱為年輕艾登（Jong），4個月的稱為原味艾登（Nature），10個月熟成則稱為老艾登（Oud），熟成的時間越長，風味越濃厚。

木屐鞋Klompen

木屐鞋是最能代表荷蘭的紀念品，和一般鞋子一樣，購買時可以試穿，各種尺寸和花色都有，也有原色木鞋，回家後可以畫上自己喜愛的圖案。若覺得木屐鞋太硬不實穿，也可選擇木屐鞋造型的軟底布料室內鞋，走起來絕對不會吵到別人。或者，許多木屐鞋造型的筆筒、花器、鑰匙圈、磁鐵等等紀念品，應有盡有。

荷蘭設計生活雜貨

荷蘭的設計名聞遐邇，除了重量級的幾個設計品牌如Droog、Moooi等，一般中價甚至平價的生活用品店也充滿許多實用又充滿設計感的雜貨，例如從服飾、家具到生活用品都有的Sissy Boy，廚具、餐具、園藝用品連鎖Dille&Kamille，或是商品包羅萬象的平價連鎖店Hema，都能讓人滿載而歸。若想在日常生活中增添些許實用有具巧思的荷式生活雜貨，千萬別忘了進去瞧瞧！

米菲兔Miffy

來到米菲兔的故鄉，不論是不是粉絲，都會忍不住想帶隻萌萌的可愛小兔子回家。米菲兔商品從燈具、餐具、玩具到浴袍等琳瑯滿目，除了款式與花樣選擇眾多外，還可以選擇以藍瓷方式繪製的米菲兔。

焦糖煎餅Stroopwaffles

荷蘭的國民點心焦糖煎餅起源於18世紀末的起司重鎮高達，當時的麵包師把工廠內剩下的未用完的麵粉、牛奶、蛋加上糖混合，壓扁後烘烤，就成了一道硬中帶軟、散發奶香的小圓餅。焦糖煎餅在各大超市、機場都能找得到，除了最傳統的奶油焦糖（Roomboter）口味，還有蜂蜜、巧克力、迷你尺寸等選擇；怕甜的人還可以選擇減糖的口味。荷蘭人一般的吃法是將焦糖煎餅放在熱茶的上方，靜置兩三分鐘，等待焦糖軟化後再食用。此外，特別推薦在大街上或市集裡的現烤焦糖煎餅，剛烤好、熱騰騰的煎餅拿在手上，散發著濃郁焦糖肉桂的香氣，風味絕佳。

單車用品

荷蘭不愧單車王國，街道上、停車場甚至渡輪上單車排排站的盛況，無不令人大開眼界。所以荷蘭的單車用品無論在類型上或是數量上，選擇都非常多樣化，連博物館都常可看到獨家設計的單車鈴鐺，有單車的人正好可以精挑細選一番。

XXX商品

走在阿姆斯特丹街頭，經常會看到「XXX」這個符號。有一說法指出：中古世紀的阿姆斯特丹深為3大天災人禍所苦：水災、火災、黑死病，於是以這3個聖安德烈十字作為市徽，意欲抵制這3大災禍。雖然根據考究，這個說法並不精確，不過寓意卻很不錯，既然是阿姆斯特丹的守護市徽，值得帶回家做紀念。

台夫特藍瓷 Delft blue

類似中國青花瓷的藍瓷是台夫特的特產，白底藍紋圖案以荷蘭常見的風景人物一例如風車或農村生活為主題。正統的藍瓷是人工手繪上色，價格當然不斐，除了整套的餐盤茶具、鍊墜以外，也有純欣賞的裝飾品。除了專賣店以外的紀念品店裡，多為工廠大量製作、而非手繪的產品，價格自然親民許多。

名畫周邊商品

法蘭德斯地區人文薈萃，歷代成名的畫家眾多，魯本斯、林布蘭、梵谷等不勝枚舉，博物館、美術館成了重要的必訪行程。這些名家筆下的名畫，衍生成各式各樣的周邊商品，包括筆記本、明信片、磁鐵等。雖然買不起名畫，買個印有名畫的周邊商品帶回家，倒是划算的選擇。

鬱金香相關產品

不少人前往荷蘭，都是為了鬱金香而來。雖然在花市和主題博物館都可以買到真正的鬱金香球莖，但是能不能培育成功又是一門艱辛的課程，不如買些鬱金香造型的產品，比較單純實際些。

比利時

巧克力Chocolates

比利時巧克力名聞全球，巧克力名店滿街都是，高中低價位都有，傳承百年的香濃甜蜜滋味，不只擄獲比利時人的心，也迷倒了全世界，尤其是夾心巧克力（Parline），不同外層和內餡能變化出上百種組合，一顆顆比美珠寶的精緻手工巧克力陳列在玻璃櫥窗內。既然來到巧克力天堂就不需要猶豫，盡情地融化在可可色的誘惑中吧！

Cote D'Or

比利時人最愛的國民巧克力，首推非洲大象商標的Cote D'Or。Cote D'Or原意是指非洲的「黃金海岸」，也是當初選用高級可可豆的來源。巧克力口味琳瑯滿目，質優價廉深得大眾信賴，每隔一陣子就會推出新品，在超市巧克力中最受歡迎，也是伴手禮的最佳選擇。

Galler

Galler在大廣場附近設有巧克力專門店，產品以包裝顏色來區分口味，例如招牌的長條（Bar）巧克力系列內餡多達近20款，每款口味都有專屬的顏色標示。長條與迷你（Mini bar）系列在一般超市也有賣，售價比專門店內便宜。

傳統肉桂焦糖餅Speculoos

Speculoos是一種加入肉桂、丁香、薑與豆蔻等香料的焦糖餅乾，傳統的作法是將麵糰以木頭模具塑形，再進行烘培，略帶肉桂與焦糖的香氣、鹹甜的口味，非常適合搭配咖啡一起享用。超市中就能找到行銷全球的知名品牌，十分方便。若要品嘗真正美味且道地肉桂焦糖餅，可前往一般傳統糕點店，如布魯塞爾名店Dandoy等，尤其在12月份聖尼可拉斯節期間還會以各種聖人、動物等造型出現。

啤酒與周邊商品

比利時啤酒千變萬化，光是種類就有上千種，來到啤酒王國，怎能空手而回。如果超市裡的啤酒無法滿足你，那麼就前往啤酒專賣店，找尋季節限定或特殊口味的限量版。根據不同種類、不同酒廠，還有專門搭配的啤酒杯，適當的酒杯能讓滋味更上一層樓；除了專屬酒杯外，各酒廠也推出了各種飲酒用具與穿搭周邊商品，若看到中意的，就通通一起帶走吧！

※開車不喝酒・喝酒不開車

朱爾斯奶油脆餅 Jules Destrooper

朱爾斯是比利時知名的奶油脆餅品牌，銷往全球各地，在當地的超市可找到更多不同的口味與本地風格的鐵盒包裝，例如以布魯日風景、超現實大師馬格利特的畫作等設計的鐵盒脆餅，送禮自用兩相宜。

漫畫人物周邊商品

比利時盛產漫畫家，因此有足夠的實力成立漫畫博物館，也衍生出不少相關商品，其中應該以曾經翻拍成電影的《藍色小精靈》（The Smurfs）最廣為人知，還有《丁丁歷險記》也頗受歡迎。想要收集藍色小精靈或丁丁商品，到比利時漫畫藝術中心1樓的藍色小精靈專賣店、以及布魯塞爾大廣場旁的丁丁專賣店準沒錯。

蕾絲織品

傳統編織蕾絲是布魯日最知名的特產品，精細的花樣與繁複編織手法，表現出歐洲女性特有的優雅情懷。手工編織的骨董蕾絲價格相當高，因此紀念品店中也有機器復刻商品可供選擇。除了布魯日外，布魯塞爾大廣場周圍也有幾家蕾絲專賣店。

皇家精品Delvaux

創立於1829年的Delvaux，是世界上最古老的高級皮革奢侈品牌，因為當時比利時的鐵道交通興盛，一位布魯塞爾的皮革工匠觀察到當時乘客必須把行李放到行李車廂，女性會有攜帶隨身小物的需求，於是靈機一動，設計出隨身包款，可說是現代提包的濫觴。近2個世紀以來，精湛的工藝，甚得比利時皇室青睞，成為比利時國寶級的精品名牌。

盧森堡

氣泡酒與白葡萄酒

盧森堡人的餐桌上，搭配著一杯冒著泡泡的金黃色氣泡酒（Cremant），似乎是生活必須。盧森堡的葡萄酒產區在東南部莫色爾河（Moselle）沿岸，葡萄種類包括麗絲玲（Riesling）、歐塞瓦（Auxerrois）、灰皮諾（Pinot gris）以及白皮諾（Pinot Blanc）等，皆以白酒掛帥。這裡出產的白葡萄酒大多果香濃郁、口感滑順平衡，是容易入口的佐餐酒。有自己一套控管品質和分級的制度，根據品質而授予「Vin Classe」、「Premier Cru」、「Grand Premier Cru」的酒標。除了在莫色爾河沿岸的酒莊外，盧森堡的超市或酒品專賣店也找得到。

※開車不喝酒・喝酒不開車

與眾不同的荷比盧Outlet

荷比盧境內的Outlet多半在市中心以外的郊區，除了一般國際名牌的暢貨中心外，比較特別的還有名牌瓷器以及巧克力即期品的Outlet。

荷蘭的魯爾蒙德名品暢貨中心（Roermond Outlet）靠近德國邊界，而比利時的馬斯梅赫倫名品暢貨中心（Maasmechelen Village）也在附近，Outlet裡面皆以歐美品牌為主，從流行服飾到餐具、廚具有上百種品牌。最令人驚喜的莫過於布魯塞爾郊區的Neuhaus巧克力工廠，店內宛如巧克力樂園般，讓人隨意試吃到飽；若要添購大批伴手禮，這兒絕對是個值得前往的地方。而以瓷器聞名的盧森堡則有名瓷Villeroy & Boch的過季品Outlet，適合對餐具講究、追求生活品味的消費者。

荷蘭魯爾蒙德名品暢貨中心Roermond Outlet
Stadsweide 2, Roermond, the Netherlands
www.mcarthurglen.com/en/outlets/nl/designer-outlet-roermond
詳見P.216

比利時馬斯梅赫倫名品暢貨中心Maasmechelen Village
Zetellaan100, Maasmechelen, Belgium
www.thebicestercollection.com/maasmechelen-village/nl
詳見P.254

比利時Neuhaus巧克力工廠
Postweg 2, Vlezenbeek, Belgium
www.neuhauschocolates.com
詳見P.263

盧森堡Villeroy & Boch工廠
330 Rue de Rollingergrund, Luxembourg
www.villeroy-boch.com
詳見P.317

Transportation in The Netherlands, Belgium
荷比盧交通攻略

文◎蒙金蘭．墨刻編輯部　攝影◎蒙金蘭．墨刻攝影組

國際航空

荷蘭阿姆斯特丹的史基浦機場（Schiphol）可以說是荷蘭、比利時和盧森堡3個國家對歐洲外界的主要大門，全世界主要的國際航空幾乎都有停靠。從台北出發，荷蘭皇家航空、中華航空、長榮航空皆有直飛班機。搭乘泰國航空、新航、馬航等，亦可從第3地轉機抵達。

www.schiphol.nl/en

歐洲內陸航空

廉價航空(Budget Airline / Low Cost Flight)的出現，無疑是歐洲航空業復甦的推手之一，讓搭飛機旅行不再高不可攀，只要提早訂票，通常都能拿到非常優惠的價格，大大降低了旅程中南北移動的時間。歐洲內陸移動，除了荷蘭皇家航空、布魯塞爾航空、盧森堡航空等國家航空外，還有Easy Jet、Ryanair等廉價航空可供選擇。不妨善用機票比價網站，以便找出最符合個人需求的機票。

荷蘭皇家航空 www.klm.com
盧森堡航空 www.luxair.lu
Ryanair www.ryanair.com
Easy Jet www.easyjet.com
Skyscanner www.skyscanner.com.tw

搭乘廉價航空小提醒

廉價航空之所以能打破市場行情價，在於各方面極力壓低成本，服務上自然也大打折扣，不過只要轉換心態，還是能開心享受低價快感。

◎**付費優先**：廉價航空很多細節都是使用者付費，例如挑選座位、機上用餐、託運行李等，付多少錢就能買得相對的待遇。

◎**行李限額**：行李重量管制嚴格，有的票價甚至不含託運行李在內，而超重或多出的行李會被收取額外費用。在網路上預先支付行李附加費會比到了機場便宜許多。

◎**自備食物**：不想購買機上偏貴的餐點，就自己準備吧！

◎**更改及賠償**：若有需要更改日期、時間或目的地，每更動一次都要收取手續費。此外，若遇上班機誤點或臨時取消，也沒辦法幫你安排轉搭其他航空，更別提食宿補償，對旅客比較沒保障。

鐵路系統

跨國鐵路

◎歐洲之星 Eurostar

歐洲之星由英國的歐洲之星公司與法鐵、比鐵合營，路線以倫敦聖潘可拉斯站（St. Pancras）為起點，通往法國的巴黎北站（Paris-Nord）與比利時的布魯塞爾南站（法文Bruxelles-Midi，荷文Brussel-Zuid），從倫敦到布魯塞爾只需2小時。車票可在官網上購買，依出發地、票種彈性和各種限制而有不同的價格選擇。

www.eurostar.com

◎大力士Thalys

大力士跨國高速鐵路，是由荷鐵、法鐵、比鐵、德鐵共同持股經營，以布魯塞爾南站為中心，通往荷蘭的阿姆斯特丹（1小時53分鐘）、法國的巴黎（1小時20分鐘）與德國的科隆（1小時47分鐘）。而從阿姆斯特丹到巴黎也只需3小時19分鐘。2022年3月底，大力士被併入歐洲之星旗下，車票可在歐洲之星官網上購買。

◎Fyra

Fyra是由荷蘭與比利時共同興建的高速鐵路，起訖點分別為阿姆斯特丹中央車站與布魯塞爾南站，從阿姆斯特丹直達布魯塞爾，車程只需1小時45分鐘。

www.nsinternational.nl

跨國火車通行證 Eurail Pass

若是要在荷比盧做大範圍的跨國旅行，建議可在台灣向有代理歐鐵票務的旅行社（如飛達旅遊），事先購買荷比盧火車通行證；需特別注意的是：搭乘歐洲之星等部分高速列車，需事先訂位並收取額外的訂位費；有些路段的列車則需補差額。

荷比盧火車通行證2024年票價參考：

一個月內	成人單人票		熟齡單人票		青年單人票	
	頭等艙	普通艙	頭等艙	普通艙	頭等艙	普通艙
任選3天	174	137	156	123	139	119
任選4天	209	165	189	149	167	142
任選5天	243	191	219	173	194	165
任選6天	273	216	246	194	218	186
任選8天	329	259	297	233	263	224

單位：歐元/每人。青年票適用於12~28歲青年；熟齡票適用於60歲以上長者

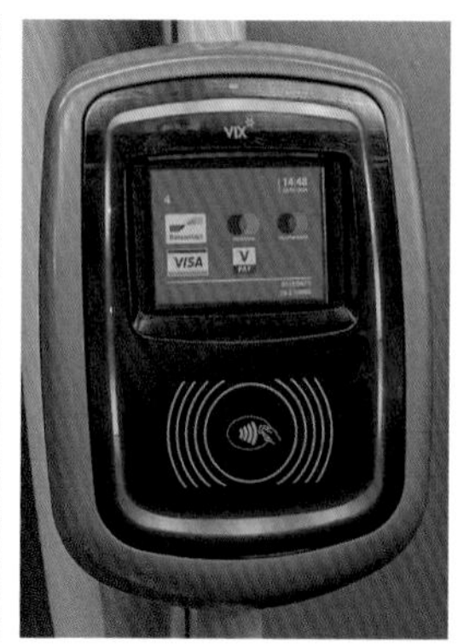

歐鐵火車通行證手機版：

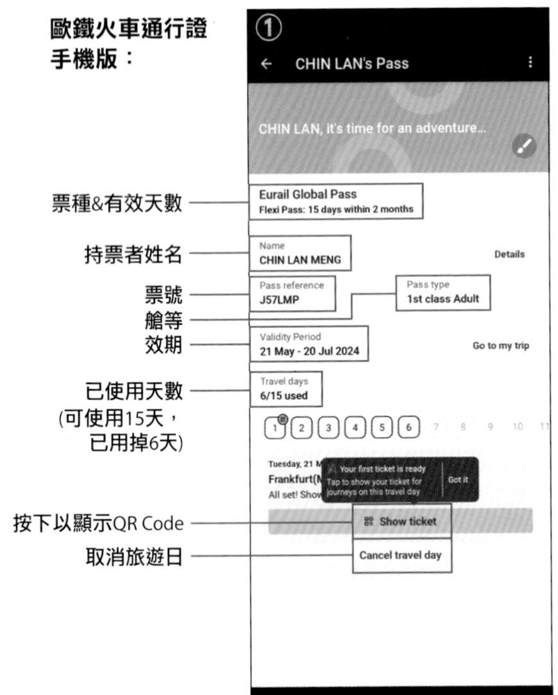

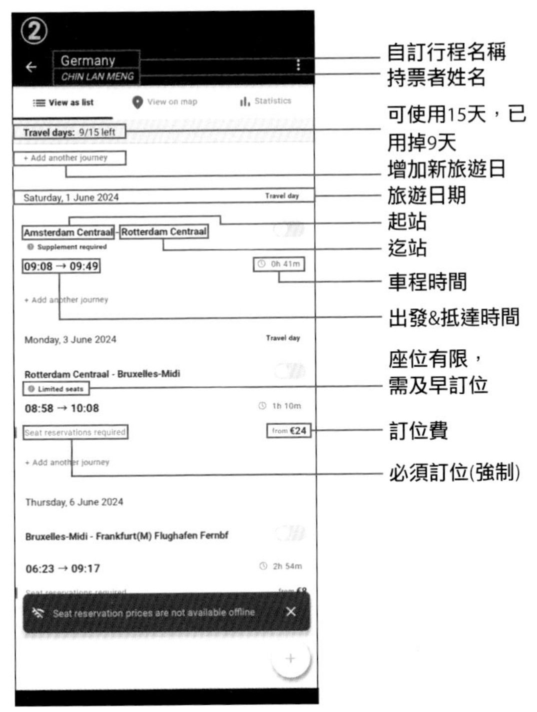

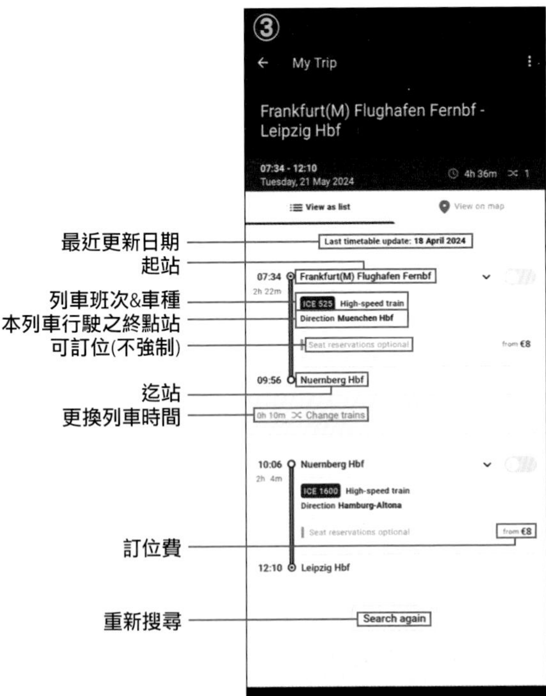

◎如何使用通行證

目前，歐洲交通系統已幾乎全面電子化，歐鐵通行證都以電子票券的型態發出，旅客需要在手機上安裝Rail Planner應用程式，然後載入已購入的火車通行證：包括確認姓名、票種、艙等、生效日期、使用天數等細項後，Rail Planner即產生個人專屬的QR Code，查票員查票時就是掃描這個QR Code。

第一次登上火車前或使用額外優惠前，一定要事先啟動火車通行證：亦即建立旅程(Trip)、輸入明確的搭乘班次等，以供查票員查驗。每回使用前，確認好日期、班次後，都會重新產生一個當下最新的QR Code。

如果在 App 中找不到你要的火車路段，務必使用車站全名與正確時間選擇手動輸入；部分車站的閘門需使用 App 中的QR Code打開，如閘門未開請洽站務人員；搭乘「夜車」遇到查票時，請出示「上車日」那天的QR Code，若在夜車下車後，還要搭乘另一班火車（等於夜車上車日的隔天），並將這段Journey加進旅程裡，app會提醒你這會佔用另一個搭車日(Travel Day)。

火車通行證須於開立後11個月內生效，過期則自動失效。從傳統票證跨入電子票證，為了幫助消費者快速上手，飛達旅遊在售出票券後皆會提供教學影片，詳細說明使用方式與細節，甚至可以預約一對一、手把手教

Eurail Pass電子票證小錦囊

歐鐵火車通行證只要把購得的票券下載在手機裡，不但可以隨時查詢車班，需不需要訂位也標示得很清楚，相當方便。

- 因為電子票證存在手機裡，所以保管好手機是首要任務。如果加載火車通行證的手機遺失了，請立即洽詢當地火車站內的Eurail服務台，或聯繫幫你購票的服務人員。辦理遺失補發火車通行證需2至5個工作天，等待補發期間若需要搭乘火車，有任何額外購票支出，將無法申請求償。
- 傳統紙本票券一旦遺失，很可能找不回來，已付出的金額完全損失；電子火車通行證萬一手機掉了，可以聯絡幫你購買的服務人員，根據購買時的資料把電子火車通行證要回來，不至於完全損失。
- 務必要在上車前開啟啟用按鍵，表示你有乖乖買票，否則一旦被發現尚未開啟，就會被認定「逃票」而罰款，切勿大意或心存僥倖。
- 同行的旅者，因為旅程相同，建議每個人的票證都存好預定的行程，萬一主要計畫者的票券遺失或出了問題，其他同行者還留有資訊，不至於慌了手腳。

學，以減輕消費者的不安感，消費者不妨多加利用。

飛達旅行社

台北市中山區南京東路三段168號10樓之6（門市服務需事先預約）02-8161-3456 www.gobytrain.com.tw

荷蘭

若全程只是在單國做小範圍短程移動，例如從阿姆斯特丹到海牙及鹿特丹，則還是購買單程票或OV-chipkaart卡、甚至直接使用信用卡當作OV-chipkaart卡比較划算。

荷蘭鐵路由荷蘭國鐵公司（Nederlandse Spoorwegen，簡稱NS）營運，部分區域路段由其他公司營運，但不需另外購買車票。主要車種有Intercity（IC）、Stoptrein和Sneltrein。Intercity只停靠主要城市，相當於台灣的自強號；Stoptrein每一站都停，相當於區間車；而Sneltrein介於兩者之間，差不多就是復興號的等級。

荷蘭火車站的月台皆設置有閘門，所以在進入之前，必須先購買好有效車票，感應票卡才能進得了閘門。在火車車廂外側會以1和2來標示車廂等級，部分列車會事先告示出頭等艙和普通艙的所在車廂，乘客可依自己所購買的票種在適當的位置準備上車。

購票後先透過車站的電子看板或出發時刻表vertrek，確認欲搭乘的列車停靠哪一個月台，記得要確認a或b月台，因為同一月台兩邊可能是完全不同方向的列車，像烏特勒支這種大城市的月台相當長，只是以前、後區分不同月台，等車時要特別留意。荷蘭最貼心的是：大部份火車站月台都設有升降梯，只是有些要稍微找一下，別傻傻地搬大行李。

上下車須自行按鈕開門；不管哪一型的車種，車上都有電子螢幕顯示站名，不用擔心坐過站。

計畫以火車旅行者，建議先下載荷蘭國鐵的APP，以便隨時查詢班次及細節，以及各項優惠資訊。

荷蘭國鐵 www.ns.nl

公共交通旅行資訊OVR

推薦另一個相當好用的整合性交通網站，只要輸入起迄站名、地點、街道名稱甚至郵遞區號，選定預計出發時間，網站就會規劃好全程的交通工具，整合鐵路、地鐵、電車、公車及渡輪資訊。

9292.nl/en

◎如何購買車票

車票可在售票口或自動售票機購買，高速火車以外的車種皆無法指定座位。購票時，可要求售票員列印該趟火車行程，上面會註明該在哪一站轉車，並到第幾月台等車。上車才補票會收取高額手續費，所以最好事先買票。大城市市區常有2個以上火車站，購票時須注意正確站名。

儲值式OV-chipkaart

自2010年起，荷蘭開始推廣電子票券，也就是「OV-chipkaart」，這種卡類似台北的悠遊卡，不但搭乘跨城市火車可使用，幾乎所有城市的大眾運輸工具也通用，包含電車、地鐵、公車、渡輪等，而且享有不錯的票價優惠。儲值式OV-chipkaart可在車站票務中心或各大城市的地鐵售票機購買，一張€7.5，卡的效期為5年。每次搭乘都會收取€0.88基本費，車資則依據搭乘距離來計算，每個城市每公里的車資也不盡相同。票值將用完時，可至票務櫃檯或地鐵站加值機加值，最多可加至€150。35分鐘之內的轉乘，不扣除基本費；20分鐘之內可免費進出同一車站。

使用方法與悠遊卡相同：進出車站及上下車均需感應票卡。此外，每次搭乘火車時，卡片裡的餘額至少要有€20，而且只能乘坐普通艙，頭等艙需另外購票；如果搭乘火車時卡片餘額小於20歐，會被視為逃票，需多加留意。若搭電車、公車、地鐵，基本餘額要€4。

信用卡直接搭乘大眾交通

不過，實體的OV-chipkaart比較適合當地居民；對偶爾造訪的觀光客來說，現在荷蘭旅遊愈來愈便利了！不需要提前註冊、也無須再買一張卡身，只要在上車的時候，把自己的信用卡靠卡讀取一次，這張信用卡便成為你的OV-chipkaart！第一次靠卡的時候，會先扣取€7.5卡身的費用，下車的時候切記再靠一次卡，OV便會主動計費，扣取這趟車資；一天結束時，OV會總結你這一天的車資，主動向帳戶扣款，帳單顯示"NLOV"開頭的付款，就是OV的交易明細。如此一來，每趟搭車都不用再忙著購票、也不用擔心身上沒零錢，更不用換一堆現金帶在身上擔驚受怕，方便極了！

www.ov-chipkaart.nl

◎巴士

荷蘭的城市之間幾乎沒有所謂的長途客運系統，都是市區巴士、大城市通往郊區、連接火車站和小村落的地區民營巴士，例如Connexxion公司經營阿姆斯特丹近郊，往贊斯堡、艾登、霍恩至大堤防的中短程區域巴士，而RET則營運鹿特丹、海牙及台夫特之間的城市和郊區。交通資訊也全被整合進9292.nl網站中，且均可使用OV-chipkaart，所以在荷蘭使用大眾交通工具旅行相當簡單方便。

◎自行車

自行車是荷蘭人最愛的交通工具了吧！據說每個荷蘭人都有兩輛以上腳踏車，分別是通勤用及休閒使用，全長超過20,000公里的腳踏車專用道，規劃各種長短的行程，騎行在氣候溫和的平坦道路，眼前是運河田野美景，旅行不就該如此。最方便的是，全國超過100個以上的火車站都設有腳踏車出租處及停車場。除了在各地遊客中心索取路線圖，荷蘭旅遊局網站上也提供線上路徑規劃。

www.holland.com/global/tourism

比利時

比利時鐵路由National Railway Company of Belgium（荷文簡稱NMBS／法文簡稱SNCB）營運，鐵路網相當發達，國內移動幾乎都靠火車。車種有ICE、Intercity (IC)往來主要大城及其他國家、Interregio（IR地方快車）往來比利時國內主要城市、Local（區間車）往來小城鎮，各站都停。搭乘方式與荷蘭大同小異。有些火車站的月台沒有閘門，但車上不時會有查票人員，千萬不要抱著僥倖心理坐黑車，否則被抓到要繳納高額罰款，得不償失。

◎如何購買車票

車票可在車站售票口或自動售票機購買。為了推廣無紙化，目前接受現金交易的窗口已經愈來愈少了，

建議使用信用卡交易，方便又省時。

比利時國鐵 www.belgiantrain.be/en

◎巴士

沒有長途巴士系統，都是往來區域間、大城市中接駁輕軌、以及連接火車站與城鎮間的地區短程巴士。

◎自行車

交通不便的郊區，與其等待班次不多的公車，不如騎乘自行車享受迎風暢快。比利時國鐵站多設置自行車出租中心，購買時可詢問目的地是否有含自行車出租的火車＋自行車套票，對於遊覽舊城中心距離車站較遠的城市也很方便。

盧森堡

盧森堡國鐵由CFL營運，行駛於各城鎮間則是國鐵巴士CFL Bus，雖然有通往各地的鐵路線，但班次不算多，由於國土面積不大且道路狀況良好，盧森堡人大多都是開車往返各地。盧森堡境內所有大眾交通的普通艙，包括火車、巴士、纜車、電車等，都是免費的！如果你想享受一下頭等艙，單買一張短程單程票（Kuerzzäitbilljee）€3，2個小時之內可不計里程隨意搭乘火車及巴士（意思是幾乎能到達國內的每個角落）；一日票（Dagesbilljee）於生效後可使用至隔日凌晨04:00，價格€6。

www.cfl.lu

跨國巴士

歐洲跨國巴士交通網相當便利，主要城市間班次頻繁且多為直達車，最常使用且涵蓋區域最廣的是Euroline、Flixbus。搭乘跨國巴士就是要有用時間換取金錢的心理準備，暑假旺季是學生的最愛，容易客滿，一定要提前預約。

global.flixbus.com

荷比盧百科
Encyclopedia of The Netherlands, Belgium & Luxembourg

History of The Netherlands, Belgium & Luxembourg
荷比盧歷史

文●墨刻編輯部　攝影●墨刻攝影組

荷蘭

◎勃艮第時期

羅馬帝國滅亡後，低地國成為高盧人與日耳曼人活躍之地，到了中世紀時期，在這片土地上出現了許多封建領主。1419年，腓力三世繼承為勃艮第（Bourgondie）公爵，他利用聯姻、外交及戰爭手段，將整個低地國納為己有。

◎神聖羅馬帝國

腓力三世的繼承人「大膽的查理」於1477年戰死沙場，只留下一個女兒——「勃艮第的瑪麗」。瑪麗隨即嫁給奧地利大公、哈布斯堡家的馬克西米連一世，馬克西米連於1508年加冕成為神聖羅馬帝國皇帝，奠定了哈布斯堡王朝的基礎，而低地國也成為神聖羅馬帝國的屬地。

◎西班牙時期

馬克西米連一世的孫子就是哈布斯堡王朝最強大的君主——查理五世，他從父親那裡繼承了低地國領土，從母親那裡又繼承了西班牙，並於1530年加冕為神聖羅馬帝國皇帝。查理五世於1555年退位後，神聖羅馬帝國傳給了其弟斐迪南一世，而查理五世的兒子腓力二世則繼承了西班牙與低地國，由於腓力二世把宮廷設在西班牙，於是低地國進入了西班牙統治時期。

◎八十年戰爭

由於宗教改革引發的衝突，加上腓力二世力行「中央集權」的態度與低地國的自由傳統格格不入，低地國各諸侯開始和西班牙王廷漸行漸遠。腓力二世於是派遣阿爾瓦公爵到低地國強力鎮壓，實行恐怖統治。在人民群情激憤的壓力下，奧蘭治王子威廉一世（Prince William of Orange）登高一呼，尼德蘭各諸侯竟出現前所未有的團結，紛紛向西班牙宣戰。這場戰爭於1568年爆發，直到1648年才迫使西班牙王腓力四世簽下《明斯特條約》，尼德蘭獲得正式獨立。

◎黃金時代

17世紀是荷蘭史上最輝煌的時代：對外與英國爭奪海上霸權，並以巴達維亞為根據地，在海外建立廣大殖民地。這個時期的財富主要來自荷蘭東印度公司在遠東經營香料和其他物品的生意，因此阿姆斯特丹的中產階級在此時興起，進而帶動藝術發展，林布蘭即是這時期的有名畫家。只是好景不常，當1795年由拿破崙率領的法國入侵荷蘭時，黃金時期便告結束。

◎尼德蘭王國

當不受歡迎的法國結束佔領後，尼德蘭王國於是成立。第一任國王奧蘭治威廉一世（King William I of Orange）在1815年登基，開啟奧蘭治王朝（House of Orange）直至今日。1830年時，革命浪潮再一次席捲歐陸，低地國也分裂成南北兩個部份，南部省分於是獨立成為今日的比利時。

◎第一、二次世界大戰

荷蘭在第一次世界大戰時保持中立，但無法在第二次世界大戰也享有同樣特權。西元1940年5月，德國閃擊入侵，4天後全面轟炸鹿特丹，將市區摧毀大半。之後，荷蘭便遭受德軍佔領，直到1945年5月德國投降，荷蘭人才恢復自由。

◎戰後至今

戰後的荷蘭積極參與歐洲民主政策，在西元1957年時加入歐洲經濟共同體。1992年，歐洲共同體的首腦齊集於荷蘭的馬斯垂克，並簽訂近代史上重要的《馬斯垂克條約》，歐盟於焉成立，荷蘭也成為歐盟會員國之一。

比利時

◎後羅馬時期

西元前57年，凱薩大帝擴張歐洲勢力，在現今的比利時遇到了貝爾格族，此為早期高盧人的分支。4世紀時，

一個獨立的梅羅文加王朝建立了，他們徹底逐出羅馬勢力，將範圍擴大到現今的法國、比利時及德國等地。梅羅文加王朝沒落後，加洛林王朝（Carolingian）建立，而查理曼大帝便是此王朝最偉大的統治者。查理曼大帝死後，依據《凡爾登協約》，其子孫將帝國分裂為3：西法蘭克約略是今日法國的雛形；東法蘭克大約是今日德國的範圍；而比利時則包括在中法蘭克的領地裡。不過中法蘭克很快就被分割瓦解了。

◎中古世紀

這個時期由於將羊毛從英國輸入，再加工製造成衣製品輸出，使得法蘭德斯的城市開始變得富裕；1300年，在布魯日、根特等城市的貴族們甚至擁有實質的自治權，而法蘭德斯的羊毛貿易也成為1337年爆發英法百年戰爭的原因之一。

◎勃艮第時期

1419年，勃艮第公爵腓力三世利用聯姻、外交、戰爭等手段，成為尼德蘭及法蘭德斯的統治者。腓力三世是英法百年戰爭的要角之一，在他的統治下，勃艮第公國開始擴張及興盛，並將文化，尤其是繪畫帶入一個新紀元。1477年，腓力三世的繼承人「大膽的查理」戰死沙場，他的女兒瑪麗繼承爵位，並嫁給了神聖羅馬帝國皇帝馬克西米連一世。當時勃艮第本土已被法國兼併，瑪麗於是將政治重心遷移到布魯日，但實權則掌握在馬克西米連手裡。此後法蘭德斯的歷史如同荷蘭一般，經歷了西班牙統治、八十年戰爭與拿破崙帝國時期。

◎獨立運動

拿破崙失勢後，比利時成為尼德蘭王國的一部分。1830年的革命浪潮自法國展開，在文化上與法國較接近的比利時也高張起民族主義，於是革命在布魯塞爾爆發，並擴展到全國。1831年，比利時從荷蘭人手中獲得獨立，並推選李奧波德一世（Leopold I）為第一任國王。

◎二次世界大戰至今

比利時在第一次及第二次世界大戰中均自定為中立國，但二次都被德軍攻陷。戰後的比利時放棄中立，於1949年加入北大西洋公約組織。1957年，比利時、荷蘭與盧森堡組成三國關稅同盟；1958年加入歐洲經濟共同體；1965年《布魯塞爾條約》簽訂，歐洲委員會成立；1992年成為歐盟會員國之一，布魯塞爾也成為歐盟首都。

盧森堡

◎早期歷史

西元963年，齊格菲伯爵在此建城，被視為盧森堡的起源。之後發生了幾件歷史大事，分別是西元1308年盧森堡的亨利七世成為日耳曼皇帝；西元1354年盧森堡的地位提升為大公國；西元1441年勃艮第公爵併吞盧森堡。

◎盧森堡獨立

19世紀初，盧森堡從屬於尼德蘭王國，尼德蘭國王同時身兼盧森堡大公，並派遣代理人治理盧森堡領地。到了1890年，荷蘭王威廉三世逝世，由於沒有男性繼承人，不符合盧森堡繼承法規，便由前拿騷公爵阿道夫繼承大公爵位，而盧森堡也正式從荷蘭獨立。

◎二次世界大戰至今

盧森堡於1867年的《倫敦條約》之後即成為中立國，但在第一次和第二次世界大戰中都被德國佔領。戰後的盧森堡一如鄰國比利時，放棄中立原則並加入北約與歐洲經濟共同體，1992年成為歐盟創始會員國之一，歐盟的歐洲法院便是設立在盧森堡市。

World Heritage Sites of The Netherlands, Belgiu

荷比盧世界遺產

文●蒙金蘭．墨刻編輯部　攝影●墨刻攝影組

荷蘭低於海平面的惡劣環境條件，迫使荷蘭人運用一切手段與海爭地，運河、風車、堤壩、海埔新生地，無一不是荷蘭人表現在治水專長上的明證。事實上，在荷蘭11項世界遺產中，有6項都和傑出的水利工程有關（另有1項遠在加勒比海的庫拉索島）。比利時豐富的歷史文化，讓小小的國家境內多達16項文化遺產（其中6項為跨國共有）；而盧森堡市四處可見的防禦工事景觀，也讓它排入世界遺產之列。

荷比盧世界遺產

荷蘭 The Netherlands

- ⑦瓦登海
- ⑧辛格運河以內的阿姆斯特丹17世紀運河環行區
- ㉕弗拉納克的艾辛哈天文館
- ㉓慈善定居點
- ㉙威廉斯塔德歷史區、內城和港口
- ④沃達蒸氣幫浦站
- ⑤比姆斯特爾海埔新生地
- ①斯霍克蘭及其周邊
- ②阿姆斯特丹的防線
- 阿姆斯特丹
- ⑥李特維德設計的施洛德住宅
- ⑨凡尼那工廠
- ③小孩堤防的風車群
- ㉔羅馬帝國邊界：下日耳曼界牆

比利時Belgium

- ⑩法蘭德斯地區的比京會修道院
- ⑬比利時和法國的鐘樓
- ⑭布魯日歷史中心
- 布魯日
- 安特衛普
- ⑱普朗坦－莫雷圖斯印刷博物館
- ㉒吉耶特住宅-勒柯比意現代建築系列作品
- 布魯塞爾
- ⑪布魯塞爾大廣場
- ⑮建築師維克奧塔設計的主要城市建築
- ⑲史托克雷特宅邸
- ㉑蘇瓦涅森林-喀爾巴阡與其他歐洲地區的原始山毛櫸森林
- ㉗第一次世界大戰（西線）的墓葬和紀念場所
- ⑰圖爾納的聖母大教堂
- ⑳瓦隆區主要礦業遺址
- ⑯史賓尼塞的新石器時代隧道礦區(蒙斯)
- ㉖歐洲溫泉療養勝地
- ⑫中央運河的四座船閘及周邊，露維爾地區、魯爾克斯地區（埃諾省）

盧森堡Luxembourg

- ㉘盧森堡市的老城區和防禦工事
- 盧森堡市

荷蘭 The Netherlands

①斯霍克蘭及其周邊

Schokland and Surroundings

登錄時間：1995年　遺產類型：文化遺產

打從史前時代已然發跡的斯霍克蘭，數千年來不斷受到海水氾濫的影響，使得當地居民曾多次被迫搬遷，該區的發展歷史與文化，稱得上是一部濃縮的荷蘭人長期與海抗爭的英勇史蹟。15世紀以前的斯霍克蘭原本是一座島嶼，然而19世紀時因為海平面不斷上升、海水入侵的緣故，當地政府不得不於1859年撤離該處居民，直到1940年代進行圍墾並排乾南海（Zuider Zee）的海水後，才再度成為得以利用的土地。如今在這片填海新生地上，依舊保留了珍貴的昔日村莊遺跡。

荷蘭 The Netherlands

②阿姆斯特丹防線

Defence Line of Amsterdam

登錄時間：1996年

遺產類型：文化遺產

綿延135公里、環繞著阿姆斯特丹城的防線，建於1883到1920年之間，是荷蘭唯一的一個以水力原理打造的防禦工事。自16世紀以來，荷蘭人就不斷藉由他們所擅長的水利工程知識來達到防禦目的。這條防線由45個要塞所組成，控制著複雜的運河及水閘，能夠藉由一起湧進來自堤壩內的水，以達到防衛功能。

荷蘭 The Netherlands

③小孩堤防的風車群

Mill Network at Kinderdijk-Elshout

登錄時間：1997年　遺產類型：文化遺產

小孩堤防標誌著荷蘭水利史上的一項奇蹟！自中世紀開始，荷蘭人發現原本只作為動力來源的風車，也可改裝成排水的工具，於是在全國各處低地興建了無數排水用風車，透過複雜的蓄洪與排水結構，讓原本早該沈沒入大海的低地也可以為人所居。隨著科技發展，荷蘭境內的風車大多被動力幫浦取代而拆除，因此像小孩堤防這樣仍密集保留19座17世紀排水風車及儲水區的地方，可謂絕無僅有。

荷蘭 The Netherlands

④沃達蒸汽幫浦站

Ir.D.F. Woudagemaal (D.F. Wouda Steam Pumping Station)

登錄時間：1998年　遺產類型：文化遺產

這座世界上最大的蒸汽幫浦站位於菲士蘭省（Friesland），於1920年開始運轉，直到今天仍然可以正常運作。這個龐大工程展現出荷蘭工程師與建築師的貢獻，保護低地國人民及土地免受水患威脅。

荷蘭 The Netherlands

⑤比姆斯特爾海埔新生地

Droogmakerij de Beemster (Beemster Polder)

登錄時間：1999年

遺產類型：文化遺產

此為荷蘭最早開發的海埔新生地，可以追溯到17世紀初葉，也是開發計畫中的傑作，無論道路、運河、堤壩等，皆保存完整的景觀，完全遵照古典主義及文藝復興的思維和原理。這個開發案代表著人類在社會與經濟擴張時，在與海爭地上又向前邁進了一大步。

©HollandMarketing

荷蘭 The Netherlands

⑥李特維德設計的施洛德住宅

Rietveld Schröderhuis (Rietveld Schröder House)

登錄時間：2000年

遺產類型：文化遺產

建於1924年的施洛德住宅是李特維德第一間完整設計的房子，從外到內都與委託人施洛德太太經過徹底討論，利用李特維德把空間分解成平面、以及無限座標空間的理念，結合使用者的習慣和對各種空間的要求，完成極簡卻又符合使用者所有需求的風格派機能住宅，被認為是當時歐洲最前衛的建築。

©HollandMarketing

荷蘭 The Netherlands

⑦瓦登海

The Wadden Sea

登錄時間：2009年

遺產類型：自然遺產

橫越歐洲大陸西北部到北海之間的淺海和溼地，瓦登海面積涵蓋荷蘭的瓦登海保護區以及德國的瓦登海國家公園，因此屬兩國所共有。這是一大片溫暖、平坦的海岸溼地環境，成形於複雜的自然與生態互動因素，當地出現大量過渡性棲息地，像是深受潮汐影響的海峽、海草地、淡菜床、河口沙洲、沼澤、沙丘等，其中6成以上的範圍是多種動植物的家，包括海豹和海豚等海洋哺乳類動物；此外，這裡更是1,200萬隻鳥類的聚食場，它是少數存留至今的大規模潮間帶生態系統，境內依舊不受干擾地持續進行著自然演進。

荷蘭 The Netherlands

⑧辛格運河以內的阿姆斯特丹17世紀運河環行區

Seventeenth-Century Canal Ring Area of Amsterdam inside the Singelgracht

登錄時間：2010年

遺產類型：**文化遺產**

辛格運河環繞著阿姆斯特丹市中心，17世紀時，為了解決大量移民所帶來的欠地問題，阿姆斯特丹決定展開一項大型都市更新計劃－興建運河環行區，從此，辛格運河成為該市最外緣的邊界。這片緊鄰城牆的歷史都會區以水道建構而成，包括舊城由西到南的水道網，以及圍繞舊城的中世紀港口。在這項長程計劃中，阿姆斯特丹藉由採用同心弧形運河系統排乾沼地，並填滿運河之間的空間來擴充土地面積，這些新生的居民地讓同質性的都市建築獲得整體性發展，包括擁有山形牆的運河屋等許多古蹟。直到19世紀，阿姆斯特丹的運河環行區都是世界大型城市計畫的參考範本。

荷蘭 The Netherlands

⑨凡尼那工廠

Van Nellefabriek

登錄時間：2014年

遺產類型：**文化遺產**

建於1920年，當時是鹿特丹西北部Spaanse Polder工業區的茶、咖啡和菸草工廠，由鋼鐵和玻璃組成的大面積帷幕外牆，是20世紀現代化工業建築的經典之作。凡尼那工廠被視為「理想工廠」，提供了充足的照明和愉悅的工作環境，至今仍作為鹿特丹的商業中心使用。建築本身是第一次世界大戰至二戰期間現代主義和功能主義的代表，同時見證了荷蘭長期以來自熱帶國家進口食品、加工並行銷歐洲的商業和食品工業軌跡。

比利時Belgium

⑩法蘭德斯地區的比京會修道院

Flemish Béguinages

登錄時間：1998年

遺產類型：**文化遺產**

「比京會」（Béguines）指的是一群信仰上帝但並沒有隱居的婦女。中古世紀時，有些婦女的丈夫因為戰爭喪生或各種因素，致使她們必須團結起來共同生活；大約13世紀左右，她們開始在法蘭德斯地區築起屋舍、教堂、公用建築、綠地等設施，並以社區的方式自給自足。這裡可說是中古世紀發展在西北歐地區的比京會典型代表之一。

比利時Belgium

⑪布魯塞爾大廣場

La Grand-Place, Brussels

登錄時間：1998年

遺產類型：**文化遺產**

大廣場以石塊鋪地，廣場長度約110公尺、寬約70公尺，不但是世界遺產組織的一員，同時還有「歐洲最美麗的廣場」之稱。大廣場周邊環繞著諸多中世紀建築物，其中以國王之家和市政廳最為出色，建築總數約在40座左右，只是原先的建築都無法逃過法王路易十四在1695年攻打比利時所帶來的破壞，現存建築大多是18世紀重建的。

比利時Belgium

⑫中央運河的4座船閘及周邊，露維爾地區、魯爾克斯地區（埃諾省）

The Four Lifts on the Canal du Centre and their Environs, La Louvière and Le Roeulx (Hainault)

登錄時間：1998年

遺產類型：**文化遺產**

這4座船閘建於19世紀末、20世紀初，為了能使船隻得以航行在水位高低落差達55呎高的中央運河上，這些船閘扮演著重要的角色，並且至今仍能持續運作，代表著19世紀歐洲優越的水利工程技術。

比利時Belgium

⑬比利時和法國的鐘樓

Belfries of Belgium and France

登錄時間：1999年、2005年

遺產類型：**文化遺產**

鐘樓是一座城市裡繼領主城堡、教堂鐘塔之外的第3座高塔，也是城市強盛的象徵。鐘樓原本是商人以木頭建造，用來存放貴重物品之用，後來才改成磚造建築，目的也變為代表這座城市的自由與權勢。法國北方與比利時境內的55座鐘樓，建於11至17世紀之間，各自呈現了羅馬式、哥德式、文藝復興式與巴洛克等不同時期風格，而一起被列為世界遺產。

比利時Belgium

⑭布魯日歷史中心

Historic Centre of Brugge

登錄時間：2000年　遺產類型：**文化遺產**

布魯日是一個中古世紀的運河小鎮，市區內擁有許多代表性的哥德式建築。身為歐洲經濟與文化中心之一，它的藝術文化也發展到世界各地，市內更保存了許多知名畫家的作品。舊城中心見證了中古世紀的建築發展過程，尤其是受到中世紀繪畫影響而創造出的哥德式磚，至今在布魯日街頭仍留下不少遺跡。

比利時Belgium

⑮建築師維克奧塔設計的主要城市建築

Major Town Houses of the Architect Victor Horta (Brussels)

登錄時間：2000年

遺產類型：**文化遺產**

布魯塞爾有4座主要城市建築：Hôtel Tassel、Hôtel Solvay、Hôtel van Eetvelde及Maison & Atelier Horta，都是建築師維克奧塔的傑作，他同時也是新藝術派(Art Nouveau)的先驅。這些城市建築反映了19、20世紀藝術、思想與社會的變遷。

比利時Belgium

⑯史賓尼塞的新石器時代燧石礦區(蒙斯)

©WBT_OPT-JLFlemal

Neolithic Flint Mines at Spiennes (Mons)

登錄時間：2000年

遺產類型：**文化遺產**

這個新石器時代的燧石礦區面積廣達100公頃，是歐洲古老礦區中最大、同時也是最早的一個，由此可見早期人類卓越萃取技術的發明及應用能力。

©WBT_OPT

比利時Belgium

⑰圖爾納的聖母大教堂

Notre-Dame Cathedral in Tournai

登錄時間：2000年　遺產類型：**文化遺產**

這座教堂可説是西方世界中最漂亮的教堂之一，擁有醒目的5座塔樓，建築融合羅馬式及哥德式風格。教堂中殿及翼部為羅馬式建築，建於12世紀；唱詩班的座席則是在13世紀重建的純哥德式風格。

比利時Belgium

⑱普朗坦-莫雷圖斯印刷博物館

Plantin-Moretus House-Workshops-Museum Complex

登錄時間：2005年

遺產類型：**文化遺產**

安特衛普和巴黎、威尼斯並列16世紀的歐洲3大印刷名城。這間位於安特衛普的印刷廠，其歷史可源自文藝復興及巴洛克時期，由當時印刷業巨頭普朗坦所創。目前此地已變成一間博物館，保存不少古老的印刷設備、一個大型圖書館及珍貴的印刷品。

比利時Belgium

⑲史托克雷特宅邸

Stoclet House

登錄時間：2009年　遺產類型：**文化遺產**

1905年時，銀行家兼藝術愛好者阿道夫・史托克雷特（AdolpheStoclet）挑選了當時維也納分離派運動中最傑出的建築師約瑟夫・霍夫曼（Josef Hoffmann）替他興建這座宅邸。這棟於1911年落成的建築，在沒有預算限制下，被認為是霍夫曼的代表作，同時也是20世紀最精緻華麗的私人建築：覆蓋著大理石的外觀充滿現代主義的簡潔感，出自克林姆、摩瑟等藝術大師設計的內部空間與細節，都讓這棟宅邸由內而外展現渾然一體的美感，猶如一件巨大的新藝術傑作而躋身世界遺產之列。

比利時Belgium

⑳瓦隆區主要礦業遺址

Major Mining Sites of Wallonia

登錄時間：2012年　遺產類型：**文化遺產**

19世紀初期，採礦和重工業是比利時經濟的主要命脈之一，東西橫跨南部170公里的瓦隆煤礦，帶動了此區域的城市快速發展。目前已不再產出煤礦，4個保留最好的礦業遺址（The Grand-Hornu, Bois-du-Luc, Bois du Cazier and Blegny-Mine）被列為世界遺產，以博物館的方式呈現19到20世紀瓦隆地區煤礦採集工業的原貌，以及依附礦業發展的城市基礎建設及人民生活方式。

比利時Belgium

㉑蘇瓦涅森林-喀爾巴阡與其他歐洲地區的原始山毛櫸森林

Forêtde Soignes-Ancient and Primeval Beech Forests of the Carpathians and Other Regions of Europe

登錄時間：2017年　遺產類型：**自然遺產**

歐洲共有63座古老原始的山櫸樹森林被列入世界自然遺產中，位於布魯塞爾東南方的蘇瓦涅森林也是其中之一。森林範圍約4,421公頃，包含部分滑鐵盧地區，目前由法蘭德斯區(56%)、布魯塞爾首都(38%)與瓦隆區(6%)3個單位共同管理維護。森林主要由山毛櫸和橡樹組成，有許多上百年的老樹。至今由於高速公路穿越等人為的影響和生態系統的貧瘠，已有7種動物如棕熊、狼等面臨滅絕。

比利時Belgium

㉒吉耶特住宅-柯比意現代建築系列作品

Maison Guiette-The Architectural Work of Le Corbusier, an Outstanding Contribution to the Modern Movement

登錄時間：2017年

遺產類型：**文化遺產**

20世紀最重要的建築大師科比意（Le Corbusier）被稱為「功能主義大師」，他的17棟建築作品分佈在7個不同國家，全都被列為世界文化遺產。其中一棟吉耶特住宅（Maison Guiette）位於比利時安特衛普的南方，科比意於1926年設計，隔年完工，是當地畫家與藝術評論家吉耶特(René Guiette)的工作室兼居所，這件作品打破了地基及面積的局限，是比利時境內唯一保存下來的大師建築，曾在1978年被法蘭德斯政府列為保護古蹟。

荷蘭 The Netherlands、比利時Belgium

㉓慈善定居點

Colonies of Benevolence

登錄時間：2021年　遺產類型：**文化遺產**

這項跨國遺產包含4個定居點，其中3個位於荷蘭、1個在比利時，共同見證19世紀一場社會改革實驗：透過在偏遠地區建立農業定居點，來緩解城市的貧困問題，也被稱為「農業國內殖民地」。1818年在荷蘭的弗雷德里柯索德（Frederiksoord）成立的，是最早的定居點，也是致力減少貧困問題的「慈善協會」的總部所在；之後又在威廉米瑙德（Wilhelminaoord）、芬赫伊曾（Veenhuizen）和比利時的沃特爾（Wortel）陸續設立。這些定居點裡有農舍、住宅、教堂和其他公共設施，19世紀最盛時期，荷蘭有超過1萬1千人生活在這樣的定居點；比利時則在1910年達到頂峰，人數多達6千人。

荷蘭 The Netherlands

㉔羅馬帝國邊界：下日耳曼界牆

Frontiers of the Roman Empire –The Lower German Limes

登錄時間：2021年　遺產類型：**文化遺產**

下日耳曼界牆是由萊茵河下游左岸、沿線約400公里的102個位址組成，從德國的萊茵山地分布到荷蘭的北海沿岸，屬於羅馬帝國邊境的一部分。西元2世紀，羅馬帝國橫掃歐洲、近東和北非，地界超過7,500公里，這些界牆的考古遺跡包括軍事基地、堡壘、塔樓、臨時營地、道路、港口、艦隊基地、運河、渡槽等，以及平民居住區、城鎮、墓地、避難所、宮殿、劇場等。這些深埋地下的考古遺跡，因為羅馬佔領時期的沉積物和有機材料，得以高度完好地保存下來。

荷蘭 The Netherlands

㉕弗拉納克的艾辛哈天文館

Eisinga Planetarium in Franeker

登錄時間：2023年　遺產類型：**文化遺產**

這座建於1774~1781年間的天文館，是由羊毛織造商艾辛哈（Eise Eisinga）基於當時對太陽系的認知，所構思、建造的動態機械模型，它由單一擺鐘驅動，力求真實還原太陽、地球、月亮和其他5顆行星之間的位置。這些行星圍繞著太陽運轉、行星之間的距離也按比例變化，模型佔滿了他起居室的整個天花板，成為20和21世紀天花板及投影天文館的雛型之一。

比利時Belgium

㉖歐洲溫泉療養勝地

The Great Spa Towns of Europe

登錄時間：2021年　遺產類型：**文化遺產**

包括比利時的斯帕（Spa）、德國的巴登巴登（Baden-Baden）、捷克的卡羅維瓦利（Karlovy Vary）等7個國家的11個城鎮在內，都以天然溫泉發跡，從18世紀初到20世紀蓬勃發展出歐洲的溫泉療養熱潮，也催生了一批大型的國際化溫泉度假村。這些設施都融入市鎮的整體格局，造就一個個在如畫的風景裡精心管理的休閒和療養環境，體現人類價值觀與醫學、科學、浴療學的交互發展。

比利時Belgium

㉗第一次世界大戰(西線)的墓葬和紀念場所

Funerary and memory sites of the First World War (Western Front)

登錄時間：2023年　遺產類型：**文化遺產**

由第一次世界大戰西線沿線的遺址所構成的跨國遺產，是1914至1918年間德國與盟軍戰爭的地方，散佈在比利時北部和法國東部一帶，規模有大有小，包括簡單的墓地、紀念碑、醫院公墓、戰場墓地、容納數萬名不同國籍士兵遺骸的大型墓園等，通常與紀念場館相結合。

盧森堡Luxembourg

㉘盧森堡市的老城區和防禦工事

City of Luxembourg: its Old Quarters and Fortifications

登錄時間：1994年　遺產類型：**文化遺產**

盧森堡的軍事位置重要，向來是兵家必爭之地，歷經多次爭戰，形成市內被碉堡城牆圍繞的獨特景觀。這座具強大防禦功能的城市一共由24座碉堡、16個強盛的軍事防禦系統和一條長達23公里的地下通道組成，內部不但可容納數千名士兵和馬匹休憩，同時也設有工作室、廚房、麵包店和屠宰場等設施，空間之龐大有如一座迷宮般。而今這些砲台、瞭望台及老城區都已被列為世界遺產。

荷屬安地列斯Netherlands Antilles

㉙威廉斯塔德歷史區、內城和港口

Historic Area of Willemstad, Inner City and Harbour, Netherlands Antilles

登錄時間：1997年　遺產類型：**文化遺產**

威廉斯塔德是位在加勒比海庫拉索島（Curaçao）上的城市，1634年荷蘭人在此建立一個優良的貿易港口。這座城市幾個世紀來的不斷發展，從而產生出一些重要的歷史意義，包括其建築不但展現歐洲城市設計的概念，而且反映出荷蘭、西班牙及葡萄牙殖民城市的風貌。

Art Masters in the Netherlands & Belgium
荷蘭&比利時藝術大師

山不在高，有仙則靈；國不在大，有巨匠則青史留名。細數歷史上的知名畫家，不少孕育自荷蘭和比利時，其中包括去世後創藝術史最高身價、無人不知的梵谷，真可謂地靈人傑，令人欽敬。

文◎蒙金蘭．墨刻編輯部　攝影◎蒙金蘭．墨刻攝影組

魯本斯Peter Paul Rubens 1577~1640

法蘭德斯派藝術大師魯本斯是縱橫國際藝壇、將巴洛克藝術風格推向極致的巨擘。他政商名流關係良好，從歐洲宮廷到天主教會都曾委託他作畫；在名著《法蘭德斯之犬》（台譯卡通《龍龍與忠狗》）的故事中，很會畫畫的龍龍心目中的偶像正是魯本斯，衷心嚮往能親眼欣賞這些畫作，卻因為沒錢而一直無緣目睹。

少年時期，魯本斯在一個伯爵夫人家裡做侍童，因此曾經接受正統的貴族式教育；在母親的安排下，師從過幾位畫家學畫，21歲便獲得安特衛普畫家公會的認可，成為正式的畫家。

沒被畫畫耽誤的外交家

1600年，魯本斯赴義大利學畫，受米開朗基羅、卡拉瓦喬、提香等的影響頗大；他鑽研古羅馬畫作、也曾摹仿大師們的作品來提升自己的繪畫技巧，風格日趨成熟。這期間他所創作的名畫包括《萊爾馬公爵騎馬像》、《聖海倫娜》、《豎起十字架》、《基督戴荊冠》等，帶有威尼斯畫派的風格。

8年後因母親辭世而返回安特衛普，之後就在家鄉買了一處新居，親手打造成融合文藝復興與巴洛克風格的華麗豪宅，渡過他人生最後的29年。雖然期間他到處旅遊，但最後總是回到這個宮廷般的家。

他的畫作以宗教題材、人物肖像和神話故事為主，氣勢宏偉、色彩豐富且充滿動感，深為各國達官顯要所喜愛，加上出色的外交才華與良好的聲望，歐洲許多王室與貴族都紛紛向他訂畫，邁入繪畫生涯的顛峰。

氣勢宏偉、色彩豐富且充滿動感

安特衛普可謂收藏魯本斯作品的大本營，從美術館、教堂、他的居所到廣場上的雕像，處處都是大師的蹤跡。

他為安特衛普聖母大教堂（Onze Lieve Vrouwkathedraal）所畫的三連祭壇畫：《上十字架》（The Elevation of the Cross）、《下十字架》（The Descent from the Cross）與《聖母升天圖》（Assumption of the Virgin），筆下的身體肌理分明，流露出雄健豪邁的筆觸，華麗的色彩極富動態又帶戲劇性，確立了他「比利時最傑出宗教畫家」的地位。著名的畫作還有《劫奪留西帕斯的女兒》、《瑪麗．美迪奇的生平》等；他的肖像畫作品更是受到歐洲上流社會的極大歡迎。

由於訂單應接不暇，魯本斯在安特衛普創立了一間私人工作室，培養了多位頗有才能的畫家做學徒，有些大幅畫作先由他設計指點後，再交給學徒們合力完成。安特衛普皇家美術館收藏《國王的崇拜》（Worship of the king）、《聖家族與鸚鵡》（Holy Family with the parrot）、《阿西西聖方濟各的最後聖餐》（Last Communion of Saint Francis of Assisi）等近20幅他的親筆畫作、以及在他指導下完成的工作室的作品。

◎代表作品

- 《聖李維納斯的殉教》（LeMartyre de SaintLievin）、《頌讚三聖人》（TheAdoration of the Magi）/布魯塞爾皇家美術館
- 《尼可拉斯．羅克斯和他的妻子阿德里亞娜．佩雷斯的墓誌銘》（Epitaph of Nicolaas Rockox and his wife Adriana Perez）、《鑄幣廠榮譽之門》（Gate of Honor of the Mint）/安特衛普皇家美術館
- 《樂園裡的亞當與夏娃》（Adam and Eve in Paradise）/魯本斯故居
- 《攀登髑髏地》（La Montée au Calvaire）/梅耶博物館

林布蘭Rembrandt 1606~1669

林布蘭是17世紀「荷蘭黃金時代」的主要代表畫家，當時的荷蘭無論在貿易、藝術、科學等各方面的成就皆高度發展，林布蘭以精練的光線和陰影手法、煞費苦心的構圖，被稱為「荷蘭歷史上最偉大的畫家」。

林布蘭出生於萊頓的中產家庭，父親是磨坊主人。15歲時，林布蘭就決定走向繪畫的道路，18歲曾在當時著名的畫家彼德拉斯曼（Pieter Lastman）旗下當學徒，此時已逐漸發展出個人風格。

林布蘭成名得早，30年代就已經是阿姆斯特丹的主要肖像畫家，他喜歡使用左上偏後方的柔和光源，來表現人物五官的立體感，運用明暗對比讓畫面充滿戲劇性，這種採光方式被稱為「林布蘭光」，容易打動人心，訂單因此應接不暇。

成也《夜巡》，敗也《夜巡》

目前珍藏在阿姆斯特丹國家博物館（Rijksmuseum Amsterdam）的《夜巡》（Night Watch）這幅畫，讓林布蘭的藝術成就達到巔峰，諷刺的是：卻也促使他走向窮途潦倒的後半生。這幅畫是當時市民警衛隊總部落成，委託林布蘭幫隊員們留下「大合照」，當時流行的肖像畫喜歡優雅鮮明的畫法，市警隊不滿意畫面中人物比例不同及明暗過於強烈的表現；畫家相當堅持自己的畫法，因而遭受攻擊，甚至為了是否重畫而訴諸法庭。

從此以後，林布蘭厄運連連：客戶減少、遭逢愛妻去世，加上他常常不計成本地購買繪畫材料，最終導致破產。搬回鄉下後，平凡小人物的生活成了畫作的主題，畫風也不再充滿戲劇張力，此後直到死前，作品都無法再受到真正的重視。

阿姆斯特丹處處擁有林布蘭留下的痕跡，包括他曾經住過的家、林布蘭廣場，還有阿姆斯特丹國家博物館收藏眾多他的代表作。晚景淒涼的林布蘭逝世後，和幼子一同葬在西教堂裡。

◎代表作品

- 《紡織工會的理事們》（The Syndics of the Amsterdam Draper's Guild）、《猶太新娘》（The Jewish Bride）、《裝扮聖保羅的自畫像》（Self-portrait as Apostle Paul）/阿姆斯特丹國家博物館
- 《杜普醫師的解剖課》（The Anatomy Lesson of Dr. Nicolaes Tulp）、《自畫像》（Self-portrait）、《在聖殿呈獻》（Simeon's Song of Praise）/莫里斯宮皇家美術館

維梅爾Johannes Vermeer 1632~1675

©Mauritshuis

維梅爾出生於台夫特一個中產階級的新教家庭，由於畢生工作、生活於台夫特，所以也被稱為「台夫特的維梅爾」。他善長描繪在某個限定的空間裡，以精細的光影效果優美地表現出人物或物體的真實感與質感，嚴謹的構圖、通透的用色，常和林布蘭被並稱為荷蘭黃金時代最偉大的畫家。

維梅爾繼承父親的旅館和賣畫生意，但遭逢荷蘭1672年「災難年」，不但無法賣掉自己的作品，經銷的畫作也乏人問津，於是鬱鬱而終，死時年僅43歲。他的作品流傳至今只有35幅，創作在1656至1675年期間內。

掌握光線與色彩，栩栩如生

莫里斯宮皇家美術館（Mauritshuis）珍藏的《戴珍珠耳環的女孩》（Girl with a Pearl Earring），無疑是維梅爾最著名的作品。畫中少女回頭凝望著觀者，彷彿打破時空的隔閡，讓觀者產生一種就是自己讓少女回眸的錯覺；而少女謎樣的雙眼與微啟的朱唇，更讓畫面充滿想像的吸引力。在畫面的安排之外，畫家運用光線與色彩，讓珍珠耳環細緻的反光、少女嘴角神來一筆的光線，表現出飽滿潤澤、彷彿可以觸摸的實質感。

維梅爾另一幅《倒牛奶的女僕》（The Milkmaid），在充滿靜物的畫面裡，唯一的動作來自正在倒牛奶的婢女，她的專注使周遭瀰漫著祥和寧靜的氣氛，觀者幾乎可以聽到牛奶緩緩倒進碗裡的聲音。安詳恬淡的場景與細膩動人的細節，是維梅爾典型的畫風，他利用光線明暗和垂直與水平的動線，將畫中的女人表現得淋漓盡致。

20世紀初，這幅畫居然出現在美國，引起荷蘭境內群情激憤；在輿論的壓力下，荷蘭國會決議由國庫撥款，買回這張畫，目前收藏在阿姆斯特丹國家博物館。

◎代表作品

- 《台夫特之景》(View of Delft)/莫里斯宮皇家美術館
- 《小街》(View of houses in Delft)、《讀信的藍衣少婦》(Woman Reading a Letter)/阿姆斯特丹國家博物館

梵谷Vincent Willem van Gogh 1853~1890

©Van Gogh Museum

梵谷出生在荷蘭的桑德（Groot-Zundert），父親是喀爾文教派的牧師，佈道與聖經成了梵谷重要的童年記憶；在母親的影響下，梵谷自幼就喜歡繪畫。

1869年休學後，進入交易藝品的Goupil & Cie海牙分公司任職，之後曾擔任短暫教職、書店店員，1878年轉任神職人員，至法國邊境的礦場服務，此時以礦工為主題作畫讓他重拾對繪畫的熱情。

在弟弟西奧的經濟援助下，1880年開始練畫，曾至海牙跟著Anton Mauve學習油畫；1883年來到努能（Nuenen）與父母同住，以當地的紡織工及農民為題作畫，奠定繪畫基礎。然而與鄰居瑪格（Margot Begemann）相戀卻不被祝福，瑪格自殺未遂的事件影響梵谷一家在小鎮的聲譽。

1885年父親病逝，加上一件模特兒懷孕的疑案，使梵谷大受打擊，他渴望接觸新的畫家、景物和藝術品，同年11月前往比利時的安特衛普；這一走，他未曾再回到荷蘭。

在安特衛普時，曾短暫進入藝術學院，但無法適應學院的教育方式，於是跟隨弟弟前往巴黎，結識了高更（Paul Gaugain）、塞尚（Paul Cezanne）、秀拉（Georges-Pierre Seurat）、勞特雷克（Henri de Toulouse-Lautrec）等畫家，西奧也為梵谷安排和畢沙羅（Pissarro）、竇加（Degas）、莫內（Monet）等大師級人物見面，梵谷雖未與這些畫家深交，但他當時的作品顯然深受到這些大師的影響。

1888年2月，懷抱著對藍天、陽光的嚮往，搬到法國南部亞爾（Arles）居住，並邀請好友高更前來，但兩人個性極端，對藝術的見解不同、時有爭執，一次激烈的爭吵後，高更奪門而出，梵谷精神瀕臨崩潰，割下自己的左耳而被送進醫院。

此後，精神狀態時好時壞，於是住進聖雷米（Saint-Rémy）的Saint Paul-de-Mausole療養院。出院後病情反反覆覆，1890年前往巴黎拜訪西奧，發現弟弟正陷於嬰兒病重及經濟困難雙重壓力，或許是自覺為西奧的負擔，梵谷的精神狀態又再度不穩定，最終舉槍自盡。

想要多了解梵谷，就要對他各時期畫風有所認識：

努能時期（1883.12~1885.11）

受米勒和狄更斯的影響，此時梵谷偏愛以勞動者作為畫作主角：畫面陰暗，描繪勞動者挖掘泥土的手、坐在織布機前專注的神情、耕作的辛勤；他認為農民畫裡要有燻肉和蒸馬鈴薯的味道，田野畫中要有小麥和鳥糞的氣味。梵谷速寫農民累積的成績，在《食薯者》（The Potato Eater）完全展現：陰暗的屋內，小燈照出燻黑的牆壁、農民身上污穢的衣帽、長年工作結繭的雙手和刻滿皺紋的臉，忠實表現勞動者的生命力。

巴黎時期（1886.2~1888.2）

與巴黎的印象派畫家們交流，畫風轉變為明亮多彩，個人風格也逐漸成形。開始接觸歐洲以外的藝術，喜歡上日本浮世繪畫風，不但收藏畫作，也臨摹許多日本畫師的作品，對色彩鮮豔、線條明快的日本版畫相當著迷。在後來定居亞爾的時期，嘗試將日本畫的精神運用在法國風景中，《花開的亞爾田野》（View of Arles with Irises）就是這種風格的代表作。由於沒錢請模特兒，所以梵谷畫了許多自畫像，作為色彩練習的作品。

亞爾時期（1888）

在陽光充足的法國南部，以自然風景和生活即景創作出許多廣受喜愛的知名畫作，如《亞爾的臥室》（Bedroom in Arles）、《星空下的咖啡館》（Café Terrace at Night）；而向日葵系列則是為了歡迎高更的到來而畫的作品。這個時期能強烈感受到梵谷對大自然的歌頌與生命的詠嘆，但也開始感覺他靈魂的焦慮：色彩鮮豔濃烈，喜歡在同一個畫面呈現高飽和度的對比色，特別是黃與藍的組合，筆觸強勁明確。

聖雷米時期（1889~1890）

在療養院時不太能外出，作品多半從自然中找靈感或描繪花卉靜物。彷彿預知自己生命走到盡頭一般，梵谷不斷地以田野和人物為題作畫，在短短兩個月的時間裡，他創作了80多幅畫作。受精神疾病所苦，開始出現漩渦狀的筆觸，畫面中強烈的節奏感讓觀看者感受到他強烈的躁鬱與不安。《星空》（Starry Night）、《鳶尾花》（Irises）、《麥田群鴉》（Wheatfield with Crows）都是這時期的作品。

◎代表作品

- 《黃色屋子》（Yellow House）、《麥田鴉群》（Wheatfield with Crows）、《鳶尾花》（Irises）/梵谷博物館Van Gogh Museum
- 《奧古斯丁·魯林夫人》（Augustine Roulin）、《自畫像》（Self-portrait）/阿姆斯特丹市立美術館
- 《星空》（Terrace of a Café at Night）、《梵谷自畫像》（Self-portrait）/庫勒慕勒美術館

Creative architectures in Amsterdam

阿姆斯特丹創意建築

荷蘭當代建築一向旗幟鮮明，最主要的設計概念乃是沿續運河屋的特點：最小的空間、最大的利用度，以及獨特的造型或色彩；「好」的定義在於完美結合比例、尺寸、顏色、機能，以及與使用者的良好互動。因此，可以說實用主義貫穿所有的設計概念，不論是內部巧妙的空間設計，或是外在奇特的形態，都有其存在目的或作用。

文●陳蓓蕾．蒙金蘭．墨刻編輯部　　攝影●蒙金蘭．陳蓓蕾．墨刻攝影組

作為荷蘭的首都，阿姆斯特丹一向是引領潮流的先驅，也是建築師們較勁的舞台，從紅極一時的阿姆斯特丹學派、機能主義（Functionalism）、風格派（De Stijl）、結構主義（Structuralism）歷經到後現代主義（Post-Modernism），光是從阿姆斯特丹的港灣走到市中心，就是荷蘭當代建築史的精彩縮影。不同理念、富有柔軟創意的設計師們結晶的集體展現，藉由不斷嚴謹的探索、實驗，在水岸運河邊交織出處處美麗的建築樂章！

Eye電影博物館Eye Filmmuseum

地圖：P.57B1

建築師：奧地利建築師公司 Delugan-Meissl

建築年代：2012年

從中央車站後方的出口遠眺，對岸的電影博物館宛如運河上一只巨大的眼睛，令人驚豔。這棟白色的未來主義建築，設計中考慮了光線、時間的流逝等電影方面的元素，利用光線在IJ運河水面上的反射，從外觀到內部，每一處細節都充滿驚喜。尤其是一樓的景觀餐廳，視野很棒，玻璃帷幕外270度的水岸景色躍然眼前！階梯式的座位設計就像電影院的觀眾席。

IJ音樂廳Muziekgebouw aan 't IJ

地圖：P.57B2　**建築師**：3XN　**建築年代**：2005年

IJ國家音樂廳的音響效果與維也納金色大廳、波士頓音樂廳並稱全世界音響效果最好的3大音樂廳，也是荷蘭皇家交響樂團最重要的表演舞台。然而令人讚賞的不只是音樂，建築本身也同樣是件藝術品，每個設計細節都同時考量功能與意涵。大片玻璃帷幕白天反射港口的天光雲影和點點遊船，像安置在IJ港灣的水晶寶盒；夜裡則變身閃閃發光的音樂盒。建築物右側從演奏廳內部拖曳出一個堅實的四方盒子，連接著通往道路的行人陸橋，在半空中直指阿姆斯特丹市中心。觀眾過橋後到達的地方是音樂廳的高樓層，順著階梯拾級而下，空間穿透性高的正立面讓觀眾先用眼睛欣賞IJ港灣的動態演出，再進入音樂廳內欣賞極致聽覺饗宴。

NEMO科學中心NEMO Science Center

地圖：P.57B2　**建築師**：Renzo Piano　**建築年代**：1997年

NEMO科學中心外型就像停靠在IJ港灣邊的巨大青銅船隻，是由完成巴黎龐畢度藝術中心的義大利建築師Renzo Piano所設計。即使不買票入內，踏著階梯上NEMO的頂樓，就有很好的視野，可以環視周遭的海景和景物，而且頂樓和科學中心裡一樣，設計了不少運用大自然創造的景物，無論大人小孩都能樂在其中。

阿姆斯特丹建築中心Arcam

地圖：P.57B2　**建築師**：René van Zuuk　**建築年代**：2003年

Arcam是阿姆斯特丹地區建築資料的大本營，展覽廳定期策劃關於建築學與都市發展方面的展覽或藝文活動，而資訊中心則藏有大量書籍、雜誌、地圖，並以年表方式指出阿姆斯特丹地區指標性建築的演變與特色。做為現代建築學總部，Arcam本身當然也不能建得太過平凡，建築師運用流線的造型，帶出弧角、斜度與凹面，整面透明玻璃和一體成形的斜紋上銀漆鋁板外牆，讓整棟建築充滿雕塑形式的未來質感。而且室內景觀很棒，可以最美的角度欣賞西北側的NEMO科學中心和東側的海事博物館。

集合住宅—船Museum Het Schip（The Ship）

地圖：P.57A1

建築師：Michel de Klerk

建築年代：1917~1920年

雖說機能主義是荷蘭當代建築的中心思想，但在機能主義盛行之前，以表現主義為中心的阿姆斯特丹學派也曾紅極一時，其代表作即為集合住宅—船。船原本是要興建給勞工居住的集合式住宅，這3座圍成三角形的建築，外觀以大量紅磚來表現浪漫的造型創意，其曲線外牆、注重細部裝飾及高懸的小窗，是典型的阿姆斯特丹學派特色，而不同傾斜度的屋頂、任意凸出的弧形窗戶和高壯的尖塔，則給人童話故事般的美感，讓人看一眼便難以忘懷。

阿姆斯特丹證券交易所
Koopmansbeurs

地圖：P.57B2　**建築師**：Hendrik Petrus Berlage
建築年代：1903年

阿姆斯特丹證券交易所是貝拉格最著名的作品，開啟了荷蘭當代建築先聲，代表荷蘭建築從浪漫主義跨入理性主義的里程碑。這棟建築以一系列的幾何圖形為基礎，正立面用的是稱為「埃及三角形」（Egyptian Triangle，即5:8）的比例，建築的每一部份皆經過精密計算。此外，這棟建築包含了辦公室、證券交易中心、3間大倉庫等多樣機能空間，但各自的入口皆井然有序地並列在建築正面，讓外觀非常協調。大廳中以完全裸露的鋼拱架支撐天花板，沒有多餘的裝飾物，只將石製基座、拱門上的基石、門楣、門框、窗框及雨水導管等處，利用不同材質來同時達到支撐和裝飾的功能，十足的「貝拉格思維」。

阿姆斯特丹市立美術館
Stedelijk Museum Amsterdam

地圖：P.57A2　**建築師**：Benthem Crouwel建築事務所
建築年代：2011年

阿姆斯特丹市立美術館原是一棟1895年的紅磚老建築，但在歷經為期數年的翻新工程後，由Benthem Crouwel建築事務所為它加上了未來主義的純白構造，不但使展館面積大為增加，風格也更具科技感。

ING集團總部ING House

地圖：P.57A2　**建築師**：Roberto Meyer, Jeroen van Schooten
建築年代：2002年

被荷蘭人暱稱為「太空母艦」的ING House，是ING集團的總部大樓，由兩位當時還未滿40歲的年輕設計師合力完成。其建築主體寬28公尺、長138公尺，最高處為48公尺，以玻璃帷幕及電鍍鋁板為主要建材，流線的造型，加上16根運用造橋技術插入地面水泥磚的大腳架，像極了一艘來自未來、正要騰空而起的太空戰艦。而大樓內部也延續其創意，這裡有一半的辦公室被設計成「可變動的」工作場所，員工可隨心所欲地變換空間。

阿姆斯特丹東埠頭區
Oostelijk Havengebied Amsterdam

地圖：P.57C2D2　建築師：多位建築師
建築年代：1975年以後

1970年代，阿姆斯特丹碼頭重心逐漸西移，市議會於是決議將東碼頭區的4個半島轉變為住宅區。到目前為止，這裡已有超過8千間房屋、學校、商店、辦公室及各類型休閒場所，機能齊全。雖然東埠頭區的許多建築都是新建的，但仍有不少19世紀的倉房被重新利用，由於在開始規劃時，就決定藝術和文化是本區整體的特徵，各社區發展之初，就已將藝術與造景提案規劃妥當，因此所有建築的鑄鐵外觀、裝置藝術或公共造景等雖各具特色，卻不失整體的和諧。

集合住宅—鯨魚The Whale

地圖：P.57C2

建築師：Frits van Dongen（De Architekten Cie）

建築年代：2000年

為了消化愈來愈稠密的人口，阿姆斯特丹東北部的Borneo及Sporenburg區域於1996到2000年間，成為高密度的低矮住宅區。其中落成於2000年的集合住宅—鯨魚，內有194戶住家及1,100平方公尺的辦公室，突出的高度和不規則的建築主體，成為此區最醒目的天際線。不過基於機能主義，鯨魚傾斜歪曲的屋頂並非純為取巧，而是依照太陽在天空的角度及照射方向而設計，因此不論何時，此棟建築都能得到最充份的光線。除了屋頂外，鯨魚的底部、側面也都以各種傾斜的設計為主，使其能容納更多不同面積的居住單位，可說是機能主義的極致表現。

新式運河屋Patio Dwelling

地圖：P.57D2

建築師：West 8設計公司

建築年代：1997年

在東埠頭區新興的一批新式運河屋，讓阿姆斯特丹的臨水住宅增添許多時尚氛圍。新式運河屋分布於Borneo及Sporenburg兩個半島，平均每棟房子只有30.25坪，採背對背形式整齊排列，每棟都有獨自的大門面對馬路，並將荷蘭人習慣的院子、陽台設置於頂樓，節省許多用地空間。這些運河屋大致上尺寸都差不多，一樓皆為挑高3.5公尺，以利部份空間用作夾層，並提供屋內充足的光線；較私人的空間如臥房都在2、3樓，給予更多隱私權。不過，新式運河屋在外觀上仍是爭奇鬥豔，因為共有多達36位建築師依據上述規定，設計出各有特色的住宅，值得一一玩味。

巨蛇橋Pythonbrug

地圖：P.57D2

建築師：Adriaan Geuze, Daniel Jauslin, Rudolph Eilander（West 8, Rotterdam）

建築年代：1999年

在新東埠頭區連接Borneo和Sporeburg兩個半島的兩座鮮豔紅橋，是海上最引人注目的建築。這兩座鋼鐵橋各有特色，東邊較高的曲橋是一座人行橋，高低起伏的曲線分外妖嬈耀眼；而西邊較矮的平坦直橋則是供腳踏車通行，同樣火辣簡潔。兩者都像是出自技藝純熟的雕刻大師之手，以T型交錯的鋼架織出曲線柔軟的外觀，再以硬木鋪出起伏的通行階梯，就連橋上的路燈造型都像是辦公桌上的Memo夾。

Creative architectures in Rotterdam

鹿特丹創意建築

鹿特丹和其他歐洲古城很不一樣，它是個時時在變化、活著的城市，也是建築師炫技的最佳舞台，市區裡有眾多令人眼睛發亮的建築，每次造訪都能發現新意，絕對值得花一個下午、甚至一整天的時間，來一場建築的視覺震撼。

文●陳蓓蕾．蒙金蘭．墨刻編輯部　　攝影●蒙金蘭．墨刻攝影組

踏出中央車站別急著前行，回頭一看就能讓你驚嘆出聲，破空的金色銳角揭開這場建築饗宴的序幕。博物館區迷人的綠地、雕塑及數棟設計獨特的博物館、美術館等，不論是外觀還是內部，都值得細細瀏覽，新近出現的「大碗公」，再度為這一區街景畫龍點睛。

步出如降落飛碟的布萊克車站，迎面是趣味十足的立體方塊屋、如「水管寶寶」般的中央圖書館和有如巨型藝術品的市集大廳，光是這一站就值得你流連大半天；稍微步行，還可以走到紅蘋果。繼續往鹿特丹港方向前進，造型奇特的天鵝橋、鹿特丹大樓和KPN皇家電信總部大樓，一起讓鹿特丹港「怪美的」。

中央車站Rotterdam Centraal

地圖座標：P.165A1
建築師：Team CS
建築年代：2014年

古銅金包覆著的中央車站，在陽光下閃爍得讓人幾乎不敢直視，鋒利的稜角像把利劍直破天際，斜角挑高的大廳使用整片玻璃帷幕，投射在地上的Rotterdam Centraal影子隨著陽光變化的角度移動，站在這兒就有時光流動和旅行的感覺。中央車站同時整合地下電車、輕軌電車站，作為鹿特丹的門面，的確能看出國際轉運樞紐的泱泱大器與野心。

鹿特丹市集大廳Markthal Rotterdam

地圖座標：P.165D1
建築師：MVRDV &INBO
建築年代：2014年

不管是體積或藝術表現，MVRDV再一次創造了世界上獨一無二的建築！挑高39公尺的圓拱天花板上飛翔著色彩奔放的花卉蔬果昆蟲，11,000平方公尺的巨型牆畫是由藝術家Arno Coenen創作的聚焦主舞台，兩側玻璃帷幕引入自然天光，增加空間的通透性及融入市民生活的無邊界感；光線明亮的大廳內，新鮮飽滿的蔬果、活跳跳的魚蝦、黃澄澄的乳酪和沾著露珠的鮮花，正恣意展現最好的姿態吸引買家注意。穿梭在攤販間，此起彼落的吆喝叫賣聲無疑是充滿生命力的傳統市場氛圍，而乾淨時尚的藝術空間又賦予幾近享受的全新市場體驗。包圍上百個生鮮攤販的是各式商店、Albert Heijn超市旗艦店、餐廳以及住家！？沒看錯，建築的馬蹄形圓拱主體就是228個單位的住宅空間，居住在這個世界上最大型的藝術作品下，一口氣就能滿足所有的生活需求。

布萊克車站Rotterdam Blaak Station

地圖：P.165D2
建築師：H.C.H. Reijnders
建築年代：1993年

被鹿特丹人暱稱為「茶壺」的布萊克車站，其迷人之處在於它那頂巨大的透明圓盤，彷彿太空飛碟即將在地球表面降落一般。由於地鐵通道中常會竄出強勁氣流，因此布萊克車站的月台幾乎直通戶外的開放空間，為了有所遮蔽，便以一個直徑35公尺的玻璃圓盤傾斜覆蓋。這個圓盤由兩條圓管架起，看似懸浮在空中，而兩條管子又各由三根鐵架支撐，鐵架上再以無數小鐵條增加支撐力，整個空間皆以三角形為基本單位。圓盤上以兩種顏色的霓虹燈裝飾，若是看到藍燈，表示南下的火車正要通過，而當黃燈亮起，則代表目前進站的是北向列車，更為布萊克車站帶了點兒外太空味。

中央圖書館Centrale Bibliotheek Rotterdam

地圖：P.165D1
建築師：Van den Broek & Bakema
建築年代：1983年

鹿特丹中央圖書館最大的特色為半面階梯式的外觀，以及漆著鮮亮黃色、圍繞外牆的外露通風管，因此擁有許多暱稱，例如「金字塔」、「水管寶寶」或「鹿特丹的龐畢度」等。這座荷蘭最大的圖書館共有藏書40多萬冊，分別存放在6層樓的空間裡，整棟建築在層層漸縮的幅度上、或是電扶梯的斜度上，都大量運用45度角的設計。中心部分是電梯和儲藏空間，行政中心則聚集在一個直角三角形的範圍內。除了書之外，裡面也有閱報室、小型劇場和資訊中心，內部設計可依需要而變更。

方塊屋Kijk-Kubus

地圖座標：P.165D2
建築師：Piet Blom
建築年代：1984年

方塊屋是荷蘭最具代表性的現代建築，整座社區共有51個方塊單位，建立在一片平台上，而這片平台橫跨了Blaak大道，形成一處特殊的「隧道」。方塊屋最大的特色，就是那一塊塊傾斜45度並間間相連的正立方體，每塊立方體都是一個居住或辦公單位，而架高這些方塊的樑柱及牆壁之間，則被規劃出14個社區性的小巧商店及餐廳，機能性非常齊全。

光看方塊屋的外觀，很難想像居住其中的生活；走進方塊屋，其實內部的結構和一般正常的房子並無兩樣，只是在空間安排上多了一些柔軟的巧思。

紅蘋果The Red Apple

地圖：P.165D2　**建築師**：KCAP Architects & Planners
建築年代：2009年

位於鹿特丹Wijnhaven島上的紅蘋果，是市區的地標建築之一，也是鹿特丹第4高的大廈，在2009落成當年，即獲得荷蘭建築獎的殊榮。紅蘋果大致分為2大部分，分別是124公尺高的細長高樓，和53公尺高的「Kopblok」，集住宅、辦公室、商店、餐廳、停車場於一處，機能十分齊全。紅蘋果在外觀上最大的特色，就是鮮紅的垂直與水平線條，其顏色來自鋁板電鍍後的氧化結果，並沒有做額外的上色處理。高樓的紅樑並非整齊劃一地垂直排列，而是愈往高層線條愈細，且偶往左右傾斜，這麼一來便製造出樓面加寬的錯覺效果。

而較矮的Kopblok造型也很奇特，像是一顆從基座建築長出來的「頭」，以其5個角度的樓面與另一側的高樓傾斜對望著。若是從南邊望向紅蘋果，則會發現Kopblok主建築呈凹字形，中央頂層的4層樓則是一座以大片玻璃覆蓋的空中花園，景觀獨具。

天鵝橋Erasmusbrug

地圖座標：P.165D4　**建築師**：Ben van Berkel　**建築年代**：1996

橫跨新馬斯河兩岸的天鵝橋，雖然以中世紀鹿特丹思想家伊拉斯謨（Desiderius Erasmus）命名，但由於造型像一隻優雅的天鵝頸，因而被居民暱稱為天鵝橋。天鵝橋落成於1996年，由荷蘭建築師Ben van Berkel設計，長800公尺的雪白橋身、高139公尺的不對稱斜拉橋塔、簡潔俐落的造型，使它馬上獲得鹿特丹人的喜愛，進而成為鹿特丹的市標之一。

天鵝橋乃是一個經過嚴密配套設計的建築體，將建築架構、都市居民的生活方式、基礎設施以及公眾功能，都結合成一超簡單易理解的建築物，廣及橋樑周邊的遊船碼頭、停車等，都是整體設計案的一部分。寬敞平整的天鵝橋，橋身2,600級階梯、數條大道，可供車輛、電車、腳踏車、行人及滑板的運動人士通行，是個十足的機能型建築；而夜晚的燈照明，更強調此橋不只是個交通設施，更是一個都市藝術品。

鹿特丹大樓 De Rotterdam

地圖座標：P.165D5　**建築師**：Rem Koolhaas　**建築年代**：2013

獲獎連連的荷蘭建築大師雷姆庫哈斯（Rem Koolhaas）回到自己的家鄉鹿特丹，打造了以「垂直城市」為概念的荷蘭最大建築物，與旁邊的天鵝橋一同屹立在歷史悠久的鹿特丹港口放閃。3棟連在一起的建築物高150公尺、寬超過100公尺，下方可以互通，上方錯開，像極了疊疊樂積木往上堆疊，結構上增加了透光性與活躍感。從不同的角度看De Rotterdam，有時是一面牆，有時又變成3棟樓，展現多元風貌。

KPN皇家電信總部大樓KPN Telecom Building

地圖座標：P.165D4
建築師：Renzo Piano
建築年代：2000年

走過鹿特丹的天鵝橋，很難不被這棟奇特的建築所吸引。這棟大樓的業主來頭不小，乃是荷蘭電信公司龍頭KPN，而設計師的名聲更是驚人，竟是曾經設計出巴黎龐畢度中心、並以大阪關西機場拿下1998年普立茲克獎的義大利建築師倫佐・皮亞諾（Renzo Piano）。

KPN總部大樓從側面看，彷彿由3棟建築組合而成，中間細瘦的紅色部分像一片夾在三明治中的火腿，將兩旁的結構區分開來；面向港口的一側是中規中矩的長方形，平均分散的窗戶也讓這一面平凡無奇；但面向天鵝橋的另一側卻造就出整棟建築的焦點：高聳的樓面竟傾斜約有15度，使得這一部分的頂樓面積遠比底層為大，但由於3個部分的高度都不相同，在樓面上也形成些許錯覺。而在傾斜的那面，還有根斜柱從地面插入大樓中央，彷彿支撐著即將倒塌的樓面；樓面由綠色的玻璃板所構成，上面密布著綠色的小燈，讓整片樓面看起來就像個超大型的電子看板，在晚上時尤其明顯。

博曼斯·凡貝寧根博物館倉庫
Depot Boijmans van Beuningen

地圖座標：P.165B3　**建築師**：MVRDV　**建築年代**：2020年

博曼斯·凡貝寧根博物館（Museum Boijmans van Beuningen）是館藏非常豐富的藝術寶庫，然而目前正在進行大規模的整修工程；為了讓大眾在整修期間仍能持續欣賞博物館所收藏的藝術品，特地委託MVRDV在博物館旁建造了一座新的倉庫，並且打破傳統倉庫「隱藏」的特性，讓它也是開放的展示空間。獨特的造型和內部空間設計，讓這座倉庫本身就是一個整體藝術，成為鹿特丹市景的新亮點。

這座碗狀的倉庫高39.5公尺，內部有14個溫控隔間，足以存放所有不同的藝術品，遊客可以順著縱橫交錯的樓梯前往展覽室、策展人工作室和屋頂，寬敞的屋頂還有花園和餐廳。反光的圓形量體就像特大面的鏡子，忠實反映周遭的一切，趣味十足！

Belgium beer
比利時啤酒

比利時啤酒文化博大精深，豐富的多樣性絕對不輸紅酒或其他飲料，釀造與品鑑啤酒已成為生活與社會文化中重要的一部分；啤酒更是被廣泛運用於烹飪或各類產品中。2016年，比利時啤酒正式列入聯合國教科文組織（UNESCO）的人類非物質文化遺產，從此品嘗比利時啤酒不只是喝啤酒，還能成為守護世界文化遺產的一份子！

文●陳蓓蕾 蒙金蘭 墨刻編輯部　攝影●陳蓓蕾 墨刻攝影組

目前比利時約有1,500種啤酒，類型與口味具豐富多樣性，酒精濃度從3%到25%都有，6%以上的啤酒佔大多數。因地區、起源、香料和釀製方法的不同，創造的風味也千變萬化：有的清爽解渴、有的濃郁強烈、有含水果風味、也有季節限定；比利時人大部分不偏好豪飲，而喜愛慢慢品嘗。

正統修道院啤酒 Trappist/Trappiste

最讓酒迷與鑑賞師們感動的，首推正統的修道院啤酒。這些啤酒至今仍經由修道院的修士們嚴格控管品質，盈餘則推動社會公益與慈善事業，雇用社會弱勢者加入生產線，再將物美價廉的產品提供給普羅大眾。

修道院的僧侶從西元6世紀就開始釀酒了，1997年隸屬天主教嚴規熙篤會（Ordo Cisterciensis）的幾家修道院為了守護修道院釀酒守則、並防止名稱被濫用，特別成立了國際修道院特拉普協會(International Trappist Association)，僅有成員或經過協會同意才可使用正統修道院啤酒（Trappist Beer）這個名稱，並在包裝上印有一個六角形的正統修道院產品標籤（Authentic Trappist Product）。能獲得認證的修道院啤酒，必須遵守：啤酒必須得在修道院製造、所得收入用做院內開支以及推動慈善

公益活動等標準。直到2024年為止，全球共有12家認證的修道院釀酒廠，其中5家在比利時、2家在荷蘭，其餘分別在法國、英國、義大利和奧地利等。比利時的5家修道院啤酒皆為頂級之選，包括Chimay、 Orval、Rochefort、Westmalle與Westvleteren，荷蘭的兩家修道院啤酒則是La Trappe和Zundert。

如今大部分的修道院啤酒，在超市就能買得到，只有被稱為「夢幻逸品」的Westervletern啤酒是個例外，必須親臨位於比利時西法蘭德斯的聖思道修道院（St. Sixtus）才喝得到。

品牌修道院啤酒Abdij/Abbaye

二次大戰後，由於大眾對修道院啤酒的喜愛，所以出現許多這種修道院委託酒廠釀製的啤酒，甚至有些掛著Abbeybeer酒標卻與修道院完全無關，只是使用和Trappist相同的古法釀造、或從修道院取得執造而釀造。為了不造成混淆，比利時啤酒公會也發展出自己的修道院啤酒認證Erkend Belgisch Abdijbier，若無法取得這個認證，充其量只能算「修道院風格」的啤酒。

自然酸釀蘭比克啤酒Lambic

除了維持質樸傳統而令人感動的正統修道院啤酒外，自然酸釀蘭比克啤酒(Lambic)也是比利時啤酒的一大特色，只有在空氣中具有野生酵母蘭比克（Lambic）的布魯塞爾諾納河（Zenne）流域才能釀造。

不同於其他啤酒使用培養的酵母，蘭比克啤酒採用自然發酵法，讓空氣裡飄浮的野生酵母受到40度麥汁香甜的引誘，飛入麥汁中發酵。布魯塞爾市區內目前僅存一家小型的蘭比克釀酒廠Brewery Cantillon，提供導覽與試喝行程。

關於啤酒

啤酒標籤解密

比利時的酒標上透露了許多重要資訊，包含品牌名、酒廠名、種類、顏色種類、酒精濃度，甚至還有適合存放的溫度與飲用時該用的杯子等。例如正統修道院啤酒推薦的存放溫度是10~13度，在這樣的溫度下較可以享受啤酒的香味。大致上存放的準則是：顏色越深，存放的溫度越高；顏色越淺則存放的溫度越低。

釀造方式

啤酒的原料其實很簡單：麥芽、水、啤酒花和酵母，因應各地不同的風俗、氣候、口味和配方，4個元素可以產生無限組合。

拉格Lager：底層發酵法

以發酵方式做主要區分，一般市面上常見的大廠罐裝啤酒都是以8~12度C底層酵母進行發酵，稱為拉格，這種啤酒採用低溫熟成技術，最後還要再以0度C的環境靜置數月才算完成，特色是酒體清澈透明、口味清爽、品質穩定容易控制，但變化也較少。

艾爾Ale：頂層發酵法

真正讓啤酒風華絕代的，是使用頂層酵母釀造法，稱為艾爾。艾爾的特色是味道厚重、層次豐富、酒精濃度高，通常有來自酵母的水果香氣。比利時啤酒堪稱艾爾中的王者，味道活潑多樣、變化多端，除了來自釀酒師在酵母後添加不同的水果、香料、蜂蜜等增加風味外，大部份的比利時啤酒會在酒瓶中進行第2次發酵，意思是在裝瓶後額外加入可發酵糖漿或酵母，觸發緩慢漸進的發酵動作，所以許多罐裝的比利時啤酒內會有白色酵母菌的沈澱。因為酵母菌只能在自然的啤酒裡生存，所以這種啤酒皆無化學添加劑，通常可保存3~5年的時間。不過隨著時間轉變，同一款啤酒的風味也隨之變化，無法百分之百預期酒瓶中2次發酵的成果；這就是艾爾有趣刺激的地方。

比利時的修道院啤酒幾乎皆屬於頂層發酵的艾爾。

千奇百怪的酒杯

在比利時的酒館喝酒，另一個樂趣是欣賞每個不同品牌的酒搭配各自的酒杯。不同開口及形狀的酒杯，能加強啤酒獨特的香味，除了常見的鬱金香杯，其他造型特殊的酒杯，像是Kwak木柄杯、La Corne的牛角杯等，還沒體驗它是否能幫襯啤酒，就已經想打包回家當紀念品！

更講究的餐廳，還會將酒杯稍稍冷藏，當啤酒倒入酒杯時才不至於產生過大的溫差。不過，與冰到透心涼才好喝的拉格不同，艾爾最適合的溫度約在6~15度。倒酒時保持玻璃杯45度，然後在杯緣慢慢倒下啤酒，當半滿時再把瓶子拿高來倒，這樣會形成一圈上層泡沫，瓶底留下的酵母，則可依個人喜好加入。如果在酒吧中，那就交給專業的服務吧！

啤酒的種類

比利時雖然面積比台灣還小，卻是啤酒大國，各個地區啤酒文化都不同，如法蘭德斯區（Flanders）以紅啤酒著名，瓦隆區（Wallon）則偏好清爽的啤酒。

雖然硬是要將啤酒分類一點也不符合比利時人的個性，但比利時啤酒種類實在太多，為了方便判別選擇，這裡以啤酒發酵釀製法分為3大類，列出一些較常見的種類，這樣選購啤酒時才不至於像刮刮樂一樣茫無頭緒。

艾爾Ale

雙倍啤酒Dubbel

酒色較深，介於紅棕色和巧克力色之間，使用2倍黑麥芽或是淡色麥芽加入candi焦糖增加色澤，有乾果、巧克力和焦糖混合啤酒花的香氣，酒體苦味較重，酒精濃度大約6~7.5%。雙倍啤酒首次出現是在修道院，啤酒標籤中若是標識著Dubbel，可以用來作為判定酒精濃度的依據，而在其他擁有相同特性的艾爾啤酒則稱為烈性深色艾爾(Dark Strong Ale)。

三倍啤酒Tripel/Triple

和雙倍啤酒一樣源自修道院啤酒，顧名思義在酒標上若寫有Tripel，則是代表酒精濃度介於7~10%、或是更高的啤酒；也屬於烈性艾爾。使用3倍麥芽，通常呈現淡黃色或金色色澤。瓶內2次發酵產生較多氣泡，略帶麥芽甜味和細微的胡椒辛味，啤酒花苦味明顯，酒感強烈。經典酒款推薦Duvel，酒泡綿密厚實，酒色金黃透明，有明顯水果香氣。

白啤酒

Wit bier/ Bierre Blanche

使用小麥或燕麥釀製，在酒中添加胡荽、橙皮甜酒或柳橙皮，口感微酸帶柑橘的香氣，風味協調爽口、沒有特別強烈的味道，容易入口。因為酒色較混濁，所以稱為白啤酒，酒精濃度大約4.5%~5.5%。讓白啤酒全球知名的大功臣就是比利時的豪格登啤酒Hoegaarden，是相當容易接受的入門酒款。

黃金啤酒Blond/Blonde

擁有金黃稻草色的淺色酒液，使用冷泡方式處理啤酒花，得到鮮明的啤酒花香氣，酒精濃度介於4.5~7%，苦味明顯，風格強烈。最經典的酒款是修道院啤酒之一的Orval，加入Brettanomyce酒香酵母進行瓶中的2次發酵，隨著存放的時間產生不同的風味，苦味中帶點檸檬皮、柑橘的酸度，是很多酒客的推薦酒款。

法蘭德斯棕色啤酒
Brown Ale/Flemish Bruin/Oud Bruin

東法蘭德斯區以棕色啤酒為主，使用黑麥釀造，屬於在酒桶中發酵及熟成的艾爾，通常口感較重。有些釀酒師也會將陳年的棕色啤酒加入櫻桃，調和成更具變化的風味。

法蘭德斯紅色啤酒
Flanders Red Ale

使用產於法蘭德斯西部的紅色大麥所釀造出的啤酒，喝起來有明顯果香味，酸酸甜甜類似紅酒的口感。發酵後於橡木桶中熟成，成熟期有些高達2年，由於新啤酒較酸、熟啤酒較甜，所以裝瓶前會加以混合，讓酸味和甜味達到平衡。據說是早期由法國引進的葡萄酒價格昂貴，因此發明了口感類似、價格相對低廉的酸味紅啤，經典酒款是Rodenbach，酸味溫和帶微微甜味，有木頭、櫻桃和香草的香氣。

蘭比克
Lambic

帶有特別的酸味，風格相當特殊，規定必須使用30%以上的未發芽大麥，透過空氣中的野生酵母蘭比克發酵，釀造出高酸度，是一種桶中熟成的啤酒，飲用時也不太有氣泡；這種尖銳酸味的挑戰性較高。釀造蘭比克啤酒時若加入水果一同釀造，就產生色彩繽紛、帶點酸味和甘甜口感的水果蘭比克啤酒（Fruit Lambic）。有著紅寶石漂亮酒色的櫻桃蘭比克（Kriek Lambic）、覆盆子蘭比克（Framboos Lambic）等，像雞尾酒一樣好喝，最受女性歡迎。

此外，還有一種Gueuze Lambic，則是將陳年和年輕的蘭比克混合，再經過存放製作，帶有輕微甜味與乳酸風味，顏色呈現琥珀色，也有人稱它為「布魯塞爾香檳」。

拉格Lager

Stella Artois

比利時啤酒大多以艾爾為主，但也有厲害的拉格：Stella Artois酒精濃度約5.2%，帶有稻草的啤酒花香氣、清爽解渴、容易入口；荷蘭的海尼根（Heineken）也屬於拉格的一種。Stella Artois隸屬全球前3大啤酒集團百威英博（AB InBev）的一員，銷往全球各地，總部設在比利時著名的大學城魯汶（Leuven），附近總是飄滿濃郁的啤酒花酒香。

修道院啤酒之旅

結合傳統區域特色再加上釀酒師的經驗創意，讓在地的啤酒文化深奧又迷人。若是啤酒愛好者，建議可安排一趟以啤酒為主題的朝聖之旅：拜訪修道院、修道院酒吧，還會有大片的啤酒花田（hops）與啤酒花博物館可供參觀，來一場舌尖上的華麗冒險。

荷蘭提爾堡

La Trappe, Tilburg

上帝的釀酒廠

P.5C4 搭火車至提爾堡站，轉搭往Best方向141號公車，在Moergestel, Abdij Koningshoeven站下，步行約2分鐘可達 Eindhovenseweg 3, 5056 Berkel-Enschot +31(01)3572-2650 餐廳與禮品店週一至週六11:00~19:00、週日12:00~19:00，酒吧打烊時間18:30；導覽行程須事先上官網預約購票 導覽加啤酒品嘗全票€17.5、導覽12~17歲青少年€10、兒童€3；亦有導覽加啤酒與餐點品嘗 uk.latrappetrappist.com/gb/en.html

La Trappe釀酒廠位於荷蘭南方靠近比利時邊界的提爾堡（Tilburg），來自於國王的農莊（Koingshoeven）修道院，是荷蘭境內唯一開放參觀的正統修道院啤酒品牌。

19世紀末，象徵神權的天主教修道院沒落，一群來自法國諾曼第的僧侶避難到荷蘭南部成立了一處避難所，命名為Koingshoeven，成了修道院的前身。為了維生與做慈善，僧侶們開始釀造啤酒，歷經第二次世界大戰的動盪，尤其在第二次大戰後物資短缺的艱難時期，修士們更是傾盡全力使釀酒廠得以恢復營運。一直到了1960年代，La Trappe正式誕生。

擅長經營管理的荷蘭人，連修道院也經營得有聲有色，修道院至今不斷地擴增設備、經營與改良啤酒配方、引用太陽能發電、收購附近的麥田，使得運送過程中的排碳量遞減，並輔助社會弱勢族群參與釀酒的製程。La Trappe因而獲得提爾堡市的「最佳企業社會責任獎」。若有機會參與修道院規劃的導覽行程，便可藉此窺得一二。導覽行程含影片欣賞約60分鐘，建議可於中午左右抵達，先在直營餐廳享用特色啤酒餐（道地的修道院啤酒燉牛肉、經典肉丸、修道院起司、麵包等），小酌一杯後即可展開參觀之旅。

比利時波佩林赫寧靜之道酒館

In de Vrede, Poperinge

世界第一的修道院啤酒

P.5A5 最佳方式為租車前往直營酒館，附設免費停車場。若搭乘大眾交通工具，需事先規劃往返時間，最近的火車站為波佩林赫。可搭乘車站前的預約巴士69號抵達修道院前方（必須在搭車前30天至2小時前先以電話預訂，預約電話+32 (0)59565256，單程票價€2.5，網址：www.delijn.be/en/content/reisinfo/flex/flex-west-vlaanderen）；若搭計程車，單趟約€50（網址：www.taxileo.be）；亦可從波佩林赫車站步行至市區，在廣場附近租借自行車 Donkerstraat 13, 8640 Westvleteren +32 (0)5740-0377 10:00~18:30（週六&日延長至19:45）；每週五休息。官網隨時更新確切營業日期 聖思道修道院 www.sintsixtus.be；寧靜之道酒館www.indevrede.be；波佩林赫 www.toerismepoperinge.be/en

由聖思道修道院（St. Sixtus）僧侶們親自釀造的Westvleteren12啤酒，連續數年蟬聯世界啤酒評鑑第一名的頭銜，被稱為夢幻逸品；其直營的寧靜之道酒館（In de Vrede）是唯一授權銷售Westvleteren啤酒的地方，因而成了啤酒迷心目中的朝聖地。

「我們不是釀酒師，釀酒的目的就是使我們得以繼續當僧侶」。從西元1839年僧侶們開始釀酒以來，並未大量商業化生產，因此產量稀少，在比利時境內也很難入手，唯一授權銷售的地方是修道院本身與修道院直營的寧靜之道酒館（In de Vrede）。

修道院本身不開放參觀，遊客可造訪直營酒館品嘗修道院享有極高評價的3款啤酒：Blond、Westvleteren8和Westvleteren12；數字越大代表酒精濃度越高，尤其是酒精濃度達10.12%、帶有濃郁奶油口感與香氣、深茶色的Westvleteren12最受歡迎。幸運的話，或許還能買到瓶裝的現貨（由於數量有限，最好提早前往官網留意公告），以及起司、太妃糖等修道院手工產品。

賞不一樣的「花」

波佩林赫在西元1230年起就是比利時的啤酒花（hops）種植區，天氣好時，騎單車前往修道院的路上會穿越大片的啤酒花種植區，沿途風景十分療癒怡人。市中心的啤酒花博物館（Hops museum），夏季不定期推出參觀各家釀酒廠的品酒之旅，有興趣可上官網查詢。

區域內還有許多其他釀酒廠，其中包括使用同樣配方、但企業化生產的聖伯納多釀酒廠（St. Bernadus）。聖伯納多釀酒廠曾在1946~1992年間，獲得聖思道修道院的技術傳授與授權，大量生產啤酒，因此常被視為其分身。

波佩林赫市也有以當地特色釀造的啤酒，酒標上印有啤酒花田的風景。

ww.hopmuseum.be/en

比利時布魯塞爾

Cantillon, Bruxelles

巷弄裡的酸釀啤酒聖地

P.226A5 從布魯塞爾火車站南站（Brussels-Midi/Zuid）靠近Place Victor Horta出口出發，徒步8~10分鐘可達 Rue Gheude 56 1070 Brussels 週一至週二，週四至週六10:00-17:00（最後導覽時間15:30，最後入場時間16:00） 休 週三、週日與國定假日公休。 參觀＋試飲兩款啤酒成人7€，18歲以下65歲以上6€；10人以上團體需兩週前預訂 www.cantillon.be

藏身於巷弄間的Cantillon Brewery & Museum of the Gueuz，不但是布魯塞爾市區內僅存的、最後一間蘭比克釀酒廠，同時也身兼自然酸釀蘭比克的博物館，從西元1900年，Cantillon家族第一代創始人開始運用野生的酵母釀酒後，至今已傳承到第4代。

酒廠內擺放著橡木桶、銅器、釀酒工具等，呈現百年來的傳統釀製過程；酒廠頂樓並有個通風的房間，用以讓空氣中的野生酵母能夠進入麥汁中。此外，酒廠內連角落裡的蜘蛛網都別有功用：原來，標榜「有機」的酒廠內不得使用任何殺蟲劑，因此捕捉害蟲的任務就交給在角落中到處結網的蜘蛛了。

酒廠雖小，卻不時湧入來自世界各地的啤酒愛好者，一邊試飲、一邊與釀酒師侃侃而談。參觀行程最後，可免費飲用2杯真正傳統的自然酸釀蘭比克，細細品味釀酒家族對啤酒的尊重與誠意，同時燃起你對啤酒世界的熱情！

分區導覽
Area Guide

How to Explore The Netherlands, Belgium &
如何玩荷蘭、比利時、盧森堡

荷蘭北部

以阿姆斯特丹為核心，光是市區至少需要3天的時間，然後每天還可選擇一個周邊地區，例如哈克馬、庫肯霍夫或任一北海小鎮，當天從阿姆斯特丹往返，既不會太累、每天行程有變化、又不必天天拖著行李找飯店。大約1小時車程範圍內，就能玩遍北荷蘭的萬種風情。

荷蘭南部

以鹿特丹為核心，光是市區至少需要1整天的時間，也不妨分散成3或4天慢慢欣賞這個「怪美的」城市，然後每天還可往返海牙、小孩堤防、烏特勒支等，時間自己彈性調整，同樣可免去天天換飯店的麻煩。嶄新前衛的鹿特丹、展現荷蘭王室翩翩風範的海牙、台夫特的藍瓷、烏特勒支的主教堂鐘塔以及各鄉間小鎮的牧歌式場景，在在讓造訪的旅人們為之著迷。

Luxembourg

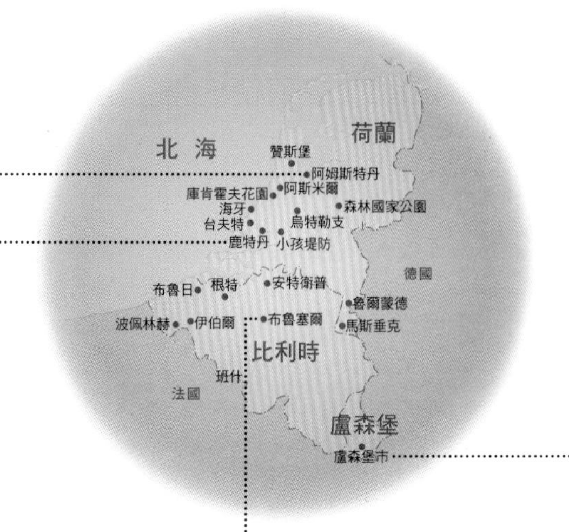

盧森堡

以盧森堡市為核心，由於距離比利時、法國或德國都有相當的車程距離，交通上需要多預留一點時間。建議至少停留3天的時間，較能優閒地品味盧森堡的箇中樂趣。

比利時

以布魯塞爾為核心，光是市區至少需要2整天的時間，從這裡往返安特衛普、根特和布魯日都很方便；也可以在布魯日住1~2晚，有更充裕的時間可以安排路程較不方便的修道院啤酒之旅。

荷蘭

The Netherlands

荷蘭的正式名稱是「尼德蘭王國」(Kingdom of the Netherlands)，嚴格說來，荷蘭(Holland)的範圍只包含西邊的兩個省份。Netherlands這個字指的是「地勢極低的土地」，翻開整部荷蘭開發史，是一場荷蘭人與海爭地的奮鬥史：11世紀前，荷蘭的農耕地只有現在的一半，1千多年來，荷蘭人挖鑿水渠運河、興建長堤大壩、利用風車汲水、進行填海造地，終於把這片洪水為患的泥濘之鄉，變成花開遍地的夢幻國度。

今日最為世人熟知與迷戀的荷蘭印象：風車、木鞋、鬱金香，美麗的背後全都與這段艱苦歲月有著不可分割的淵源。風車的興建，是為了汲出低地多餘的水量；木鞋，是為了方便在爛泥巴地行走；而鬱金香，則是因為這種花適合開在貧瘠的土壤上。荷蘭人用好幾個世代的努力，把這些不利因素轉變成迷人條件，實在是人類史上的一大奇蹟。

現今的荷蘭已成為貿易與高科技並重、以包容開放聞名的社會。來到荷蘭，除了探索讓人大開眼界的國際都會阿姆斯特丹，也別錯過風景迷人的小鎮漁村。

荷蘭之最Top Highlights of The Netherlands

阿姆斯特丹運河 Amsterdam Canal Ring

黃金時代的運河在城中以環狀分佈，呈現完美的都市規劃。沿著運河遊船，以不同角度欣賞城市之美，華麗山形屋與橋樑浪漫交織，波光粼粼的倒影令人沉醉。(P.88)

鹿特丹建築Architecture of Rotterdam

戰後重生的鹿特丹成了現代建築師的競技場，創新大膽的摩登建築在街道上櫛比鱗次，無一不讓人驚艷。 (P.166)

小孩堤防風車群 Kinderdijk

19座17世紀的風車沿著河渠排列，見證荷蘭「風車之國」的盛況，如藝術大師筆下的一幅幅風景畫。(P.180)

庫肯霍夫花園 Keukenhof

上帝打翻了調色盤，色彩開啟了春天。漫步全球最大的鬱金香花園，欣賞花農設計的700萬株花朵陸續綻放，渲染成一片姹紫嫣紅的繽紛，美不勝收。(P.144)

羊角村Giethoorn

乘著平底船駛向運河渠道遍佈的綠色夢境，小木橋對岸是可愛的蘆葦屋。這裏什麼都沒有，只有淳樸、寧靜與閒適。(P.158)

阿姆斯特丹

Amsterdam

文●蒙金蘭．墨刻編輯部　攝影●蒙金蘭．墨刻攝影組

阿姆斯特丹被譽為「自由主義之都」，在這座古老運河與美麗山形屋交織的水都裡，映入眼簾的盡是自由穿梭的單車、17世紀黃金時代的華麗裝飾、載滿遊客的小船、熱鬧喧嘩的街頭市集。目前全城的運河多達165條、橋梁多達1,500多座，也可稱之為運河之都。

走在阿姆斯特丹街頭，繽紛多元、瘋狂另類、酷炫創意：一個轉角可能出現的是古董書市、秘密花園、或是耐人尋味的藝術雕塑，而下個轉角則是沒人猜得透的驚奇。美術館典藏著舉世聞名的藝術品；棕色咖啡館代表著傳統舒適與愜意；當然，還有充滿活力的夜生活、觀光客比尋芳客多的紅燈區與大麻咖啡店。

阿姆斯特丹自古接納來自歐洲各地的移民，不論種族、性向、宗教，兼容並蓄醞釀出自由的氛圍，吸引了許多思想家；政府的前衛開放也讓人大開眼界。「我們有權決定自己的生活，因此我們無權干涉別人的生活」是荷蘭人的座右銘，而事實是：荷蘭在毒品問題和性犯罪的控制上，遠比其他國家來得成功。

阿姆斯特丹在13世紀時只是個小漁村，到了17世紀荷蘭成為航海與貿易的強權時，一躍而成世界上重要的港口！全球第一間股票交易所在此成立，而後歷經歲月的磨練，至今仍是荷蘭的金融與商貿中心。

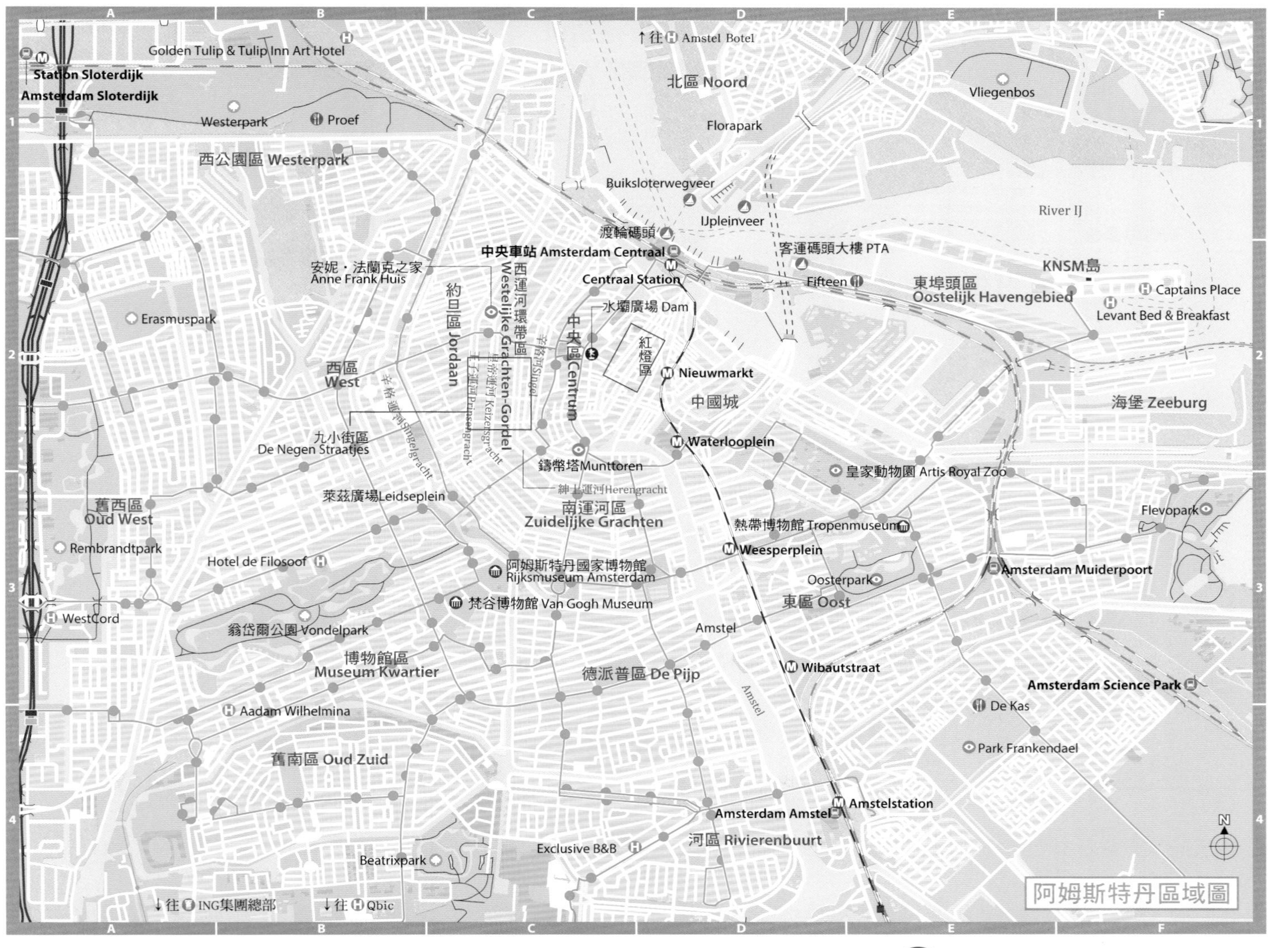

阿姆斯特丹區域圖
Golden Tulip & Tulip Inn Art Hotel
Station Sloterdijk
Amsterdam Sloterdijk
Westerpark
Proef
西公園區 Westerpark
↑往 Amstel Botel
北區 Noord
Florapark
Vliegenbos
Buiksloterwegveer
IJpleinveer
渡輪碼頭
River IJ
中央車站 Amsterdam Centraal
Centraal Station
客運碼頭大樓 PTA
Fifteen
KNSM島
東埠頭區
Oostelijk Havengebied
Captains Place
Levant Bed & Breakfast
安妮・法蘭克之家
Anne Frank Huis
約旦區 Jordaan
西運河環帶區
Westelijke Grachten-Gordel
水壩廣場 Dam
中央區 Centrum
紅燈區
Nieuwmarkt
中國城
海堡 Zeeburg
Erasmuspark
西區 West
辛格河Singel
皇帝運河 Keizersgracht
王子運河Prinsengracht
辛格運河Singelgracht
九小街區
De Negen Straatjes
Waterlooplein
鑄幣塔Munttoren
紳士運河Herengracht
皇家動物園 Artis Royal Zoo
萊茲廣場Leidseplein
南運河區
Zuidelijke Grachten
熱帶博物館 Tropenmuseum
Flevopark
舊西區
Oud West
Rembrandtpark
Hotel de Filosoof
阿姆斯特丹國家博物館
Rijksmuseum Amsterdam
Weesperplein
Oosterpark
Amsterdam Muiderpoort
梵谷博物館 Van Gogh Museum
東區 Oost
WestCord
翁岱爾公園 Vondelpark
Amstel
博物館區
Museum Kwartier
德派普區 De Pijp
Wibautstraat
Amsterdam Science Park
Aadam Wilhelmina
De Kas
Park Frankendael
舊南區 Oud Zuid
Amsterdam Amstel
Amstelstation
Exclusive B&B
河區 Rivierenbuurt
Beatrixpark
↓往 ING集團總部
↓往 Qbic
N

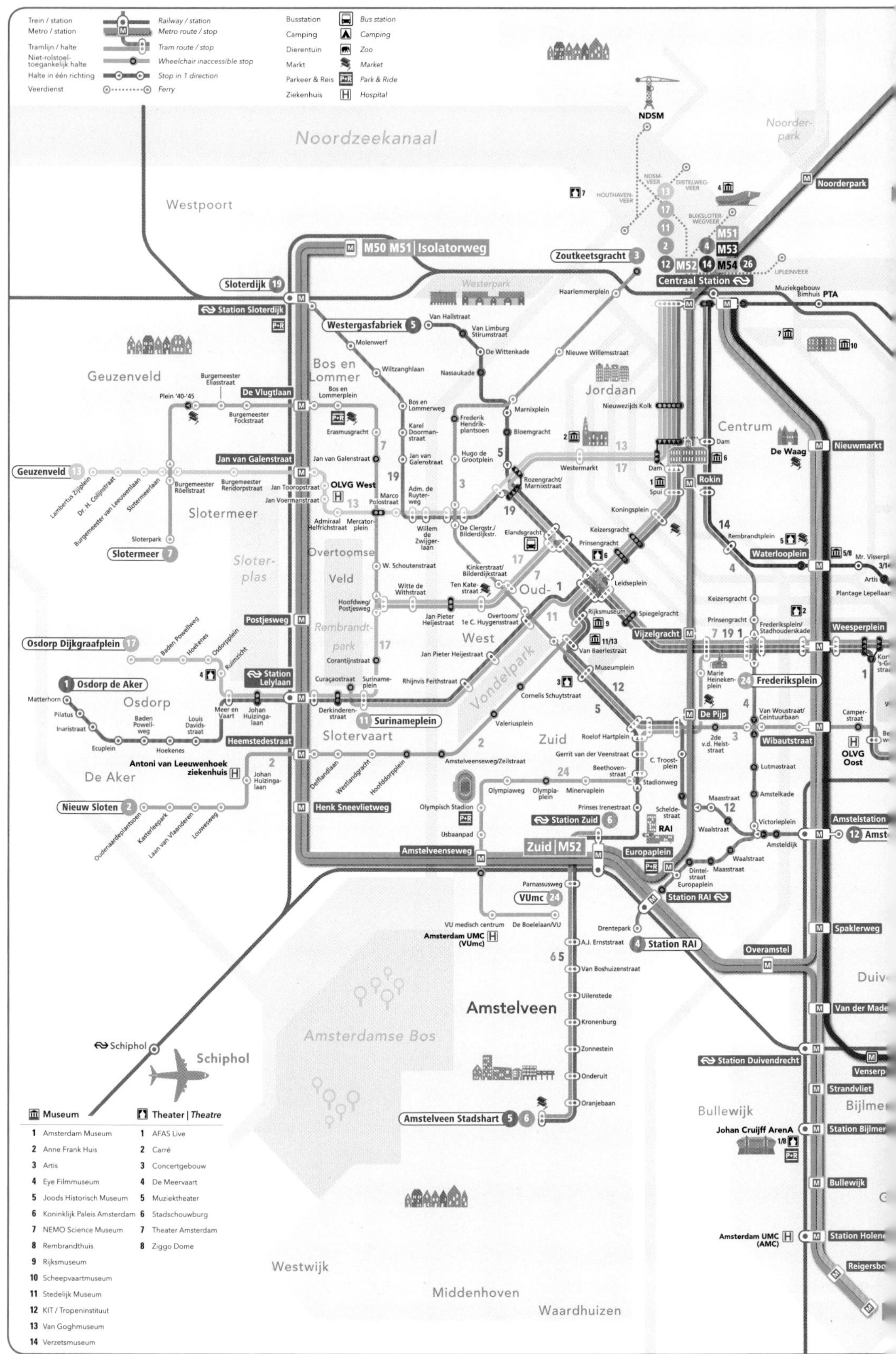
Trein / station
Railway / station
Metro / station
Metro route / stop
Tramlijn / halte
Tram route / stop
Niet-rolstoeltoegankelijk halte
Wheelchair inaccessible stop
Halte in één richting
Stop in 1 direction
Veerdienst
Ferry
Busstation
Bus station
Camping
Camping
Dierentuin
Zoo
Markt
Market
Parkeer & Reis
Park & Ride
Ziekenhuis
Hospital
Noordzeekanaal
Westpoort
NDSM
Noorderpark
Noorderpark
M50 M51 Isolatorweg
Zoutkeetsgracht
Sloterdijk
Station Sloterdijk
Centraal Station
M51
M52
M53
M54
Westerpark
Westergasfabriek
Haarlemmerplein
Van Hallstraat
Van Limburg Stirumstraat
De Wittenkade
Nieuwe Willemsstraat
Molenwerf
Wiltzanghlaan
Nassaukade
Muziekgebouw Bimhuis
PTA
Geuzenveld
Bos en Lommer
Jordaan
De Vlugtlaan
Burgemeester Eliasstraat
Plein '40-'45
Burgemeester Fockstraat
Bos en Lommerplein
Bos en Lommerweg
Marnixplein
Nieuwezijds Kolk
Centrum
Erasmusgracht
Karel Doorman-straat
Frederik Hendrik-plantsoen
Bloemgracht
Dam
Nieuwmarkt
Jan van Galenstraat
Hugo de Grootplein
Westermarkt
De Waag
Geuzenveld
Lambertus Zijlplein
Dr. H. Colijnstraat
Burgemeester van Leeuwenlaan
Slotermeerlaan
Burgemeester Röellstraat
Burgemeester Rendorpstraat
Jan Tooropstraat
Jan Voermanstraat
OLVG West
Marco Polostraat
Adm. de Ruyter-weg
Rozengracht/ Marnixstraat
Spui
Rokin
Slotermeer
Koningsplein
Admiraal Helfrichstraat
Mercator-plein
Willem de Zwijger-laan
De Clercqstr./ Bilderdijkstr.
Elandsgracht
Keizersgracht
Prinsengracht
Rembrandtplein
Waterlooplein
Sloterpark
Slotermeer
Sloterplas
Overtoomse Veld
W. Schoutenstraat
Kinkerstraat/ Bilderdijkstraat
Leidseplein
Mr. Visserplein
Artis
Plantage Lepellaan
Witte de Withstraat
Ten Katestraat
Oud-West
Hoofdweg/ Postjesweg
Jan Pieter Heijestraat
Overtoom/ 1e C. Huygensstraat
Rijksmuseum
Spiegelgracht
Keizersgracht
Prinsengracht
Frederiksplein/ Stadhouderskade
Postjesweg
Rembrandtpark
Vijzelgracht
Weesperplein
Osdorp Dijkgraafplein
Baden Powellweg
Hoekenes
Osdorpplein
Ruimzicht
Jan Pieter Heijestraat
Van Baerlestraat
Corantijnstraat
Museumplein
Station Lelylaan
Osdorp de Aker
Matterhorn
Pilatus
Inaristraat
Osdorp
Baden Powell-weg
Louis Davids-straat
Meer en Vaart
Johan Huizinga-laan
Curaçaostraat
Suriname-plein
Rhijnvis Feithstraat
Vondelpark
Cornelis Schuytstraat
Marie Heineken-plein
Frederiksplein
Derkinderen-straat
Surinameplein
Valeriusplein
De Pijp
Van Woustraat/ Ceintuurbaan
Camper-straat
Ecuplein
Hoekenes
Heemstedestraat
Slotervaart
Roelof Hartplein
Zuid
2de v.d. Helst-straat
Wibautstraat
OLVG Oost
Antoni van Leeuwenhoek ziekenhuis
De Aker
Johan Huizinga-laan
Delflandlaan
Westlandgracht
Hoofddorpplein
Amstelveenseweg/Zeilstraat
Gerrit van der Veenstraat
Beethoven-straat
C. Troost-plein
Lutmastraat
Olympiaweg
Olympia-plein
Minervaplein
Stadionweg
Amstelkade
Nieuw Sloten
Oudenaardeplantsoen
Kasterleepark
Laan van Vlaanderen
Louwesweg
Henk Sneevlietweg
Olympisch Stadion
Prinses Irenestraat
Schelde-straat
Maasstraat
Station Zuid
RAI
Waalstraat
Victorieplein
Amsteldijk
Amstelstation
IJsbaanpad
Amstelveenseweg
Zuid M52
Europaplein
Waalstraat
Maasstraat
Dintel-straat
Europaplein
Parnassusweg
VUmc
Station RAI
VU medisch centrum
De Boelelaan/VU
Amsterdam UMC (VUmc)
Drentepark
A.J. Ernststraat
Station RAI
Spaklerweg
Overamstel
Van Boshuizenstraat
Uilenstede
Amstelveen
Kronenburg
Zonnestein
Onderuit
Oranjebaan
Amsterdamse Bos
Schiphol
Schiphol
Station Duivendrecht
Van der Madeweg
Veenserpolder
Strandvliet
Bullewijk
Bijlmer
Johan Cruijff ArenA
Station Bijlmer
Amstelveen Stadshart
Bullewijk
Amsterdam UMC (AMC)
Station Holendrecht
Reigersbos
Westwijk
Middenhoven
Waardhuizen
Museum
1 Amsterdam Museum
2 Anne Frank Huis
3 Artis
4 Eye Filmmuseum
5 Joods Historisch Museum
6 Koninklijk Paleis Amsterdam
7 NEMO Science Museum
8 Rembrandthuis
9 Rijksmuseum
10 Scheepvaartmuseum
11 Stedelijk Museum
12 KIT / Tropeninstituut
13 Van Goghmuseum
14 Verzetsmuseum
Theater | Theatre
1 AFAS Live
2 Carré
3 Concertgebouw
4 De Meervaart
5 Muziektheater
6 Stadsschouwburg
7 Theater Amsterdam
8 Ziggo Dome

INFO

基本資訊

人口：約150萬人

面積：219.32平方公里

區域號碼：(0)20

如何前往

◎飛機

荷蘭皇家航空（KLM Royal Dutch Airlines，簡稱KLM）、中華航空和長榮航空都有從桃園國際機場出發的直航班機抵達阿姆斯特丹的史基浦國際機場（Amsterdam Airport Schiphol，簡稱AMS），約需12~13小時，但長榮航空會在曼谷稍作停後留原機出發，航程時間較長。其他亞洲或歐洲籍的航空公司都需要在香港、曼谷或新加坡等第3地轉機。

史基浦機場與歐洲其他國家的往來班次都相當頻繁。從法蘭克福、巴黎和倫敦出發的直飛班機，大約都需時1小時20分，柏林出發約1.5小時，維也納出發約1小時50分。除了主要航空公司，也可選擇Easy Jet、Ryanair等廉價航空。

史基浦國際機場是荷蘭的主要門戶，位於阿姆斯特丹西南20公里處，是荷蘭最大、旅客吞吐量歐洲排名第4的機場，經常入選為「全球最佳國際機場」。1樓是入境大廳，2樓是出境大廳，如果不趕時間，機場裡還有許多東西可以逛逛，例如國家博物館的分館就位於機場2樓的第2與第3貴賓室之間，開放免費參觀，是全球唯一有17世紀藝術真跡展出的機場。隔壁還設有1間賭場，供待機的旅客消磨時間。

www.schiphol.nl/en

◎火車

大阿姆斯特丹地區共有9個火車站，其中位於市中心的是中央車站（Amsterdam Centraal），中央車站也是相當重要的國際中轉站，由此出發可連接荷蘭各地及前往歐洲各主要城市。從巴黎或布魯塞爾前往阿姆斯特丹可搭乘Thalys高速火車，布魯塞爾出發搭乘Thalys需時1小時50分鐘，每小時1班次；巴黎北站出發為3小時17分鐘，約每小時1班；從法蘭克福搭乘ICE直達車，需時3小時58分鐘，每日約5班。

www.ns.nl/en

◎巴士

長途巴士雖然比較耗時，卻是最省錢的交通工具。跨國長途巴士主要由Flixbus、Eurolines、iDBUS和megabus提供服務，終點站都可轉成火車或電車前

往中央車站。布魯塞爾出發需時4小時，巴黎出發約8小時，從倫敦維多利亞車站可搭乘megabus，搭渡輪穿過多佛海峽，行經比利時抵達阿姆斯特丹，共需時約10小時。

Flixbus www.flixbus.com

Eurolines www.eurolines.nl

iDBUS

www.emakina.com/int-en/work/clients/idbus

megabus uk.megabus.com

機場至市區交通

若在荷蘭停留的旅程會常常使用大眾運輸工具，建議從機場搭乘火車或巴士前往市區的旅客，可以直接啟用某張特定的信用卡作為自己的OV-chipkaart，之後的大眾交通都使用這張信用卡，不僅使用方便也比單程票划算許多。

◎火車

機場地下就是火車站，在航站大廳中央可以找到售票機和票務櫃檯。從Schiphol到Amsterdam Centraal的班次非常密集，車程約15~20分鐘，單程票價為頭等廂€8.33、二等廂€4.9。從機場火車站可直接前往荷蘭其他主要城市，跨國火車也有停靠。

www.ns.nl/en

◎計程車

沿著航站的標誌和地板貼紙前往史基浦廣場前的官方計程車停靠站，有合法的排班計程車。採跳錶方式計費，剛上車的前2公里起跳價€7.5，之後每公里€2，到市區大約€50上下，正常狀況下約20分鐘可達。若有大件行李，一般而言，每件行李給司機€1小費。另外強烈建議：切勿搭乘在機場內攬客的計程車，他們都是違法的。

◎租車

在機場大廳可找到Avis、Hertz、Budget、Europcar、National、Sixt等6家國際連鎖租車公司。但由於荷蘭無論油錢或停車費都十分昂貴，因此不建議開車旅行。

OV-chipkaart

荷蘭愈來愈盛行「零接觸式」的電子票券，也就是「OV-chipkaart」，這種卡類似台北的悠遊卡，不但搭乘跨城市火車可使用，幾乎所有城市的大眾運輸工具也通用，包含電車、地鐵、公車、渡輪等，而且享有不錯的票價優惠。不過，實體的OV-chipkaart比較適合當地居民；對偶爾造訪的觀光客來說，建議直接啟用某張特定的信用卡作為自己的OV-chipkaart，不需要提前註冊、也無須再買一張卡身，而且完全免除加值的麻煩，真的方便至極。第一次靠卡的時候，會先扣取€7.5卡身的費用，下車的時候切記再靠一次卡，OV便會主動計費，扣取這趟車資；每次搭乘都會收取€1.08基本費，車資則依據搭乘距離來計算，每個城市每公里的車資也不盡相同。35分鐘之內的轉乘，不扣除基本費；20分鐘之內可免費進出同一車站。

一天結束時，OV會總結你這一天的車資，主動向帳戶扣款，帳單顯示“NLOV”開頭的付款，就是OV的交易明細。

切記：每趟搭車的上車時和下車時，都要記得靠卡，以保障彼此的權益。

www.gvb.nl；www.ov-chipkaart.nl

GVB卡

如果實在不想使用信用卡當成交通卡，也可購買實體的票券，不過目前車上司機完全不負責售票，記得搭乘前先在自動售票機或售票櫃檯買好票券。

票券種類	有效期限	價格	特點
1小時券	上車感應後1小時內	€3.4	1小時內無限次轉乘GVB系統的交通工具
1.5小時券	上車感應後1.5小時內	€6.5	1.5小時內無限次轉乘巴士、電車及地鐵
1日券 2日券 3日券	第一次上車感應開始計算，至效期次日凌晨4:00截止	€18 €24 €30	適用於阿姆斯特丹市區內，根據使用天數彈性購買
市區及周邊日遊券 Amsterdam & Region Day Tickets	第一次上車感應開始計算，至效期次日凌晨4:00截止	1日€21 2日€31.5 3日€40.5	適用於阿姆斯特丹及周圍區域，涵蓋範圍包含贊斯堡、福倫丹等
阿姆斯特丹城市卡 I amsterdam City Card	第一次上車感應開始計算	24小時€60 48小時€85 72小時€100	除大眾交通外，可免費參觀眾多博物館、美術館（見優惠票券）

◎渡輪Ferry

由GVB營運的渡輪碼頭位於中央車站北面，提供6條通往River IJ北岸或其他區域的免費航線，大約5~20分鐘一班次，皆可攜帶腳踏車上船。這6個碼頭分別是Buiksloterwegveer、Houthavenveer、IJpleinveer、NDSM werfveer、Distelwegveer和Nachtelijk Westveer。

◎單車

單車是荷蘭的國民交通工具，阿姆斯特丹地勢平坦，更極力向觀光客推廣這種交通方式，因此市區街頭隨處都可以看到單車出租行。由於荷蘭單車失竊率非常高，所以租車時最好租2個大鎖，並加保失竊險。租車行情大約是2小時€8起、1日€12起，價格根據車種而不同；保險費1日約€3起；較大的租車行都有提供單車導覽行程，需要事先預約，遊客中心也有免費的不同主題單車路線地圖可索取。以下為觀光局推薦，且持有阿姆斯特丹城市卡（I amsterdam City Card）可享優惠的店家。

Yellow Bike

Nieuwezijds Kolk 29（Nieuwezijds Kolk電車站附近）

620-6940

09:30~18:00

www.yellowbike.nl

MacBike

09:00~18:00（休假日各分店不一）

www.macbike.nl

AmsterBike

Piet Heinkade 25（客運碼頭）

419-9063

www.amsterbike.eu

◎計程車

在熱門景點附近，通常可以找到計程車招呼站（藍底白字，寫著P taxi的牌子），或是請旅館櫃檯協助叫車。在非尖峰時段或路況許可時，也可在路邊招車。每輛計程車的收費不一，起錶價最高為€4.02，2公里後每公里跳錶最高€2.96，車資表張貼於車窗外。若以電話叫車，卻因遲到而讓司機等待，司機可收取最高每小時€55.35的等待費。

另外還有一種造型非常酷炫的人力計程車（bike

taxi），總站在水壩廣場一角的Damrak上，在路上看到空車也可隨手招車，或用電話叫車。車資則依目的地與車伕議價。

Taxicentrale Amsterdam（TCA）

777-7777 www.tcataxi.nl

可事先下載叫車app

觀光行程

遊客中心和Damrak Straat上的Tours & Tickets聯合售票中心都有提供許多導覽行程，包含徒步、單車、觀光巴士及運河遊船。許多行程及博物館事先官網上訂購都享有優惠折扣，若臨時要參加Sightseeing的觀光巴士或購買海尼根體驗館、杜莎夫人蠟像館等娛樂性高的私人博物館門票，建議可至Tours & Tickets購買優惠票。

Damrak 26

420-4000

08:30~17:00

www.tours-tickets.com/amsterdam

◎觀光巴士

Amsterdam Sightseeing Hop-On Hop-Off

從中央車站出發，行經皇家動物園、迦山鑽石工廠、海尼根體驗館、博物館區、翁岱爾公園、西教堂等景點，使用期限內可於各站點無限次上下車，目前已結合運河遊船，讓行程更完整。附含中文在內的18種語音導覽。可上車購票，但網上預約價格較為優惠。

9:30~17: 45，約每15分鐘1班

24小時€32.5，48小時€42.5

www.citysightseeingamsterdam.nl

◎運河遊船

在運河縱橫、水路發達的阿姆斯特丹，運河遊船是最受歡迎的遊城方式。提供遊船服務的公司非常多，各家所推出的行程路線也相當豐富，而且皆已提供含有中文在內的語音導覽。最大的差別應該是登船地點；次外就是市區環遊行程外，還包裝出不同內容的路線選擇。

anal Cruise Amsterdam

Stadhouderskade 501或550（Hard Rock Café或海

尼根啤酒體驗館對面）
市區基本航程75分鐘，成人€16.5起
www.amsterdamcanalcruises.nl

Stromma

Damrak 5號碼頭、阿姆斯特丹國家博物館或中央車站
市區基本航程60~75分鐘，成人€16.5起
www.stromma.com/en-nl/amsterdam

優惠票券

◎阿姆斯特丹城市卡 I amsterdam City Card

持I amsterdam City Card，可於有效期間內免費進入全市70間博物館1次，無限次搭乘路面電車、公車、地鐵等由GVB所經營的大眾運輸工具（上下車均需感應票卡），免費搭乘Canal Cruise Amsterdam的運河遊船一趟，在許多景點或餐廳享有25％折扣優惠，還可免費租借單車1日。此外，優惠範圍也包含贊斯堡、馬肯和福倫丹等鄰近區域，例如可免費參觀贊斯堡博物館和風車磨坊、免費搭乘Rederij Volendam Marken Express、Smidtje Canal Cruises Haarlem等。

I amsterdam City Card可在遊客中心、GVB票務櫃檯、運河遊船票亭及各大飯店購買，或在網上購買後列印證明，再至遊客中心領取。

24小時€60，48小時€85，72小時€100，96小時€115，120小時125（效期自第一次使用開始計算）
www.iamsterdam.com/en/tickets/i-amsterdam-city-card
梵谷博物館、安妮法蘭克之家等無優惠；杜莎夫人蠟像館僅享有25%的折扣

◎荷蘭博物館通行證 The Netherlands Museum Pass

The Netherlands Museum Pass可使用於全荷蘭達400間美術館和博物館（含阿姆斯特丹國家博物館及安妮法蘭克之家），效期為1年，非常適合長時間在荷蘭停留，或是旅程中計畫於各城市參觀博物館的旅客。可在各大博物館、各地遊客中心及官網上購買。

全票€75，優惠票€39
www.museum.nl/en/museumpass

旅遊諮詢

阿姆斯特丹市區和史基浦機場皆有遊客中心（VVV）可協助旅館訂房、預訂行程或導覽，與購買各種票券事宜。

◎阿姆斯特丹中央車站

De Ruijterkade 28b-d
09:00~19:00
www.iamsterdam.com

◎史基浦機場（史基浦廣場2號入境口）

Aankomsthal 2
07:00~22:00

圖例 景點 博物館 教堂 廣場 碼頭 公園 飯店 百貨 劇院 購物 火車站 地鐵站 建築 旅客服務中心 政府機關 餐廳 咖啡廳 酒吧 電車站 地鐵 鐵路 巴士站
Westerpark
Florapark
EYE電影博物館Filmmuseum
阿丹觀景台 A'Dam Lookout
Buiksloterwegveer
IJpleinveer
Store without a home
渡輪碼頭
農人市集 Boerenmarkt
市中心圖
水上計程車總站
Ibis
IJ音樂廳 Muziekgebouw aan 't IJ
客運碼頭大樓PTA
Mövenpick
Het Oud-Hollandsch Snoepwinkeltje
Winkel 43
中央車站Amsterdam Centraal
Centraal Station
GVB票務中心
Pancake Bakery
Japanese Pancake World
Canal House Hotel
Café 't Smalle
The Toren
性博物館Sexmuseum
淚之塔Schreierstoren
Thinking of Holland
鬱金香博物館 Tulip Museum
安妮・法蘭克之家 Anne Frank Huis
閣樓教堂博物館 Museum Ons' Lieve Heer op Solder
van Onna
西教堂 Westerkerk
Puccini Bomboni
王宮 Koninklijk Paleis
舊教堂Oude Kerk
Grand Hotel Amrâth
NEMO科學中心 NEMO Science Center
國家海事博物館 Het Scheepvaartmuseum
水壩廣場Dam
Sprmrkt & Spr+
露天古船博物館 Museumhaven Amsterdam
ARCAM
Moeders
Nieuwmarkt
Cloud Art & Coffee
Pancakes Amsterdam
Negen Straatjes
Margareth M
阿姆斯特歷史博物館 Amsterdams Historisch Museum
Clinkmama Hostel
Waterkant
巴士總站
Café Tisfris
Singel 404
船屋博物館 Woonbootmuseum
Screaming Beans
Goodies
P.G.C. Hajenius
迦山鑽石工廠 Gassan Diamonds
林布蘭故居博物館 Museum het Rembrandthuis
Blue Wave Houseboat
阿姆斯特丹骨董中心 Antiekcentrum Amsterdam
聖經博物館 Biblical Museum
史佩廣場 Spui
市政廳
Waterlooplein
De Kaaskamer
音樂劇場
鑄幣廣場 Muntplein
滑鐵盧廣場 Waterlooplein
植物園 Hortus Botanicus
皇家動物園 Artis Royal Zoo
辛格花市 Bloemenmarkt Singel
Heineken the City
猶太歷史博物館 Jewish Historical Museum
林布蘭廣場Rembrandtplein

阿姆斯特丹市中心
Amstel
Amstelstation
Amsterdam Amstel
Wibautstraat
Weesperplein
威利霍圖森博物館
The Willet-Holthuysen Museum
Arena
馬格勒吊橋
Magerebrug
卡列劇院
Theater Carré
郝芳克博物館
Museum Geelvinck
Tempo Doeloe
Kom Aardewerk
Moooi Amsterdam
Hotel V
Altmann
La Remise B&B
Reguliersgracht
Keizersgracht
Prinsengracht
范隆博物館
Museum van Loon
Asterisk
Amsterdam Canal Cruise
海尼根啤酒體驗館
Heineken Experience
Cake under my pillow
Sarphatipark
Bicycle Hotel
Okura
Churchillaan
Yoghurt Barn
Bazar
Scandinavian Embassy
亞柏特・蓋普市場
Albert Cuyp Market
鑽石博物館
Diamond Museum
寇斯特鑽石工廠
Coster Diamonds
Best Western
Apollo Museum Hotel
阿姆斯特丹國家博物館
Rijksmuseum Amsterdam
Café Cobra
B&B Adriaen van Ostade
萊茲廣場
Leidseplein
Pantry
Blue Boat
Eden
荷蘭賭場
Holland Casino
Shoebaloo
Hotel Jan Luyken
Bark
De Knijp
音樂廳
Het Concertgebouw
梵谷博物館
Van Gogh Museum
阿姆斯特丹市立美術館
Stedelijk Museum Amsterdam
Café Welling
博斯琴酒之家House of Bols
翁岱爾公園Vondelpark
電影博物館
Filmmuseum
Hotel Vondel
Hotel Roemer
Apollolaan
Hilton
Beatrixpark
S109
S110
S112

城市概略City Guideline

13世紀時，阿姆斯特爾河（Amstel）邊的小漁村在靠近河口的低地修築水壩（Dam），這是城市的起源，也是Amsterdam名稱的由來，意指「阿姆斯特爾河邊的水壩（Amstel dam）」；而水壩的地點就是現在的水壩廣場。

從空中鳥瞰歐洲各大城市，阿姆斯特丹總是令人一眼就能看出：以同心圓弧狀排列的獨特運河結構，讓阿姆斯特丹的城市輪廓份外明顯。以中央車站為圓心，最內側的辛格河（Singel）約略15世紀便已存在，最早作為護城河之用；到了16世紀末，阿姆斯特丹展開大規模的運河工程，陸續挖鑿了紳士運河（Herengracht）、皇帝運河（Keizersgracht）、王子運河（Prinsengracht）與辛格運河（Singelgracht），這些運河一方面排乾城內的沼地、擴展城市的範圍，一方面也能通舟楫、便利出入港口的貨物集散，而四通八達的水圳，也讓阿姆斯特丹得到了「北方威尼斯」的稱號。

2010年，阿姆斯特丹的環形運河被列入世界文化遺產名錄，雖然標誌著這美麗的風景得以永保延續，卻也意味著阿姆斯特丹的市容從此不得再有改變。

阿姆斯特丹的主要景點，集中分佈在這5條運河所包圍的區域裡。從中央車站出發，最遠的阿姆斯特丹國家博物館也只要30分鐘步行距離，若時間充裕的話，散步或騎單車是探索這個城市絕佳的方式。

中央區Centrum

中央車站以南、辛格河包圍的半圓型區域是城市歷史最悠久的地區，景點集中在水壩廣場到鑄幣塔間，以及水壩廣場東側的紅燈區。Damrak及相鄰的Kalverstraat，則是潮牌林立的購物街。

西運河環帶區 Westelijke Grachten-Gordel

水壩廣場西側、辛格河與王子運河之間，安妮法蘭克之家、萊茲廣場、往南至辛格花市都在此區。這裏也是知名的九小街購物區，有許多特別的藝品雜貨及古董小店。

約旦區 Jordaan

王子運河與辛格運河中間的狹長地帶，是市民生活的老街區，雖然沒有大景點，但充滿了生活的氣息；不同於中央區的觀光化，悠閒的氣氛適合漫步閒晃，被稱為阿姆斯特丹的後花園。

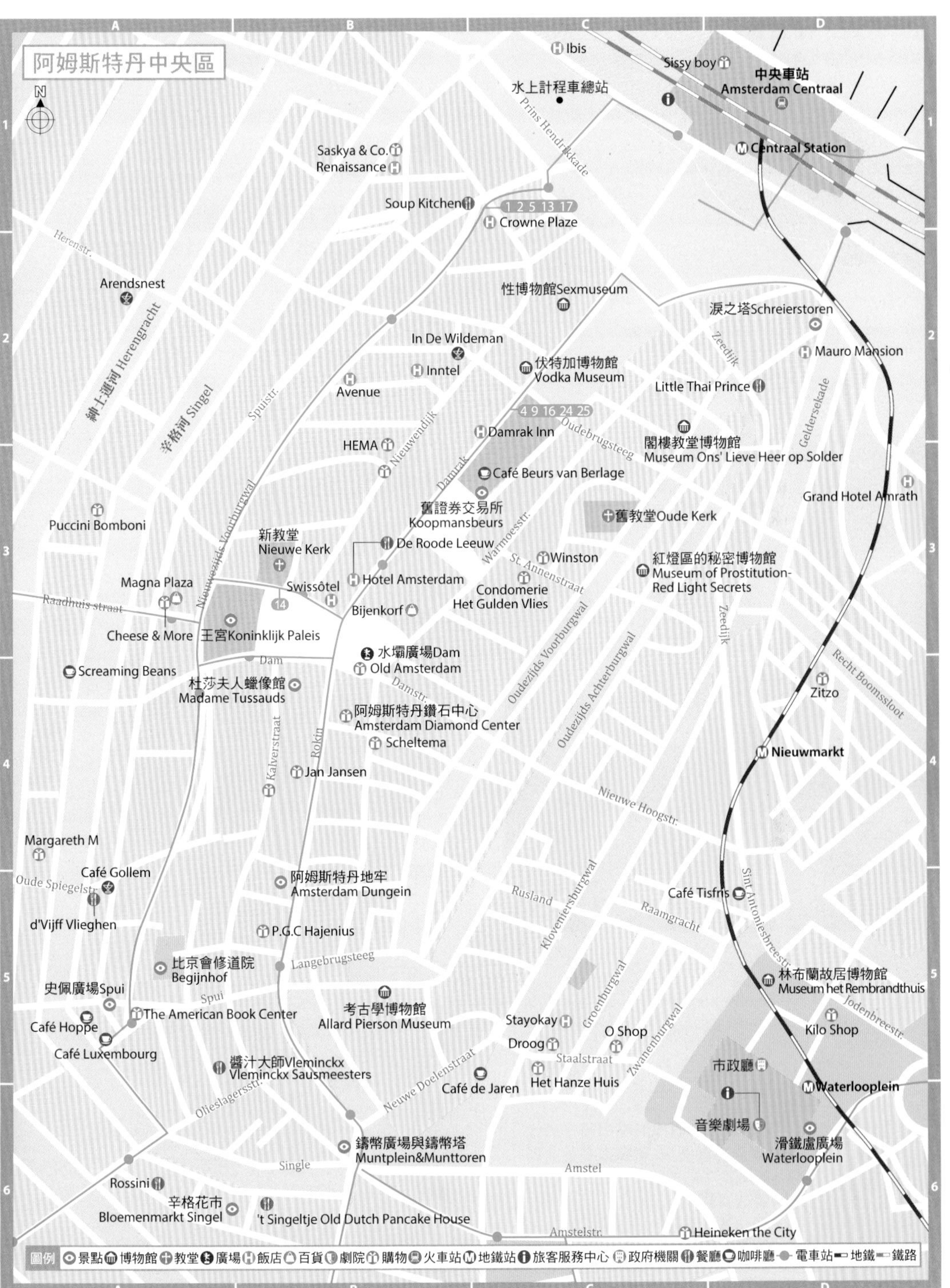

阿姆斯特丹中央區
Ibis
Sissy boy
中央車站
Amsterdam Centraal
水上計程車總站
Prins Hendrikkade
Centraal Station
Saskya & Co.
Renaissance
Soup Kitchen
1 2 5 13 17
Crowne Plaze
Herenstr.
Arendsnest
性博物館Sexmuseum
淚之塔Schreierstoren
紳士運河 Herengracht
辛格河 Singel
In De Wildeman
Inntel
Avenue
伏特加博物館
Vodka Museum
Mauro Mansion
Zeedijk
Little Thai Prince
Spuistr.
Nieuwendijk
4 9 16 24 25
Damrak Inn
Oudebrugsteeg
閣樓教堂博物館
Museum Ons' Lieve Heer op Solder
Geldersekade
HEMA
Damrak
Café Beurs van Berlage
Grand Hotel Amrath
舊證券交易所
Koopmansbeurs
舊教堂Oude Kerk
Puccini Bomboni
新教堂
Nieuwe Kerk
Nieuwezijds Voorburgwal
De Roode Leeuw
Warmoesstr.
Winston
St. Annenstraat
紅燈區的秘密博物館
Museum of Prostitution-
Red Light Secrets
Magna Plaza
Swissôtel
Hotel Amsterdam
Condomerie
Het Gulden Vlies
Raadhuis straat
14
Bijenkorf
Cheese & More
王宮Koninklijk Paleis
Dam
水壩廣場Dam
Old Amsterdam
Zeedijk
Screaming Beans
杜莎夫人蠟像館
Madame Tussauds
Damstr.
Oudezijds Voorburgwal
Oudezijds Achterburgwal
Recht Boomssloot
Zitzo
阿姆斯特丹鑽石中心
Amsterdam Diamond Center
Scheltema
Kalverstraat
Rokin
Nieuwmarkt
Jan Jansen
Nieuwe Hoogstr.
Margareth M
Café Gollem
Oude Spiegelstr.
阿姆斯特丹地牢
Amsterdam Dungein
Rusland
Café Tisfris
Sint Antoniesbreestr.
d'Vijff Vlieghen
Raamgracht
P.G.C Hajenius
Kloveniersburgwal
比京會修道院
Begijnhof
Langebrugsteeg
林布蘭故居博物館
Museum het Rembrandthuis
史佩廣場Spui
Spui
Groenburgwal
Jodenbreestr.
Café Hoppe
The American Book Center
考古學博物館
Allard Pierson Museum
Stayokay
Kilo Shop
O Shop
Café Luxembourg
Droog
Zwanenburgwal
醬汁大師Vleminckx
Vleminckx Sausmeesters
Staalstraat
市政廳
Neuwe Doelenstraat
Café de Jaren
Het Hanze Huis
Waterlooplein
Olieslagersstr.
音樂劇場
鑄幣廣場與鑄幣塔
Muntplein&Munttoren
滑鐵盧廣場
Waterlooplein
Single
Amstel
Rossini
辛格花市
Bloemenmarkt Singel
't Singeltje Old Dutch Pancake House
Amstelstr.
Heineken the City
圖例 景點 博物館 教堂 廣場 飯店 百貨 劇院 購物 火車站 地鐵站 旅客服務中心 政府機關 餐廳 咖啡廳 電車站 地鐵 鐵路

南運河區／德派普區 Zuidelijke Grachten / De Pijp

鑄幣塔以南、阿姆斯特河以西、博物館區以東的區域，知名的景點有林布蘭廣場、海尼根啤酒體驗館。

博物館區 Museum Kwartier

辛格運河南邊的博物館廣場周圍是城市的文化藝術中心：阿姆斯特丹國家博物館、梵谷博物館、阿姆斯特丹市立美術館及翁岱爾公園都在此。

最佳電車之旅

從中央車站出發電車2號、16號是城市中最佳的代步工具之一。國家地理雜誌曾盛讚2號電車有著全球最佳大眾運輸路線，行經許多熱門的觀光景點，如水壩廣場、辛格花市、萊茲廣場、阿姆斯特丹國家博物館、翁岱爾公園等。而16號則穿越市區的北與南，行經亞伯特市集、博物館廣場等亮點。

東埠區/北區 Oostelijk Havengebied / Noord

東埠是指中央車站東邊的碼頭區，北區則是指IJ河的對岸，都是新式建築林立的住宅區，可欣賞到許多有特色的建築物。

阿姆斯特丹行程建議 Itineraries in Amsterdam

阿姆斯特丹也被稱為「博物館之城」，雖然市區範圍不大，但博物館美術館的密集度卻很高，古老的建築與創新的公共藝術隨處可見，值得看的景點不少，各種意想不到的新奇隨處可見，就算待上一整個星期也不見得能玩遍全城。

如果你有3天

有什麼比搭船更適合認識一個運河環繞的城市？從中央車站出發，在船上享受微風徐徐，小船駛過IJ港的新式建築，劃開平靜無波的水面滑入舊城區，悠閒欣賞兩旁運河的山形屋，為城市增添華麗優雅的氣質，透過導覽介紹，很快就能掌握城市的歷史及重要景點位置。若是以步行開啟旅程，就從水壩廣場開始漫遊的一天，參考本書的散步路線，放慢腳步享受水都的浪漫風情。夜幕降臨時，舊城中心的巷道裡逐漸亮起紅色的燈管，如果你不排斥，紅燈區倒是值得見識的地方，畢竟它已是阿姆斯特丹城市歷史與精神中不可分割的一部分。

如果行程時間充裕，建議把第2天的時間都留給阿姆斯特丹國家博物館與梵谷博物館，藝術史教科書上的重要名作都被收藏在這裡。逛累了，也可以到附近翁岱爾公園的綠意裡舒展一下身體。第3天，就學阿姆斯特丹人過生活吧！不管是熱鬧的亞伯特．蓋普市場、荷蘭人偏好的滑鐵盧廣場跳蚤市場，或是約旦區的農人市集，都能讓你滿載而歸。當然，回程別忘了品嘗城中最美味的蘋果塔；而喜歡小酌的朋友，則不妨前往海尼根啤酒體驗館或博斯琴酒之家朝聖一下。

如果你有5~7天

結束市區遊覽後，以阿姆斯特丹為起點，前往周邊鄉鎮的一日行程。城市與鄉鎮間的距離很短，半小時的車程就能到達贊斯堡，親眼看看明信片中的風車；搭乘公車前往馬肯、福倫丹或艾登，感受荷蘭傳統漁港的小鎮風情；前往哈克馬見識有趣的起司拍賣市集。若是在花季前往，庫肯霍夫花園的大片鬱金香花海絕對是不可錯過的選擇！

阿姆斯特丹散步路線 Walking Route in Amsterdam

散步行程以荷蘭最大的室外跳蚤市場①**滑鐵盧廣場**為起點，除了讓人目不暇給的骨董攤位外，著名的林布蘭故居博物館就在附近，穿過了擠得水洩不通的市場往西南方前行，沿著Blauwbrug西側的Amstelstraat前行，就是酒吧林立的②**林布蘭廣場**。

接著順著Reguliersbreestraat往西行來到鑄幣廣場，③**鑄幣塔**的英姿赫然出現，繼續尋著嘈雜的人聲往前走去，就來到了人來人往的④**辛格花市**。

逛完辛格花市後，左轉萊茲街Leidsestraat，沿著有著「黃金河岸」之稱的紳士運河Herengracht東行，即可來到以藝廊、骨董店聞名的⑤**新史皮格街**。再沿著新史皮格街南行，跨越Museumbrug，對面就是⑥**阿姆斯特丹國家博物館**，即使不進去參觀，雄偉的建築本身就很有美感，而梵谷博物館也在不遠處。沿Stadhouderskade朝西走，右轉過橋後沒多遠就是觀光人潮洶湧的⑦**萊茲廣場**。

由萊茲廣場附近的Leidsestraat左轉，沿著⑧**王子運河**北行，一路上可以飽覽運河及船屋風光，步行約12分鐘路程即可抵達有著市區裡最好吃的蘋果派的名店Winkel 43，可選擇在此歇歇腳補充能量，或者可選擇參觀沿著王子運河北行約6分鐘路程的⑨**西教堂**，著名的安妮之家就在附近。接著沿Raadhuisstraat往東行，跨越4條運河，即可抵達王宮後方，充滿人潮與鴿子的⑩**水壩廣場**就在不遠處，而De Bijenkorf百貨公司、新教堂和戰爭紀念碑就在廣場周圍。接著往北行通往往中央車站方向的⑪**水壩大道**，與大道平行的小巷裡也充滿了各式令人眼花連亂商店，隨興穿梭也是另一種樂趣。

最後由水壩大道往東行，穿越商店密集度極高的巷弄，來到了昔日水手上岸尋求慰藉的紅燈區中心——⑫舊教堂，舊教堂前還有著世界上第一座對全球性工作者致敬的紀念碑。由舊教堂繼續往南，即可進入更大範圍的特種行業區——⑬紅燈區，夜幕降臨之時，此區霓虹閃爍，熱鬧異常，各種令人臉紅心跳、大開眼界的景象又是阿姆斯特丹的另一種風景。

距離：約5公里

所需時間：3-4小時

Where to Explore in Amsterdam
賞遊阿姆斯特丹

中央區 Centrum

MAP▶P.93B3

MOOK Choice

水壩廣場

Dam

城市的心臟

從中央車站沿Damrak街步行，約12分鐘可達；亦可搭乘Tram 1、2、4、12、13等，在Dam站下

要問阿姆斯特丹的集會廣場在那兒呢？答案自非水壩廣場莫屬。不論是國內人民歡度節慶、或是工會罷工示威抗議，水壩廣場永遠都是聚眾的集合地點。

水壩廣場上有一座高達22公尺的紀念碑，用以紀念在第二次世界大戰中喪生的荷蘭同胞。紀念碑於1956年落成，前面有一雙石獅代表荷蘭，此後每年的5月5日一亦即荷蘭解放日，上至女王、首相，下至販夫走卒都會來此獻花追思。

阿姆斯特丹王宮 Koninklijk Paleis Amsterdam

Nieuwezijds Voorburgwal 147　週二至週日10:00~17:00，夏季至18:00　週一、節日（常有不固定休館，建議先上網查詢）　全票€12.5、優惠票€9，18歲以下免費　www.paleisamsterdam.nl

建於1648年的王宮，是廣場邊最顯著的目標，由黃金時代的建築師Jacob van Campen依荷蘭古典風格建成，因為蓋在溼地上，所以整整用了13,659根實木樁，至今仍然屹立不搖。

這幢王宮最早做為市政廳之用，在建築的中心，有著17世紀宏偉的公民大廳和大理石畫廊，著名藝術家的雕塑和繪畫，講述了阿姆斯特丹曾經的美好年代。1808年，路易・拿破崙（Louis Napoléon Bonaparte）首度把它改建為宮殿，他華麗的帝國家具，至今仍在王宮裡閃耀輝煌。

目前，王宮仍是王室們的實際居所，並用來接待來自世界各國的元首和領導人。皇室沒有在此舉辦活動時，開放民眾參觀；西面和東面門楣上的雕刻出自安特衛普雕塑家Artus Quellien之手，樣式繁複精巧，展現荷蘭國民第二次世界大戰後的自信。

新教堂 Nieuwe Kerk

De Dam　11:00~18:00（17:00停止入場）　全票€19.5、優惠票€13.5；11歲以下免費　www.nieuwekerk.nl

王宮旁的新教堂建於15世紀，在荷蘭的地位等同於倫敦的西敏寺，威廉明娜女王（Queen Wilhelmina）、茱莉安娜女王（Queen Juliana）和碧翠斯女王（Queen Beatrix）的加冕大典都在此舉行。而教堂中的珍貴收藏與定期輪換的展覽，也非常值得一看。

杜莎夫人蠟像館 Madame Tussauds Amsterdam

Dam 20　522-1010　10:00~20:00　全票€26.5，18:00以後入場€22.5（網路購票享€3以上折扣優惠）　www.madametussauds.com/amsterdam

想和Lady Gaga一起開趴或是和荷蘭女王握手嗎？這裡的蠟像延續倫敦總館的傳統精神，不但幾可亂真，而且與遊客之間互動性十足。你可以走進歐巴馬的辦公室與他商討國策、在伸展台上與名模一同貓步進場、與小羅納迪諾切磋球技、與喬治・克隆尼吃頓浪漫晚餐、和賈斯汀來段深情對唱，甚至走進羅比・威廉斯的房間與他同床共枕！在經典名片中客串一角，在這裡已不算稀奇，直接走進林布蘭的畫中化身為名畫的一部分才更夠看。「活在過去，展望未來」是杜莎夫人蠟像館的座右銘，相信當你參觀過後也會深有同感。

中央區 Centrum

MAP▶P.93A5

史佩廣場

Spui

週五書市與週日藝術市集

搭乘Tram4、14等，在Rokin站下，步行約2分鐘可達 週日市集3~12月每週日11:00~18:00 artamsterdam-spui.com

阿姆斯特丹最富文藝氣息的地方，當屬史佩廣場了。“Spui”是「水閘」之意，在1882年成為廣場前，這裡曾經是一片水域，但成為廣場後，周圍逐漸聚集許多書店、古董店與酒吧，每週五的書市及週日的藝術市集，更讓此區洋溢著藝文氛圍。

對觀光客而言，週日的藝術市集最有看頭：各個獨立藝術家將自己的精心設計、繪畫、雕塑、材料創作等在此設攤展示，並親自為觀者解說自己的創作理念和過程，是個與藝術家交流的難得機會。廣場邊有座Het Lieverdje小童像（Little Darling），則是1960年代無政府主義團體Provos經常聚集示威的地方。

中央區 Centrum

MAP▶P.93B6

鑄幣廣場及鑄幣塔

Muntplein & Munttoren

四通八達的地標

搭乘Tram4、14等，在Rembrandtplein站下，步行約3分鐘可達

車水馬龍的鑄幣廣場，看起來比較像是個超級大十字路口，共有7條大道匯聚於此，所以鑄幣塔也是旅客最佳的定位點。鑄幣塔明顯地由上、下兩截不同的建材組成：下半部的紅磚基座原是17世紀舊城牆的遺跡，1618年大火時因塔旁設有消防隊而免於祝融之災；上半部的鐘塔呈八邊形，建於1619年。1673年法軍占領阿姆斯特丹期間，此處曾短暫成為鑄幣場，所以後來才有此名。

中央區 Centrum

MAP ▶ P.93A5

比京會修道院

Begijnhof

離塵不離世的都市淨土

搭乘Tram4、14等，在Rokin站下，步行約3分鐘可達 Nieuwezijds Voorburgwal 373 比京會修道院現在作為私人住宅使用，雖然開放庭院參觀，但請遊客保持安靜，並尊重住戶

漫步在人聲鼎沸的市中心區，觀光人潮總把馬路擠得不得清閒，如果想透一透氣，到了史佩廣場附近時不妨留意建築牆上的門洞，門前雖然沒有落英繽紛，洞裡倒也彷彿若有光；走進門洞，果然一片屋舍儼然、豁然開朗，與外頭的燈紅酒綠形成強烈對比，很難想像這兩個世界竟然只是一牆之隔。

比京（Begijnen）指的是一群篤信羅馬天主教卻又不願離群隱居的婦女，她們聚居的地方就稱為「比京會修道院」，也有人譯作「凡人修道院」。阿姆斯特丹的比京會始建於1346年，原始建築在1421與1452年的城市大火中慘遭祝融，今日的樣貌則是17、18世紀所重建的，其中門牌號碼34號的Houten Huy’s修葺於1957年，特意整建為15世紀的木屋形式，讓人一睹修道院早期的原貌。

16世紀以降，荷蘭投向新教懷抱，這段期間，此地庭院中的教堂被新教徵收，比京會眾於是在31號的屋子裡設立一間祕密教堂與之分庭抗禮，兩個宗教就這樣在同一座院落裡共處了4百年，直到最後一位比京會士於1971年過世為止。今日的修道院由比京會基金會租賃給93位單身女性居住，因此在欣賞山牆建築與庭院之美的同時，記得千萬不要打擾了當地居民的寧靜。

XXX的城市

阿姆斯特丹街頭無所不在的XXX符號，幾乎等同於市徽，也建構了所有遊客對這個城市的印象。

其實，這個標記沒有任何不禮貌的意思，而是為了提醒所有市民，城市曾經歷的三個磨難：水患、火患與黑死病。阿姆斯特丹建於比海平面低的沼澤地，12世紀建城以來就多水患，人們在水上畫「X」代表阻止淹水；第二個X代表防火：15世紀時房屋結構以木造為主，當時歷經幾次大火延燒，死傷無數，政府規定改磚造建材，才造就現在看到的運河屋舍樣式；第三個X則是讓阿姆斯特丹幾乎滅城的黑死病。這個標記不只是遊客必買的紀念品，更是驅難避災的護身符，守護這個城市的居民。

中央區 Centrum

MAP ▶ P.93D6

滑鐵盧廣場

Waterlooplein

荷蘭最大跳蚤市場

搭乘Tram 9、14或Metro 51、53、54，在Waterlooplein站下

喜愛逛跳蚤市場的人，滑鐵盧廣場一定深得你心！這裡的商品來自世界各地，除了舊書、黑膠唱片、具有荷蘭代表性的特產用品外，其他如非洲的桌巾、印尼的長裙、峇里島的木雕等，鎮日吸引散不去的人潮，充滿摩肩接踵、貨比三家的樂趣。

滑鐵盧廣場在17世紀時就是猶太人的交易市集，也是當時猶太人的聚居區，所以猶太歷史博物館和猶太教會都在附近；而市場旁的市政廳和市府劇院也值得參觀一下，因為這裡面有阿姆斯特丹的水位定標管（N.A.P.），以1684年的水位為基準，可以觀察現在的海平面比那時是高還是低，另外還有一根水柱則展示1953年洪水時的水位高度。同時，牆壁上也以浮雕標示出市內建築、運河、地下鐵和海平面的對比，相當有趣。

中央區 Centrum

MAP ▶ P.90E4

迦山鑽石工廠

Gassan Diamonds

閃閃發光的璀璨世界

搭乘Tram 9、14或Metro 51、53、54，在Waterlooplein站下，步行5~6分鐘可達 Nieuwe Uilenburgerstraat 173-175 622-5333 09:00~17:00 免費 www.gassan.com 可事先在網上預約中文導覽

雖然提起鑽石，多數人想到的都是比利時的安特衛普，但阿姆斯特丹的鑽石工業也是不遑多讓。迦山鑽石創業於1879年，廠房在全盛時期擁有400多名打磨工匠。導覽行程從展示早期的鑽石打磨工具開始，到解說鑽石從切割、整形到打磨的製造過程，看到打磨師傅現場聚精會神地工作，示範著如何使鑽石從一顆其貌不揚的石頭、逐漸變成人見人愛的璀璨晶體。行程中介紹基本的鑽石鑑定技巧，除了熟知的克拉數，色澤、清澈度與切割面等重要因素。

迦山最自豪的，就是2006年開發出121切割面的技術：一般鑽石的基本切割面只有57個，迦山在頂部增加了16個、在錐部則增加了48個切割面，如此一來，大大提升了鑽石的折射光。參觀行程的最後當然是鑽石展示間，如果你恰好有購買鑽石的打算，可得精打細算盤算一下退稅後是否划算！

中央區 Centrum

MAP ▶ P.90D4

林布蘭故居博物館

Museum het Rembrandthuis

見證巨匠的輝煌與凋零

搭乘Tram 9、14至Waterlooplein站，沿Jodenbreestraat往水壩廣場方向西行即達　Jodenbreestraat 4　520-0400　10:00~18:00（17:40截止入場）　全票€19.5、優惠票€10（含語音導覽）；6歲以下免費　www.rembrandthuis.nl/en

1639年，林布蘭買下了這棟房子，那是他生涯最巔峰的時光，他在這裡創作出無數名畫，飽嘗功成名就的喜悅。但隨著妻兒相繼離世的打擊、社會喜好轉變導致委託量減少，加上他常常不計代價購買繪畫材料，使他陷入龐大的債務麻煩，終於迫使他在1658年遷出此屋，流落貧民窟中。

林布蘭破產時，將屋內的物品拍賣一空，幸好當時公證人詳列的清單並未遺失，使後人得以依照原貌重現當年的擺設。參觀者可以從林布蘭家的廚房、臥室等起居空間，了解17世紀荷蘭的市民生活：前廳是林布蘭展示及買賣畫作的地方，當時的顧客都是直接到畫家家中選購，至於今日的陳列雖然大多不是林布蘭的畫作，卻也都與他頗有淵源。頂樓的工作室就是諸多名畫的誕生地，一旁的調色盤說明了早期畫家使用有色植物與礦石磨製顏料的方法；收藏室裡蒐集了各式盔甲武器及動植物標本，這些都是林布蘭藉以描摹自然的重要工具。此外，林布蘭也是蜚聲當代的刻板畫名家，因此這裡也展示了當時的版畫印刷機，不但有專人示範解說，還可讓遊客動手體驗。

「無紙化」是荷蘭目前相當明顯的政策，很多地方都只收信用卡、不收現金，不但包括車站票務、博物館門票，甚至連普通商店也信用卡櫃台比現金櫃台多得多。赴荷蘭旅遊時，記得不用帶太多現金、帶至少2張信用卡（免得其中1張剛好無法使用）。

中央區 Centrum

MAP▶P.93C2

MOOK Choice

閣樓教堂博物館

Museum Ons' Lieve Heer op Solder

看似民居別有洞「天」

從中央車站步行5~8分鐘可達 Oudezijds Voorburgwal 38 624-6604 10:00~18:00(週日13:00~18:00) 全票€16.5、優惠票€7.5,4歲以下免費 www.opsolder.nl

17世紀中葉時,只有喀爾文教派的新教徒能舉行公開的宗教活動;親天主教的商人Jan Hartman靈機一動,便將自己居住的3幢山形牆屋宅的頂樓打通,祕密改建成可容納200到400名天主教信徒同時崇拜的禮拜堂,於是這座高居於建築頂樓的「地下教堂」,有了「閣樓中的上帝」(Ons' Lieve Heer op Solder)的暱稱。

從建築的外觀,完全看不出裡面竟然包含這麼多各自獨立的廳室,甚至還有一座隱藏式的天主教教堂。循著語音導覽一步步導引,罕見的建築形式及館中收藏的宗教藝術品一一呈現眼前,值得你撥冗進來一看。

中央區 Centrum

MAP▶P.93C3

舊教堂

Oude Kerk

阿姆斯特丹最古老的教堂

從中央車站步行8~10分鐘可達 Oudekerksplein 23 625-8284 週一至週六10:00~18:00,週日13:00~17:30 全票€13.5、優惠票€7 www.oudekerk.nl/en

屹立在紅燈區心臟地帶的舊教堂,彷彿冷眼旁觀著發生在它腳底下的一切狂歡,然而,它可是阿姆斯特丹最重量級的古蹟,打從13世紀初建之時,就一直扮演著主教堂的角色。教堂原本供奉水手的守護聖人聖尼古拉斯,但在宗教革命後,教堂被新教所接收,如今只在一些不起眼的角落裡才能發現舊教的痕跡。教堂裡最有名的寶物是一架造於1724年的管風琴,以及由奎貝斯兄弟(Dirck en Wouter Crabeth)繪於1550年左右的彩繪玻璃。許多史上的名人也都葬在這裡,最有名的是曾經率領荷蘭艦隊突襲直布羅陀,大破西班牙海軍卻光榮陣亡的名將希姆斯科(Jacob van Heemskerck);而林布蘭的第一任妻子莎斯基亞(Saskia)也選擇在此長眠。令人玩味的是,就在舊教堂的旁邊,設立了一裸女雕像,是世界第一座對性工作者致敬的紀念碑。

中央區 Centrum

MAP ▶P.93D2

淚之塔

Schreierstoren (Tower of Tears)

見證無數別離的高塔

從中央車站步行7~10分鐘可達 Prins Hendrikkade 94/95 428-8291 www.weepingtower.nl

淚之塔從1487年豎立至今，原本是阿姆斯特丹城牆的一個角塔，也是現今城牆唯一殘留的部分。淚之塔的荷蘭名Schreierstoren含有「角度」的意思，取其以幾乎垂直的角度建造之意。之所以被稱為淚之塔，是因為當年每當水手要出航或戰士出征，他們的妻子就會在塔樓上含淚相送。在塔腳下出航的水手裡，最有名的便是受雇於荷蘭東印度公司的英國航海家亨利・哈德遜（Henry Hudson），他在該次航行中抵達了北美哈德遜河河口，那塊區域後來在歐洲人的殖民開發下，成了今日的紐約市。

現在的淚之塔，內部變成一家餐廳，餐廳頂樓有販賣一些地圖和書籍，同時也是觀望港口的最佳地點。

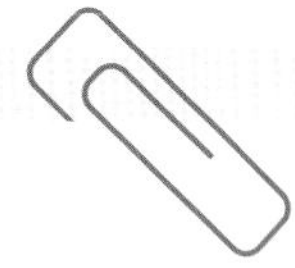

街頭塗鴉藝術

走在阿姆斯特丹街道上，常會看到令人驚喜的公共藝術，其中位於西邊運河旁的Prinsengracht與 Tuinstraat 轉角，就有一整面劃破天際的塗鴉牆，出自荷蘭知名的街頭塗鴉藝術家The London Police之手，他們從1998年就開始以黑白人物圖案改造城市，除了阿姆斯特丹外，足跡也遍布歐美各國。

巷弄女郎與運河女郎

紅燈區女郎依據工作分布的地點，還分為「巷弄女郎」與「運河女郎」；當地人偏好光顧較為隱密的巷弄場所，因此價格與生意都遠超越運河區。阿姆斯特丹政府近年來致力於紅燈區改革計畫，企圖縮減這區的範圍與近1/3的戶數，收購此區的高價房產並轉賣或租賃給不同商家進駐，可惜成效不彰；但仍可見荷蘭政府正視問題並尋求解決之道的決心。

中央區 Centrum

MAP▶P.93C2

性博物館

Sexmuseum

挑戰尺度極限

從中央車站步行2~4分鐘可達 Damrak 18 622-8376 10:00-18:00 €10 www.sexmuseumamsterdam.nl 16歲以下不得入場

這座博物館不夠張揚的門面，常令人過門而不知其內別有洞天。館內雖然佔地不大，但「五臟俱全」堪稱是其一大賣點：從畫在捲軸、書冊、瓷器上的春宮畫，到用陶土、青銅、象牙、大理石製成的性交人偶，淋漓盡致地展現人類最原始的情慾。

「性慾」本是與生俱來的本能，但在人人戴起倫理道德的面具後，卻彼此心照不宣、隱而不談，反而使性慾沉淪為滋養色情的溫床。這座博物館於是借題發揮，聲稱其成立的宗旨就是要讓性回歸最初原始的單純；儘管這種說法可能不足採信，畢竟館內大量性虐待、雜交的照片還是很令人難堪，不過，任誰也無法否認這些事實的存在。無論你的觀點為何，這座世界第一間以情色為主題的博物館，絕對是你日後誇耀的好話題。

中央區 Centrum

MAP▶P.93C3

紅燈區的秘密博物館

Museum of Prostitution – Red Light Secrets

一覽櫥窗內的世界

從中央車站步行8~10分鐘可達 Oudezijds Achterburgwal 60 H 846-7020 11:00~22:30，週五、六延長至23:30 全票€17，官網購票折扣價€14.5 www.redlightsecrets.com 16歲以下不得入場

位於運河旁一幢17世紀的老建築中，將曾經是娼館的房子重新改造，讓遊客一覽紅燈區櫥窗內的世界。博物館不大，就幾間房間展示著紅燈區女郎的工作房間與工具，供遊客隨意穿梭，館內會播放性工作者的紀錄片，還有紅燈區女郎吐露心聲的留言牆。

MAP▶P.83C2

MOOK Choice

紅燈區

De Wallen (Red Light District)

滿足人類的原始慾望

從中央車站步行5~8分鐘可達 基於對性工作者的尊重與自身安全，請勿拍照

紅燈區以舊教堂附近的小巷子以及中國城一帶最為密集，勢力包含整個城中心，甚至往西延伸到辛格河一帶都還零星可見；舊城區的De Wallen是阿姆斯特丹最有名的紅燈區。紅燈區隨著13世紀阿姆斯特丹港口的發展而興起，離家已久的水手上了岸，促使此區酒吧、性產業的生意應運而生。對阿姆斯特丹人來說，性工作也是職業的一種，為了不讓這行業被人口販子與黑道操控，政府乾脆將之公開合法化，並提供性工作者們定期健檢、月事津貼等社會福利，並力邀其工會領袖入席議院；舊教堂的旁邊還設有妓運信息中心（Prostitution Information Centre）。紅燈區女郎基本上都是個體戶，租一小格櫥窗與房間（每日租金約€250左右），就在裡面搔首弄姿、等待客人上門，並不會當街拉客；一旦談成價碼，就會拉上窗簾進行交易。如果你只是想滿足好奇心、開開眼界，建議於入夜時分前來，屆時整排紅色燈管將街道照得迷濛，櫥窗裡的女郎花枝招展、好不撩人；只要你不按下快門，這一片春色隨你看個夠。

Coffee Shop重點不在咖啡~~

荷蘭的次文化除了紅燈區外，就屬大麻最為有名。在荷蘭吸食大麻雖非合法、但除罪化，只要不過量、並且在「適當的地方」，便可大大方方地迷幻一下。所謂適當的地方，指的就是當地的Coffee Shop。其實許多研究都指出大麻對人體和社會的危害，遠遠小於威士忌等烈酒，因為吸了大麻的人通常只會沉醉在自己的世界裡，並不具有傷害力，只有當他們缺錢買毒品的時候，才會做出反社會的行為。於是荷蘭政府乾脆將大麻等軟性毒品與海洛因等硬性毒品區隔開來，限定合法使用軟性毒品的範圍，並平抑價格。而這一招也果然奏效：在荷蘭，施打硬性毒品的人口比例在世界上反而是偏低的。因此，想哈根草，不妨上Coffee Shop去；若想單純地喝杯咖啡，那麼請到別的地方。請注意：Coffee Shop裡會賣一種大麻蛋糕（Space Cake），雖然美味可口，但千萬千萬千萬不要吃光光！否則後果誰也無法預想。

西運河環帶區 Westelijke Grachten-Gordel

MAP ▶ P.93A6

MOOK Choice

辛格花市

Bloemenmarkt Singel (Flower Market)

迷失在五顏六色的花香國度

搭乘Tram4、14等，在Amsterdam, Rokin站下，步行約5分鐘可達 Vijzelstraat與Leidsestraat之間的Singel運河河面上 9:00~17:30（週日11:00起）

由20間浮在辛格運河上的船屋所串連成的鮮花市場，是阿姆斯特丹資格最老的市集，約略成形於1862年，現在主要的客源都是觀光客。市集的老闆也研發出多種可供觀光客攜帶回國的種子和乾燥花，而且不論你來自世界哪裡、要往何處去，只要問一聲，老闆一定能答出你要前往的國家是不是可以攜帶這些花或種子上飛機及入境。

在這裡，各類鮮花大把大把地出售，除了鬱金香以外，還有各種花卉種子的綜合包，足夠讓愛花人士種出一園子的繽紛色彩。當然，既然客源主要是觀光客，花卉相關紀念品也是花攤上的配角。

西運河環帶區 Westelijke Grachten-Gordel

MAP ▶ P.90C5

小貓館

Kattenkabinet

喵星人樂園

搭乘Tram4、14等，在Rembrandtplein站下，步行約6分鐘可達 Herengracht 497 626-9040 週二至週日12:00~17:00，週一休 全票€10，優惠票€5，12歲以下免費 kattenkabinet.nl/en

1660年代，荷蘭的有錢人開始在萊茲街與費茲爾街（Vijzelstraat）之間的紳士運河邊聚居，其屋宇建材多使用進口自國外的砂岩，而且門、柱上都有華麗的雕飾，所以在當時又有「黃金河岸」之稱。在這雍容華貴的地段裡，有一間豪宅每天都有絡繹不絕的訪客，那便是愛貓族們口耳相傳的小貓館。小貓館是一間以貓為主題的私人小型博物館，主人Bob Meijer愛貓成痴，為了紀念他的愛貓長達17年的陪伴，於是成立了這間藝廊。館內展示各種與貓有關的藝術品及收藏品，包括繪畫、雕塑、裝飾等，貓的各種神態形象在不同藝術家的捕捉下，時而優雅、時而可愛、時而孤僻、時而淘氣、時而狡黠、時而神祕，世上恐怕沒有其他動物能比貓擁有更多面相了。館內也養了好幾隻貓，看到遊客來訪便會上前左右磨蹭，彷彿在說：「歡迎歡迎，請隨意參觀。」

西運河環帶區 Westelijke Grachten-Gordel

MAP ▶P.90D5

林布蘭廣場

MOOK Choice

Rembrandtplein

夜晚比白天精彩

搭乘Tram4、14等，在Rembrandtplein站下，步行約1分鐘可達 索貝克廣場藝術市集週日10:00~18:00

從鑄幣廣場沿Reguliersbreestraat朝東而行，便可到達林布蘭廣場，這兒在19世紀之前一直被稱為「奶油廣場」，直到1867年豎立了一尊林布蘭銅像，因而改名，林布蘭畫作「夜巡」中的主要人物也被製成銅像，動作表情栩栩如生，是最適合拍照的地點。

這裏是阿姆斯特丹有名的娛樂區域，白天廣場上幾乎全是露天咖啡座，晚上則輪到酒吧、俱樂部、夜總會裡的脫衣舞孃婀娜登場，氣氛一點也不輸給城中心的紅燈區。相鄰的索貝克廣場（Thorbeckeplein）在每個週日也有小小的藝術市集，90%以上的攤位都是畫作，說不定能慧眼找到未來的大師級作品！

西運河環帶區 Westelijke Grachten-Gordel

MAP ▶P.91C5

攝影博物館

FOAM Fotografiemuseum

讓影像發聲

搭乘Tram4在Keizersgracht站下，步行約5分鐘可達 Keizersgracht 609 551-6500 10:00~18:00（週四、五延長至21:00） 全票€16，優惠票€11.75~12.8 www.foam.org

沒有熙熙攘攘的成群遊客，保留建築舊有格局的素淨空間中，靜謐沈穩，只有牆面上一幅幅照片在你和主角眼神交會時，無聲傳達影像的故事。攝影博物館隱藏在皇帝運河邊的一座18世紀初期民宅中，原本是倉庫，現在則不定期展出各種攝影作品，主題包羅萬象：街頭人物攝影、古典攝影、以攝影為媒介的後現代藝術創作都有機會看到。館內也有咖啡館和影像圖書館。

©HollandMarketing

西運河環帶區 Westelijke Grachten-Gordel

MAP▶P.91B5

萊茲廣場

Leidseplein

市民娛樂中心

搭乘Tram2、12、13、17等至Leidseplein站，步行約2分鐘可達

購物街、劇院、咖啡館、餐廳圍繞著萊茲廣場，街頭藝人往往是廣場氣氛的炒熱者。古色古香的市立劇院（Stadsschouwburg）是廣場的視覺焦點所在，每當阿姆斯特丹Ajax足球隊踢贏重要比賽，都會到此劇院的陽台和球迷一同歡呼慶祝。市立劇院後方的銀河屋（De Melkweg）是一間綜合的文藝中心，活動包括音樂、電影、舞蹈、攝影展、戲劇等，是年輕人聚集的新藝術空間。

西運河環帶區 Westelijke Grachten-Gordel

MAP▶P.90B3

西教堂

Westerkerk

林布蘭長眠之地

搭乘Tram2、12、13、17等至Westermarkt站即達 Prinsengracht 279 624-7766 週一至週五11:00~15:00 www.westerkerk.nl

擁有華麗塔樓的西教堂，無疑是王子運河畔最搶眼的建築物。西教堂建於1631年，採用磚石合造的荷蘭文藝復興式風格，其高塔超過85公尺，登上塔頂可眺望阿姆斯特丹中心的運河景色，十分壯觀。建造西教堂的人，是在當時極享盛名的雕塑家Hendrik de Keyser，他同時還打造出了南教堂（Zuiderkerk）和北教堂（Noorderkerk），1966年時，西教堂曾舉辦過碧翠絲女王的婚禮。

晚景淒涼的林布蘭逝世後，和幼子同葬在這座教堂裡，90年代初的整修期間，墓穴中的大量屍骨被掘出遷葬，其中很可能包括林布蘭的遺骸，要證明這一點，唯有透過科學驗證，無奈限於經費，這項檢驗計畫延宕至今還未開始，使林布蘭身後的下落成謎，就如同屍骨無存的莫札特，後人僅能憑其畫作來緬懷一代巨人風采。

西運河環帶區 Westelijke Grachten-Gordel

MAP▶P.90B3

MOOK Choice

安妮・法蘭克之家

Anne Frank Huis

自由與人權的沈痛反思

搭乘Tram2、12、13、17等至Westermarkt站，步行約2分鐘可達 Prinsengracht 263~267 556-7105 11~3月09:00~19:00（週六至21:00），4~10月09:00~22:00，閉館前30分鐘停止售票 全票€16，優惠票€7，9歲以下€1 www.annefrank.org 建議先上網買票，節省排隊時間。館內不得拍照

「我知道我想要什麼；我有目標、有觀點、有信仰，還有愛。」這些文字節錄自一個14歲女孩的日記，她聰明善良、觀察敏銳、夢想成為一名記者和作家，而她的才華也的確大有可為，只可惜她最終只成為一段令人於心不忍的記憶。她就是安妮。

安妮原本生於一個幸福家庭，父親是成功的貿易商，一家子衣食無缺。無奈錯生在納粹追殺猶太人的時代，全家人瞬間失去自由，靠著朋友掩護，躲藏在公司書櫃後的密室裡整整2年。在這段日子裡，安妮在父母面前總是樂觀開朗，卻把細膩的心思全部記錄在日記本內。1944年8月，德軍已是強弩之末，眼看就要苦盡甘來，孰料蓋世太保早一步得到密報，將安妮一家逮進集中營，隔年安妮就因傷寒在集中營裡病逝，此時距離德軍投降不到兩個月。

安妮的父親奧圖（Otto Frank）是這場悲劇裡唯一的生還者，1947年，他將安妮遺留的日記付梓出版，這本日記在50年間已轉譯成54種文字，流傳數量高達3,000萬本。而當年的密室在奧圖的堅持下不再重新裝潢，僅以照片、模型及殘留的設施開放供眾人參觀。

約旦區 Jordaan

MAP▶P.90B3

鬱金香博物館

The Amsterdam Tulip Museum

荷蘭國花的故事

搭乘Tram2、12、13、17等至Westermarkt站，步行約4分鐘可達 Prinsengracht 116 421-0095 10:00~18:00 全票€5，優惠票€3 www.amsterdamtulipmuseum.com

鬱金香是荷蘭重要的出口農產之一，也是荷蘭王國的象徵。這間博物館介紹了關於鬱金香的品種歷史、藝術背景與種植技藝，當然也包括鬱金香如何從原產地中亞流傳入歐洲的故事。雖然博物館的空間可能比你家客廳還小，卻是了解荷蘭國花的理想起點。博物館外側的主題商店倒是頗具規模，可買到各式各樣鬱金香主題的紀念品。

約旦區 Jordaan

MAP▶P.90C2

農人市集

Boerenmarkt

學荷蘭人過生活

搭乘Tram2、12、13、17等至Nieuwezijds Kolk站，步行8~10分鐘可達　北教堂邊　週六09:00~15:00、週一09:00~13:00（冬季較早收市）

北教堂腳下的農人市集只在週六出現，近來週一也會開市，沒有太多觀光客，混身在當地人群裡，在攤販之間貨比三家，常讓人有種融入當地生活的錯覺，對這素昧平生的異鄉產生些許歸屬感。農人市集販賣的農作物，大都是附近農地自家栽種的有機蔬果，雖然價格不見得便宜，但新鮮、健康又環保，仍令許多人趨之若鶩。市集裡也有許多賣起司、香料、海產、花卉與藝術品的攤子，由於自產自賣，多少都帶點獨特性格，與千篇一律的超市絕不相同，逛市集的樂趣就在其中。

約旦區 Jordaan

MAP▶P.90B4

阿姆斯特丹骨董中心

Antiekcentrum Amsterdam

盡情享受尋寶樂趣

搭乘Tram2、12、13、17等至Marnixstraat站，步行約6分鐘可達　Elandsgracht 109　624-9038　11:00~18:00，週六、日11:00~17:00，週二休　www.antiekcentrumamsterdam.nl

荷蘭最大的室內骨董市場，總面積近2,000平方公尺，內部動線略嫌零亂，就像走進一處堆滿寶藏的迷宮，常常在埋首尋寶的同時，回神發現已然迷路。骨董中心內目前共有超過55家攤位，販售的商品包羅萬象，舉凡陶瓷器皿、珠寶首飾、鐘錶傢俱、繪畫雕刻、玩具娃娃、骨董裝飾等，幾乎想得到的都應有盡有。每週三和週末會舉行「桌子市集」，人們可以用極低廉的租金租用一個桌子攤位，將家裡不要的二手用品拿來這裡販售，當然販賣的價錢也十分動人，成為阿姆斯特丹最受歡迎的定期跳蚤市場之一。

約旦區 Jordaan

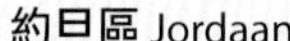

MAP▶P.90B4

船屋博物館

Woonbootmuseum (Houseboat Museum)

感受水上人家生活

搭乘Tram2、12、13、17等至Westermarkt站，步行約6分鐘可達 Prinsengracht 296 K 427-0750 每日10:00~17:00（11~12月週四至週日10:00~17:00） 全票€9.5（網上購票且上午入場€8），優惠票€5 www.houseboatmuseum.nl

船屋在阿姆斯特丹大量出現是在二次大戰之後，由於城市建築普遍遭受破壞，為了應付龐大的居住人口，許多人便把貨船改裝成住家。時至今日，船屋已不再是無殼蝸牛的住所，反倒成了時髦人士的家，甚至還出現以混凝土打造的新式船屋，擁有明亮的大片玻璃窗和船頂的草皮花園，儼然一幢漂浮水上的別墅。目前阿姆斯特丹共有2,256艘船屋，想進船屋裡一探究竟，除了投宿船屋的B&B外，還可以參觀停靠在王子運河邊的船屋博物館。這艘建於1914年、名為Hendrika Maria的運貨帆船，在1967年被改裝成船屋使用，今日的博物館還原了當時的起居空間，包括客廳、臥室、廁所等；其實除了睡房稍嫌簡陋外，其他生活機能幾乎與陸地上的屋宇無異。博物館內也陳列不少船屋模型、照片和影片等，並將船屋各個結構詳細解說，讓這種獨一無二的生活方式，不再只是遊客隔著窗戶的想像。

南運河區／德派普區 Zuidelijke Grachten / De Pijp

MAP▶P.91D5

馬格勒吊橋（瘦橋）

Magerebrug

運河上唯一的木製吊橋

搭乘Tram 14在Waterlooplein站下，步行5~6分鐘可達

馬格勒吊橋是阿姆斯特河上唯一一座木製的吊橋，3百多年來名氣始終居高不墜。"Magere"在荷文中是「瘦小」之意，頗符合這座橋初建成時的形象。雖然經過1772年的擴建，這座吊橋已擺脫瘦狹的舊貌，但它仍然不改原名，依舊不時升起橋面以方便行船、也娛樂眾人。

南運河區／德派普區 Zuidelijke Grachten / De Pijp

MAP ▶ P.91C6

海尼根啤酒體驗館

Heineken Experience

金色魔法啤酒樂園

搭乘Tram1、7、19、24等，或Metro 52在Vijzelgracht站下，步行約5分鐘可達 Stadhouderskade 78 721-5300 週一至週四10:30~19:30，17:30後停止售票；週五至週日及7、8月每日10:30~21:00，19:00後停止售票 全票€27.5，第2人€23（門票含1.5小時導覽行程、2杯生啤酒，另有可樂提供給未滿16歲的遊客） www.heinekenexperience.com 未滿18歲需由成人陪同

你知道夏天冰箱裡不可或缺的、那罐綠色玻璃瓶來自荷蘭嗎？伴著令人印象深刻的行銷廣告和家喻戶曉的口號標語，海尼根成功地席捲全球啤酒市場，位於德派普區的海尼根體驗館也成了阿姆斯特丹不可不去的朝聖景點。

做為一間觀光啤酒廠，不能免俗的，從海尼根家族1864年以來的創業史開始講起，接著是啤酒的原料解說、攪拌與發酵過程、麥汁試喝、裝瓶運送，最後是品酒的制式行程。也許是因為新鮮的緣故吧，這裏喝到的海尼根，有前所未嘗到的甘甜，會讓你忍不住讚嘆：原來這才是海尼根！接下來要走進啤酒主題遊樂園的入口，360度環景電影牆播放著在世界各國播出的經典廣告，你可以走上DJ台化身PUB主角、玩感應式遊戲測試酒保資質；也可以在鏡頭前錄下一段載歌載舞的畫面e-mail給自己；甚至還能訂製自己的專屬酒瓶。體驗結束了嗎？當然不是，行程最後一定要有嗨翻天的時尚夜店：Live Band音樂混合迷幻藍紫色光線，在吧台換2杯免費的生啤酒，也許，新的邂逅就在身邊，就像海尼根想傳達的精神：交流聯繫、認識新朋友、探索新世界。

南運河區／德派普區 Zuidelijke Grachten / De Pijp

MAP ▶ P.91C7

亞伯特蓋普市場

MOOK Choice

Albert Cuypmarkt

最具代表性的觀光市集

搭乘Tram 4至Albert Cuypstraat站下，步行2~3分鐘可達 Albert Cuypstraat整條街 09:30~17:00，週日休 albertcuyp-markt.amsterdam/?lang=en

就像到台灣來，我們會向外國友人推薦士林夜市、淡水老街一樣，在阿姆斯特丹，當地人也不忘提醒我們記得去亞伯特蓋普市場走走。亞伯特蓋普市場已有超過百年歷史，其緣起可追溯到1905年，曾經是荷蘭最大的露天市集；雖然今日鹿特丹市場大廳整體市集的規模已有超越的趨勢，但仍無損亞伯特蓋普市場作為荷蘭第一觀光市集的地位。

這條長度將近2公里的市場，有大約260個攤位，有的攤販觀光味十足，盡賣些印有荷蘭典型符號的紀念品來招徠遊客，有的攤位則相當在地，純粹賣些當地婆婆媽媽的日常所需；而荷蘭著名的街頭小吃，如生鯡魚、小鬆餅等，在這裡當然也不會缺席。亞伯特蓋普市場的另一項特點就是異國情調，在二次大戰之後，大量外國勞工湧入阿姆斯特丹，有許多就定居在運河南邊的德派普區，使這裡成為城市裡有名的「拉丁區」，而市場就位於德派普區的中心，因此來自世界各地的布料雜貨、香料食材，也都在此聚集，熱鬧得很。

博物館區 Museum Kwartier

MAP ▶ P.91A6

翁岱爾公園

Vondelpark

擁抱阿姆斯特丹的閒適

可搭乘Tram 1至J.P. Heijestraat站下，步行約7分鐘可達

翁岱爾公園占地45公頃，由中產階級的推動成立於1860至70年代，由庫肯霍夫花園的相同建築師Zocher父子所設計，是一處英式庭園風格的公園。公園裡有大量的池塘、蜿蜒的步道、單車道、大片草地、成群綠蔭及小動物，是郊遊野餐的最佳去處。在公園的玫瑰園裡，擁有超過70種玫瑰品種。到了夏日時分，在露天劇場還時常會有免費的音樂表演，更是熱鬧。

©Koen-Smilde

©HollandMarketing

博物館區 Museum Kwartier

MOOK Choice

MAP▶P.91B6

阿姆斯特丹國家博物館

Rijksmuseum Amsterdam

荷蘭王國的文化寶藏

搭乘Tram1、7、19等在Rijksmuseum站下，步行約2分鐘可達 Museumstraat 1 674-7000 09:00~17:00（閉館前30分鐘停止售票） 全票€22.5，優惠票€11.25，18歲以下免費，語音導覽€5 www.rijksmuseum.nl

阿姆斯特丹國家博物館的前身為國家畫廊，自1800年起對外開放，館內收藏以畫作為主，原本設立在海牙，後於1808年遷移到阿姆斯特丹。1885年，國家畫廊和荷蘭歷史與藝術博物館合併，在現址設立了國家博物館，其建築主體是一座富有濃厚哥德式色彩的紅磚建築，出自Pierre Cuypers手筆，而他的另一項成名工程則是阿姆斯特丹中央車站，不難看出兩座建築之間的相似程度。國家博物館歷經10年的整修後，於2013年重新開館，保留內部的富麗堂皇，也加入明亮、簡潔、挑高的現代建築元素。

國家博物館的收藏依時間順序展示，包含了15到20世紀的荷蘭畫作和國外藝術家作品、歷史文物和雕塑、裝飾（如娃娃屋、家具、玻璃、銀器、台夫特藍瓷、珠寶、織品等）。此外，1952年時增加了亞洲藝術博物館，整修後的菲利普館則加入攝影作品的常設展覽廳。總共80個展廳，超過8,000件展品訴說荷蘭過去輝煌歷史與逐漸走入現代的藝術與設計。

阿姆斯特丹國家博物館被公認為世界10大博物館之一，原因就在於荷蘭黃金時代（De Gouden Eeuw）的重要作品，有大半都收藏在這個博物館的2樓，若時間有限，不如將精力集中在這裡，眾多舉世聞名的荷蘭大師名作，包括哈爾斯（Frans Hals）、維梅爾（Johannes Vermeer）、史汀（Jan Steen）、羅斯達爾（Jacob van Ruisdael）、海達（Willem Claesz Heda）等人都在內，當然以光線和陰影的精練手法而聞名的林布蘭（Rembrandt van Rijn）也有20餘幅畫作展出，成為展館的參觀重點。對於想瞭解法蘭德斯和荷蘭藝術的人來說，是個值得到訪的重要博物館。

參觀博物館建議事先預約

荷蘭博物館、美術館眾多，且參觀者眾，所以如果打算參觀熱門的館場，像是阿姆斯特丹國家博物館、梵谷博物館等，記得事先購票、並預約好特定日期參觀的時段，以免連加入排長龍的機會都沒有，直接「下次請早」。

《年輕時的林布蘭自畫像》Self-Portrait at an Early Age，林布蘭Rembrandt van Rijn, 1628

林布蘭是創作最多自畫像的畫家之一，這些自畫像的目的通常是為了練習掌握肖像畫的技巧。這幅自畫像完成於林布蘭22歲時，其特別的地方在於：它似乎並非為了創造肖像畫而作，因為整張臉孔只有耳朵、脖子、部份臉頰和鼻子有接觸到光線，其他部分都隱藏在陰影裡，因此常被視為林布蘭實驗其著名「林布蘭光線」畫法的早期練習之作。

《約拿畫像》Portrait of Johannes，林布蘭Rembrandt van Rijn,1633

這是尼德蘭當時最重要的宗教領袖Johannes Wtenbogaert的畫像，這位傳道者當時76歲，林布蘭則年僅26歲，此畫可視為年輕畫家初次嶄露頭角的作品。

《夜巡》Night Watch，林布蘭Rembrandt van Rijn, 1642

說走進國家博物館的人，95%都是為了這幅畫而來，一點也不為過。掛在2樓榮譽畫廊正中央的巨作不但是荷蘭國寶，在世界藝術史上更具有劃時代的非凡意義。

其實《夜巡》描繪的是白天的場景，原名為《班寧柯克隊長和羅登伯赫副官的警衛隊》。當時市民警衛隊總部落成，林布蘭接受委託為隊員們畫出合照，為了長久保存而漆上厚重的油漆，使畫面變得更加陰暗，後人誤以為畫中描述晚上，才有了新名稱。

林布蘭是第一個在肖像畫中擺脫大合照排排站手法的畫家，像心思細密的導演，安排一場戲劇演出。以隊長和副官為中心，圍繞旁邊的每個隊員動作、角色、眼神和表情都不同，例如右邊戴黑色帽子伸手指向中心的士兵，就是暗示觀賞者看向主角。畫面中心隊長正交代副官隊伍準備出發，而向前舉起的手似乎是伸向觀賞者的空間，產生突破畫面的動態感。林布蘭甚至把自己也藏在畫作中：就像簽名一樣，在隊長帽子上方露出半張臉。

更重要的是他對於光線的運用，畫中安排2種光線，左前方的光線是整體光源，林布蘭又加強光線打在隊長、副官及象徵天使與光明的女孩身上，其他人物由餘光漸至陰暗，各自完成他們自己的角色，使得整幅畫面呈現一種震撼觀者的舞台戲劇效果。

《小街》The Little Street，維梅爾Johannes Vermeer, 1658

這是維梅爾少數的風景畫。維梅爾對畫中的建築物並不感興趣，反而是在房子的細節部分特別刻畫出重點，如牆壁、門道中的一景、辛苦工作的婦女和一旁遊玩的孩童。這條街道看似真實，但很可能僅是維梅爾在畫室中的想像。

《紡織工會的理事們》The Wardens of the Amsterdam Drapers' Guil，林布蘭Rembrandt van Rijn, 1662

這是林布蘭晚年最重要的委託作品，委託人是阿姆斯特丹紡織公會的理事。林布蘭為了避免畫面過於平靜嚴肅，在構圖上煞費苦心：他讓畫中人物似乎被觀者打斷工作，不約而同地向觀者注視；並讓左起第2位男士彷彿正要起身，使畫中的5頂帽子並不是位於同一線上。這樣的安排讓畫面活潑起來，並且又保持了平衡。由於畫作預定高掛在牆上，所以林布蘭又將桌子的角度略加調整，讓欣賞畫的人有種仰望的效果。

《威克的風車》The Windmill at Wijk bij Duurstede，羅斯達爾Jacob van Ruisdael,1670

羅斯達爾是17世紀最有名的風景畫家，他成功地將一條河流畫出張力與氣氛，成為一幅傑作。畫中的風車是從低處向上仰望的角度下筆，與背後陰暗的雲層形成強烈對比；陽光自風車的一端透射下來，反映在水中與陸地上。從畫中的城堡與教堂，可印證出風車的地點位於威克一地。

《猶太新娘》The Jewish Bride，林布蘭Rembrandt van Rijn,1665

這是林布蘭晚期的作品，他以一種不尋常的自由畫法創作此畫。畫中人物的手和臉部特別平滑，但所穿的衣服卻十分厚重，可以說他不僅創造出顏色上的變化，而且是一種精神層面的解脫。畫中人物的身份一直無法確定，有可能是一對夫妻模仿聖經人物Isaac和Rebecca的動作，而畫中這位男士富有愛意的靦腆表情，與夫妻倆象徵性的手勢，是此畫的焦點。

《倒牛奶的女僕》The Milkmaid，維梅爾Johannes Vermeer, 1660

館內最知名的畫作之一，同時也是維梅爾的代表作品。他有一系列作品都是以斜陽透過窗戶灑落房間為情境、專注作某件事的女子為主題，描繪平凡生活裡的一個平凡時刻，但維梅爾卻讓這一刻成為永恆；而這張畫作是唯一以勞工階級為主角。在充滿靜物的畫面裡，唯一的動作來自正在倒牛奶的婢女，她的專注使周遭瀰漫著祥和寧靜的氣氛，觀者幾乎可以聽到牛奶緩緩倒進碗裡的聲音。運用有顆粒感的珍珠光表現安詳恬淡的場景，正是維梅爾典型的畫風。

畫中也可看到維梅爾擅長運用的透視點技巧，及偏愛的藍黃色調：前景較深是為了讓觀賞者將視覺重點放在中間的主角身上，畫面右下角的暖腳爐和牆面上的釘子痕跡則可看出背景空間感和畫家對細節的重視。

《快樂酒徒》The Merry Drinker，哈爾斯Frans Hals, 1630

哈爾斯雖以貴族肖像畫聞名，但真正奠定他在藝術史上地位的，卻是這類作品。不同於一般肖像畫與酒徒畫，哈爾斯用一種全新的表現方法來描繪他的人物：畫中的酒徒滿臉通紅，正拿著酒杯向看畫的人侃侃而談，這似乎是一連串動作的其中一個瞬間，人們幾乎可以在想像中連貫起酒徒前一秒及後一秒的片刻，以至於耳邊幾乎要響起酒徒興奮的話語。這種生動的表現手法影響後代藝術家至鉅。

《快樂的家庭》The Merry Family，史汀Jan Steen, 1668

這幅畫表現出史汀是一位優越且充滿幽默感的敘事畫家。事實上這幅畫是以荷蘭的一句諺語「As the old sing, so pipe the young」作為故事出發點，意思是說「上樑不正下樑歪」。畫中的父母與祖父母正拿著酒杯大聲唱歌時，沒人注意到他們的小孩也有樣學樣地抽煙喝酒。這正是典型的風俗畫，表現出警示世人的功用，卻又不失詼諧之意。

《鍍金酒杯靜物》Still Life with Gilt Goblet，海達Willem Claesz Heda,1635

海達是17世紀的首席靜物畫家，同時也是一位善於利用反射光線的大師。

這幅畫描述宴會後杯盤狼藉的樣子，海達很小心地將這些混亂的物體在桌上構圖好，畫面的整體以深淺不同的銀灰色調表現銀盤、玻璃、緞面桌巾和珍珠光澤，點綴少許黃色和青銅綠，幾乎像單色照片呈現出簡單又不失雜亂的風格。

《蛋舞》The Egg Dance，艾提生Pieter Aertsen, 1552

艾提生是北尼德蘭第一位以描述農民生活為主的藝術家，此畫便是其中一個例子。當時蛋舞是個十分受歡迎的娛樂活動，玩者必須用腳將放置在地板上木杯內的蛋有技巧地推出，之後再將木杯翻過來蓋住地上的蛋。從畫中可得知艾提生將一位正在喝酒的人擺置在畫中最明顯的地方，其實是在嘲笑這群沒禮貌且愚蠢的農民。

《婚禮即景》Wedding Portrait of Isaac Abrahamsz Massa and Beatrix van der Laen，哈爾斯Frans Hals, 1622

這對夫婦的姿勢有些不尋常：丈夫身體微微向後傾斜，表現出口中喃喃自語的樣子，而他的妻子則在一旁微笑。這是一幅婚禮的人像畫，人物右邊的花園代表愛情與婚姻，男士左邊的植物刺薊，在荷蘭有忠誠的意義。17世紀時的肖像畫通常表現出嚴肅的一面，但哈爾斯卻打破慣例，將這幅畫畫得輕鬆愉悅。

《抹大拿的瑪麗亞》Mary Magdalene，施可樂Jan van Scorel, 1530

施可樂是16世紀時，北尼德蘭第一位遠赴義大利學藝的畫家，而這幅畫便深受文藝復興畫風的影響。畫中的主角是聖經故事中抹大拿的瑪麗亞，畫家用了許多暗示來象徵她從良後的新生，並在她的臉部表情上下了很大的功夫，顯現出矯飾主義的畫風，從這一點可看出畫家多少受了拉斐爾的影響。

博物館區 Museum Kwartier

MAP ▶P.91B6

梵谷博物館
Van Gogh Museum
走進畫家豐富而焦躁的內心世界

搭乘Tram2、12等在Museumplein站下，步行約2分鐘可達 Paulus Potterstraat 7 570-5200 10:00-17:00（週五至22:00），閉館前30分鐘停止售票 全票€22，18歲以下免費，語音導覽€5 www.vangoghmuseum.nl/en 館內禁止拍照

1973年成立，它收藏了超過200幅梵谷的油畫、580幅素描和750封私人信件，是世界上收藏最多梵谷畫作的地方。館內同時展出他的朋友如高更（Paul Gaugain）、西涅克、勞特雷克（Henri de Toulouse-Lautrec）、秀拉（Georges-Pierre Seurat）、莫內、畢沙羅等當代畫家的作品，讓參觀者比較梵谷與同時代畫家的作品，也更能了解梵谷畫風的轉變受到哪些影響。

梵谷將作品大多交由其胞弟西奧（Theo van Gogh）保管，當時西奧是巴黎一位藝術交易商人，除了推廣梵谷的畫作，也提供他財務上的支援。西奧死後，其遺孀瓊安娜（Johanna）返回荷蘭居住並大力推廣梵谷的作品，梵谷才在20世紀初展露光芒。瓊安娜去世後，其子文森・威廉（Vincent Willem）繼承遺產，為了能讓世人一睹梵谷名作，他將梵谷的收藏品借給阿姆斯特丹市立美術館展出，此時他便決定建造一座博物館來紀念梵谷。

博物館由「風格派」（De Stijl）建築師李特維德（Gerrit Rietveld）所設計，是一棟3層樓建築，為主要常設藏館；1999年又加蓋了新的展覽大廳，由日本建築師黑川紀章設計，是一棟具有19世紀風格藝術的半圓形建築。地面層和第1層展出的藝術品，依梵谷作畫年代和畫風發展的順序展出，部分素描和信件因為對光線過於敏感，而被迫收藏保存，其他則移到2樓的特殊展區陳列；而19世紀的收藏品及梵谷臨摹或收藏的畫作在3樓展出；頂樓則是以平面藝術和研究室為主。

黃色屋子（The Yellow House,1888）

©Van Gogh Museum

1888年，梵谷在亞爾鎮北邊的拉馬丁廣場（Place Lamartine）轉角處，租了這間黃色小屋當作他的畫室，他夢想著把那裡變成一個藝術之家，讓他可以和其他畫家朋友一同生活。後來他因繼承叔叔的遺產而成為該屋的主人，同時也以這間屋子為主題，在畫布上留下精彩的色彩。畫中最左處有個粉紅和綠色屋簷相間的屋子，是梵谷每天都會前往用餐的餐廳。

向日葵（Sunflowers,1889）

©Van Gogh Museum

梵谷在亞爾的黃色小屋，內部以藍色為主調，因此梵谷計畫畫些黃色的裝飾性畫作來和諧室內的色調。當梵谷於1888年邀請高更與他同住時，他覺得高更的房間應該要由以「向日葵」為主題的靜物畫裝飾，並以橘色的原木細框裱畫，於是便滿懷激情地完成一系列畫作。高更對梵谷的向日葵非常滿意，從此向日葵便成為人們對於梵谷的印象之一。

食薯者（The Potato Eaters,1885）

梵谷早期重要的油畫作品，也是畫家很滿意的寫實農民生活畫，表現梵谷當時對社會邊緣人的關懷意識，算是他在努能時期的代表作品。他利用強烈的明暗對比，描繪出農人在經歷一天的辛勞工作後享用晚餐的情景。構圖中有5個人圍坐在一張木桌前，婦人分配的食物只有馬鈴薯和黑咖啡，用屬於土地的綠色和咖啡色構成畫面，而吊在天花板上的油燈散發出昏暗燈光，不但顯現出這戶農民的貧困，同時也刻畫出臉上歷經風霜的皺摺痕跡。梵谷曾在寫給西奧的信中表示：這幅畫表現「農人們拿著馬鈴薯的手，也就是辛勤耕作的那雙手」，他希望透過畫作讓人看到農民艱辛的生活，以及不被生活打倒的堅毅。為了表現最好的構圖，梵谷共畫過3幅食薯者，另一幅收藏在庫勒慕勒美術館。

©Van Gogh Museum

亞爾的臥房（Bedroom in Arles,1888）

梵谷的傑作之一，畫的正是梵谷在亞爾時的臥房。不只題材特殊，構圖也很微妙，由於沒有使用透視畫法，物體的比例顯得有點奇怪。色彩上採用3對互補色，分別是紅色和綠色、黃色和紫色、藍色和橘色，同時還省略了陰影，以使色彩充分傳達出他想要呈現的「簡單」與「休息」的意念；帶有日本版畫的風格。1889年9月，梵谷又重新畫了2幅相同的畫，其中一幅存放在芝加哥藝術協會，另一幅則在巴黎的奧賽美術館。

©Van Gogh Museum

杏花（Almond Blossom,1890）

©Van Gogh Museum

1890年1月，梵谷在聖雷米療養院收到弟弟西奧寄來的信，告訴他弟媳已懷孕，他們夫妻決定以梵谷的名字為新生兒命名，並且希望孩子像他一樣勇敢又有決心。梵谷得知這個消息後欣喜若狂，以陽光下的藍天為背景，畫了這幅杏花送給西奧夫妻，二月盛開在南法的白色杏花，象徵春天的到來，也象徵新生，這也是梵谷對家族生命延續的喜悅和祝福。這幅畫長時間被當作家族情感的聯繫核心，掛在西奧家的起居室。

鳶尾花（Irises, 1890）

梵谷對亞爾地區亮麗的紫色鳶尾花相當著迷，住在那裏時畫了許多不同姿態的鳶尾花。這幅畫創作於梵谷在聖雷米療養院休養時，此時他不太能外出，但仍然不停創作以求精神慰藉，作品多半從自然中找靈感或描繪花卉靜物。畫中花朵枝葉充滿生命力，花朵甚至自瓶中滿溢，畫家使用一層層厚顏料提高色彩飽和度，均勻明亮的黃色牆面前，對比的藍紫色更顯眼而強烈。

©Van Gogh Museum

©Van Gogh Museum

麥田群鴉（Wheatfield with Crows,1890）

梵谷與高更的決裂使他精神完全崩潰，並被送進聖雷米的療養院治療，他出院之後住在法國北部的奧維爾休養，而這段期間，他從未停止創作。這幅「麥田群鴉」是梵谷去世前幾週所畫，也被認為是他的最後一幅作品，不久之後，他便以自殺結束了生命。明亮的麥田搖曳著不安的線條，小路盡頭通往深沉的黑夜，天空漩渦狀的筆觸顯示畫家心中的焦躁不安，彷彿要把觀賞者吸入畫家內心的陰鬱，成群的烏鴉往右上角飛出畫面，有人懷疑這正暗示著畫家死亡的心境。

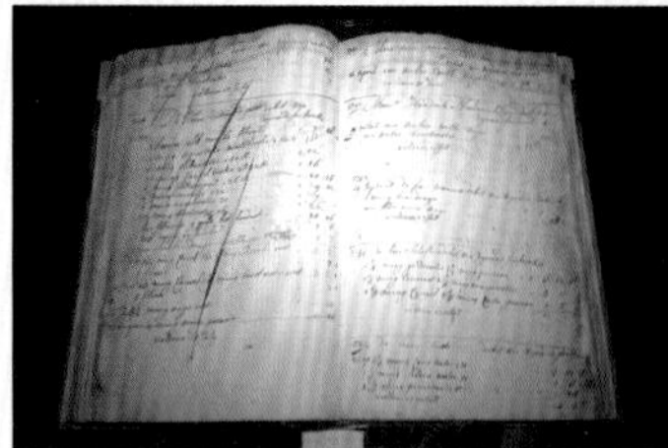

博物館區 Museum Kwartier

MAP▶P.91B6

MOOK Choice

博斯琴酒之家

House of Bols

啟動感官探索旅程

搭乘Tram2、12等在Museumplein站下，步行約2分鐘可達 Paulus Potterstraat 12~16 570-8575 13:00~18:30（週五、週六至21:00） €19.5起（含一杯雞尾酒） www.houseofbols.com 未滿18歲不得進入

如果把酒類的歷史看作一個大家族，盧卡斯．博斯（Lucas Bols）的琴酒（genever）在家族中肯定擁有耆老的地位。琴酒源自16世紀的低地國地區，最初作為醫療用途，1575年時，盧卡斯在琴酒的配方中加入香料，並在阿姆斯特丹設立酒廠，成為琴酒流傳世界的濫觴。要問琴酒在當時有多風靡，據說林布蘭就是因為沉迷在博斯的琴酒中無法自拔，結果積欠過多酒錢，不得已之下，竟用他得意門生的畫作充作抵押，而這幅畫至今仍珍藏在琴酒之家中。

琴酒之家介紹了琴酒的歷史、可親手觸摸的原料、記載在古老典籍中的配方等，由於琴酒經常作為調製雞尾酒的原料，因此這裡也展示了不少調酒器材。最有意思的展示則莫過於數十只裝有不同口味琴酒的彩色瓶子，參觀者可以壓下幫浦，藉由噴出的氣味，猜猜看是何種口味。最後則來到琴酒之家的高潮─品酒：在品酒室外有2台電腦，遊客可在「水果－香氣、單純－複雜」交叉成的4個象限中尋找自己的調酒喜好，將配方列印出來後交給調酒師，調酒師就會將你的選擇調製出來。如果遇到調酒師心情好，他還會露一手神乎奇技的調酒特技─不過這通常是在他看到大批女性遊客的時候。

開車不喝酒，喝酒不開車

博物館區 Museum Kwartier

MAP▶P.91B6

阿姆斯特丹市立美術館

Stedelijk Museum Amsterdam

現代藝術不設限

搭乘Tram2、12等在Museumplein站下，步行約1分鐘可達 Museumplein 10 573-2911 10:00~18:00 全票€22.5，優惠票€10，19歲以下免費，語音導覽€5 www.stedelijk.nl

緊臨梵谷博物館的阿姆斯特丹市立美術館，原是一棟1895年的紅磚老建築，但在歷經為期數年的翻新工程後，由Benthem Crouwel建築事務所為它加上了未來主義的純白構造，不但使展館面積大為增加，風格也更具科技感。美術館於2011年1月重新開幕，主要收藏19世紀以後的作品，精彩的館藏包括李特維德（Gerrit Rietveld）的紅藍椅（Red & Blue Chair, 1923）、包浩斯學派（Bauhaus）的設計草圖與模型，以及安迪・沃荷（Andy Warhol）、布魯斯・諾曼（Bruce Nauman）、傑夫・昆斯（Jeff Koons），甚至梵谷、達利等當代大師級作品。穿梭其間，彷彿走進愛麗絲夢遊仙境，繽紛的色彩、超前衛的多媒體藝術、裝置藝術等，帶給造訪者不斷的驚喜。

東埠區/北區Oostelijk Havengebied / Noord

MAP▶P.90E1

Eye電影博物館

Eye Filmmuseum

電影與咖啡的朝聖之地

在中央車站後門的碼頭搭乘前往Buiksloterwegveer的渡輪 IJpromenade 1 10:00~19:00 全票€15，優惠票€8.5~10 www.eyefilm.nl

從中央車站後方出口遠眺，對岸的電影博物館如運河邊的巨大眼睛，令人驚豔的外觀儼然阿姆斯特丹的城市地標之一。電影博物館完整地介紹了電影史，從盧米耶催生了第一部影片開始、跑馬燈、西洋鏡，到大型的35mm膠卷放映機，以及現在電影使用的科技綠屏（Green Screen）影像合成技術等都有；若有興趣，還可以走進綠屏錄一段自己當主角的微電影寄給朋友炫耀一下。

館內收藏的影片無論在年代與類型上都十分豐富，如果隨選放映室的精彩片段不能滿足你，就到專屬沙發包廂區選一部喜歡的電影，好好享受吧！2樓規劃為特展空間和電影院，播放的影片以影展電影、歐洲獨立製作、紀錄片及經典老片為主，影迷不可錯過。要前往博物館必須搭乘渡輪，這棟白色的現代建築本身從外觀到內部，每一處設計都充滿驚喜，尤其是1樓景觀視野驚人的餐廳，階梯式的設計就像電影院的觀眾席；而最棒的影片當然是玻璃帷幕外，270度的LIVE水岸景色！

東埠區/北區Oostelijk Havengebied / Noord

MAP ▶P.90E1

阿丹觀景台

MOOK Choice

A'Dam Lookout

飛越阿姆斯特丹

在中央車站後門的碼頭搭乘前往Buiksloterwegveer的渡輪 Overhoeksplein 5 10:00~22:00（21:00截止入場） 全票€18.5，12歲以下童票€12.5，盪鞦韆全票€7.5（網上預約有折扣優惠）；另有加飲料、餐點等套票；所有門票均包含免費語音導覽 www.adamlookout.com

位於IJ運河北岸、與中央車站相望的阿丹觀景台，高20層樓，是從高處俯瞰整個阿姆斯特丹舊市區的最佳景點。透過互動式的雙筒望遠鏡，以不同的角度了解這座城市。

從搭乘電梯開始，就開啟一次壯觀的乘坐體驗。

阿丹觀景台頂部，不但可以360度的角度俯瞰阿姆斯特丹及周邊的城市景觀，而且還設置了一個全歐洲最高的空中盪鞦韆，可以在離地面100公尺處來回擺動：一面挑戰膽量、一面欣賞無與倫比的美景。這座生機勃勃的港市、被聯合國教科文組織列為世界遺產的著名運河區、獨特的荷蘭圩田景觀盡在眼底。

此外，阿丹觀景台還設有虛擬實境的VR雲霄飛車，可以體驗在空中穿越阿姆斯特丹的神奇感受。

東埠區/北區Oostelijk Havengebied / Noord

MAP ▶P.90F3

NEMO科學中心

MOOK Choice

NEMO Science Center

親子同樂的科學天地

從中央車站步行約15分鐘可達；亦可搭Bus22在Kadijksplein站下，步行約6分鐘可達 Oosterdok 2 531-3233 週二至週日10:00~17:30，週一休（5~8月每日開放） 全票€17.5，優惠票€8.75，4歲以下免費 www.nemosciencemuseum.nl/en

吸收太多藝術與歷史的資訊後，是時候動動雙手，活化一下腦細胞了！NEMO科學中心的“NEMO”是歐洲博物館組織（The Network of European Museum Organisations）的縮寫；科學中心的外型就像停靠在IJ港灣邊的巨大青銅船隻，是由完成巴黎龐畢度藝術中心的義大利建築師Renzo Piano所設計，很難忽視它的存在。

一踏進科學中心，就會被各式各樣可自行操作的科學玩具吸引，你可以在迷你港口一邊指揮輪船一邊學習港口的運作方式；了解如何建造一座堅固的橋；自己蓋一個水壩；並學會水力發電的方式。光是入口處的水時鐘就會讓人忍不住駐足研究許久，即使自詡成熟穩重的大人，在這裡也會變身成充滿好奇心的大孩子。

博物館的每一層都設有邀請互動的展覽，讓不同的感官發揮作用。

東埠區/北區Oostelijk Havengebied / Noord

MAP ▶ P.90F4

國家海事博物館

Het Scheepvaartmuseum

黃金年代航海歷史

搭Bus22在Kadijksplein站下，步行約3分鐘可達 Kattenburgerplein 1 523-2222 10:00~17:00 全票€18.5，優惠票€8.5，12歲以下免費 www.hetscheepvaartmuseum.com

17世紀是荷蘭歷史上最輝煌的黃金年代，荷蘭的船艦到過世界上最多的地方，在海外迅速擴張殖民地，當時的阿姆斯特丹是世界最大商港，而聲名遠播的東印度公司則是國家財富的來源。這棟氣派的建築落成於1655年，原是海軍的倉庫，直到1973年才改成博物館。館中展出500艘船艦模型、航海技術、舊航海地圖，訴說著這個曾與英國爭奪海上霸權的國家航海史。

館外停靠的三桅古帆船，是阿姆斯特丹號（Vereenigde Oostindische Compagnie，簡稱VOCship）的複製品，這艘東印度公司的商船於1749年首航，從荷蘭出發準備前往東印度群島（印尼），卻在行經英倫海峽時遇上暴風，不幸發生船難。透過船上的展示，不難想像當時員工和水手們長達8個月的海上生活樣貌。博物館對岸停靠一整排造型優雅的木造仿古帆船，這些船其實都是私人所有，船主們希望更多人認識以前的航海技術和造船技巧，向政府申請這塊區域永久作為古帆船的展示區，每艘船前面都有立牌，說明船隻的名稱、建造特點等，若是船主人剛好在船上維護，或許還有機會上船參觀喔！

棕色咖啡館Brown Café

阿姆斯特丹的「棕色咖啡館」，指的是最傳統的荷蘭式Pub。這些酒吧內部多半燈光昏暗、有著深色木質的裝潢、沾點著菸漬的牆壁、被燻得泛黑的天花板，但氣氛卻是舒適愜意，散發出老荷蘭的情調。棕色咖啡館多半一大早開始營業，供應早餐和咖啡，白天是街坊鄰居的咖啡館，夜裡是放鬆的酒吧。Brown Café數個世紀以來，連繫著荷蘭傳統的文化與阿姆斯特丹人的生活記憶。而除了傳統棕色咖啡館外，阿姆斯特丹也有許多水準一流的專業咖啡烘培坊，若要來杯真正的好咖啡，這些店也絕對能滿足你的要求。

| 中央區 Centrum |

Café Hoppe

P.93A5　搭乘Tram4、14等，在Rokin站下，步行4~5分鐘可達　Spui 18-20　420-4420　09:00~凌晨01:00（週五、六至02:00）　cafehoppe.com/en

阿姆斯特丹的上班族一下班，似乎全湧進了這裡，笑語和嗡嗡的談話聲在金黃色的啤酒泡沫間傳揚著。店門外站滿的人潮告訴你：想進門得有衝鋒陷陣的本事，穿牛仔褲的觀光客在這群衣冠楚楚的人群中特別醒目，不過周遭的人正沉溺在職場八卦中，沒人會在意。長長的吧台只見酒保的身影迅速晃動，如果不主動出擊，可能永遠也喝不到酒。別嫌棄酒保態度傲慢，這家店1670年就開業了，不論來者何人都得對它尊敬三分。

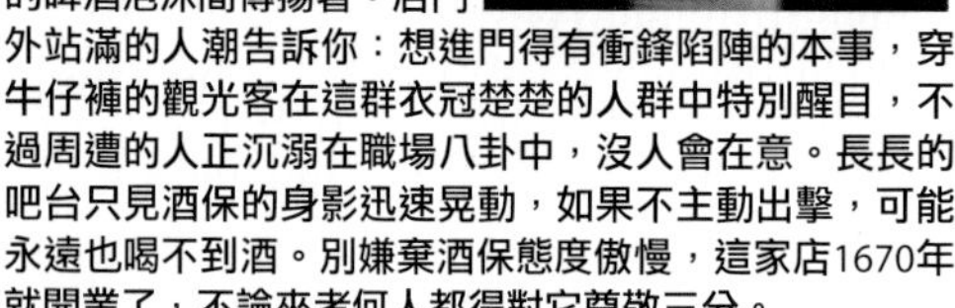

| 中央區 Centrum |

Café Luxembourg

P.93A5　搭乘Tram4、14等，在Rokin站下，步行4~5分鐘可達　Spui 24　620-6264　10:00~22:00　www.cafeluxembourg.amsterdam

位於市中心絕佳地點，室內氣氛自在舒適，而有著露天棚架的室外可以讓你好好享受阿姆斯特丹。這兒的開胃小點炸蝦球（Garnalencroquet）、荷式炸肉丸（Bitterballen）滋味絕佳，出自知名的熟食麵點店Holtkamp；其他餐點也廣獲好評。

| 中央區 Centrum |

Café Gollem Raamsteeg

P.93A5　搭乘Tram4、14等在Rokin站下，步行約6分鐘可達；或搭Tram 2、12、13等在Dam站下，步行約7分鐘可達　Raamsteeg 4　612-9444　週一至四16:00~凌晨01:00，週五、六14:00~凌晨03:00，週日14:00~凌晨01:00　cafegollem.nl

藏身在小巷內，很容易就讓人差肩而過的Gollem是阿姆斯特丹市區內的第一個專門的啤酒館，小小的空間裡卻提供了14種生啤與超過200種酒單，深色木製的吧檯與高腳椅、昏黃的燈與擺滿酒瓶的牆壁，是逃離喧嘩暫時歇歇腳的地方，店內也提供搭配啤酒的起司與餐點。

| 中央區 Centrum |

Café de Jaren

P.93C5　搭乘Tram4、14等，在Rokin站下，步行約5分鐘可達　Nieuwe Doelenstraat 20　625-5771　週日至週三10:00~22:00，週四至六延長至23:00（21:00截止點餐）　www.cafedejaren.nl/en

挑高的空間、透亮的光線、大量運用的鏡子以及運河畔的露天咖啡座，使這間迥異於傳統的棕色咖啡館深受上班族及年輕人喜愛。一跨進店裡，2層樓高的偌大空間、簡潔的吧台，便讓人倍覺舒暢。吧台後驚人的長鏡和直達天花板的酒類展示櫃，不但是視覺焦點，也散發滿室的雅痞味。其實Jaren不只是一間咖啡館，也提供晚餐和沙拉吧，可以吸引各種客人。到了夜晚，這裡又變成時髦的酒吧，衣香鬢影、氛圍獨具，倒像一場國際性的Party。

| 西運河環帶區Westelijke Grachten-Gordel |

Screaming Beans

P.90B4 搭乘Tram4、14等，在Rokin站下，步行9~10分鐘可達 Runstraat 6 08:00~18:00（週六、日09:00開始） www.screamingbeans.nl

想喝杯好咖啡，來這而準沒錯。Screaming Beans是荷蘭最好的咖啡烘培商之一，座位不多的咖啡店氣氛舒適，咖啡在水準之上。目前市區內有3處分店。

| 約旦區Jordaan |

Café 't Smalle

P.90B3 搭乘Tram2、12、13、17等至Westermarkt站，步行約5分鐘可達 Egelantiersgracht 12H 786-7748 10:00~凌晨01:00 www.t-smalle.nl

1780年開業至今，硬實的木椅伺候著一代又一代客人，許多當地人把這兒當作第二個家，叫杯啤酒就坐上一個下午，時光彷彿停佇在18世紀。“'t Smalle”是「狹窄」之意，但店外卻有一大片露天雅座延伸到運河上，

是最受觀光客歡迎的落腳處。香濃的Cappuccino、琴酒是最忙碌的飲料，賣相單純的三明治調醬卻是一流，留住不少嘴刁的客人。這裡是少數能勞駕荷蘭女王親臨的咖啡館，想必也經得起你的挑剔。

| 約旦區Jordaan |

Cloud Art & Coffee

P.90B4 搭乘Tram2、12、13、17等至Westermarkt站，步行約5分鐘可達 Prinsengracht 276 358-3574 週一至五09:00~17:00、週六11:00~18:00、週日12:00~18:00 www.cloudamsterdam.com

Cloud Art & Coffee是結合咖啡的藝廊，也可說是結合藝術的咖啡店。19世紀時，這兒就是茶與咖啡的專門店，如今老闆將當代藝術與歷史結合，也是一種美妙的巧合。店內提供各式美味的咖啡、茶與蛋糕；官網上隨時更新展售的作品。

| 南運河區／德派普區Zuidelijke Grachten / De Pijp |

Scandinavian Embassy

P.91C7 搭乘Tram12或Metro52等在De Pijp站下，步行4~5分鐘可達 Sarphatipark 34 (0)681-600-140 08:00~17:00（週六、日09:00開始） scandinavianembassy.nl

位於公園的對面，Scandinavian Embassy室內以白色與原木極簡裝潢，打造了一個斯堪地那維亞風格的咖啡與美食空間。老闆Nicolas Castagno曾得過瑞典的義式咖啡冠軍，除了美味咖啡外，也有餐食，如招牌煙燻鮭魚佐水波蛋。他與熱愛美食的合夥人也不時推出創意菜單，如生蠔搭配咖啡，顛覆你對食物原先的想像，讓人大呼過癮。

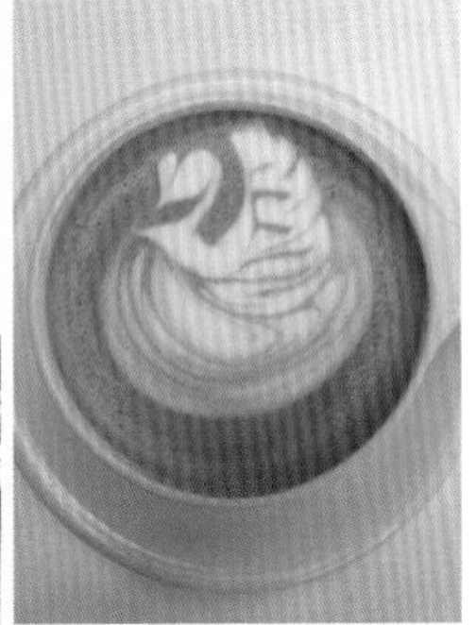

| 博物館區 Museum Kwartier |

Café Welling

P.91A7 搭乘Tram3、5、12等至Concertgebouw站下，步行約3分鐘可達 J.W. Brouwerstraat 32 662-0155 週一至五16:00~凌晨1:00，週六、日15:00~凌晨1:00 www.cafewelling.nl

阿姆斯特丹人心靈的綠洲。店門開在側邊，不起眼的舊門擺明專為熟客而設，這家店從上個世紀開店起就自成一格，到今天還是百年前的調調兒。來客都是當地人，許多是深藏不露的教授學者；就近要赴國家音樂廳表演的歌者或演奏家，也習慣先到這裡調整心情。整個空間充滿了親和的學識氣息，每位來客都自在地從這桌聊到那桌、彼此交換報紙和話題，晚到的熟客可能要面臨站著發言的情境。

Where to Eat in Amsterdam
吃在阿姆斯特丹

中央區 Centrum

MAP ▶ P.93A5

5隻蒼蠅
Restaurant d'Vijff Vlieghen

搭乘Tram4、14等在Rokin站下，步行約6分鐘可達 Spuistraat 294~302 530-4060 17:30~22:00 www.vijffvlieghen.nl/en 務必事先訂位

店名意思是「5隻蒼蠅」，源於第一代5間住戶中Jan Janszoon Vijff Vlighen的名字。橫跨了5棟建於1627年的狹窄建築，許多名人光顧的餐館提供傳統又正式的荷蘭菜色，以魚類為大宗，廚房裡有16位廚師，結合傳統荷式料理及摩登呈盤，定義出新荷蘭美饌。跨進5隻蒼蠅，像走進荷蘭黃金時代的貴族家中，牆上的手繪花紋及文字都是300多年前留下的，簡直和博物館沒有兩樣。9間相連的餐室，各有名字及獨特的裝飾，例如林布蘭室裡就掛有4幅林布蘭親製的刻版畫；騎士廳裡則有武士的盔甲和武器等；而玻璃室則陳放大量自17世紀以降精美的玻璃藝品，令人驚歎。

中央區 Centrum

MAP ▶ P.93B3

Brasserie De Roode Leeuw

搭Tram 2、4、12、13、14等在Dam站下，步行1~3分鐘可達 Damrak 93~94 555-0666 07:00~23:00（供餐時間12:00~22:00） www.brasseriederoodeleeuw.nl/en

隸屬於Hotel Amsterdam的百年餐廳，就在水壩大道上，菜單以傳統荷蘭菜餚，碗豆湯、豬肉蔬菜薯泥（Collop of pork with stamppot）等為主。中午時段在明亮的室內露台區，享受三明治與咖啡香，看著人來人往的水壩廣場，身邊是老顧客們輕聲細語的交談聲，就是最經典的阿姆斯特丹風味。午餐主菜約€18~22。

中央區 Centrum

MAP ▶ P.93B2 In De Wildeman

從中央車站徒步7~10分鐘可達 kolksteeg 3 638-2348 週一至週四12:00~24:00，週五至週六12:00~01:00 www.indewildeman.nl

這是個沒有音樂的啤酒品酒吧，以堆疊的橡木桶、舊廣告牌以及掛著釀酒器具的牆壁裝潢，塑造出一種舒適的品酒氛圍。店內擁有18種生啤與250種瓶裝啤酒酒單，多半來自荷蘭、比利時、德國、英國等地，不僅吸引許多在地熟客，也有許多來自世界各地的遊客造訪。

中央區 Centrum

MAP ▶ P.93A5 醬汁大師Vleminckx Vleminckx Sausmeesters

搭乘Tram4、14等在Rokin站下，步行約4分鐘可達 Voetboogstraat 33 654787000 11:00~19:00（週四延長至20:00） vleminckxdesausmeester.nl

隱身在小巷內的薯條外帶店，只要路過，就會被門口大排長龍的陣仗給吸引。這兒被許多媒體、當地人與遊客公認阿姆斯特丹最好吃的薯條店之一，新鮮薯條油炸2次，如小拇指粗細的薯條外層酥脆、中間柔軟不油膩，搭配28種沾醬選擇，被票選為最好吃的薯條當之無愧。貼心的是，門口的菜單還包括中文版本。

中央區 Centrum

MAP ▶ P.93D2 Little Thai Prince

從中央車站步行7~10分鐘可達 Zeedijk 33A 427-9645 17:00~22:30（週五、六至23:00），週一休

位於中國城的Little Thai Prince室內空間非常小，從開門詢問是否有空位的頻率，你會很慶幸自己搶到位子，找對餐廳。這裏的員工非常熱情，泰國主廚在半開放式廚房揮舞著炒鍋，大火快炒還不時看見冒出的火光，綠咖哩和酸辣雞都相當道地，配合西方飲食習慣及旅客的點菜方便，採用簡餐方式，每一道主菜都能選擇搭配米飯、炒麵或炒河粉，即使一個人也不會有點菜困擾，算是經濟又不會出錯的餐館。

西運河環帶區WestelijkeGrachten-Gordel

MAP ▶ P.90C4 Singel 404

搭乘Tram4、14等在Rokin站下，步行約5分鐘可達 Singel 404 11:00~18:30

如果你以為三明治就是兩片吐司夾蛋和火腿，Singel 404絕對會讓你大開眼界。Singel 404是受到年輕人歡迎的早午餐店，不止是因為運河邊享受咖啡的浪漫情懷，也不止是因為小巧靜謐的室內空間適合聊天看書，更多人為了豐盛到快滿出來的三明治和帕尼尼而來。面對厚厚的一本菜單，先從冷熱三明治開始選擇，接著是麵包種類，內餡從常見的火腿、雞肉、起司、羅勒、萵苣到不常見的鱷梨、貝里乾酪等食材，各種組合任君挑選。若不想研究菜單就直接開口詢問吧！熱情的服務生會提供最好的建議。

西運河環帶區Westelijke Grachten-Gordel

MAP ▶ P.93A2 **Arendsnest**

搭乘Tram2、12、13、17等至Nieuwezijds Kolk站，步行約5分鐘可達 Herengracht 90 421-2057 週一至四14:00~24:00、週五延長至凌晨01:00，週六12:00~凌晨1:00，週日12:00~24:00 www.arendsnest.nl/en/enjoy-beer-from-dutch-brewers

這是一家只提供荷蘭精釀啤酒的酒館，專門推廣荷蘭本地的啤酒，但別以為這樣啤酒的選擇性一定很少，事實上，酒館提供了30種生啤與100多種精釀啤酒清單。酒館的地下室為啤酒品酒室，提供各式荷蘭精釀啤酒試飲服務，每次試飲啤酒容量為12cl，當中並講解啤酒的各類專業知識。

西運河環帶區Westelijke Grachten-Gordel

MAP ▶ P.90C3 **Pancake Bakery**

搭乘Tram2、12、13、17等至Nieuwezijds Kolk站，步行8~10分鐘可達 Prinsengracht 191 625-1333 09:00~20:30，週五、六延長至21:00 www.pancake.nl/en

這家著名的煎餅老店，從傳統口味到添入水果、醇酒的特種滋味，餐廳的師傅供應了超過75種煎餅討好你的味蕾，令人受寵若驚。嚴格地說，煎餅蘊含的烹調學問就像它的薄度一樣乏善可陳，可是相對的，也沒人會抱著享用大餐的心理上門。煎餅的可貴之處就在於它的輕薄簡便，既節約了用餐時間，也精簡了荷包開銷。在這家店洋洋灑灑的菜單中，你不可能找不著偏愛的口味，如果你想另創新口味，師傅也絕對照單全收，隨時候教，50年老店的招牌可不是你砸得起的。

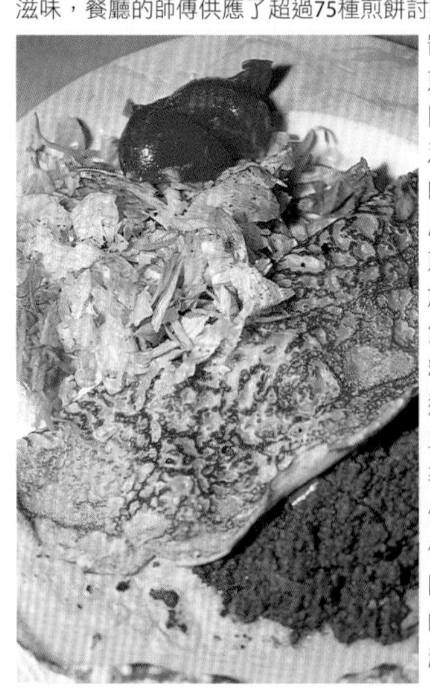

西運河環帶區Westelijke Grachten-Gordel

MAP ▶ P.90B4 **Pancakes Amsterdam Negen Straatjes**

搭乘Tram2、12、13、17等至Westermarkt站，步行約5分鐘可達 Berenstraat 38 528-9797 09:00~17:00 pancakes.amsterdam/zh-TW

這家煎餅店走的不是一般的「溫馨家傳媽媽味」的路線，採取吃完就走的快餐模式，相當受到當地年輕人歡迎。店裡有明亮潔淨的用餐空間，光是荷蘭標準煎餅就有12種單一口味，例如蘋果、香蕉、巧克力等，如果你嫌太單調，還有9種綜合配料的特調煎餅。最特別的是，這裡也走國際路線，有椰子、香蕉加煉乳的泰國口味，風味多元。

西運河環帶區Westelijke Grachten-Gordel

MAP ▶ P.93B6 't Singeltje Old Dutch Pancake House

搭乘Tram4、14等在Rokin站下，步行約6分鐘可達 Singel 494 774-7603 08:00~16:00

也許不是阿姆斯特丹最美味的荷蘭煎餅店，但是當從中央區一路逛到辛格花市，能坐在老荷蘭風味的昏黃燈光下、望著花市川流不息的人潮和多彩盛開的鬱金香，享受香味撲鼻的煎餅，的確能得到某種程度的救贖。就像店內的舊時光氛圍，這家煎餅店比較著重傳統口味，沒有標新立異的組合，只是將每一項原料、每道烹調程序做好，經營一種平凡的美好。

約旦區Jordaan

MAP ▶ P.90B2 Winkel 43

搭乘Tram2、12、13、17等至Nieuwezijds Kolk站，步行8~10分鐘可達 Noordermarkt 43 623-0223 08:00~凌晨01:00，週一7:00開始、週日09:00開始；週五、六延長至凌晨03:00 winkel43.nl/en

位於轉角的Winkel 43以招牌蘋果塔擄獲老饕的心，是當地人與遊客絡繹不絕的熱門餐廳，來阿姆斯特丹一定別錯過。老闆熱情，店員友善，餐廳常座無虛席，天氣好時，座位從室內延伸到室外的廣場上，招牌蘋果塔塔皮外層香酥內層鬆軟，內餡是柔和的酸甜滋味，搭配入口即化的鮮奶油，讓人驚嘆原來簡單的荷蘭國民甜點竟然也能如此美味。店內另提供的各式平價午餐、三明治、每日濃湯等多種選擇。

約旦區Jordaan

MAP ▶ P.90A4 Moeders

搭乘Tram2、12、13、17等至Marnixstraat站，步行約1分鐘可達 Rozengracht 251 626-7957 17:00~24:00（週末12:00開始；最後點餐時間22:30） www.moeders.com

“Moeders”是荷蘭文「媽媽」的意思，這裏供應的就是荷蘭老媽媽的傳統味道，也是當地人私藏的特色餐廳。走進店內，一定會被密密麻麻的照片感動，所有牆面、柱子、桌面都貼滿媽媽的照片：有的微笑、有的嚴肅、有挺著大肚子、也有全家合照，來自世界各地的客人帶著屬於他們的家庭故事，分享給所有人，愛就是最好的佐料；你也可以帶著自己媽媽的照片成為Moeders的一份子。這裏的料理不是最精緻，卻是最有溫度的，每一道都像怕孩子吃不飽似地份量十足：用醬料醃浸入味的豬肋排烤得軟嫩適中，肉汁鹹香中帶點蜂蜜甜味，吃到最後會連自己的手指都不放過。由於這間餐廳實在太受歡迎，沒有先訂位就嘗不到媽媽的好手藝。

約旦區Jordaan

Waterkant

MAP ▸ P.90A4

搭乘Tram2、12、17等至Elandsgracht站，步行約3分鐘可達 Marnixstraat 246 11:00~凌晨01:00（週五、六至03:00） www.waterkantamsterdam.nl

天氣好時，最適合坐在運河旁享受陽光與河岸風光。隱身在停車場後的Waterkant就是這樣一個只有當地人才知道的秘密基地。白天是餐廳，晚上就變成了酒吧。Waterkant提供搭配酒精飲料的簡餐與點心，如炸肉丸、玉米餅、漢堡等。傍晚則充滿了活躍社交的年輕人，氣氛也變得熱鬧起來。

南運河區／德派普區ZuidelijkeGrachten / De Pijp

Rossini

MAP ▸ P.93A6

搭乘Tram1、2、5至Koningsplein下車，左轉Reguliersdwarsstraat即達 Reguliersdwarsstraat 5 639-0102 12:00~23:30 rossini-amsterdam.nl

推開新藝術風格的木質門框，溫暖鮮豔的黃澄色調、繽紛的馬賽克瓷磚和熱情爽朗的笑聲，瞬間就能揮別阿姆斯特丹多變的陰雨天，走進灑滿陽光的義大利。疫情前是Saturnino義大利餐廳，疫情後改名為Rossini繼續經營，手工製作的義大利麵、筆管麵或義大利餃口感特別扎實，與醬料搭配後濃度比例剛剛好。除了觀光客以外，附近的上班族也很愛來這裡聚餐。

南運河區／德派普區ZuidelijkeGrachten / De Pijp

Pantry

MAP ▸ P.91B5

搭乘Tram2、12等至Leidseplein站下，步行約5分鐘可達 Leidsekruisstraat 21 620-0922 旺季11:30~22:30，淡季17:00~22:30 thepantry.nl

在Pantry用餐就像走進隔壁鄰居家的餐桌搭伙，溫暖的燈光下，深色木質桌椅搭配油畫，狹小空間擠滿桌子，留著白鬍子的老伯一邊用餐、一邊用爽朗的聲音和服務生及鄰桌閒聊。不同口味的燉菜淋上馬鈴薯泥當然是必點傳統菜餚，燉牛肉（Hutspot）、燉酸菜（Zuurkoolstamppot）、燉羽衣甘藍薯泥（Boerenkoolstamppot）等各有不同滋味，第一次享用推薦綜合拼盤（Combination Stamppot），另附上肉球或香腸配菜，一次滿足3種願望。

南運河區／德派普區ZuidelijkeGrachten / De Pijp

MAP ▶ P.90D5 **SLA Utrechtsestraat**

搭Tram 4、14等在Rembrandtplein站下，步行1~3分鐘可達 Utrechtsestraat 10 896-0694 11.30~21.00 www.ilovesla.com

"Sla" 荷蘭文是「生菜」的意思，顧名思義，這是一家以提供蔬果沙拉為主題的餐廳，由於健康有機的概念風行，Sla在城裡頗受歡迎而一連開了8家分店，在荷蘭其他城市也迅速展店。沙拉選擇多樣，包括煙燻鮭魚、雞肉、油炸鷹嘴豆餅等主食，再搭配著多種季節蔬菜與水果，非常適合吃膩了大魚大肉，想享受一下無負擔輕食或素食食客。

東區／瓦特爾赫拉夫斯梅爾 Oost / Watergraafsmeer

MAP ▶ P.83E4 **De Kas**

搭乘Tram 9至Hogeweg站，餐廳即在車站對面的公園中 KamerlinghOnneslaan 3 462-4562 週一至週五12:00~14:00、18:00~21:00，週六18:30-22:00 休週日 restaurantdekas.com

"De Kas" 荷蘭文是「溫室」的意思，這裏原本是興建於1927年的溫室，專門栽種城市造景所需的植物，老闆Gert Jan Hageman在2001年買下並重建，成為郊區最耀眼的溫室餐廳。改建後的De Kas仍保留了從前的溫室外觀，以大片玻璃組裝成牆面及屋頂，讓室內空間在毫無遮蔽的自然採光下格外明亮。透過玻璃，可以看到餐廳外的大片香草花園，而面對半開放式廚房的主要用餐區採無間隔設計，到了晚上夜幕低垂，架設在漆黑通風管間的造型主燈，為De Kas帶來另一種雅致時尚。De Kas沒有設置菜單，每天將剛採收的蔬果運到餐廳，搭配當日採購的肉類，視當日食材特點決定菜色組合，如此一來，每樣食材的滋味與口感都獲得充分發揮，才能保證客人吃到的是最新鮮、最好吃的料理。

Where to Buy in Amsterdam
買在阿姆斯特丹

中央區 Centrum

MAP ▶ P.93C5 Droog

搭Tram 4、14等在Rembrandtplein站下，步行約5分鐘可達 Staalstraat 7b 523-5050 11:00~17:00 www.droog.com

"Droog"在荷蘭文中代表「乾燥」，其精神是拿掉不必要的雕琢，在符合機能的要求下，用簡單、直接的方式表現創意概念，而創意概念的核心就是為生活帶來莞爾一笑的幽默。他們的作品簡潔、搞怪又有趣，像是經典的外星人榨汁機、隨著開燈時間長短會產生不同光線效果的蠟油燈泡等。在阿姆斯特丹市中心的Droog不只是一間品牌商店、一個展場，更是概念旅館和咖啡館。除了展示歷來的經典作品，更提供新設計者可以發揮的空間，並有機會讓參觀者及買家溝通自己的設計理念，藉機和其他的設計者交流。當然，所有展覽物也同時是商品，如果想要找最具實驗性質的家具、家用品，到Droog準沒錯。

中央區 Centrum

MAP ▶ P.93D1 Sissy Boy

就在中央車站內的購物街 Stationsplein 39B 215-6900 週一至週五09:00~20:00（週四延長至21:00），週六、日10:00~19:00 www.sissy-boy.com/en_NL/home

荷蘭設計品牌Sissy Boy以中價位的時尚與生活用品受到普羅大眾青睞。產品從復古銅色餐具、餐桌擺設裝飾、人體解剖圖海報、設計師項鍊首飾到男女童裝都有，品牌理念是讓設計進入日常生活中。在喜歡布置家居空間的荷比盧已拓展近40家分店，阿姆斯特丹市區也有多家分店。

中央區 Centrum

MAP ▶ P.93B2 HEMA

搭乘Tram2、12、17等至Nieuwezijds Kolk站，步行約5分鐘可達 Nieuwendijk 174~176 623-4176 週一至六09:00~19:00、週日10:00~18:00 winkels.hema.nl/nl/amsterdam/hema-amsterdam-nieuwendijk

HEMA是荷蘭的連鎖平價生活用品店，大部分荷蘭人不愛奢華，因此HEMA可說是採購生活用品最經濟又實惠的地方，版圖已擴張至英、法、德、比利時及盧森堡，各大城市都有它的蹤影。商品種類琳瑯滿目，從家居用品如餐具廚具、零食飲料、文具，甚至美妝服飾都有，商品從設計、生產、行銷到通路全部一手包辦。大部分HEMA店內也附設自助式輕食區，提供平價的荷式美味，如熱狗堡、荷式豆子湯、各式簡餐等。

中央區 Centrum

MAP ▶ P.93A5 美國圖書中心 The American Book Center

搭乘Tram4、14等在Rokin站下，步行約3分鐘可達 Spui 12 625-5537 週日至週三11:00~18:00，週四至六10:00~19:00 www.abc.nl

外觀看似不顯眼的書店，但進入之後別有洞天。樹幹造型的柱子、整面牆面的書櫃、梯形式的階梯旁與直達天花板的書櫃、讓人有著進入圖書館的錯覺。書店共4層樓，有很好的旅遊、藝術、科幻選書與桌遊部門。1樓為雜誌與藝術類，2樓為旅遊、生活類，3樓則為音樂、電影類書籍。

中央區 Centrum

MAP ▶ P.93B4 Scheltema

搭乘Tram2、12、17等至Dam站，步行約3分鐘可達 Rokin 9 523-1411 10:00~19:00（週一12:00開始；週日11:00開始） www.scheltema.nl

成立於1853年的百年書店Scheltema，幸運地度過了2014年的破產危機，重新出發。書店位於水壩廣場不遠處的黃金地段，一整棟書店大樓共五層樓，陳列將近12萬本圖書，每區都有舒適的沙發座椅，甚至還有奢侈的窗景可遠眺1樓的廣場，2樓附設時髦的咖啡簡餐廳，是個讓心靈沉靜的好地方。

中央區 Centrum

MAP ▶ P.93B3 Old Amsterdam

從中央車站步行約10分鐘可達 Damrak 62 625-228-978 09:00~22:00 oldamsterdam.com

和其他的起司專賣店比起來，Old Amsterdam的種類不是最多的，甚至可以說這間店就主推這種名為“Old Amsterdam”的老配方，只是根據需求包裝成不同的大小。Old Amsterdam的起司屬於高達起司（Gouda cheese），奶香濃厚的成熟味道，微甜而順口又帶一點煙燻的烤麵包香氣，非常適合配紅酒或當作開胃菜。對起司沒研究又不知道如何下手也別擔心，除了原味以外，店家大方準備了各種變化口味的起司提供品嘗，還可搭配麵包、蜂蜜芥末醬或香草醬，光是試吃就值回票價了。

中央區 Centrum

MAP ▶ P.93A3 Cheese & More by henri willig

搭乘Tram2、12、17等至Dam站，步行約3分鐘可達 Nieuwezijds Voorburgwal 182 683-790-367 10:00~19:00（週四延長至21:00；週日11:00開始） henriwillig.com/en

位於王宮後側的馬格納廣場（Magna Plaza），昔日是阿姆斯特丹的郵政總局，融合新哥德式和新文藝復興式的19世紀建築相當華麗氣派，1992年被列入阿姆斯特丹市十大最有價值的古蹟名單，「退役」後轉身成為購物中心；只是目前看來有些冷清。

位於地面樓、把起司堆得與牆面一般高的Cheese & More by henri willig，無疑是大樓裡最搶眼的商鋪。Henri Willig家族自1974年以來，一直在生產美味的高達起司，特級老山羊起司（extra old goat cheese）更曾贏得國際獎項。產品眾多，每項都有切小塊提供試吃；賣場裡除了起司，還有自家廠牌的起司相關用品，例如起司刨絲器、起司板、火鍋套件等，是尋找傳統荷蘭產品或奢華起司禮物的好地方。在中央車站的購物街也有分店。

中央區 Centrum

MAP ▶ P.93B5 P.G.C. Hajenius

搭乘Tram4、14等在Rokin站下，出站即達 Rokin 96 623-7494 週一12:00~18:00，週二至週六09:30~18:00，週日12:00~17:00 www.hajenius.com

P.G.C. Hajenius是間始自1826年的菸草老店，1915年在羅金街開了這家顯著的雪茄店面，更使其聲勢百年不墜。不論是否意在買雪茄，這棟豪宅的內部有許多值得參觀的部份，例如中央的恆溫室儲藏來自加勒比海及中美洲的雪茄品種，店家慎重其事地保存，讓人不得不對這些雪茄肅然起敬。此外，店中大規模的展示櫃，展示由各地鑑賞家所捐贈的煙斗，依品牌分別陳列，個個身價非凡，而少部分時髦的當代設計，更有將煙斗當作觀賞藝品的意味。若是想買道地的荷蘭雪茄，這裡最出名的就是荷蘭短雪茄（Short-Filler）中的Sumatr系列，不妨試試。

中央區 Centrum

MAP ▶ P.93C3 Condomerie Het Gulden Vlies

從中央車站步行10~15分鐘可達；搭乘Tram2、12、17等至Dam站，步行約6分鐘可達 Warmoesstraat 141 627-4174 週一至六11:00~18:00，週日13:00~17:00 www.condomerie.com

原來，早在18世紀的阿姆斯特丹就已有賣保險套的鋪子！1987年當AIDS成為荷蘭人最熱衷的話題時，兩名前衛女子MarijkeVilijn和Ricky Janssen便決定開一家保險套專門店，提供人們購物及諮詢的需求。Condomerie Het Gulden Vlies不僅備有各種尺寸、顏色的保險套，還有多種動物造型、糖果造型以及不同香味、口味的趣味款式，連海報、T恤等周邊產品也一應俱全，想買份新奇的情趣禮物一點也不用傷腦筋。

西運河環帶區Westelijke Grachten-Gordel

MAP ▶ P.83C2 九小街De Negen Straatjes

www.de9straatjes.nl/en

相當有名的「九小街」指的是水壩廣場往西走、夾在辛格河與王子運河之間的區域，有許多溫馨小鋪、當地設計師品牌店、畫廊、家飾店以及時髦的小型精品商家；一些歷史悠久的餐館和咖啡館也位於這裡。沒有熙熙攘攘的大批遊客，運河、橋樑、個性櫥窗與兩旁的林蔭，交織荷蘭人重視生活的態度。逛累了，不如就選一家緊鄰運河的咖啡館歇腳吧！看著街上來往的型男美女穿梭在400年歷史的運河山形屋下，悠閒地當一個下午的阿姆斯特丹文青。

© Klapfilm

阿姆斯特丹主要購物街

阿姆斯特丹的市區到處都是商店街，但主要的購物區集中在幾處：從中央車站前的水壩大道（Damrak）一直延伸到羅金街（Rokin），各式各樣的紀念品店讓初來乍到的觀光客們目不暇給；但若想要採購歐洲精品名牌，以水壩廣場為中心出發的新堤路（Nieuwendijk）、卡爾弗街（Kalverstraat）和一直延伸至鑄幣廠的徒步區，則是人潮洶湧的購物戰區，畢竟阿姆斯特丹重要的百貨公司如Bijenkorf、Magna Plaza等都位於這區。而在博物館廣場附近的霍夫特街（Pieter Cornelisz Hooftstraat，簡稱P.C. Hooftstraat）則又是不一樣的購物氣氛，寬敞的街道羅列高檔價位的國際知名精品店，櫥窗擺飾賞心悅目。

西運河環帶區Westelijke Grachten-Gordel

MAP ▶ P.90B4 De Kaaskamer

搭乘Tram4、14等在Rokin站下，或搭Tram2、12、13、17等至Westermarkt站，步行9~10分鐘可達 Runstraat 7 623-3483 週一12:00~18:00，週二至週09:00~18:00，週六09:00~17:00，週日12:00~17:00 www.kaaskamer.nl/?lang=en

這家起司店販售荷蘭200多種起司，店內員工個個都是起司專家，對各種起司瞭如指掌，如果有什麼問題，只要店員還不算忙碌，儘管開口，絕對難不倒他們。除了起司，店內受歡迎的產品還有傳統的家庭式沙拉、醃肉、三明治，以及醃橄欖、酒、油、醋、堅果零食等，像個超小型的食材超商。每到中午或下班時間，來此購買簡便午餐、家庭食材或野餐食物的人們，往往大排長龍，人氣十足，可說是阿姆斯特丹家庭主婦、上班族和小朋友的最愛。

西運河環帶區Westelijke Grachten-Gordel

MAP ▶ P.90C3 Puccini Bomboni

搭乘Tram2、12、17等至Dam站，步行約3分鐘可達 Singel 184 427-8341 09:00~19:00（週日、一11:00~19:00） www.puccinibomboni.com

Puccini Bomboni被許多遊客稱讚為阿姆斯特丹最美味的巧克力，這裡的巧克力只用最新鮮的榛果、水果、葡萄乾，或是薑、咖啡、香料、芝麻、蜂蜜、焦糖、軟糖等，共有將近40款不同口味及造型的巧克力，依傳統祕法每天在透明的廚房裡現做。使用的牛奶也是新鮮鮮乳，不添加額外的糖及奶油，做好的成品則以秤重計價。目前在阿姆斯特丹共有2家分店。

約旦區Jordaan

MAP ▶ P.90B3 Het Oud-Hollandsch Snoepwinkeltje

搭乘Tram2、12、13、17等至Westermarkt站，步行約6分鐘可達 Tweede Egelantiersdwarsstraat 2 420-7390 週二至週六11:00~17:00，週日、一休 www.snoepwinkeltje.com/en

店名的意思是「懷舊荷蘭糖果」，富態開朗的老闆娘說：她的祖母原本開過一家糖果店，等她長大了，卻在阿姆斯特丹遍尋不著小時候愛吃的糖果，因此索性自己開一家，滿足自己，也服務鄰里。在這家小巧的糖果店裡，整齊排列了許多玻璃罐裝的荷蘭糖果，老闆娘推薦其中3種最著名又受歡迎的古早味：甘草糖（Honing Drop）、肉桂棒（Kaneel-Stokjes）及奶油枕（Polka-Brokken），味道都非常濃郁。糖果皆以秤重計費，若只買1、2百公克，老闆娘會用三角袋裝，讓你拿著邊走邊吃！

約旦區Jordaan

MAP ▶ P.91D6 Moooi Amsterdam

搭Tram 4、14等在Rembrandtplein站下，步行約8~10分鐘可達 Utrechtsestraat 145-147 528-7760 週二至週六10:00-18:00 休週一 www.moooi.com/en

荷蘭設計界龍頭的老大Moooi，在全球市場上的版圖或許不如其他超級廠牌來得大，但它的無限創意與質感，綻放出的光芒卻令國際設計界無法忽視。“mooi”荷蘭文是「美麗」的意思，多加一個「o」表示比美麗更加美麗。創辦人之一的Marcel Wanders在荷蘭設計界是號響噹噹的人物，多次獲得設計大獎，其作品被博物館列為指定收藏。2001年，Marcel與Casper Vissers合創了moooi，誓言要把他的幽默、熱情、想法、哲學和愛，融入到日常生活的用品之間。moooi Gallery網羅了荷蘭及其他國家最具潛力的設計新星，700平方公尺的店面就像他們的成果發表會，造型各異的燈具、桌椅、沙發，巧妙得令人嘆為觀止，參觀者就算買不起這些傢俱，想必也能帶著新的思維和靈感離去。

東埠頭區Oostelijk Havengebied

MAP ▶ P.90F3 Thinking of Holland

搭乘Tram 26至Muziekgeb Bimhuis站即達（位於客運碼頭大樓地面層） Piet Heinkade 23 419-1229 10:00~18:00 www.thinkingofholland.com

「人們會買紀念品，是因為他在這裡有一段美好的回憶，而當他看到或使用這些紀念品時，美好的記憶就會浮上心頭，如同他還在荷蘭的旅程中；因此，紀念品必須是最好的，好到能讓人心花怒放。」Thinking of Holland的老闆如是說。這裡的紀念品全都出自荷蘭當代設計師，除了Droog、Moooi等知名品牌外，每天都有不少個人設計師向店家毛遂自薦；而他們十足的創意，的確也有潛力成為明日之星。例如有人發明了因應荷蘭天候的防風傘、阿姆斯特丹城市輪廓的置物皿、融入荷蘭典型元素的餐具及花瓶、大型的Miffy造型燈等，集荷蘭象徵、新奇創意與實用價值於一身，為紀念品重新下了一番定義，甚至連不少當地人都是老主顧呢！

Where to Stay in Amsterdam
住在阿姆斯特丹

中央區 Centrum

MAP▶P.93D2 Mauro Mansion

從中央車站步行5~10分鐘可達 Geldersekade 16 612-974-594 www.mauromansion.com

Mauro位於一棟典型荷蘭的山牆式建築，走進客廳，你可以看到不加粉飾的原始結構：柱子是16世紀的，橫樑是17世紀的；這座老屋在18世紀曾經作為菸草屋使用，因此老闆在重新裝潢時，也刻意將吧台保留住原來的櫃檯特色。9間客房各異其趣，譬如有用19世紀的骨董理髮椅當客房座椅；有一間將學校走廊置物櫃改成衣櫃；而另一間客房床邊則有架優雅的坐式吊床。就像官網上的說明：「如果你想要一間有電梯、空調並附贈室內拖鞋的旅館，很抱歉我們不能滿足你；但如果你要找一間充滿趣味的『家』，歡迎你！」

© NL hotel

約旦區／西區Jordaan / West

MAP▶P.90A5 NL Hotel Leidseplein

搭乘Tram 2、12等至Elandsgracht站，步行約6分鐘可達 Nassaukade 368 689-0030 nlhotel-leidseplein.com

走進辛格運河旁的NL Hotel，有種說不出的心靈平靜，這大概與旅館內隨處可見的大小佛像有關吧！原來奧地利籍的老闆早年曾在越南航空工作，受到曼谷友人的影響，在佛教文化中找到平靜。NL Hotel擁有13間客房，請來荷蘭著名的得獎設計師Edward van Vliet操刀。Edward以粉色系素面牆壁為基調，搭配放射狀花紋的布面傢俱，散發出極簡風的前衛；以2種木材拚合成的條紋地板，是荷蘭典型的住家風格之一，然而在大型花卉照片、竹盆栽與佛像等東方元素的對照下，不但不覺得突兀，還有種東西合璧的奇妙摩登感。至於這些佛像，則都是老闆的私人收藏，每一尊他都能說出一個故事，藏有他旅行中的美好回憶。絕大多數房間都有充分的採光，面向中庭的客房還設有露天陽台，可連接佈置小水池的小型禪花園。

中央區 Centrum

MAP▶P.93B3 Hotel Amsterdam De Roode Leeuw

從中央車站步行8~10分鐘可達 Damrak 93~94 555-0666 www.hotelamsterdam.nl

絕佳的地理位置，距離中央車站僅需步行8~10分鐘，這對於拖著大行李抵達阿姆斯特丹的旅客而言，簡直是莫大的福音。坐落於最熱鬧的水壩廣場邊，不管是打開落地窗、在露台上悠閒地喝杯咖啡俯瞰水壩廣場，或是前往卡爾弗街血拼、博物館區欣賞畫作、九小街遊運河，幾乎可以靠雙腳到達每一個熱門景點！飯店經營史可追溯至15世紀，19世紀面臨拆遷後至別處經營咖啡館，1911年開始在現址經營旅館。傳承百年歷史的古蹟內，旅館內部空間在2013年完成翻修，而為了不破壞歷史建築，仍然保留原有格局，因此飯店裡每個房間的空間配置都不盡相同。

南運河區／德派普區ZuidelijkeGrachten / De Pijp

MAP▶P.91D6 Hotel V Frederiksplein

搭乘Tram1至Frederiksplein站下，步行約1分鐘可達 Weteringschans 136 662-3233 www.hotelv.com

Tom和Mirjam夫婦接手了在維多利亞廣場的Victorie Hotel後，從此對旅館經營與室內設計感到深深著迷，於是又買下腓特烈廣場上的幾棟老建築，經過5年整修，Hotel V Frederiksplein終於在2008年誕生。3棟老建築的中棟被打掉成為美麗的中庭，並以一道木橋連結旅館的兩棟樓房，而樓梯間的瓷磚、彩繪玻璃與電梯門，則是保留百年老屋的原始部分。裝潢以黑、灰色系及核桃木建材營造出兼具極簡時尚與古典雅致的風格。旅館大廳及吧台由荷蘭名設計師Ronald Hooft操刀，來訪的客人都很難不被那營火般的火爐所吸引，坐在環繞火爐旁的皮革沙發上，隨手拿起一本雜誌，就算看不懂奇怪的荷蘭文，也自得慵懶清閒。

© Cake Under my Pillow

© Cake Under my Pillow

南運河區／德派普區ZuidelijkeGrachten / De Pijp

MAP▶P.91C6 Cake Under my Pillow

搭乘Metro52等在Vijzelgracht站下，步行約5分鐘可達 Eerste Jacob van Campenstraat 66 751-0936 cakeundermypillow.com

就在海尼根體驗館附近的B&B，位於一棟19世紀的建築中，房間分為套房與雅房2種，擁有採光明亮的大窗戶與絕佳的景色，室內也保留許多原木的裝潢，廚房與客廳皆為公共區域。房價包含簡易的荷蘭式早餐：咖啡、水果、麵包與優格等。

南運河區／德派普區ZuidelijkeGrachten / De Pijp

MAP▶P.91C7 Bicycle Hotel

搭乘Tram 12或Metro52等在De Pijp站下，步行4~5分鐘可達 Van Ostadestraat 123 679-3452 www.bicyclehotel.com

阿姆斯特丹的特色之一是單車，騎單車的人數高達40萬人。Bicycle hotel的老闆認為縱使市區有完整的大眾捷運系統，但使用單車在阿姆斯特丹旅遊才是最完美的方式。Bicycle hotel位於德派普區內一塊鬧中取靜的區域，旅館裡除了提供單車租賃服務，在其他方面也持續其環保永續的理念，例如以太陽能發電、綠化屋頂等。房間乾淨、簡單，價格合理，早餐提供自助式的歐陸餐點。

博物館區 Museum Kwartier

MAP ▶ P.91B6 Hotel Jan Luyken

搭乘Tram 2、12至Museumplein站下，步行2~3分鐘可達 Jan Luykenstraat 58 851-7090 www.janluykenamsterdam.com

四星級的Jan Luyken由3棟19世紀的建築合成，是一間極為典雅又俐落的商務旅館。位置距離梵谷美術館、國立博物館非常近，行經巷弄間綠蔭重重，優雅迷人，間或散落著高雅的餐廳，是阿姆斯特丹地價最貴的區域之一。Jan Luyken共有62間房，每間客房都由設計師設計簡單的床組、燈組與沙發組，組成極簡、時尚的臥室。位於1樓的公共空間也是吸引人之處，酒吧W&B就以用色大膽，成為最有趣的小酌去處。而飯店設施包括偌大的SPA房，內有按摩椅、日光照射燈、按摩浴缸、淋浴設備等，完全私人的空間，只要額外付費，便可以關起門來獨自享。

狹窄無扶手陡梯，當心！

阿姆斯特丹有不少以老房子改建的民宿或小型旅館，因為傳統格局使然，不但沒有電梯、而且樓梯又狹窄又陡，甚至樓梯兩旁並無扶手，所以上下樓時要特別小心；尤其是提著大型行李下樓梯時，危險性更高，訂房時不妨注意一下，評估自己的條件再決定要不要下訂。

©Clinkmama Hostel

©Clinkmama Hostel

©Clinkmama Hostel

東埠頭區OostelijkHavengebied

MAP ▶ P.90E4 Clinkmama Hostel

搭乘Tram 22在Kadijksplein站下車，沿著PrinsHendrikkade往回走步遇到Valkenburgerstraat左轉，步行約7分鐘即達 Valkenburgerstraat 124 770-9529 www.clinkhostels.com/amsterdam

Clinkmama原名Ecomama，是一間以綠色環保為經營理念的精品旅社，工業風的內部裝潢再加上回收的傢俱、二手沙發，使用公平貿易日用品、省水系統與環保的暖氣系統等，可看得出經營者徹底落實理念，並得過許多環保獎章。Clinkmama提供私人房、雙人房與女性專屬多人房，上下舖多人房空間與環境優於一般青年旅舍，是有預算限制的背包客不錯的選擇。

北海小鎮
Small Towns in Waterland

文●墨刻編輯室
攝影●蒙金蘭・墨刻攝影組

許多來過荷蘭的人，都對荷蘭風情純樸的小鎮風光念念不忘，有的旅者甚至單戀鄉間小鎮，而對花花大城不屑一顧。

若要把荷蘭的美麗小鎮一網打盡，就算出一本專書恐怕也寫不完，實非這十來頁的篇章所能負荷；本章挑出幾處最受歡迎、又各具特色的小鎮來做介紹，像是以起司聞名的艾登與哈克馬、風車村贊斯堡、有「荷蘭水鄉」之稱的羊角村、保留傳統漁村風情的馬肯與福倫丹、昔日的港口重鎮霍恩與恩克赫伊森等。

而庫肯霍夫花園、哈斯米爾花卉拍賣會等觀光勝地，也都像塊魅力無限的磁鐵，把遊客從城市中吸引出來。這些小鎮或景點距離阿姆斯特丹都不遠，很適合規劃從阿姆斯特丹當天來回的一日遊行程，亦可在小鎮裡住上一晚。或許這些牧歌式的經驗會讓你從此愛上田園生活，進而發掘出更多北海邊的可愛小鎮。

Where to Explore in Small Towns
賞遊北海小鎮

北荷蘭省 Noord Holland

MAP ▶ P.005C2

馬肯
Marken
尋訪淳樸漁村風光

可從阿姆斯特丹北站（Amsterdam, Station Noord）搭111號巴士抵達（從阿姆斯特丹中央車站出發約40分鐘） 遊客中心：Havenbuurt 19c, Marken www.laagholland.com/en

馬肯是阿姆斯特丹東北方的一個小漁港，以典型木屋、荷蘭傳統服飾與新鮮漁獲聞名。其實馬肯原本是南海（Zuiderzee）海灣中的一座小島，今日的南海已被長堤Afslutidijk圍成了Ijssel湖泊，馬肯也靠著一條長長的堤防與陸地獲得連接。也許就因

為長期處於這種半隔絕的環境，馬肯不像周遭的城鎮那樣快速向現代化看齊，依舊保持著雞犬相聞的淳樸風情：成群的綿羊在草地上低頭吃草、跨過溪流的小橋通往寧靜的木屋街道，偶爾傳來的叩叩聲音，是老年人仍不肯換下的木鞋。來到這裡的外地人，多是在碼頭邊來去匆匆的觀光客，只有少數背包一族喜歡寄居當地民宿，享受隱居般的清閒。

馬肯比其他地方的荷蘭人更晚放棄他們色彩豐富、花紋繁雜的傳統服裝，雖然今日的居民都已換上了夾克、牛仔褲，但他們不論老少，仍擁有一套自己的服飾，在每年4月30日女王節或婚喪喜慶時穿上。在小鎮中心的馬肯人博物館（Marker Museum）有介紹小鎮歷史的圖文影片，當然也有各種類型的傳統服裝展示。

北荷蘭省 Noord Holland

MAP▶P.005C2

福倫丹

Volendam

熱鬧漁港大啖海鮮

可從阿姆斯特丹中央車站搭乘801號巴士抵達，亦可從阿姆斯特丹北站（Amsterdam, Station Noord）搭110或316號巴士抵達（從阿姆斯特丹中央車站出發約25~30分鐘）遊客中心：Zeestraat 37, Volendam 299-363-747 www.vvvedamvolendam.nl/en

福倫丹的商業氣息比起馬肯要來得濃厚許多，沿著港口邊的街道，滿滿一整排都是海鮮餐廳、小吃攤販、紀念品店與旅館，觀光化的程度活脫就是條歐洲版的淡水老街。另一項興隆的生意是穿著荷蘭傳統服飾拍照的照相館：穿上黑色洋裝、搭配花朵刺繡圖案、再戴上蕾絲尖頭帽，為自己留下特別的旅遊紀念照。

若想要暫離觀光人潮、回歸純樸的鄉間景色，可以從遊客中心沿Julianaweg往西走，經過風車底下的小路，約莫10分鐘後即可看到公路對面的Alida Hoeve農場。Alide Hoeve以起司和木鞋為號召，在2個獨立的作坊裡，有專人解說起司和木鞋的製作流程，若是來的時間湊巧，還可觀看師傅現場操作。這裡的起司有10餘種口味與不同年份，每一種都可以試吃；濃而不臭、軟硬適中是本地起司的特色，只是48%的脂肪含量，還是得克制一些。而在木鞋商店中，也可試穿這種因應溼地地形的荷蘭國粹，眼尖的人或許會發現：工作人員腳上的木鞋，居然是Nike或Converse！看來喜歡搞怪的荷蘭精神，就算到了鄉間依然持續發酵。

北荷蘭省 Noord Holland

MAP ▶ P.005C2

艾登

Edam

濃醇香的起司水鄉

從阿姆斯特丹北站（Amsterdam, Station Noord）搭112、314或316號巴士抵達（從阿姆斯特丹中央車站出發40~50分鐘） 遊客中心：Damplein 1, Edam 299-315-125 www.vvvedamvolendam.nl/en

歐洲的起司種類逾千種，法國甚至有「一村一起司」的驚人產能，西方產製起司的城鎮，莫不以讓起司冠上鎮名為榮。酪農王國荷蘭不以種類數量取勝，單憑艾登與高達兩大起司，便足以躍登全球最大起司輸出國。對老外來說，生活中有許多事情可以不必計較，但起司卻沒有餘地割捨，和他們共享一盤起司並同聲讚好，是建交示好的不二捷徑。當然你也可以不必勉強自己的味覺，可是你不能對起司全然無知。

艾登的美，就像它堅實的招牌起司：以紅蠟封存濃醇的香氣和甘美的滋味，外表平庸卻風采驚人。這裡不僅具備了起司產製重鎮的身份，同時也展現了水鄉的柔媚面貌，所以，別單純地將它和起司劃上等號，它沒這麼單調；事實上，你在荷蘭停留期間所留存的最美印象，很可能就是艾登留給你的。

Schepenmakersdijk運河

艾登的巴士站設在鎮外的運河邊，跨過懸吊小橋，迎客的Schepenmakersdijk運河優雅地導引訪客緩緩進鎮，清麗脱俗的河景美得令人瞠目結舌，教人訝異這個以起司聞名全球的小鎮，竟有著養在深閨人未識的美貌。

傍著河畔起屋的，有前庭綠茵一絲不苟的豪宅，也有掛著木鞋搭配鮮花的樸實民家，三兩野鴨在倒影中悠哉來去，沈靜的家貓若有所思地在木樑上踱步，除了相機的快門聲，一切都靜得教人心醉。

再跨過一座小橋，循著Lingerzijde街前行，艾登的面貌逐漸清晰，擁有百年歷史的老屋櫛比鱗次的羅列在石板道旁。這個小鎮在12世紀就由農夫漁民進駐開墾，800年的歲月留下了豐富的痕跡，位在水壩廣場邊的艾登博物館，裡裡外外都是見證歷史的細節。

起司市場與過磅房Kaasmarkt & Kaaswaag

Jan van Nieuwenhuizenplein 起司市場7~8月每週三10:30~12:30；過磅房4~10月每日10:00~17:00；8月其中的一個週六晚上20:30~22:00會有夜間起司市場與跳蚤市集 www.kaasmarktedam.nl

當哈克馬起司市場如火如荼地進行到7月之後，艾登的起司市場也緊接著揭幕，兩個市場都遵循古制，上演著百年如一的交易戲碼，前後過程幾近相同，但艾登人在運輸起司時捨棄了體型彪悍的卡車，而改以小船與馬車接駁，徹底展現老牌起司原鄉的風範。

如果你沒能趕上買賣盛況，到過磅房走一遭也能領會艾登起司的魅力，放膽嚐嚐口味多樣的起司，為自己選購一款最順口的。每個人愛上起司的原因各有不同：有些人單純喜歡起司濃郁四溢的氣味，有些人則莫名其妙地先愛上料理起司的可愛器具；在你確定將起司納入家常菜之前，先買把專用小刀回家當裝飾品也是很酷的抉擇。

艾登博物館Edams Museum

Damplein 1 & Damplein 8, Edam (0)29 937-2644 4~10月週二至週日10:00~16:30，週一休；11~翌年3月週六&日10:00~16:30 全票€6，優惠票€3，12歲以下免費 www.edamsmuseum.nl

小巧的水壩廣場（Damplein）是艾登小鎮的中心，販賣起司的店鋪幾乎全集中在這兒，遊客中心（VVV）也設在邊上一幢堂皇的老宅內。艾登的歷史老屋多得儼然一座戶外博物館，考驗著行家們的眼力，而建於1530年的艾登博物館就是箇中瑰寶：整幢建築以堅實的樑柱為骨架再砌上磚壁，沒有譁眾取寵的裝飾，純見磊落大方的格局。

隱身在地下室的酒窖是屋主傲人的巧思，這座「浮」在地下水面上的酒窖，地板可隨著水位漲退而緩移，使水位不致於對屋宅結構產生解體的壓力。數百年前竟有如此的建築智慧，真是叫人不可思議。

博物館2、3樓藏了不少老畫作和古器具，透露艾登光輝的過去。曾經作為交際應酬的大廳如今猶維持原貌，彷彿主人只是暫時離開，隨時都會返家待客。牆上掛著的幾幅奇人畫像：一個重達445磅的胖子、一個高9尺3吋的女人和一個鬍子可編成長辮的男子，這些應該是當時金氏紀錄的人物，300多年後看來還是饒富趣味。

南荷蘭省 Zuid Holland

MAP ▶ P.005B2

庫肯霍夫花園

Keukenhof

綻放一季繽紛春色

花季期間利用客運公車前往是最方便的方式。從阿姆斯特丹市區有852號賞花專車（約35分鐘），史基浦機場有858號（約30分鐘），亦有從哈倫（Haarlem）、萊登（Leiden）發車。花季官網有詳細路線地圖、價格及專車結合門票的價格 Stationsweg 166A (0)252 465-565 3月下旬至5月中旬08:00~19:30（2025年預告為3/20-5/11），售票時間至18:00。花卉遊行約在4月中 官網預購全票€19.5（現場購票€23），優惠票€9 www.keukenhof.nl/en；tulipfestivalamsterdam.com 當花園關門時，最後一班回萊登車站的巴士會在數分鐘內離開，要搭末班巴士的旅客，千萬不要逗留

每到開春，數以萬計的各色花種就忙著將荷蘭渲染成奼紫嫣紅的世界。早春3月，上千種鬱金香怒放成一片花海；4月之後，蘋果、梨、櫻桃等果樹接續開花迎客；然後是數百公頃的油菜花田將鮮黃色的汁液傾入花園，接著，石南、水仙、風信子也加入飛舞的行列。這些花神的子民不僅吸引全球遊客駐足流連，更積極為花農賺進數十億的收益。

庫肯霍夫花展是歐陸知名的盛事之一，"Keuken"是「廚房」的意思，"hof"則有「圍住的空間」之意，這個名稱源自這片土地在1401至1436年屬於Jacoba女伯爵時，當時園內種植了許多供廚房烹調所用的香料及蔬果。庫肯霍夫花園的雛形直到1830年才確立，德國造景家Zocher父子將它妝點成一座英式花園。1949年，一群本地的球莖栽植業者在此推動了一次戶外花展，以利花商挑選購買，從此庫肯霍夫花展便成了每年固定的展覽。

現今這座世界知名的花園占地32公頃，約是世界最小國家梵諦岡的3/4，隸屬於90多個花卉公司所共有，栽種的植物多達700多萬株，以不同品種的鬱金香為主。在植物學家的努力下，目前

全世界鬱金香品種已達8,000種以上，而且每年還以驚人的數量增加中。對鬱金香迷來說，庫肯霍夫花園絕對是朝聖的唯一選擇，600多萬株花朵一齊綻放的盛況，光是用想的就令人心動不已。這座佔地廣達80英畝的花園大得讓人時常有機會迷路，如果不想浪費時間走回頭路的話，不妨在花園入口處購買一本花園指南。

在園內蜿蜒10英里的小路上，數條運河盤踞著室內及室外的展覽場，室內的花房依玫瑰、百合、杜鵑等不同花種作個別展出，戶外展場則闢有數十個主題花圃，這些特殊的造景園區全是由荷蘭境內各地的花農所設計，基於較勁心理，每個花圃都是精心製作的成果，流水、噴泉、庭園造景、現代雕塑及河中戲水的天鵝、雁鴨，將整座花園塑造成美好的天堂。最令人感動的是，儘管每年有上百萬參觀人群，花園的環境卻能保持一貫的清潔與寧靜，大家只用驚歎和快門聲輕輕地表達讚美。

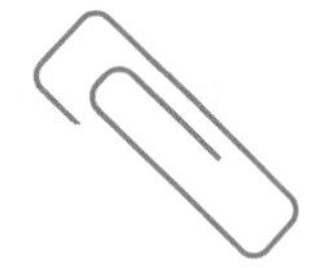

鬱金香狂熱Dutch Tulip Mania

鬱金香最早來自土耳其，到了16世紀才經由商人傳入歐洲，不僅適合荷蘭貧瘠的土質，更在許多園藝愛好者努力改良培育下，發出了許多特殊品種，最後成了荷蘭的國花。鬱金香球莖除了在二次大戰彈盡糧絕時期，成為當地居民充飢果腹的救命食物，在初期引進荷蘭時還掀起了歷史上最早的經濟泡沫。鬱金香剛引進時受到了大眾的喜愛，當時只有富豪權貴才能擁有，在1630年間球莖的價格狂漲，尤其特殊品種的鬱金香價值更勝黃金，頓時球莖買賣掀起狂熱，因為球莖買賣一夜致富的故事到處流傳，越來越多人投入炒作；到了1637年，鬱金香價格頓時崩盤，一切成為泡沫，一場球莖的拍賣可讓人一夜暴富也可能讓人瞬間破產。

單車遊花田

若想欣賞一整片花海美景，可選擇在花園入口處租借單車，前往不同的花田遊覽。園方規劃了4種建議路線，最短距離為5公里，費時約1小時，目的地為庫肯霍夫花園附近的花田區；還有10與15公里的路線，可造訪南區或是北區的花田；最遠的路線則為25公里，可造訪海邊沙丘地區的花田，費時約2~3小時。亦有導覽人員帶領的單車行程。

tulipfestivalamsterdam.com

北荷蘭省 Noord Holland

MAP▶P.005C2

哈克馬

Alkmaar

香濃迷人的起司小鎮

從阿姆斯特丹中央車站，每小時有4班火車直達哈克馬，車程約36分鐘　遊客中心：Waagplein 2, Alkmaar　遊客中心09:30~17:00，週日11:30~16:30　alkmaarprachtstad.nl/vvv-alkmaar

提起荷蘭起司，幾乎所有人都會立刻聯想起哈克馬，許多人就是在哈克馬認識黃澄澄的高達起司和紅豔的艾登起司。這裡的起司市場彷彿是堂戶外教學，領你進門見識香濃有形的荷蘭起司。哈克馬是座典型的荷蘭小鎮，於西元939年即已建立聚落，這裡有纖細的運河與雅致的山形牆屋宇，濃郁的鄉土味縈繞著全鎮。數百年過去了，哈克馬的小鎮風味一點也沒變，就像堆積在廣場中的起司，從不理會朝代更迭，始終堅持自我風格。今天的哈克馬儘管有著迷人的戲水沙灘，但人們千里而來的目的，永遠鎖定那固守傳統的「起司市場」。

起司市場Alkmaarse Kaasmarkt

Waagplein廣場上 3月最後一個週五至9月最後一個週五，每週五10:00~13:00；7&8月每週二19:00~21:00舉辦起司晚間市集 www.kaasmarkt.nl/en-gb

哈克馬的起司買賣歷史可追溯到西元1593年，那時候的Waagplein充斥著熱絡的交易，為了應付日益龐大的交易規模，這座廣場曾經擴建了不下8次。現在的「Market」依然人聲鼎沸，不過已非昔日的吆喝喊價，而是說著各國語言的觀光客在此發聲。儘管當地人有些感嘆地認為，烙有光榮印記的起司市場如今淪為觀光項目，不過能將傳統維護得如此成功，已是一份難能可貴的驕傲。

廣場內的活動在批發商進場後揭幕，老謀深算的買家們，一一以嗅聞、品嘗、搓揉的方式判別起司品質，而後以獨特的擊掌方式和賣方議價，兩方雙掌一來一往，最後由出價最高的批發商「得標」。

一旦成交，就輪到搬運伕們下場較勁。搬運伕的帽子有著綠、藍、紅、黃等不同顏色，代表隸屬於不同公司，每當一批起司成交搬上弧形的抬架後，搬運伕便飛也似地奔向過磅房（Waag）秤重，而後再奔向推車，等到小車堆滿起司，便推往卡車裝載。搬運起司的工作相當吃重，一個黃澄澄的高達起司重達20公斤，8個上架就達160公斤，全賴默契十足的身手搭配才能縱橫全場，值得掌聲鼓勵。

荷蘭起司博物館Het Hollands Kaasmuseum

Waagplein 2, Alkmaar 725-155-516 4~10月週一至週六10:00~16:00（起司市場交易日09:00起），其他月份僅週六開放 全票€6，優惠票€2.5 www.kaasmuseum.nl

看過了起司市場上交易的熱鬧，還是得學些門道才算不虛此行。在遊客中心的樓上即是荷蘭起司博物館，面積雖然不大，但可讓人確切認識荷蘭引以為傲的酪農歷史。這裡羅列了從古到今各種製作奶油及起司的工具，並詳細介紹其操作方式及原理，而從1576年起使用至今的過磅房也位於同一棟建築中。參觀這些特殊的器材，東方遊客總是充滿趣味性的疑問，所幸在館內服務的都是熱心的爺爺奶奶，即使你不開口詢問，他們也會古道熱腸地主動上前說明，甚至忙著張羅播放影片，不但讓人見識荷蘭起司的內涵，也領會了荷蘭人的熱忱。

© HollandMarketing

哈克馬市立博物館Stedelijk Museum Alkmaar

Canadaplein 1, Alkmaar (0)72 548-9789 11:00~17:00，週一休 全票€16，優惠票€12，18歲以下免費 stedelijkmuseumalkmaar.nl

哈克馬市區面積不大，建城的歷史倒是不短，有關它古往今來的點滴故事，全訴諸一幅幅畫作藏在市立博物館中。博物館坐落於聖勞倫斯大教堂附近，收藏的作品從荷蘭黃金時代的畫作一直到當代前衛藝術都有，其中當然不乏許多出生於哈克馬的大師，如Caesar van Everdingen、Maarten van Heemskerck等人的名作。同時，描寫戰爭的寫實畫也在博物館中占有相當份量，讓人一睹當年戰場上的烽火煙硝。除了繪畫之外，博物館裡也展示許多過去的生活用品，像是銀質的高腳杯、19世紀的玩具等，足以令人想像過去歐洲市民的生活百態。

MAP▶P.005C2

阿斯米爾花卉拍賣場

Royal Flora Holland Aalsmeer

全球最大花卉拍賣市場

在阿姆斯特丹可先搭Tram2、12等在Elandsgracht站下，然後轉357公車抵達Royal Flora Holland站，再步行約3分鐘可達；亦可搭Metro51在Amstelveenseweg站下，然後轉357公車 Legmeerdijk 313, Aalsmeer 887-898-989 07:00~11:00（但拍賣會多半在09:00以前便結束），週六、日休 全票€11.5，優惠票€9，11歲以下免費 www.visitaalsmeer.nl/en

1968年，荷蘭兩大拍賣公司合併成聯合花卉拍賣行，全球最大的花卉拍賣市場自此誕生雛形。經過40年擴充，今天的阿斯米爾花卉拍賣場擁有5,000家園藝公司提供花卉進場交易，外型不起眼的拍賣大樓占地廣達71萬平方公尺（相當於120個足球場大），裡面井然有序地劃分成鮮花集散區（供花卉公司擺置翌日拍賣花卉之處）、盆栽區、買主分類區、當地買主包裝區、外銷包裝區、輸送區、卡車停放區、電腦中心及4個拍賣大廳。每天早上6點半就開始進行交易，4個拍賣廳共掛著13個拍賣鐘，全部與電腦中心連線，鐘面上顯示著花價、數量、所屬花農等資料，前面的自動展示架上亦同時擺有鮮花，事先領取電腦卡的花商們依序入座插入電腦卡，在主持人的喊價聲中，以平均3秒鐘的瞬間完成一筆交易，每天在此成交的生意高達5萬筆，營業額逾600萬歐元。

全部交易在11點前結束，1,800名工作人員以最快的速度將1,500萬株鮮花及50萬盆盆栽分類、包裝、運送，隔鄰的機場已有貨機待命，每一批鮮花從分類到上機僅須短短15分鐘；早上拍賣的鮮花，傍晚或第二天清晨就在歐美地區各城市中出現。

這麼精彩的交易只能在阿斯米爾花卉拍賣場裡見識到。在交易場上方的走廊上，遊客可居高臨下地看清現場交易的熱絡實況，從而徹底明白阿斯米爾花卉拍賣場名列荷蘭觀光景點的主因與魅力。

北荷蘭省 Noord Holland

MAP▶P.005C2

霍恩

Hoorn

重返黃金年代榮光

從阿姆斯特丹中央車站，每小時有2班火車直達霍恩，車程約33分鐘

2百年來乏人問津的霍恩，曾經輝煌得不可一世，它高傲的自尊不容許自己向世俗低頭，要見識它的卓越，請親自移樽就教。

17世紀時，霍恩是個名利雙收的港埠：左擁東印度公司向外拓張的勢力，右摟文學家舞文弄墨的吹捧，一副前途不可限量的姿態。加上幾位航海探險家的傑出表現，如塔斯曼（Abel Janszoon Tasman）的出航，發現了澳洲塔斯馬尼亞島及紐西蘭；而斯豪騰（Willem Schouten）則以故鄉之名為美洲最南端的地岬「合恩角」（Cape Horn）來命名，皆使得霍恩不可一世。未料人算不如天算，到了18世紀時，此地港口淤積，貿易因而中斷，鼎盛的霍恩自雲端直墜而下，變成一座微不足道的死城。

東印度公司的往事早已去日遙遠，荷蘭的經濟命脈也已轉移他處，依戀舊日繁華的霍恩如今終於找到它的新定位：作為一處北荷蘭的觀光小鎮，吸引各方遊客前來傾聽它的榮光歲月。

Grote Oost老街

P.149B2

從紅岩廣場沿著Grote Oost老街走往港口，是霍恩懷舊意味最濃厚的一段路。昔日富甲一方的傲氣，仍然寫在比肩而立的老屋上，從繁複的洛可可雕飾到炫耀海權時代的浮雕觸目皆是，

像是位在轉角處的Bossuhuizen牆頂壁緣，就浮雕著一條刻畫與西班牙海戰場景的橫飾帶，教人不敢對霍恩小覷。

不過，這條大街真正讓人眼睛一亮的，是街上藏了不少販售舊物骨董的個性商店，除了各種上了年紀的別緻器皿、鐘錶、擺飾外，如果你是個航海迷，這裡還可以找到從船上卸除的任何器材及用具，著實令人驚喜。

過磅房Waag

P.149B2 Roode Steen 8 229-215-195 08:00~深夜 oudewaegh.nl

建於1609年的過磅房，沿襲著荷蘭古典建築風格，牢實的外型、木造的廳堂和粗重的磅秤都被刻意保存著，成了今天新潮餐廳兼咖啡館Restaurant d’Oude Waegh的現成裝潢。昔日工人滴著汗水、出賣勞力的場所，一變而成為時髦男女附庸風雅的場合，你要支付的不是門票費，而是一杯啤酒的價格。

紅岩廣場Rode Steen

P.149A2

經過1百多年調養，樂觀的霍恩活出了一片生動的天地，人來人往的Grote Noord大街是這座城鎮的新動脈，昔日的海上交易全都移轉到這兒做買賣。大路盡頭是豁然開朗的紅岩廣場，這個名字源於此地曾經是處血腥的行刑場，而今在絞刑台移去之後，安置了一座本地子弟科恩（Jan Pieterszoon Coen）的雕像。科恩曾兩度擔任荷蘭東印度公司的總督，並在巴達維亞（Batavia，今日的雅加達）為荷蘭的海外霸權闢建了舉足輕重的據點，對荷蘭的殖民事業居功厥偉，雖然他在殖民地常被視為帝國主義的壓迫象徵，但在家鄉霍恩卻是個不折不扣的大英雄。

西菲仕蘭博物館Westfries Museum

P.149A2 Roode Steen 1 229-280-028 週二至週日11:00~17:00，週一休 全票€7.5，優惠票€2.5，16歲以下免費 www.wfm.nl

和過磅房隔著紅岩廣場遙遙相望的西菲仕蘭博物館，是幢氣質出眾的巴洛克式建築，歷史可溯及西元1632年，當時它的身份是西菲仕蘭聯邦學院，迄今還蹲踞在屋簷上的7隻白獅，代表著昔日組織聯邦的7個城鎮。幾經朝代更迭，聯邦和學院均為歷史洪流所淹沒，經過蛻變的博物館驕傲依舊，醒目的門面、鮮麗的盾徽、堂皇的大廳、舒適的房室，將霍恩巔峰時期的光輝全鎖進了館內。

在這幢歷史博物館的27個展廳裡，你可以見到大量油畫、版畫、壁掛，訴説霍恩過往的故事，另有17世紀的傢俱、服飾、工藝品、船艦模型，以及過去曾屬於荷蘭東印度公司的種種器具，生動地輔助你進一步瞭解霍恩及西菲仕蘭地區各個時期的不同面貌。由於館方的用心，霍恩的勇猛一如往昔，未曾衰老。

二十世紀博物館
Museum van de Twintigste Eeuw

P.149B2 Krententuin 24, Hoorn 229-214-001 週一至五10:00~17:00，週六、日12:00~17:00 全票€10，優惠票€5 www.museumhoorn.nl

在港口邊還有座二十世紀博物館，詳細展示過去百年來各個生活層面的變遷。從20世紀初期廚房裡的爐灶、轉著黑膠唱盤的老唱機、古早時代的黑白電視、油墨打字機、轉盤式電話，到戰爭時期的口糧罐頭、當時人們穿著的服裝、懷舊玩具等，有的房間還重現了從前家庭與商店的佈置模樣。荷蘭人非常喜歡帶著孩子來訪，對著這些陪伴自己成長的物品述説當年；而對東方人來説，這座小博物館就像一部老電影裡的場景，真實而又豐富。

繞過博物館前的運河來到港口，終於見識到靠海起家的霍恩真貌。當年商船相接的情景，而今已成遊艇密布，但沿著Grote Oost一路建來的老屋，依然不改顏色地駐守著港口，成了絕美的背景。

在上個世紀初，一位英國旅人來到這兒曾如此描述霍恩：「懷抱著夢幻般的高塔，從海中躍升的魔幻之城。」今天，這座夢中塔樓依然聳立在港口，塔樓邊上的老式店招迎著海風咿喲擺盪，襯著空氣中的鹹味和海鳥聲，很有金銀島故事裡那種浪蕩不羈的味道，教人神往。

北荷蘭省 Noord Holland

MAP ▶P.005C2

恩克赫伊森
Enkhuizen

寧靜漁港追尋歷史軌跡

從阿姆斯特丹中央車站，每小時有2班火車直達恩克赫伊森，車程約57分鐘　遊客中心Tussen Twee Havens 1, Enkhuizen　228-313-164　遊客中心09:30~16:00　www.visitenkhuizen.nl/en

荷蘭向海爭地的顛峰歲月，全鎖進恩克赫伊森一座舉世無雙的戶外博物館內，滔滔為您講述那名留青史的艱辛工程，教你永生難忘。

和霍恩相距僅25分鐘車程的恩克赫伊森，命運與霍恩雷同：在17世紀的黃金年代裡，恩克赫伊森是荷蘭頂尖的鯡魚港，以3條鯡魚為象徵的市徽就是在那充滿魚腥味的年代立下的；17世紀結束，淤泥積塞了港口，也阻斷了恩克赫伊森的魚獲貿易。今天的恩克赫伊森和霍恩很類似，整個小鎮充滿了繁華落盡的安寧，走了市儈的商人，卻來了不少尋求沈靜美感的遊客。誰說式微就等於沈淪？恩克赫伊森可還散發著和煦的光芒。

一出火車站，迎面就是恩克赫伊森的兩大港口Buitenhaven和Oude Haven，令人詫異的是：停泊在碧波中的不是奢豪遊艇、而是一艘艘17、18世紀的古式帆船，靜泊在曲終人散的港灣裡，像是不願接受時光的變遷，兀自守著300年前的時空，一點也不讓步。而從1540年就拔地而起的塔樓Drommedaris，仍挺立在最前哨，它原是古城牆的部分建築，擔負著防禦重責，至今威風不減當年，一點也看不透它的高齡。

西大街Westerstraat

恩克赫伊森沸騰的人氣全集中在西大街，因為製造高潮的商店和餐廳，全開設在這條橫貫全鎮的長街上，連雜貨俱全的市集也盤踞在這兒，背景襯著威風凜凜的西教堂（Westerkerk），透露著恩克赫伊森人緬懷過去、也開心地活在當下。

西大街以北是片河道縱橫的區域，經常被外來訪客所忽略，事實上，它是恩克赫伊森最美的一面：寧靜的河水、輕巧的木橋、安逸的小船、樸實的房舍，共同譜成一幅幅脫框而出的畫景。花2個小時沿著河道漫步，絕對值得。

南海博物館Zuiderzeemuseum

P.152D1,C2 Wierdijk 12-22, Enkhuizen (0)22 835-1111 室內博物館10:00~17:00，露天博物館4~10月10:00~17:00 全票€19.5，優惠票€13（網路購買全票€18，優惠票€12） www.zuiderzeemuseum.nl

南海博物館是恩克赫伊森的重頭大戲，值得你多花一點時間。「南海」這個名字已經在30年代走入歷史，當時的荷蘭人積極而有計畫地向海洋「爭討失地」，一道長達30公里的Afsluitdijk長堤，俐落地將南海分為Waddenzee和Ijsselmeer兩大水域。封閉海域是為了下一步的汲水造地，荷蘭人很爭氣地向大海討回3大塊新生地，前後費時20多年，亮眼的成績使得地貌重新洗牌，也讓無數的漁港不可思議地蛻變成內陸城鎮。這就是為什麼總有些耕農會對你說上一段記載在家族史裡的捕鯨事蹟，聽起來像神話，可確是荷蘭人向海爭地的動人明證。

轉型後的城鎮，遺棄大量的漁船及建築以利脫胎換骨，這些可作為歷史見證的活素材，催生出今天的南海博物館。為了配合最完美的展出，南海博物館劃分為室內及室外兩大展區，錯過任何一區都是莫大遺憾，記得別顧此失彼。

1950年才開放的室內博物館，選中一幢17世紀的老式大宅邸，裡外都散發著文藝復興風格，氣派非凡。為了收納來自南海周邊各城鎮的漁船，館方特闢一處挑高大廳，離岸的各式船舶就在此落戶生根。沒有了河水隔閡，你會發現原來你從未如此近距離地細看一艘船的各個部位。注意來自Urk的破冰船，它專責在冬季冰封期一路破冰到Kampen，以保持河道暢通，相當勇猛；家具和傳統服飾也是展出的重點，Hindeloopen的手繪家具已成絕響，彌足珍貴。

室內博物館開設33年之後，室外博物館才終於開放：130多幢來自南海地區的民宅、倉庫、商店、工廠，按照村落安置，為了留存這些房宅的原貌，遷移工程大費周章，許多房子甚至是整幢原封不動搬上連結的平底駁船、循著河道緩緩運抵。前人種樹的成績，使今天的訪客能一次盡覽1880到1932年這段時期的生活真貌，日常生活離不開的肉鋪、藥房、麵包店、起司店、洗衣店、郵局、理髮廳、電影院、鐵匠鋪、縫帆鋪、皮革廠、燻魚廠、學校、禮拜堂一應俱全。建議你為這座博物館安排一天的時間，不僅是因為這批建築群的數量，更因為其多樣性。

北荷蘭省 Noord Holland

MAP ▶ P.005C2

贊斯堡

Zaanse Schans

轉動舊時光的風車水岸

從阿姆斯特丹中央車站，每小時有4班火車直達Zaandijk Zaanse Schans站，車程約17分鐘，然後步行15~20分鐘可達，或轉69公車至Zaanse Schans站即達；亦可從Metro52的Noorderpark站，轉391公車至Zaanse Schans站即達 遊客中心Schansend 7, Zaandam（Zaans Museum內） (0)75 681-0000 遊客中心10:00~17:00。4~11月期間大部份的博物館、風車和工作坊的開放時間大多是10:00~17:00，12~3月淡季許多風車不開放，出發前記得先至官網查詢 在遊客中心或網上預購Zaanse Schans Card，全票€17.5，優惠票€12.5，可免費進入Zaans Museum＆Verkade Pavilion、木桶工坊（Kuiperij），於榨油、鋸木、染料風車中選擇1座參觀，在許多商店、餐廳、作坊也享有折扣 www.zaanseschans.com/en；tickets.zaanseschanscard.nl/en/tickets

想要尋找心中的經典荷蘭印象，距離阿姆斯特丹僅10英哩的贊斯堡絕對是首選：河渠遍佈、芳草如茵、慵懶的羊群在傳統木屋前日光浴、迎風轉動的風車是水岸的背景，詩一般的田園牧歌景象，吸引無數遊客前來留影。

贊斯堡是一處露天博物館，它坐落的區域屬於Zaandam、Koog aan de Zaan、Zaandijk三地合成的Zaanstad市，這塊環抱著贊河（Zaan River）的區域，是以伐木業和造船業雙管齊下起家，自16世紀起，風車就在當地擔負起供應動力的重責大任，這裏的居民可說是依靠風力為生，建立起歐洲第一個工業區。

繁榮的造船業不僅吸引沙皇彼得大帝蒞臨觀摩，也帶動了麵粉、油漆、芥末等商業發展，基於動力需求，在短短2個世紀內，便興造了1千多座風車。18世紀時，甚至有600座風車同時使用也無法滿足生產需求的情況。

隨著時代演進，1850年以後，冒著黑煙的蒸汽機逐漸取代風車的地位，只有20座風車被保留下來見證工業區曾經輝煌的歲月。為了讓更多人認識風車與地區歷史，贊斯堡戶外博物館於是應運而生，各式造型迥異的風車和頂著尖形、鐘形或山形牆的傳統綠色木屋，全移聚此處聯合展示。

贊斯堡佔地廣大，建議安排半天以上的時間。先到贊斯博物館了解風車群與地區工業發展歷史，再前往參觀幾座重要的風車，由於這些風車是為了不同的產業目的而設計，可趁此機會觀察到各異的風車結構。此外，這裡還有風車博物館、鐘錶博物館、烘焙博物館、起司工坊、Albert Heijn雜貨鋪、木鞋工坊等，許多工坊都有定時職人秀，由老師傅親自示範百年前的生活與工作樣貌，相當有趣。

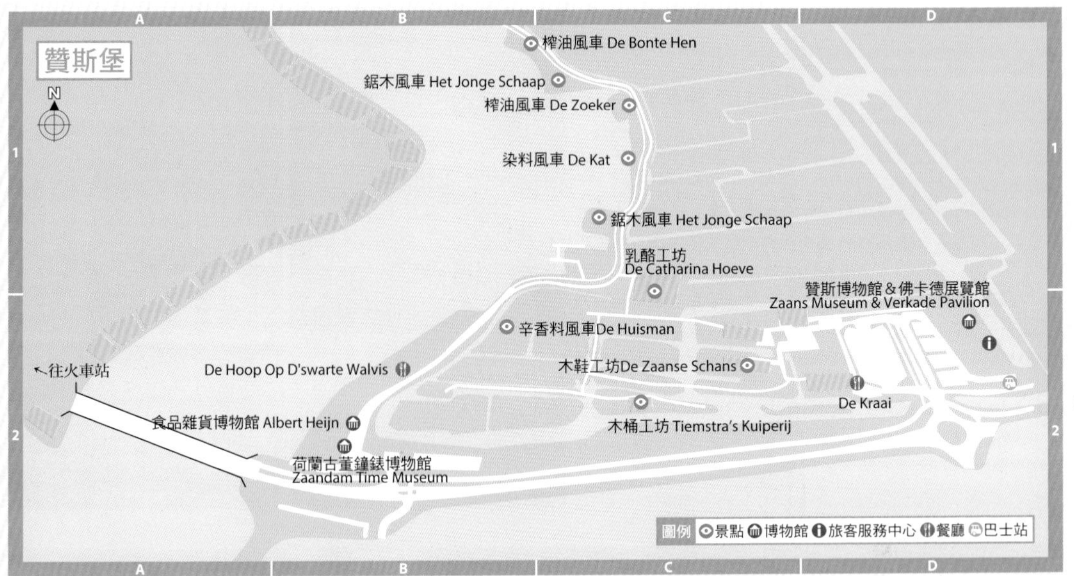

贊斯博物館＆佛卡德展覽館
Zaans Museum & Verkade Pavilion

Schansend 7, Zaanse　756-810-000　10:00~17:00　全票€14.5，優惠票€7.5，3歲以下免費　zaansmuseum.nl

17世紀開始，贊斯地區就是西歐重要的工業區，造船業、捕鯨業和伐木業帶來繁榮的經濟，食品工業更讓贊斯的地位維持到20世紀初。想了解贊斯因風力而吹起的興盛，就要走一趟贊斯博物館，這裡所陳列的餐具、罐頭上的商標設計、打字機和縫紉機等生活用品、牆上無數的畫作以及生產食品的加工器具等，都是由當地居民搜集或是本地公司提供，用居民的物品訴說19~20世紀的生活史。

與贊斯博物館相連的佛卡德展覽館，「佛卡德」是荷蘭知名的食品製造商之一，生產巧克力、太妃糖，夾心糖、小餅乾等，館內展示9,000幅佛卡德家族和工廠的照片、700件生產工具、1,000幅廣告、商品標籤和包裝，看到的不止是單一企業的發展過程，也能了解20世紀初荷蘭食品工業的運作方式。

離開靜態展區，轉個彎進入佛卡德巧克力和餅乾工廠。大型機器馬不停蹄地運作，攪拌原料、灌入模具壓型、烘烤、最後餅乾和巧克力乖乖地排隊從輸送帶送出，還可以透過互動電腦遊戲挑戰自己的包裝功力。雖然只是模擬工廠，空氣中卻飄散著濃郁的餅乾出爐香氣，食慾被挑起的瞬間，工作人員正好貼心地端上酥餅，用Verkade的甜蜜滋味作為工廠之旅的美好句點。

染料風車De Kat

Kalverringdijk 29, Zaanse 756-210-477 www.verfmolendekat.com/en

極盛時期的贊河沿岸有過55座顏料磨坊，曾是風光一時的顏料工業區，如今獨留De Kat一世界上最後一座由風力驅動的顏料磨坊，昂然立於贊河畔，與屋頂的黑貓風向儀共同驕傲地展示昔日輝煌。

De Kat風車始建於1646年，原為榨油使用，歷經幾次火災又重建，現在的外貌是1782重建後的模樣。風車磨坊的原理是利用風力推動葉扇、葉扇帶動水平承軸並轉動齒輪，再透過連接的制動齒輪轉換為垂直動能，用以驅動垂直承軸連接的工具，而磨坊工人則要負責將風車葉扇調整到迎風面。荷蘭自1600年起進口染料使用的熱帶木材，製作染料要先用斧頭將木材切成碎木屑，磨坊內巨大木製齒輪利用風力轉動5噸重的磨石，將木屑磨成粉狀，粉末過篩後就能裝在木桶內銷售，1700年後開始磨製礦物原料、彩色粉筆料和磨光料。若是想要來點特別的紀念品，這裏銷售的仿古顏料保證獨一無二，別處都找不到。

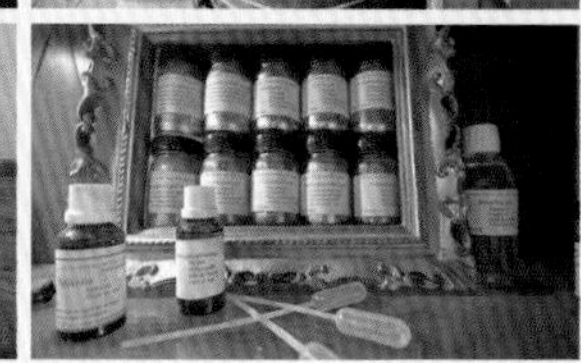

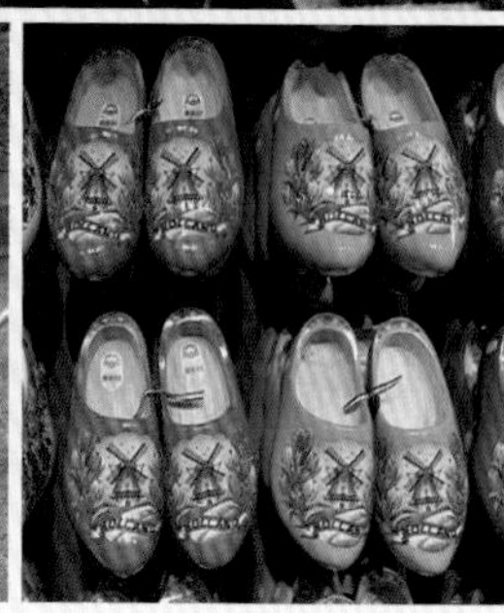

木鞋工坊De Zaanse Schans

Kraaienest 4, Zaandam 756-177-121 3~10月08:00~18:00，11~2月底08:00~17:00 免費 www.woodenshoes.nl

想像一下手工製作一雙木鞋需要多少時間？答案絕對比你想的更迅速。木鞋工坊每個整點都有最受歡迎的現場職人秀，只見師傅手腳俐落地這邊挖幾刀、那邊削兩下，再透過機具的輔助，不到幾分鐘就完成一雙鞋，動口講解的時間都比動手的時間長呢！

木鞋工坊也有展示各式各樣的荷蘭木鞋，有手工彩繪款式、整雙鏤空精緻木雕、時尚設計師的設計款，加上冰刀的溜冰木鞋，甚至還有馬穿的木鞋，雖然空間不大，種類卻豐富有可看性。

木桶工坊Tiemstra's Kuiperij

De Kwakels 2, Zaandam 756-810-000 13:00~17:00

光線穿過掛著工具的窗戶、穿過大大小小做到一半或已經完成的木桶，照亮那段凝結在工坊裡的舊時光，導覽人員一邊動手把木片整齊排在鐵圈上，一邊生動地講解，透過空氣中懸浮微塵，彷彿看到老製桶師傅的專注和熱情。

工坊裡所有製桶器具都來自於木桶製造商S.R. Tiemstra & Sons，主要製作耐濕木桶，用來存放鯡魚或酒。1967年將工作坊遷移至此地，1999年最後一代繼承者Jaap Tiemstra過世後將工作坊中所有物品捐出，內部沒有經過整修，也不像其他展覽場將工具光鮮亮麗的陳列在櫥窗中，只是保留原本的樣子，讓你走進老工匠的生活中。

荷蘭古董鐘錶博物館 Zaandam Time Museum / Museum of the Dutch Clock

Kalverringdijk 3 756-179-769 4~9月10:00~17:00，10~3月週日11:00~16:00 zaansetijd.nl/en

很難聯想專門展示荷蘭鐘錶工藝的歷史博物館，就佇立在贊丹風車村的入口處。或許因為都是來自古老的手工藝技巧，只是一個極為巨大、一個極為精密。博物館不大，但收集了來自15~20世紀的古董鐘錶，包括雕刻工藝令人讚嘆的黃金、純銀或琺瑯懷錶、來自荷蘭各地的報時座鐘、贊丹時鐘、早期鐘錶師的工作道具等。如果你對機械鐘錶感興趣，千萬別錯過。

鋸木風車Het Jonge Schaap

Kalverringdijk 31A, Zaanse

六角形的鋸木風車Het Jonge Schaap建於1680年，原本位於Zaandam火車站附近，於1942年毀壞，所幸毀壞之前曾有一位技術學校的老師對它進行過全面測量，2007年才能仿照17世紀的建築工法在贊斯堡重新建造。

Zaandam地區原本有超過200座鋸木工坊，Het Jonge Schaap屬於罩式風車（cap winder sawmill），頂部連接著方便工人轉動葉片的方向盤，讓葉扇可以保持迎風，天候許可的情況下，工坊一天可處理80隻樹幹。

起風的日子，鋸木場持續運作，行駛贊河上的船隻運送來巨大梁木，大型鋸木機在風力驅動下將樹幹鋸成片狀木板，鋸木刀片的距離可決定木板的厚薄。欣賞完鋸木秀，不妨也藉由影片了解風車辛苦重建的過程。

上愛塞省 Overijssel

MAP ▶ P.005C2

羊角村

Giethoorn

蕩漾在碧綠色恬淡夢境

從阿姆斯特丹搭火車到Steenwijk（需在Almere Centrum或Zwolle換車，約需1小時40分鐘），再換乘往Zwartsluis方向的 70號公車至Dominee Hylkemaweg站下車即達（約16分鐘）。公車每小時只有1個班次，最好先看好回程時間 www.giethoorn.com

小船無聲地滑過平靜無波的水道、穿越濃密綠蔭隧道和一座座小巧可愛的木橋，抵達童話裡才有的蘆葦屋；碧綠水波倒映著兩岸房舍，那一方花團錦簇是屋主恬淡生活中的巧思；陽光自樹梢落下，細細碎碎灑在村落裡，在靜止的時光寫著流動的詩篇。河渠遍佈的羊角村雖然只是全長7公里的狹長村落，卻是荷蘭北方極負盛名的小鎮，淳樸的水鄉魅力每年吸引無數遊客前來。

雖然羊角村不曾經歷什麼大風大浪的波瀾歷史，但它的故事卻頗為傳奇：位於De Wiedin自然保護區內，冰河時期正好在2個冰磧帶之間，地勢較低造成土壤貧瘠，遍佈泥炭沼澤，除了蘆葦和薹屬植物，其他作物都不易生長，最大的資源就是地下泥煤，所以自13世紀以來只有貧苦人家和來自異域的流亡之徒願意在此定居。

直到19世紀前期，居民還是靠著挖採泥煤塊維生，挖掘的結果造成現在大大小小的湖泊；為了運送泥煤和物資，又在這片土地上挖鑿出一道道縱橫的溝渠，後來更把狹窄的溝渠拓寬為可以行船的河道，形成今日的水鄉澤國面貌。

直到現在，這個區域的河道依然比馬路還多，車子只能停在村落外圍，小船是當地居民的主要交通工具；家裡不見得有車庫、卻一定有船塢；門前就是運河、小橋和船隻停靠處，因而有人將這裡比喻為「荷蘭的威尼斯」。然而，羊角村絕對沒有威尼斯那股市儈的商人氣息，有的只是質樸的鄉野寧靜。

或許有人會對「羊角村」的村名感到好奇，畢竟在這個村莊裡實在看不到幾隻羊。原來，早期居民在挖掘煤炭時，曾經挖出大量的山羊角，那是中世紀繁衍於此的野生動物遺骸，從此村民們便稱呼此地為羊角村。

今日的村民早已不以挖煤為業，轉而務農、放牧或經營餐廳民宿，而作為荷蘭人心目中的世外桃源，羊角村的確是許多醫師、律師等退休後的定居首選，與過去的貧寒村落已不可同日而語。

來到羊角村最好能找個農舍、或是運河邊的蘆葦房住上1、2天，租一艘船從水面上好好地欣賞村落；開船到湖心發個呆；或是租一輛腳踏車、沿著河邊小徑穿梭林間，感受農村的悠遊自在。慢遊，才是沈澱心靈最好的方式。

航向夢境的水上旅程

船舵電動船（Consoleboten）每小時€35起；傳統划槳船每小時€11.5起；導覽船1小時每人€10起　大約10:00~18:00

來到這裡一定要租艘平底電動小船（Fluisterboten），體驗當船長的威風和樂趣！下公車後，對面直走就是通往羊角村的道路Dominee T.O. Hylkemaweg，沿途都是餐廳和船公司，一艘電動船最多可搭乘6人，價格根據船隻種類有些微差別，建議多問幾家再決定。訂民宿時請屋主協助安排通常會有優惠。

電動船的速度不快，操作方式相當簡單，租船時店家會附上一張河渠地圖，地圖上會建議1-3小時的航行路線，因此不用擔心在錯綜複雜的水道中迷路。先順著村落裡的小河道，從水面上欣賞兩岸蘆葦屋，根據河岸上標有號碼的旗竿，再對照地圖上的水道標號，就可以輕易為自己定位，找到前往大湖Bovewijde的出口。如果看見喜歡的餐廳或咖啡館，當然也可以直接靠岸，記得將繩索綁在木樁上，否則喝杯咖啡出來時，船已經不知漂往何處了。如果不想自己開船，也可以選擇搭乘導覽船，乘著微風聽船長訴說羊角村的歷史和自然環境。

民俗博物館
Museumboerderij 't Olde Maat Uus

Binnenpad 52, Giethoorn 521-362-244 4~10月每日11:00~17:00，11~翌年3月週五至週一11:00~16:00 全票€7.5，優惠票€2.5，3歲以下免費 www.museumgiethoorn.nl

若是搭公車來羊角村，民俗博物館就在正式進入村莊的轉角，只是眼前美景如畫的運河，讓黑色農舍外表的博物館總是被忽略，卻不知裡面卻別有洞天，靜靜展示著羊角村過去一百年來的居民生活史。

博物館所在的農舍於1825年大洪水後重建，1988年整修恢復紅磚蘆葦屋頂的傳統外貌，才變更為鄉土歷史展覽館。舊時倉庫的挑高空間展示著20世紀初居民的服飾，小學課桌椅和老師使用的教材，男人們補漁、挖採泥煤、鋪蓋蘆葦屋頂和製作木鞋的工具。繼續前行就像進入居民的家中拜訪，穿越廚房來到餐廳，這裏是當時人們消磨最多時間的場所，冬日裡為了保暖同時節省生火用的木材，會在餐廳的壁櫥裡鋪床作為臥室，貼滿藍瓷的起居室則只有特殊日子才會使用，一旁的走道通往地下室，這裏擺滿準備過冬的醃製酸菜和其他糧食。博物館內的工作人員都是當地的老爺爺奶奶，他們會熱心的告訴你每項家具的用途，就算聽不懂荷蘭文，還是熱情地比手畫腳示範，那親切笑容與聲調，似乎和整個空間一起凝結在過去了。

De Haamstede

Kanaaldijk 17, Giethoorn 629-004-907 www.haamstedegiethoorn.nl/camperplaats

蘆葦編成的屋頂，是羊角村獨特的民居特色。傳統蘆葦屋頂冬暖夏涼、防雨耐曬，每隔40年左右才需要更換，使用年限長。過去使用蘆葦當作屋頂，是因為窮苦人家買不起磚瓦，但蘆葦現在的價格比磚瓦還貴，是有錢人才負擔得起的建材。在童話繪本中才有的蘆葦小屋住上一晚，是來到羊角村必體驗的事之一。

Haamstede坐落於離村落不遠的主要運河旁，雖然不在村落中，卻是真正擁有蘆葦屋頂的紅磚農舍。一進門比主人更快出來迎接你的，可能是農舍野放的小雞們；室內是溫馨的鄉村風格，屋主在地下埋暖氣管線，清晨踩著溫暖的地面，拉開窗簾就能欣賞平原日出。最棒的是廚房設備齊全，可以去超市買食材回來一展手藝！若想要以星辰為幕、大地為枕，主屋旁也有停放露營車的營地，真正感受在鄉下住一晚的野趣。

鹿特丹 Rotterdam

文●蒙金蘭・陳蓓蕾・墨刻編輯室
攝影●蒙金蘭・墨刻攝影組

萊茵河與馬斯河匯流入荷蘭後，最後在鹿特丹附近注入北海。集合歐陸兩大流域為腹地，鹿特丹當仁不讓成了歐洲進出口的主要門戶，其3大港區：馬斯弗拉克特（Maasvlakte）、博特萊克（Botlek）與歐洲港（Europort），每日貨櫃載卸不休，繁忙熙攘的吞吐量，是當今歐洲第一大港，並一度榮登世界最大港口的寶座。

鹿特丹與歐洲其他大城的不同之處，在於它帶給人視覺上的新奇與刺激。這座城市除了少數1、2座古雅建物外，幾乎全是新潮的後現代鋼筋建築。然而，徹底與歷史古蹟斷絕這件事，並非出於鹿特丹自願，怪只怪人類史上最有效率的拆除大隊一戰爭。1940年，德軍向西歐發動閃擊戰，為了迫使荷蘭投降，於是在5月14日派出轟炸部隊，將鹿特丹炸得體無完膚。戰後，荷蘭政府花了20世紀剩下的所有時間進行重建，終於讓鹿特丹這隻鳳凰浴火重生、甚至比過去的任一時期都更加耀眼！

最令外地人印象深刻的，是它不同凡響的天際線。在這座城市裡躍起的摩天大廈，幾乎沒有一棟是中規中矩、四四方方地往上蓋的，建築師們彷彿將這裡當成較勁的競技場，絞盡腦汁要用最驚人的奇想、最大膽的創意、最個性的表現，好為自己的建築履歷添一筆代表作。於是，方塊屋、市集大廳、中央圖書館、紅蘋果、天鵝橋、KPN皇家電信總部大樓、鹿特丹大樓等經典的當代建築應運而生，就連許多不知名的住宅樓房，也蓋得相當耐人尋味。截至目前為止，這波「戰後建築潮」似乎還看不到盡頭，城市裡處處可見新的建築工地，光是看到鋼骨結構就讓人對其落成充滿期待。只能說，「馬斯河的曼哈頓」這綽號，真的不是隨便說說而已。

INFO

基本資訊

人口：約66萬5千人
面積：324.14平方公里
區域號碼：(0)10

如何前往

◎飛機

從台灣沒有飛機直飛鹿特丹，若從歐洲其他城市起飛，則會在鹿特丹西北5.6公里處的鹿特丹海牙機場（Rotterdam The Hague Airport）降落。在航站大樓外搭乘33號公車，可直達鹿特丹中央火車站，1小時約有4班車，車程約30分鐘。

www.rotterdamthehagueairport.nl

◎火車

大鹿特丹地區共有6個火車站，其中位於市中心的是鹿特丹中央車站（Rotterdam Centraal）與布萊克車站（Rotterdam Blaak），在查詢班次或購買車票時請千萬注意確認站名。從荷蘭各大主要城市出發前往鹿特丹，皆有班次頻繁的直達車：阿姆斯特丹到鹿特丹，需時約1小時；從海牙需時約30分鐘；從烏特勒支需時約38分鐘；從台夫特需時約14分鐘。從馬斯垂克出發每小時有2班車，需在恩哈芬（Eindhoven）轉車，需時約2小時13分鐘；從布魯塞爾每小時有1班直達車，需時約2小時。

◎地鐵

許多大飯店都有提供免費的機場接送服務，建議在訂房時就先問清楚是否有提供此項服務。飯店機場巴士發車處在1航廈A區的入境大廳以及2航廈E區出境大廳外面。

◎計程車

從海牙中央車站，可搭乘地鐵E線至鹿特丹中央車站，每10分鐘1班次，車程約33分鐘。

市區交通

◎大眾運輸工具

鹿特丹市中心的範圍其實不大，用步行搭配短程的電車或地鐵，便可遊遍市區各大景點。其大眾運輸系統由RET營運，包括路面電車（Tram）、公車（Bus）、地鐵（Metro）和渡輪（Fast Ferry）。地鐵和路面電車是最常被觀光客使用的交通工具，搭乘所有RET營運的交通工具均可使用OV-chipkaart，亦可直接使用信用卡當作OV-chipkaart（詳見P.086）。

若想要在期間內無限次數搭乘RET營運的交通工具，則可選擇RET交通2小時卡或1日卡，適用於電車、公車及地鐵；或者通行範圍更大含括海牙、台夫特、高達等地在內的遊客1日卡，除了上述交通工具外，還可搭乘水上巴士（waterbus）。

需注意的是：RET 1日卡並非24小時票卡，而是啟用當天，效期只到半夜4:00截止。不管哪一種卡片，使用方式都和台灣的捷運卡一樣，上下車時均需感應票卡。

票種	全票	優惠票
2小時卡RET 2 Hour	€4.5	N/A
1日卡RET 1 Day	€9.5	€5
遊客1日卡Tourist Day Ticket	€15.5	N/A

www.ret.nl/en；touristdaytickets.com

地鐵

共有5條路線，其中的A、B、C線在市區是重疊的，並與D線交會於Beurs站。E線屬於鐵路RandstadRails的一部分，連接海牙、鹿特丹及Zoetermeer。營運時間約為週一至週六05:30~00:15，週日07:30~00:15，每條路線起迄時間稍有不同。

電車

經過市中心的電車為4, 7, 8, 20, 21, 23, 24 and 25，這些電車都會行經中央車站。營運時間約為週一至週六05:00~00:30，週日07:00~00:30，每條路線起迄時間稍有不同。

渡輪

由RET經營的Fast Ferry航行於新馬斯河口南北岸的Maasvlakte與Hoek van Holland之間，在上下班的尖峰時段為每30分鐘1班，其餘時段為每小時1班。

夜間巴士

由BOB Bus經營的夜間巴士，行駛於週五、六的夜晚至凌晨，路線主要以各火車站為出發點，行經市中心的夜店聚集區，並連結市內及市郊。票價€6，車票

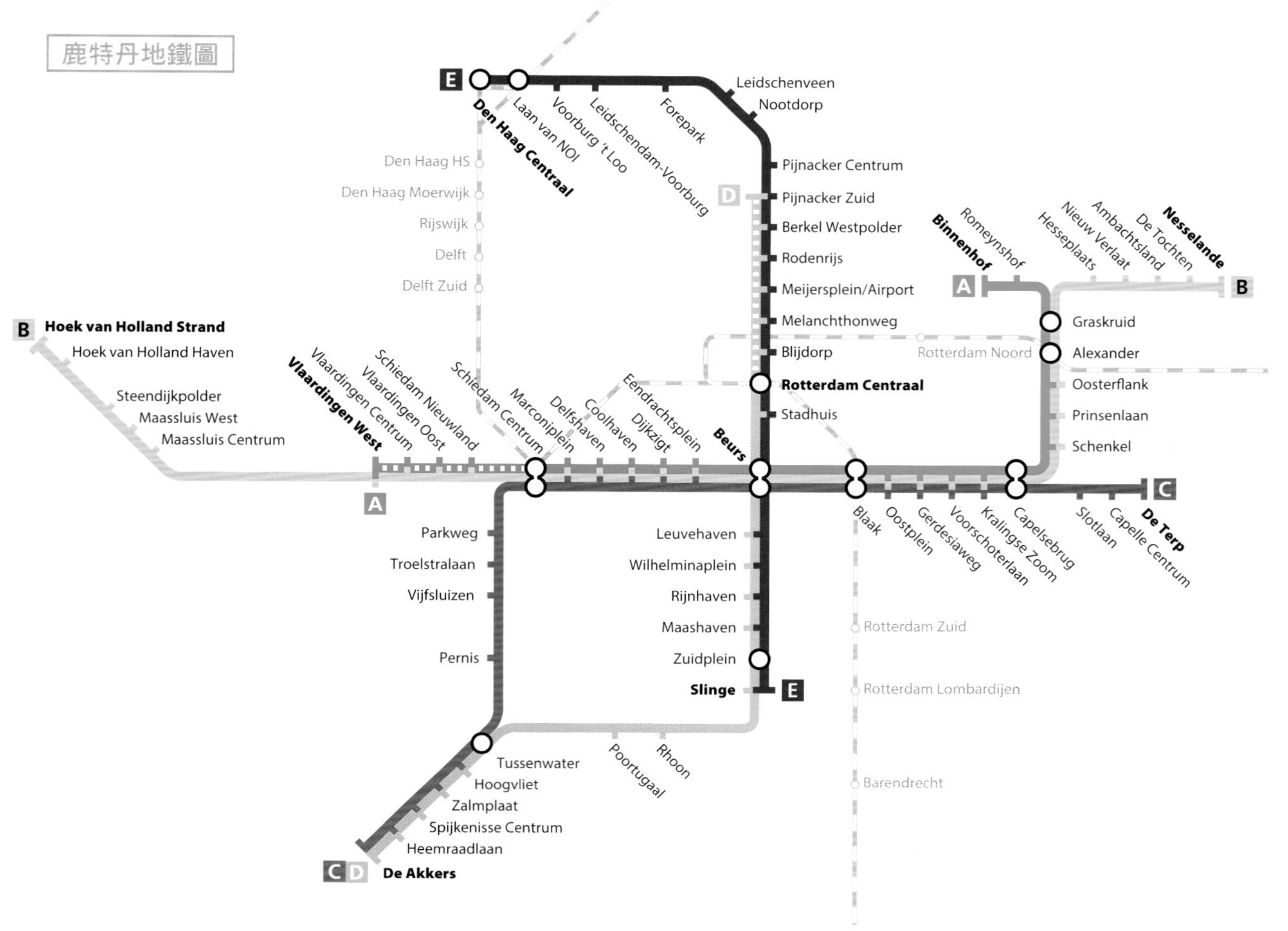
鹿特丹地鐵圖
A
B
C
D
E
Den Haag Centraal
Laan van NOI
Voorburg 't Loo
Leidschendam-Voorburg
Forepark
Leidschenveen
Nootdorp
Pijnacker Centrum
Pijnacker Zuid
Berkel Westpolder
Rodenrijs
Meijersplein/Airport
Melanchthonweg
Blijdorp
Rotterdam Centraal
Stadhuis
Beurs
Den Haag HS
Den Haag Moerwijk
Rijswijk
Delft
Delft Zuid
Binnenhof
Romeynshof
Hesseplaats
Nieuw Verlaat
Ambachtsland
De Tochten
Nesselande
Graskruid
Alexander
Rotterdam Noord
Oosterflank
Prinsenlaan
Schenkel
Hoek van Holland Strand
Hoek van Holland Haven
Steendijkpolder
Maassluis West
Maassluis Centrum
Vlaardingen West
Vlaardingen Centrum
Vlaardingen Oost
Schiedam Nieuwland
Schiedam Centrum
Marconiplein
Delfshaven
Coolhaven
Dijkzigt
Eendrachtsplein
Blaak
Oostplein
Gerdesiaweg
Voorschoterlaan
Kralingse Zoom
Capelsebrug
Slotlaan
Capelle Centrum
De Terp
Parkweg
Troelstralaan
Vijfsluizen
Pernis
Leuvehaven
Wilhelminaplein
Rijnhaven
Maashaven
Zuidplein
Slinge
Rotterdam Zuid
Rotterdam Lombardijen
Barendrecht
Tussenwater
Hoogvliet
Zalmplaat
Spijkenisse Centrum
Heemraadlaan
De Akkers
Poortugaal
Rhoon

效期為90分鐘。

◎水上計程車

Water Taxi HNY航行於Hotel New York、Leuvehaven與Veerhaven之間，每日09:00~24:00，平均每10分鐘就有一班。不需預約，單程票為€5起，價格根據搭船人數而調整。Maas Taxi則航行於新馬斯河上，在河兩岸有多處停靠站，也可用電話叫船，單程為€8起。

Maas Taxi

403-0303

週一至週四07:00~24:00，週五07:00~01:00，週六至週日09:00~24:00

www.watertaxirotterdam.nl

◎單車

在鹿特丹很容易便能租到腳踏車，由於荷蘭單車失竊率非常高，所以租車時最好租2個大鎖，並加保失竊險。租車行情大約為每日€4.55起，有些較大的租車行還提供單車的導覽行程。

en.rotterdam.info/cycling-in-and-around-rotterdam/rent-a-bike-in-rotterdam

◎計程車

在火車站及熱門景點附近，通常可以找到計程車招呼站，或是請旅館櫃檯協助叫車。在非尖峰時段或路況許可時，也可在路邊招車。每輛計程車的收費不一，起錶價最高為€7.5，2公里後每公里跳錶最高€2.2，車資表張貼於車窗外。若以電話叫車，卻因遲到而讓司機等待，司機可收取最高每分鐘€0.55的等待費。如果行李不多又不趕時間，也可試試看人力腳踏車Tuk Tuk，讓移動的過程也變成漫遊旅程，Tuk Tuk只需隨手招車即停。

Rotterdamse Taxi Centrale

462-6060 rtcnv.nl/english

觀光行程

◎觀光巴士

Splashtours提供的是水陸兩棲的觀光巴士，從Parkhaven出發，看盡鹿特丹最特別、最美麗的地方，然後巴士突然變成了一艘適航的船、跳入馬斯河，在水中航行欣賞城市壯觀的天際線。全程約1小時；車票可在遊客中心購買，或至Splashtours的官網上訂購。另有其他多種行程可供選擇。

上車地點為Parkhaven 9（近歐洲之桅）

436-9491 全票€29.5，優惠票€19.5

www.splashtours.nl

需於出發前15分鐘報到，行程不適合使用輪椅的身障人士

◎遊船

Pannenkoekenboot

從水上探索這座城市，同時享用傳統的古老荷蘭煎餅。在輕鬆的氛圍中，無限量享用新鮮出爐的培根、蘋果和原味煎餅，並沿著馬斯河欣賞鹿特丹壯麗的天際線。航程約75分鐘。另有其他多種行程可供選擇。

上船地點為Parkhaven 13（近歐洲之桅）

436-7295

全票€29.5，優惠票€19.5

rotterdam.pannenkoekenboot.nl/en

建議事先預約

Rebus Varende Evenementen

Rebus的行程以鹿特丹的港灣為主，現場導遊將細訴有關貨櫃船、港口、歷史和現在的所有細節。巡遊從歐洲之桅下方的 Parkhaven 出發，經過聖喬布港（Sint Jobshaven）、瓦爾港（Waalhaven）、鹿特丹港（Rotterdamsche Droogdok Maatschappij）和潛水艇碼頭等，沿途欣賞鹿特丹特有的天際線。另有其他多種行程可供選擇。

上船地點為Parkhaven 15（近歐洲之桅）

103-021-888

全票€15.5，優惠票€10

rivercruiserotterdam.nl/

Rotterdams snelste speedboat tours

Rotterdams snelste speedboat tours是刺激的橡皮快艇遊河行程，沿途經過鹿特丹著名的天際線，全程約15分鐘。

上船地點為Leuvehaven 73

102-613-338

每人€27.5

www.rib-experience.nl

建議事先預約，並著休閒服裝

優惠票券

◎鹿特丹城市卡 Rotterdam City Card

鹿特丹城市卡只是一張憑證，讓你在效期內可在眾多景點、商店享有特許的折扣；卡本身免費，但須事先上網申請。

en.rotterdam.info/rotterdam-city-card

旅遊諮詢

◎中央車站遊客中心

Stationsplein 21（中央車站內）

107-900-185

09:30~18:00

www.rotterdam.info

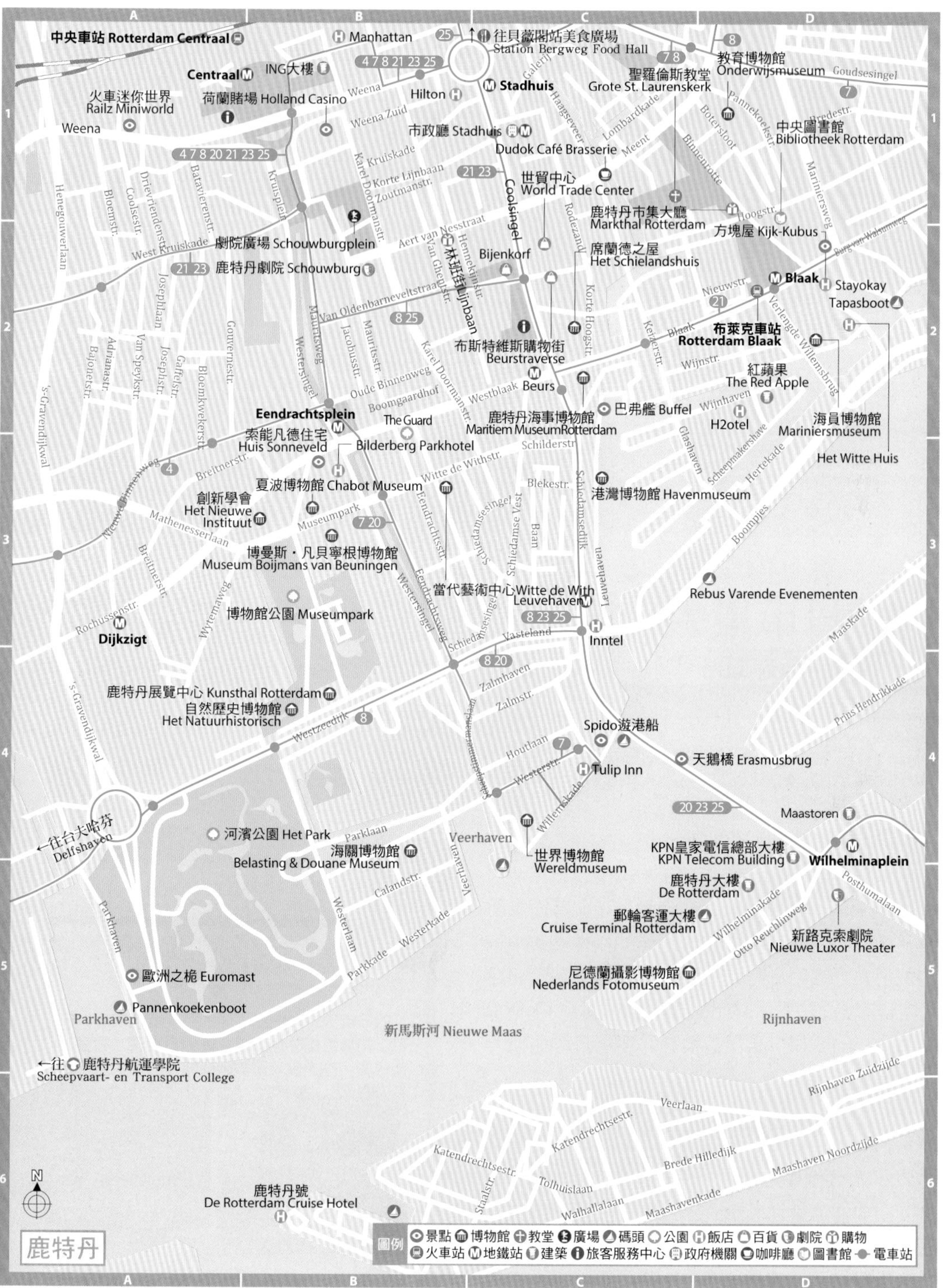
中央車站 Rotterdam Centraal
Centraal
ING大樓
火車迷你世界
Railz Miniworld
荷蘭賭場 Holland Casino
Weena
Manhattan
Hilton
往貝爾格衛站美食廣場
Station Bergweg Food Hall
Stadhuis
市政廳 Stadhuis
Dudok Café Brasserie
世貿中心
World Trade Center
聖羅倫斯教堂
Grote St. Laurenskerk
教育博物館
Onderwijsmuseum
中央圖書館
Bibliotheek Rotterdam
鹿特丹市集大廳
Markthal Rotterdam
方塊屋 Kijk-Kubus
席蘭德之屋
Het Schielandshuis
Bijenkorf
劇院廣場 Schouwburgplein
鹿特丹劇院 Schouwburg
林班街Lijnbaan
Blaak
Stayokay
Tapasboot
布萊克車站
Rotterdam Blaak
布斯特維斯購物街
Beurstraverse
Beurs
紅蘋果
The Red Apple
巴弗艦 Buffel
H2otel
海員博物館
Mariniersmuseum
Het Witte Huis
Eendrachtsplein
The Guard
索能凡德住宅
Huis Sonneveld
Bilderberg Parkhotel
鹿特丹海事博物館
Maritiem MuseumRotterdam
夏波博物館 Chabot Museum
創新學會
Het Nieuwe Instituut
港灣博物館 Havenmuseum
博曼斯・凡貝寧根博物館
Museum Boijmans van Beuningen
當代藝術中心Witte de With
Leuvehaven
Rebus Varende Evenementen
博物館公園 Museumpark
Dijkzigt
Inntel
鹿特丹展覽中心 Kunsthal Rotterdam
自然歷史博物館
Het Natuurhistorisch
Spido遊港船
天鵝橋 Erasmusbrug
Tulip Inn
←往台夫哈芬
Delfshaven
河濱公園 Het Park
海關博物館
Belasting & Douane Museum
Veerhaven
世界博物館
Wereldmuseum
Maastoren
KPN皇家電信總部大樓
KPN Telecom Building
Wilhelminaplein
鹿特丹大樓
De Rotterdam
郵輪客運大樓
Cruise Terminal Rotterdam
新路克索劇院
Nieuwe Luxor Theater
尼德蘭攝影博物館
Nederlands Fotomuseum
歐洲之桅 Euromast
Pannenkoekenboot
Parkhaven
新馬斯河 Nieuwe Maas
Rijnhaven
←往鹿特丹航運學院
Scheepvaart- en Transport College
鹿特丹號
De Rotterdam Cruise Hotel
鹿特丹
圖例
景點 博物館 教堂 廣場 碼頭 公園 飯店 百貨 劇院 購物
火車站 地鐵站 建築 旅客服務中心 政府機關 咖啡廳 圖書館 電車站

MAP▶P.165D1

MOOK Choice

鹿特丹市集大廳

Markthal Rotterdam

鹿特丹的西斯汀教堂

搭乘Tram 21、24或地鐵A、B、C線至Blaak站，步行1~2分鐘可達 Ds. Jan Scharpstraat 298 234-6464 週一至週六10:00~20:00（週五延長至21:00），週日12:00~18:00 www.markthal.nl

龐大又壯觀的鹿特丹市集大廳，經過5年的打造，於2014年問世，是荷蘭第一個室內市場。挑高39公尺的圓拱型天花板和牆面，宛如藝術家阿諾·科南（Arno Coenen）創作的巨型畫布，飛翔著色彩奔放的花卉、蔬果、昆蟲等，明確切合「生鮮市場」主題，其明亮的色彩覆蓋了 11,000平方公尺的面積，難怪被稱為「鹿特丹的西斯汀教堂」。

市集大廳除了市場功能，周圍的馬蹄形部分，更是228個單位的住宅空間，把實用功能發揮到極致。而且兩側的玻璃帷幕引入自然天光，增加了空間的通透性及融入市民生活的無邊界感；隨著光線的轉變，牆面上的畫作會展現不同的美感，不管是體積或藝術表現，都可說是世界上獨一無二的存在！

如果你肚子餓了，來市集大廳準沒錯。上百個與飲食相關的店家，幾乎應有盡有：無論是咖啡廳、冰品、酒吧、漢堡、燒烤、義大利麵、中式餐館、日式料理、越南麵店，甚至超級市場，想吃什麼都不會失望，而且價格公道，一點兒也不用擔心吃不起。

就算啥也不想吃，光是穿梭在光線明亮的大廳內，欣賞著這座超大型的實用藝術創作，就教人賞心悅目。

假日裡外更熱鬧

除了每天不怕颳風下雨的超大室內市集，每到假日，市集大廳外也開起戶外假日市集，裡裡外外人聲沸騰，讓人由衷羨慕起鹿特丹人的生活環境。

MAP ▶P.165D2

方塊屋

MOOK Choice

Kijk-Kubus

童話裡的奇幻屋

搭乘Tram 21、24或地鐵A、B、C線至Blaak站，步行1~2分鐘可達 www.kubuswoning.nl

方塊屋是荷蘭最具代表性的現代建築，相信只要是看過它的人，沒有人會懷疑這點。整座社區共有51個方塊單位，建立在一片平台上，而這片平台橫跨了Blaak大道，形成一處特殊的「隧道」空橋。方塊屋最大的特色，就是那一塊塊傾斜45度並間間相連的正立方體，每塊立方體都是一個居住或辨公單位，而架高這些方塊的樑柱及牆壁之間，則被規劃出14個社區性的小巧商店及餐廳，機能性非常齊全。

光看方塊屋的外觀，很難想像居住其中的生活，人們不禁揣想，室內的空間是否也如同它的外表一般傾斜呢？雖然方塊屋的所有單位早在建成之前便銷售一空，所幸當時即已考慮到人們對方塊屋的好奇，因此保留了一間作為展示之用。

如果只是參觀還不能令你滿足，你也可以選擇在方塊屋中住上一晚。屬於國際青年旅館系統的Stayokay Hostel就位於85至87號的方塊屋中，只是這間旅館實在太過熱門，有計劃在方塊屋中過夜的旅人最好至少一個月前就先訂好床位。

方塊屋展示館

Overblaak 70 414-2285 每日11:00~17:00 全票€3，優惠票€1.5~2

走進方塊屋內，這才令人恍然大悟，其實屋內的佈置和一般正常的房子並無兩樣，只是在空間安排上多了一些柔軟的巧思。每個方塊內部都有3層樓：1樓是客廳和廚房，地板面積最寬敞的2樓可作為書房及臥室，頂樓則利用尖角做成一間採光良好的起居室。傾斜的立方體形狀為室內空間帶來的影響是：由於地板及天花板是樓層中最狹窄的部分，住戶實際可以活動的範圍其實並不寬敞（尤其是以高個兒著稱的荷蘭人來說），但在垂直中軸的部分卻獲得了延伸，大大增加了儲藏收納及桌櫃面積的縱深。

MAP▶P.165D1

鹿特丹中央圖書館

Centrale Bibliotheek Rotterdam

水管寶寶腹有詩書

搭乘Tram 21、24或地鐵A、B、C線至Blaak站，步行1~2分鐘可達 Hoogstraat 110 281-6100 週一13:00-20:00，週二至週五10:00-20:00，週六10:00-17:00，週日13:00-17:00 www.bibliotheek.rotterdam.nl

地點和市集大廳、方塊屋可以連成一個三角形的鹿特丹中央圖書館，藍、白相間的半面階梯式建築，外側又繞著一層鮮亮黃色的通風管，新潮而詭異，吸睛的程度不讓前二者專美於前。

這座被暱稱為「金字塔」、「水管寶寶」或「鹿特丹的龐畢度」的建築，號稱荷蘭最大的圖書館，共有藏書40多萬冊，分別存放在6層樓的空間裡。整棟建築在層層漸縮的幅度上、或是電扶梯的斜度上，都大量運用45度角的設計。中心部分是電梯和儲藏空間，行政中心則聚集在一個直角三角形的範圍內。除了書之外，裡面也有閱報室、小型劇場和資訊中心，內部設計可依需要而變更。

MAP▶P.165C1

聖羅倫斯教堂

Grote St. Laurenskerk

摩登城市的歷史象徵

搭乘Tram 21、24或地鐵A、B、C線至Blaak站，步行約4分鐘可達 Grotekerkplein 27 3~10月週二至週六10:00~17:00，11~2月週二至週六11:00~17:00，週一休（週日僅開放教友禮拜） 教堂全票€4，12歲以下免費；鐘塔全票€7.5，優惠票€4.5，12歲以下免費 www.laurenskerkrotterdam.nl

在風格新巧的現代摩天大樓環繞下，聖羅倫斯教堂優雅的中世紀哥德風格，自然而然成了令人難以忽視的巨大存在。聖羅倫斯是鹿特丹的守護聖人，這座教堂始建於1449至1525年，高聳的塔樓則建成於1646年，當時人們可以用捐獻3,000塊石材的方式來取得鹿特丹的市民身份。教堂今日的模樣仍與1525年時無異，不過這是戰後重建的

結果；在1940年的轟炸中，教堂遭受嚴重損壞，經過20多年修復，才於1968年重新開放；由於教堂數百年來一直是鹿特丹的歷史象徵，因此在外觀上儘量沒有做太多更動。今日教堂除了做彌撒外，也經常舉辦音樂會、展覽、講座等各種活動，教堂前的廣場則是市民們的集會場地。

MAP ▶ P.165C2

席蘭德之屋

Historisch Museum Het Schielandshuis

躲過戰火的巴洛克建築

搭乘Tram8、23、24、25或地鐵A、B、C線等，在Beurs站下，步行約3分鐘可達 Korte Hoogstraat 31

席蘭德之屋建於1662至1665年，是一棟荷蘭黃金時代的巴洛克式建築，據說1811年拿破崙駕臨鹿特丹時還曾下榻於此。1940年在德軍的狂轟濫炸下，席蘭德之屋竟奇蹟似地倖存下來，成為鹿特丹市區唯一的戰前建築，經過80年代的整修過後，開放作為歷史博物館使用。館內以繪畫、照片、影片及多樣化的多媒體設施，闡述這座「鹿特丹人的城市」在歷史上的不同面相。

2011年，更名為鹿特丹博物館；2016年，博物館遷走，內部移作他用，目前只剩建築外觀供人欣賞。

公共藝術與綠色城市

以大膽創新現代建築聞名的鹿特丹，其實也是一座積極實行綠化的城市。市區內有超過60萬棵樹，有些老樹幸運逃過二次大戰，例如林班街上的老楓樹已經將近兩百歲。除了綠化，街頭的公共藝術也充滿幽默，處處讓人大開眼界。

MAP▶P.165C2

鹿特丹海事博物館

Maritiem Museum Rotterdam

一日船長初體驗

搭乘Tram 8、23、24、25，或地鐵A、B、C線等，在Beurs站下即達 Leuvehaven 1 413-2680 週二至六10:00~17:00，週日和假日11:00~17:00，週一休（7、8月週一無休） 全票€17.5，優惠票€11.5~12.5，3歲以下免費 www.maritiemmuseum.nl/en 可憑門票參觀巴弗艦

只要是海港城市，幾乎都會有一座海事博物館，展示一些船舶模型、港口設施、航海器具、海事歷史等。然而，身為歐洲第一大港的海事博物館，這裡確實有不少值得一看之處，光是論其氣勢與規模，就不可與其他海事博物館同日而語。譬如一間挑高的展示廳內，在3面大螢幕的聲光特效下，碼頭上忙碌的一日正要展開；若對鹿特丹的碼頭運作感到好奇，控制室裡一整排宛如電玩介面的模擬電腦，將會為你詳細解說。

展廳一隅還有條艦船長廊，1950年迄今服務於此的各式戰艦及貨輪模型依年代順序陳列；一旁的造船藍圖，其縝密複雜的程度，更讓人對畫出這些圖表的人大為嘆服。館方也經常舉辦特展活動，展出內容不見得關注在海事議題上，通常是受到航海文化啟發的藝術、設計，甚至時尚等。

不過，鹿特丹海事博物館最引人入勝的地方其實並不在館內，而是停泊在館外碼頭的巴弗艦（Buffel）。這艘打造於1868年的戰艦曾服役於荷蘭皇家海軍，先後擔任巡防艦與訓練艦的角色，如今重新裝修成為博物館的展示廳。艦上還原了各艙房的過去樣貌，像是艦長室、軍官寢、通訊室、士兵吊鋪、餐廳、廚房、浴室、火藥庫等，許多陳列都設計成互動型式，例如你可以打開水手們的置物櫃，看看他們日常都用些什麼，或是到輪機室體驗添煤、鼓風的苦力勞動，相信一陣汗流浹背下來，你會發現海上生活其實還挺累人的。

MAP ▶ P.165B2

林班街

Lijnbaan

國民品牌精品雲集

從中央車站步行約10分鐘可達；亦可搭乘電車至Kruisplein、Weena或Beurs等站，然後步行前往

林班街是歐洲第一條行人徒步商業區，綿延約800公尺的購物大道，與附近街區共同構成鹿特丹最熱鬧的區域。林班街打從1953年修築之初，就設計成單純的行人徒步區及商店街，兩旁盡是如Pimkie、Diesel、MeXX、Stradivarius、Mango、Foot Lucker、Morgan、Laura Ashley、Tommy Hilfiger等親民的名牌專賣店，街道中央則規劃成小吃攤、書報攤等街頭攤販的營業空間，加上適當點綴的裝置藝術品，讓商店街也成為開放的公共藝廊，逛街在這裡也可以是一種賞心悅目的活動。

MAP ▶ P.165C2

布斯特維斯購物街

Beurstraverse

滿足欲望的血拼戰壕

搭乘Tram 8、21、23、25或地鐵A、B、C、D線至Beurs站即達　Beursplein 37　週一至週日12:00-18:00，週二至週六10:00-18:00（週五延長至21:00）　www.beursplein-rotterdam.nl

沿著Bijenkorf百貨公司與World Trade Center前，有條如同溝渠般低於地平面的露天商店街道，那便是被鹿特丹人暱稱為血拼戰壕（Buying Trench）的布斯特維斯購物中心。這條地下購物街以彎曲流線造型的透明半遮幕為其特徵，街道兩旁盡是個性流行商店，而像是Zara、H&M、HEMA等連鎖品牌商場也都有進駐於此。購物中心甚至從地下穿越了Cool Singel，將林班街與胡格街（Hoogstraat）連成一氣，讓血拼族的購物興致能不被打斷地持續下去，不愧是時尚又實用的構想。

©RotterdamMarketing

MAP▶P.165B3

MOOK Choice

博曼斯·凡貝寧根博物館

Museum Boijmans van Beuningen

用藝術滋養心靈

搭乘Tram 7至Museumpark站，步行約3分鐘可達；或搭Tram4在Eendrachtsplein站下，步行6~7分鐘可達 Museumpark 24 441-9400 週二至週日11:00~17:00，週一休 全票€20，優惠票€10.5，18歲以下免費 www.boijmans.nl/en 執行預約制度，必須事先購好票、預約好時間方得入場

博曼斯·凡貝寧根博物館成立於西元1935年，是由2位慈善家所設立的收藏品中心擴建而成的美術館，館藏囊括14到20世紀中葉西歐重要藝術家的作品，舉凡老布勒哲爾（Pieter Bruegel the Elder）所繪的《巴別塔》（Tower of Babel）、林布蘭為他的兒子提多描繪的肖像畫（Portrait of Titus）、波希（Hieronymus Bosch）的《加納的婚禮》（The Marriage at Cana）、梵谷的《亞爾曼·魯林肖像》（Portrait of Armand Roulin）等都在館藏之列，其他像是魯本斯、范艾克、莫內、高更、畢卡索、蒙德里安等人的畫作也有不少。2樓還特別闢有專室展示20世紀如達利（Salvador Dali）、安迪·沃荷（Andy Warhol）、雷內·馬格利特（René Magritte）等人的作品，還有宗教畫作和雕像的收藏等，豐富得讓人不知從何開始看起。

目前，博曼斯·凡貝寧根博物館正在進行大規模的整修工程，為了讓大眾在整修期間仍能持續欣賞博物館所收藏的藝術品，特地在博物館旁建造了一座新的倉庫，並且打破傳統倉庫「隱藏」的特性，讓它也是開放的展示空間。獨特的造型和內部空間設計，讓這座倉庫本身就是一個亮眼的藝術創作。

這座碗狀的倉庫高39.5公尺，內部有14個溫控隔間，足以存放所有不同的藝術品，遊客可以順著縱橫交錯的樓梯前往展覽室、策展人工作室和屋頂，寬敞的屋頂還有花園和餐廳。反光的圓形量體就像特大面的鏡子，忠實反映周遭的一切，趣味十足！

MAP ▶ P.165B3

創新學會

Het Nieuwe Instituut

創意設計生活體現

搭乘Tram 7至Museumpark站，步行約3分鐘可達；或搭Tram4在Eendrachtsplein站下，步行6~7分鐘可達 Museumpark 25 440-1200 週二至週日10:00~17:00（週四延長至21:00），週一休 全票€16.5，優惠票€8，18歲以下免費（含索內費爾德住宅€10） www.hetnieuweinstituut.nl/en

1993年，荷蘭建築學會搬進這棟由Jo Coenen所設計的房子，在這棟造型奇特的建築物中藏有許多重要文件，並有系統地分類、陳列、儲放，讓參觀者可以輕鬆接觸並尋找所想要的資料。在連起來一共長達18公里的陳列櫃中，有難以數計的草圖、製圖、模型、照片、書籍和雜誌，包括著名設計師如Dudok、Cuypers、Berlage、Klerk等人的構思過程等。

2013年，建築學會、設計與時尚學會（Premsela）及電子文化知識學會（Virtueel Platform）整合成創新學會，每年依據3大主題舉辦展覽、講座、研究、書籍出版等各項活動，2個固定的主題為景觀與室內設計、物品與材質，第3個主題每年更換。這樣的整合代表將關注範圍從建築擴大至其他實體及虛擬領域的設計及創新活動，作為一個對大眾開放的文化機構，更能呈現並反映快速變遷的世界裡，設計對人類活動的影響及改變。

持有Het Nieuwe Instituut門票還可同時參觀NAI旁的索內費爾德住宅（Sonneveld House）。這是一間荷蘭機能主義的代表建築，由Brinkman和Van der Vlugt團隊設計於1929年。索內費爾德住宅的內部視居住者需要，有許多貼心的機能設計，例如飯廳中有個按鈕可以開啟大門，以方便家人用餐時可以就近替來客開門；而書房內還有個木柴「電梯」，方便將壁爐所需的木柴自地下室提取上來，凡此種種，都和施洛德住宅有著異曲同工之妙。

MAP▶P.165B3

夏波博物館

Chabot Museum

風格強烈的大師作品

搭乘Tram 7至Museumpark站，步行約3分鐘可達；或搭Tram4在Eendrachtsplein站下，步行6~7分鐘可達 Museumpark 11 436-3713 週二至週六11:00~17:00，週日12:00~17:00，週一休 全票€12，優惠票€6，18歲以下免費 www.chabotmuseum.nl/english

亨德里克・夏波（Hendrik Chabot，1894-1949）是上個世紀活躍在鹿特丹的一位藝術家，他與查莉・托洛普（Charley Toorop）、赫曼・克魯伊德（Herman Kruyder）並列為荷蘭表現主義派的大師。所謂的表現主義，意指藝術家藉由忽略實體正確線條與顏色的方式、傳達出心理真實的情感反應，因此個人色彩往往非常強烈。在這間現代派風格的白色別墅裡，收藏數量驚人的夏波作品，包括繪畫、素描、雕塑、平面藝術等，這些都是夏波基金會於戰後鍥而不捨的收藏結果。

MAP▶P.165B4

鹿特丹展覽中心

Kunsthal Rotterdam

融入公園與城市的展覽空間

搭乘Tram 8至Vasteland站，步行約5分鐘可達；或搭乘Tram7至Westplein站，步行約7分鐘可達 Westzeedijk 341 440-0300 週二至週日10:00~17:00，週一休 全票€18，優惠票€10，18歲以下免費（週日11:30有免費導覽，不需預約） www.kunsthal.nl

在鹿特丹出生的世界級建築大師雷姆・庫哈斯（Rem Koolhaas）於1992年所設計的鹿特丹展覽中心，建築本身就是展覽中心最佳的人氣招牌，許多遊客對此棟建築的興趣更甚於其內部各式各樣的特別展覽。

鹿特丹展覽中心利用不同材質對比構成的簡潔外觀，以及大量以水平線條、垂直線條、人造斜道、草地坡度等串聯起公園綠地和城市忙碌大道的交通動線，加上可穿透的視覺空間等，都忠實反映出庫哈斯的設計哲學；和同為OMA所設計的博物館公園（Museum Park）成為鹿特丹最美麗又有看頭的區域。

鹿特丹展覽中心支持的展覽幾乎沒有範圍，每年約展出25場臨時展，從古典藝術、新潮藝術、各種設計題材、攝影展、多媒體藝術、西方到東方、精英到普羅藝術等，都能藉由Kunsthal各種尺寸的空間、軟硬體設備等，和觀者產生互動。

©RotterdamMarketing

MAP▶P.165B4

自然歷史博物館

Het Natuurhistorisch

栩栩如生的百科全書

搭乘Tram 7至Museumpark站，步行約8分鐘可達；或搭Tram8、23、25等至 Leuvehaven站下，步行約10分鐘可達 Westzeedijk 345 436-4222 週二至週日11:00~17:00，週一休 全票€11，優惠票€5.5，3歲以下免費 www.hetnatuurhistorisch.nl/en

走進鹿特丹的自然歷史博物館，活像走進一座「動物園」，2千種來自北海、湖泊、河川裡的化石、500個填充標本加上500座骨架，將遠古至今各個品種的大象、鯨魚等生物，以原尺寸的比例加以重現。而3萬種蝴蝶標本、6萬6千種昆蟲標本、6萬種貝殼及海螺等化石，讓遊客在不算大的空間裡，如同被動物及昆蟲所包圍，不論是來此做研究還是純粹看熱鬧，都收穫良多。

鹿特丹自然歷史博物館的原建築興建於1850年，1995年加蓋了玻璃帷幕，使得這棟建築與毗鄰的展覽中心風格相互呼應，而大門前可愛的胖兔子石雕，更是遊客拍照留念時的最愛。

MAP ▶ P.165A5

歐洲之桅

Euromast

俯瞰港灣最佳角度

搭乘Tram 8至Euromast，步行約7分鐘可達；或搭地鐵A、B、C線至Coolhaven站，步行約12分鐘可達 Parkhaven 20 436-4811 09:30~22:00 全票€16.5，優惠票€10起；加景觀電梯聯票€22.5，優惠票€17起（網路預約折扣€4），3歲以下免費。加高空垂降聯票€64.5起（需預約） www.euromast.nl/en

©RotterdamMarketing

©RotterdamMarketing

高185公尺的歐洲之桅是為了1960年荷蘭園藝博覽會（Floriade）而建的地標，當時高度僅有104公尺，但已是荷蘭境內最高的建物。10年後，人們又在塔頂加上一截太空塔（Space Tower），使之成為今日的高度；想當然爾，這裡是俯瞰鹿特丹市容的最佳地點。

在高達96公尺的樓層有一間旋轉餐廳，由荷蘭名家Jan de Bourrie所設計，是當地人聚餐約會的熱門去處，開闊的景觀在市區內無人能出其右，即使在平日也是一位難求，因此想要品嘗高空美食，記得一定要事先訂位。

不用餐的遊客也可直接前往112公尺的觀景平台，從這裡再登上一層樓，即可搭乘360度旋轉景觀電梯（Euroscoop），電梯內有張圍繞中心的舒適沙發，遊客坐下後，眼前與腳下都是透明玻璃，頗有凌空飛翔的感覺，其上升與下降的速度都很緩慢，鹿特丹的全景由此盡收眼底。若是沒有懼高症，在塔頂也有高空垂降（Abseiling）等室外遊樂項目，足以測試自己的膽量。

MAP ▶ P.165C4

Spido遊港船

MOOK Choice

Spido Cruises

飽覽建築異想天際線

搭乘Tram 7至Willemsplein站即達；或搭Tram 8、23、25、地鐵D或E線等至Leuvehaven站，步行約5分鐘可達 Willemsplein 85 275-9999 10:15~17:00（詳情請查閱官網上班次） 全票€17.5，優惠票€9.8~15.75，3歲以下免費 www.spido.nl/en

要見識歐洲第一大港，最好的方法就是搭上Spido遊港船，75分鐘的行程，幾乎已成了每位遊客共同的鹿特丹回憶。Spido旗下3艘遊船Abel Tasman、James Cook、Henry Hudson皆以歐洲著名航海家命名，行程從天鵝橋下的遊船碼頭出發，沿途可飽覽鹿特丹由新潮大樓描繪出的獨特天際線。接著便沿著新馬斯河來到河口的3大港區，繁忙的貨櫃碼頭、壯觀的巨輪船塢，在在展現出歐洲第一的氣魄。

每年7、8月的週二、五、六10:30與13:30，也有2.5小時的遊港延伸行程，可以看到造船廠、修船廠及各類型工程船舶，價格為全票€29.5，優惠票€17.25起。

MAP ▶ P.165C4

世界博物館

Wereldmuseum

鹿特丹百年收藏歷史

搭乘Tram7至Willemskade站下，步行約2分鐘可達；或搭Tram 8至Vasteland站下，步行約7分鐘可達 Willemskade 25 270-7172 週二至五10:00~17:00，週六、日11:00-17:00，週一休 全票€16，優惠票€8，5歲以下免費 rotterdam.wereldmuseum.nl/en

©RotterdamMarketing

世界博物館坐落在前皇家遊艇俱樂部的19世紀建築內。俱樂部時常收到周遊各地的船東、商人、收藏家捐贈的奇珍異寶，並在其大樓展出，一直到總裁去世後，整棟樓才被轉賣給鹿特丹市，並於1885年成立了民族博物館。之後隨著荷蘭傳教士、水手到過越來越多地方，來自世界各地文化的藝術品和器皿，收藏也越來越豐富。到了2000年，這棟建築重新翻修，博物館並改名為世界博物館。館內收藏來自歐、亞、非洲各地的文化藝術品，反映了鹿特丹160年的收藏歷史。

MAP ▶ P.165D5

尼德蘭攝影博物館

Nederlands Fotomuseum

鹿特丹百年收藏歷史

搭乘Tram23或25至Wilhelminaplein站，步行約5分鐘可達 Statendam 1 203-0405 週二至週日11:00~17:00，週一休 全票€16，優惠票€8.5，17歲以下免費 www.nederlandsfotomuseum.nl/en

與世界博物館只有一橋之隔，攝影博物館收藏著大量且豐富的當代攝影作品，並收藏上百位荷蘭攝影師的作品檔案，像是20世紀的荷蘭攝影師Ed Van Der Elsken、Cas Oorthuys，以及世界新聞攝影獎老中青不同年代的得獎作品，也同時是荷蘭的國家影像檔案館。觀者可由展覽中了解荷蘭百年的攝影史，影像作品以新聞、紀錄、實驗性質為主，攝影愛好者不容錯過。

©RotterdamMarketing

MAP▶P.165A5

鹿特丹航運學院

Scheepvaart- en Transport College

主題鮮明前衛建築

搭乘Tram 8至Pieter de Hoochweg站下，步行約7分鐘可達
Lloydstraat 300 448-6448 stc.nl/home

©RotterdamMarketing

位於水岸邊的鹿特丹航運學院，總高度為70公尺，建於2005年，是設備相當新穎的學校，由Jan Willem Neutelings, Michiel Riedijk負責設計。由於學院以教授航海與運輸的課程為主，因此在建築及裝潢上均運用了不少海事題材，例如學校餐廳的餐桌是一張張航海地圖，就連大樓的倒L形外觀都是模仿潛望鏡而設計。主樓樓面以灰色與藍色的嵌板交錯拼成，構成極富現代感的圖案，而這些灰藍相間的格子也延伸到大樓前的廣場上，使學院從空中俯瞰時像極了一座西洋棋盤。

©RotterdamMarketing

©RotterdamMarketing

MAP▶P.165C1

Dudok Café Brasserie

鹿特丹最美味蘋果派

搭乘地鐵D、E線至Stadhuis站，步行約5分鐘可達 Meent 88 433-3102 09:00~23:00（廚房作業至21:30） dudok.nl/rotterdam

由W. M. Dudok設計的這棟建築，原為保險公司所有，底層有2層樓以巨大的玻璃帷幕做成交易中心，樓上有4層是以大面玻璃為外觀的辦公室，加上圓拱型的屋頂，是介於傳統派和機能派之間的作品。

Dudok咖啡館的外觀是以雙層長片玻璃一塊塊拼成，室內挑高、採光明亮，只有廚房上方有一塊夾層，是只在用餐時段開放的浪漫餐廳，因此不論坐在室內的任何角落，都有陽光灑落，讓人心情愉快。除了舒適明亮的休憩環境，Dudok之所以會吸引眾多客人的原因之一，就是這裡酥熱可口、餡料新鮮、飽滿多汁的蘋果派，加上一坨鮮奶油，色相誘人，而肉桂的香味搭配熱騰騰的大塊蘋果餡料，吃一口就讓人欲罷不能！再來一杯濃郁苦香的Espresso，簡直只有幸福兩字能夠形容。

MOOK Choice

MAP ▶ P.165C2

貝薇閣站美食廣場

Station Bergweg Food Hall

火車站漂亮轉身

搭乘Tram 25至Walenburgerweg站，步行約2分鐘可達；或搭Tram4至Eudokiaplein站，步行約3分鐘可達 Bergweg335 12:00~23:00 www.stationbergweg.nl 不收現金，只以信用卡交易

貝薇閣車站（Station Bergweg）是位於鹿特丹市區北邊的一個火車站，1907年建成，於1908年10月1日開始啟用，當年每半小時有1班火車從這裡往返海牙的中央車站，直到2006年熄燈，從此走進歷史。

經過休生養息，這處廢棄的火車站開始進行改造工程，硬體一步步恢復舊貌，包括早年的桌椅、火車時刻看板、掛鐘、照明燈具等，彷彿火車站又要再度營業，不過這回迎接的不是來來往往的火車和旅人，而是聞香而來的食客。2024年1月起，車站轉身成為一個美食廣場，目前有超過15家餐飲業者進駐，包括麵包、漢堡、披薩、拉麵、燒烤、墨西哥餅等店家，還有不同品牌的啤酒吧、雞尾酒吧，也有乒乓球桌、彈珠台、車站頂部露台等設施的活動空間。由於開幕不久，目前幾乎看不到觀光客的蹤跡，可說是當地人的天下；活潑自在的氣氛，感覺上比火車站還要熱鬧。

MAP▶P.005B3

小孩堤防

MOOK Choice

Kinderdijk

在風景明信片中定格

Nederwaard 1b, Kinderdijk 786-912-830 3月中-10月每日09:30-17:30；11-3月中每日11:00-16:00 如果只想散步、賞景，免費；如果想搭運河遊船、參觀風車博物館及幫浦站，全票€19.5，優惠票€8（網路購票9折），3歲以下免費 kinderdijk.com 4-9月有航程30分鐘的運河遊船（Canal Cruiser），登船地點在中央停車場，首班10:00發船，末班17:00發船，票價為成人€3，兒童€2.5，船票在船上購買

在荷蘭，看風車的景點不少，但沒有一處能像小孩堤防一樣，美得如此叫人震撼。在這個地區總共有19座風車沿著河渠排列，天氣晴朗時，風車的倒影映照在水面上，那景象簡直是荷蘭大師筆下的一幅風景畫。

小孩堤防的開發，其實就是一部荷蘭人的與海爭地史：這裡早在11世紀即已出現

聚落，當時居民以挖鑿渠道的方式建造排水系統，但由於地層嚴重下陷，加上水位不斷上漲，於是便在外圍地區興築堤壩，用以防止河水倒灌。但這個辦法終究不是長久之計，尤其此地位處海平面之下，每當漲潮，排水渠中的水便無法正常導入河中。在此之前，荷蘭便已有風車存在，但當時的風車多作為磨坊之用，後來才有人將風車改造，在底部的輪軸連結水車，使之可以用於排水。

小孩堤防最早有風車的記錄大約是在15世紀初葉，現存的19座風車則是建於1738至1761年。有了風車的幫助，新生地裡的水便可被抬升到高位蓄水區，等蓄水區的水位高過萊克河（River Lek）河面，就打開閘門排出多餘的水量，反之則將閘門關閉。這一套排水技術可視為荷蘭最經典的水利工程，因而在1997年時被納入世界文化遺產之列。

至於小孩堤防的名稱由來，傳說是1421年大洪水時，有一個睡在搖籃裡的嬰孩漂流到此地，從此大家便稱呼這裡為小孩堤防。今日的風車，雖然功能已被2座柴油引擎幫浦所取代，但作為低地國的象徵，仍靜靜地屹立在遼闊的大地上，彷彿繼續守護著在地的村民們。

小孩堤防和贊斯堡相比起來，幾乎嗅不到觀光氣味，雖然前來朝聖的遊客絡繹不絕，仍絲毫無損於天地間的淳樸寧靜。遊客來到這裡，除了參觀2間開放的風車博物館和搭乘遊船外，所能做的就只有漫步或騎著單車、在小路上欣賞風車之美，但這樣其實便很足夠了，因為每走一步，都能從不同的角度發現不一樣的美感，直到天光昏暗，都還令人捨不得離去。

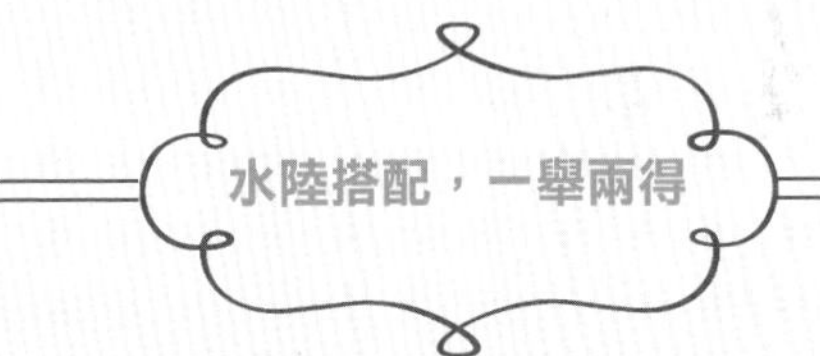

水陸搭配，一舉兩得

從鹿特丹市區前往小孩堤防風車群的交通，有以下幾種選擇：地鐵A、B、C線的Kralingse Zoom站附近，搭489巴士在Kinderdijk, IHC Smit或Kinderdijk, Molenkade站下，即可抵達入口處；或搭Tram7在Erasmusbrug站下，然後從天鵝橋附近的碼頭搭21水上巴士，船程約40分鐘，至Kinderdijk, Molenkade站下，即可抵達入口處；亦可從地鐵A、B、C線的Capelsebrug站轉搭194巴士，在Krimpen a/d Lek, Plein Welgelegen站下後，需搭一小段渡輪，然後步行18~20分鐘可達。

建議不妨選擇一趟水路、一趟陸路往返，既能來到心儀的小孩堤防、又能從水面上欣賞鹿特丹港與天鵝橋，豈不一箭好幾鵰！

海牙

Den Haag

文●蔣育荏・墨刻編輯部
攝影●周治平・墨刻攝影組

雖然海牙從來就不是荷蘭首都，但荷蘭的政治中心卻集中在這裡，包括荷蘭國會兩院、王室家族居所、總理辦公室、政府各部會機構、各國大使館，甚至是直屬於聯合國的國際法庭，通通都設立在海牙。

海牙從建城開始，就註定了它作為行政中心的使命。1230年左右，當時的荷蘭伯爵佛羅里斯四世（Floris IV）在林子裡的魚塘旁建了一間獵宮，因此這一帶便被稱為”Des Graven Hage”（荷文為Den Haag，英文是The Hague），意思是「伯爵家的樹籬」，這便是海牙的城市緣起。後來他的兒子威廉二世（William II）於1248年選擇此地興建城堡，此後儘管經歷多次改朝換代，海牙一直都擔任著統治核心的角色。

相較於文化大城阿姆斯特丹的花花世界，與經濟大城鹿特丹的朝氣蓬勃，政治大城海牙顯得莊重嚴肅許多，這種印象可能來自市中心雍容氣派的建築與街景。不過海牙的市民生活仍有其輕鬆歡樂的一面：在距離市中心不遠的馬德羅丹小人國，是城市裡充滿最多笑語的地方，精巧的作工和無所不在的細節，在在讓人拍案叫絕；而北海邊的席凡尼根海灘，則是荷蘭首屈一指的度假勝地，每到夏天，沙灘上躺滿了做日光浴的人潮，人氣一點都不輸給南國的著名海灘。喜歡藝術的人，千萬不能錯過莫里斯宮皇家美術館，因為許多重量級的名畫，例如《戴珍珠耳環的女孩》、《杜普醫師的解剖課》等，都收藏在這裡。

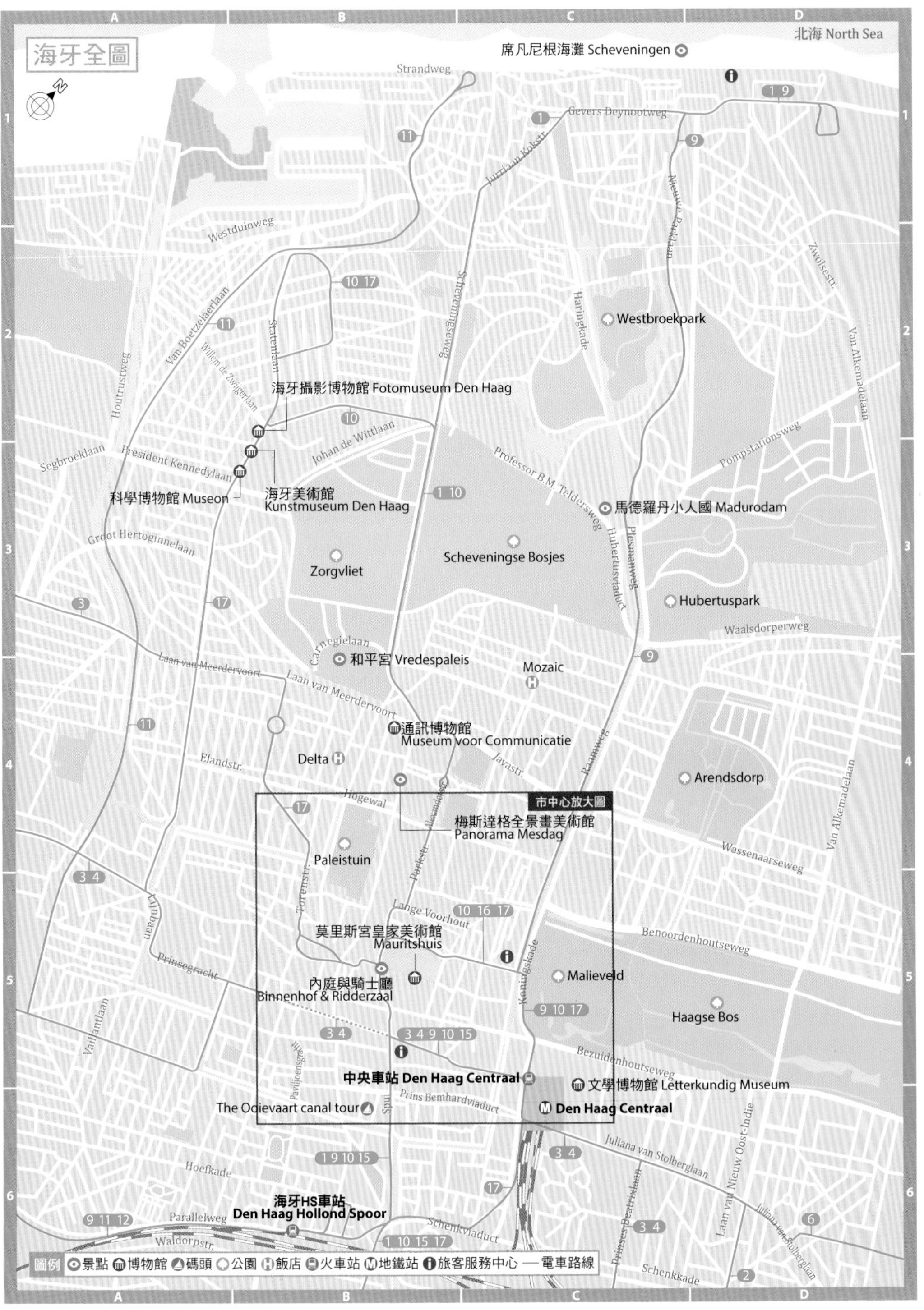
海牙全圖
北海 North Sea
席凡尼根海灘 Scheveningen
Westbroekpark
海牙攝影博物館 Fotomuseum Den Haag
科學博物館 Museon
海牙美術館
Kunstmuseum Den Haag
馬德羅丹小人國 Madurodam
Scheveningse Bosjes
Zorgvliet
Hubertuspark
和平宮 Vredespaleis
Mozaic
通訊博物館
Museum voor Communicatie
Delta
Arendsdorp
市中心放大圖
梅斯達格全景畫美術館
Panorama Mesdag
Paleistuin
莫里斯宮皇家美術館
Mauritshuis
內庭與騎士廳
Binnenhof & Ridderzaal
Malieveld
Haagse Bos
中央車站 Den Haag Centraal
文學博物館 Letterkundig Museum
The Odievaart canal tour
Den Haag Centraal
海牙HS車站
Den Haag Hollond Spoor
圖例 景點 博物館 碼頭 公園 飯店 火車站 地鐵站 旅客服務中心 電車路線

INFO

基本資訊

人口：約71萬5千人
面積：98.13平方公里
區域號碼：(0)70

如何前往

◎飛機

從台灣沒有飛機直飛海牙，若從歐洲其他城市起飛，則會在海牙東南方的鹿特丹海牙機場（Rotterdam The Hague Airport）降落。在航站大樓外搭乘33號公車，至Meijersplein站再轉地鐵E線可達海牙中央火車站，車程約45~60分鐘。

www.rotterdamthehagueairport.nl

◎火車

大海牙地區共有6個火車站，位於市中心的是中央車站（Den Haag Centraal）與海牙HS車站（Den Haag HS），在查詢班次或購買車票時請千萬注意確認站名。國際線火車大多停靠中央車站。從阿姆斯特丹到海牙中央車站直達車，需時約60分鐘；從鹿特丹出發的直達車，需時約30分鐘；從烏特勒支出發，需時約38分鐘；從台夫特到海牙車程約17分鐘；從布魯塞爾每2小時有1班直達車至鹿特丹的中央車站，再轉車至海牙中央車站，車程約2小時。

◎地鐵或路面電車

從鹿特丹中央車站，可搭乘地鐵E線至海牙中央車站，1小時有4班車，車程約33分鐘。從台夫特市區，可搭乘Tram1到海牙HS車站、海牙中央車站及席凡尼根海灘。

市區交通

◎大眾運輸工具

海牙市中心的範圍其實不大，用步行的方式便可走遍。若要到馬德羅丹小人國、席凡尼根海灘、和平宮或海牙市立博物館，則可利用路面電車等大眾運輸工具。海牙的大眾運輸系統由HTM營運，包括路面電車（Tram）和公車（Bus），共有20多條路線。搭乘大眾運輸工具均可使用OV-chipkaart，亦可直接使用信用卡當作OV-chipkaart（詳見P.XXX）。

若想要在期間內無限次數搭乘HTM營運的交通工具，則可選擇HTM交通2小時卡、1日卡或3日卡，適用於電車及公車；或者通行範圍更大含括鹿特丹、台夫特、高達等地在內的遊客1日卡，除了上述交通工具外，還可搭乘鹿特丹的地鐵及水上巴士（waterbus）。

需注意的是：HTM 1日卡並非24小時票卡，而是啟用當天，效期只到半夜截止。不管哪一種卡片，使用方式都和台灣的捷運卡一樣，上下車時均需感應票卡。

票種	全票	優惠票
2小時卡HTM2 Hour	€4.5	N/A
1日卡HTM 1 Day	€8	€1
3日卡HTM 3Day	€20	N/A
遊客1日卡Tourist Day Ticket	€15.5	N/A

www.htm.nl/en；touristdayticket.com

◎單車

OV-fiets

在海牙市區的火車站，皆可看到公營的OV-fiets出租腳踏車，每天只需€4.55；3天以後有新的計費方式。

www.ns.nl/en/door-to-door/ov-fiets

此外，還有其他單車出租選擇：

Black Bikes

Frederik Hendriklaan 81A
852-737-454
black-bikes.com/bike-rental-locations/the-hague

Haagsche Stadsfiets

Keizerstraat 27（席凡尼根）

703-554-060

www.haagschestadsfiets.nl/en

◎**計程車**

在火車站及熱門景點附近，通常可以找到計程車招呼站，或是請旅館櫃檯協助叫車。在非尖峰時段或路況許可時，也可在路邊招車。每輛計程車的收費不一，起錶價最高為€7.5，2公里後每公里跳錶最高€2.2，車資表張貼於車窗外。若以電話叫車，卻因遲到而讓司機等待，司機可收取最高每分鐘€0.55的等待費。

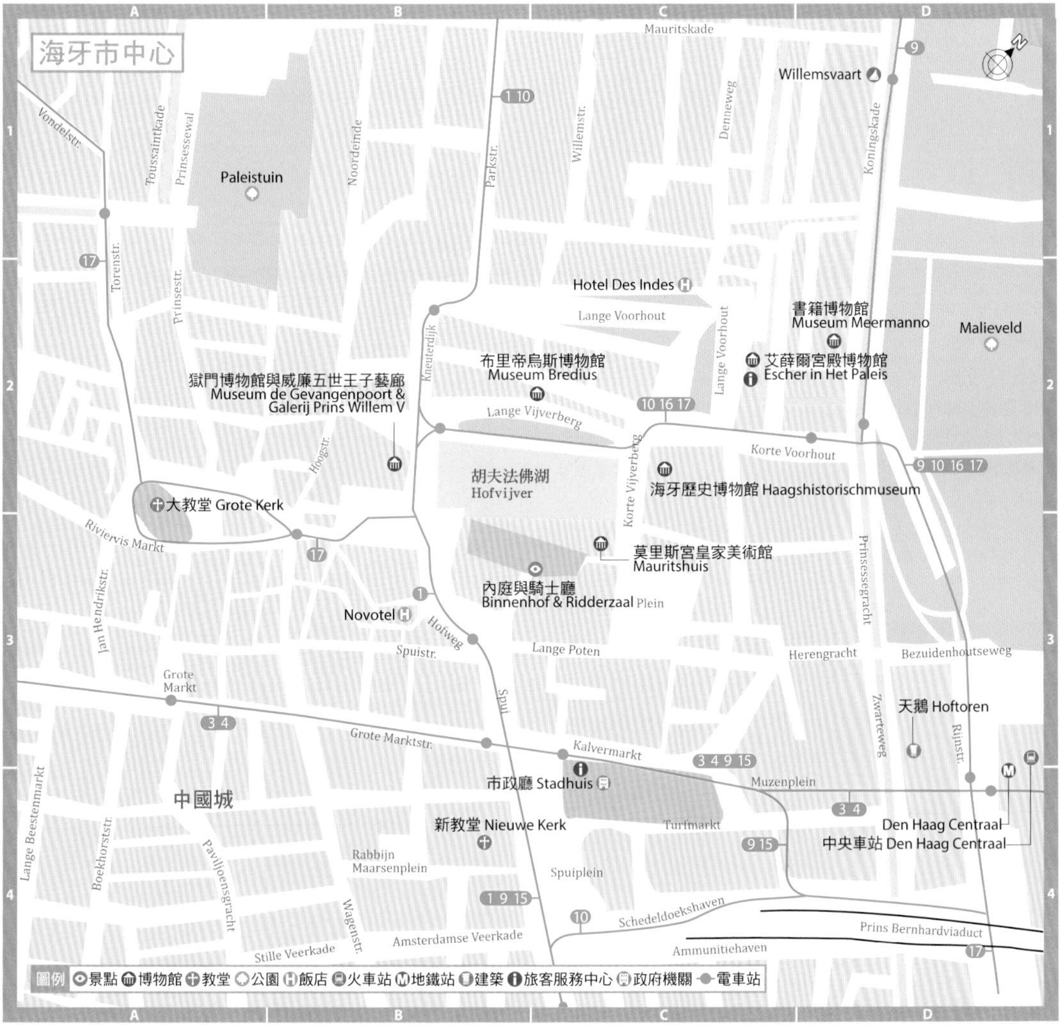

海牙市中心

Mauritskade
Willemsvaart
Vondelstr.
Toussaintkade
Prinsessewal
Noordeinde
Parkstr.
Willemstr.
Denneweg
Koningskade
Paleistuin
Torenstr.
Prinsestr.
Hotel Des Indes
Lange Voorhout
書籍博物館 Museum Meermanno
Malieveld
布里帝烏斯博物館 Museum Bredius
艾薛爾宮殿博物館 Escher in Het Paleis
獄門博物館與威廉五世王子藝廊 Museum de Gevangenpoort & Galerij Prins Willem V
Kneuterdijk
Lange Vijverberg
Hoogstr.
Korte Voorhout
胡夫法佛湖 Hofvijver
Korte Vijverberg
海牙歷史博物館 Haagshistorischmuseum
大教堂 Grote Kerk
Riviervis Markt
莫里斯宮皇家美術館 Mauritshuis
內庭與騎士廳 Binnenhof & Ridderzaal Plein
Jan Hendrikstr.
Novotel
Hofweg
Prinsessegracht
Spuistr.
Lange Poten
Herengracht
Bezuidenhoutseweg
Grote Markt
天鵝 Hoftoren
Grote Marktstr.
Kalvermarkt
Spui
Zwarteweg
Rijnstr.
市政廳 Stadhuis
Muzenplein
中國城
Lange Beestenmarkt
Boekhorststr.
新教堂 Nieuwe Kerk
Den Haag Centraal
中央車站 Den Haag Centraal
Paviljoensgracht
Rabbijn Maarsenplein
Turfmarkt
Spuiplein
Wagenstr.
Schedeldoekshaven
Prins Bernhardviaduct
Stille Veerkade
Amsterdamse Veerkade
Ammunitiehaven

圖例 ◎景點 博物館 教堂 公園 飯店 火車站 地鐵站 建築 旅客服務中心 政府機關 電車站

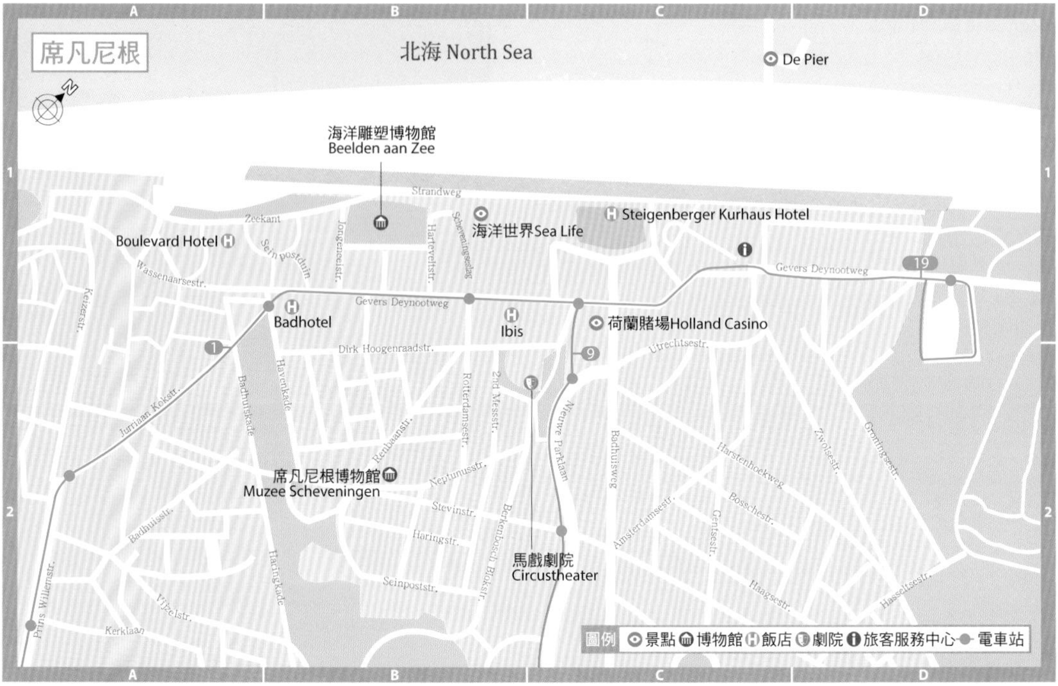
席凡尼根
北海 North Sea
De Pier
海洋雕塑博物館
Beelden aan Zee
Strandweg
Zeekant
Boulevard Hotel
海洋世界Sea Life
Steigenberger Kurhaus Hotel
Gevers Deynootweg
19
Wassenaarsestr.
Badhotel
Ibis
荷蘭賭場Holland Casino
Dirk Hoogenraadstr.
Utrechtsestr.
1
9
Jurriaan Kokstr.
Badhuiskade
Havenkade
Rotterdamsestr.
2nd Messstr.
Nieuwe Parklaan
Badhuisweg
Zwolsestr.
Groningsestr.
Harstenhoekweg
席凡尼根博物館
Muzee Scheveningen
Neptunusstr.
Stevinstr.
Haringstr.
Bosschestr.
Amsterdamsestr.
Gentsestr.
Badhuisstr.
Haringkade
Berkenbosch Blokstr.
馬戲劇院
Circustheater
Seinpoststr.
Hanngsestr.
Hasseltsestr.
Prins Willemstr.
Vijzelstr.
Kerklaan
圖例 景點 博物館 飯店 劇院 旅客服務中心 電車站

觀光行程

◎運河遊船

The Ooievaart canal tour

海牙的運河開鑿於1612年左右，Ooievaart公司提供數條運河遊船行程，全程約1.5小時，帶領遊客穿梭在城裡的小橋與隧道間，沿途經過許多歷史建築，包括王室的花園，以及史汀、哥亞等名畫家的故居。

購票地點在Wagenstraat 193的City Mondial中，上船地點在Bierkade 18B的碼頭，皆在路面電車Bierkade（Oost）站附近

704-451-869 全票€13.5，優惠票€9.5

www.canalcruisethehague.com

Willemsvaart

從中央車站附近開航，至和平宮下船。另有多種行程可供選擇。

619-853-280

全票€14，優惠票€11.5

www.willemsvaart.nl/en

旅遊諮詢

◎市中心遊客中心

Koningin Julianaplein 50-51,

(06)5537-6853

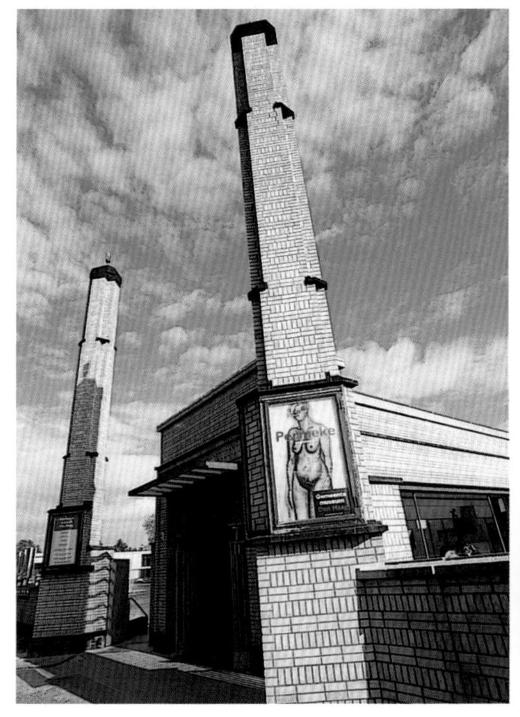

Where to Explore in Den Haag
賞遊海牙

MAP▶P.185C2

海牙歷史博物館

Haags Historisch Museum

穿越時空之旅

從中央車站步行12~15分鐘可達；搭乘Tram15至Korte Voorhout站，步行4~5分鐘可達 Korte Vijverberg 7 364-6940 10:00~17:00（週六、日11:00起），週一休 全票€15，優惠票€5~7.5，6歲以下免費 www.haagshistorischmuseum.nl/en

依傍著胡夫法佛湖的海牙歷史博物館，其建築前身為聖塞巴斯汀弓箭工會，興建於1636年，在當時也是海牙民兵隊的聚會場所，民兵隊解散後，這裡一度作為旅館、法院之用，直到1986年才成為博物館。館內詳細介紹了海牙自中世紀以來的發展歷史，解釋了荷蘭王室、行政結構、社會風氣與市民生活的演變過程。其中的鎮館之寶為一幅寬達5公尺、名為《海牙風景》（View on the Hague）的畫作，由荷蘭名畫家哥亞（Jan van Goyen）於1650年所繪。而收藏豐富的貴族銀器、骨董傢俱，和1900年代的精緻娃娃屋模型，都讓遊客回到海牙的過去生活。

MAP▶P.185C2

布里帝烏斯博物館

Museum Bredius

藝術收藏家的珍寶

從中央車站步行13~15分鐘可達；搭乘Tram15至Buitenhof站，步行約3分鐘可達 Lange Vijverberg 14 362-0729 11:00~17:00，週一休 全票€9，優惠票€5，19歲以下免費 www.museumbredius.nl

布里帝烏斯（Abraham Bredius, 1855-1946）是一位藝術收藏家及傑出的研究學者，曾擔任莫里斯宮皇家美術館的館長長達20年之久。在他的私人收藏品中，包含200多幅荷蘭黃金時代的畫作，雖然其中不乏林布蘭、史汀等絕代巨匠，但布里帝烏斯更偏愛17世紀後半葉的畫家傑作，如Albert Cuyp、Joos de Momper、Jasper Geerards、Jacob van Hulsdonck、Melchior d'Hondecoeter、Aert van der Neer等人的作品。布里帝烏斯去世後，家人依其遺囑將畢生收藏捐贈給海牙政府，成就了布里帝烏斯博物館。

MOOK Choice

MAP ▶P.185C3

莫里斯宮皇家美術館

Mauritshuis

黃金年代的藝術典藏

從中央車站步行11~13分鐘可達；搭乘Tram15至Korte Voorhout站，步行約5分鐘可達　Plein 29　302-3456　10:00~18:00（週一13:00起，週四延長至20:00）　全票€19.5，優惠票€12.5，19歲以下免費；特展期間，門票價格可能調整　www.mauritshuis.nl

這棟具荷蘭文藝復興時期風格的豪宅，原本是巴西總督約翰・莫里斯伯爵（Johan Maurits）的居所，伯爵死後幾經易手，最後被荷蘭政府買下，用以收藏王室的油畫及藝術品，並在1822年後開放大眾參觀，成為莫里斯宮皇家美術館的前身。

愛好藝術的人來到荷蘭，參觀完阿姆斯特丹的國家博物館後，第2個非去不可的地方就是這裡。此地的館藏約有300多幅，以15到18世紀的荷蘭和法蘭德斯藝術為主，其中的重點便是荷蘭17世紀的「黃金時期」畫作，包括以光線著稱的林布蘭、畫風細膩動人的維梅爾、以諺語描寫風俗畫的史汀、擅長畫人物的哈爾斯、以風景寫生聞名的哥亞、專畫靜物的阿爾斯特（Willem van Aelst）等人，還有以魯本斯為首的法蘭德斯畫派大師們，都有許多重要的作品收藏於此。這些大師們的名作時常出現在藝術圖鑑上，有不少也經常被引用，就算是對西洋藝術不熟悉的人，看到它們也不會覺得陌生。而當圖畫被轉印到書上後，帶給人的感受總是大打折扣，因此若想要浸淫於原畫的魅力，還是得買票進博物館參觀。

《台夫特之景》View of Delft
維梅爾Johannes Vermeer,1660~1661

© Mauritshuis

維梅爾最獨特的作品之一，從中可欣賞到維梅爾的透視法和顏色光線運用的精湛繪畫技巧。維梅爾大約在1660年時畫了這幅描述他家鄉景色的畫，描繪剛下過雨的清晨，從城南隔著運河向北邊望去；厚重的烏雲使得河邊建築蒙上一層陰影，下方透著光亮的雲層如同舞台展開的布幕，讓觀賞者視覺焦點沿著橋從城門進入到城鎮內，這種表達方式，空前地描繪出台夫特的3度空間景象。畫作中也大量使用維梅爾以青金石為原料調製的群青色，天空透亮的藍、水面反射的光，甚至樹梢和屋頂也以群青色打底，表現雨後城市帶點濕氣的清新。

《人之所聞如人之所歌》
The way you hear it, is the way you sing it
史汀Jan Steen,1665

史汀喜歡以傳統諺語當作風俗畫的主題，用來警惕世人，這幅也不例外。這幅畫是以荷蘭諺語“As the old sang, so the young pipe”為故事出發點，意思是說「上樑不正下樑歪」，和在阿姆斯特丹國家博物館內的另一幅畫作《快樂的家庭》有異曲同工之妙。畫中的大人向孩童們示範抽煙喝酒的壞榜樣，甚至還有一名大人正在教導小男孩抽煙斗，而左邊的婦女高舉酒杯讓人倒酒的動作則構成了整幅圖的視覺焦點。有趣的是，史汀常將自己或其家人畫到作品內，在此畫中，右邊的小男孩和女孩是史汀的兒女，有一位女人則是他的前妻。

《戴珍珠耳環的女孩》Girl with a pearl earring
維梅爾Johannes Vermeer,1665

這幅畫是維梅爾最著名的作品之一，也是莫里斯宮皇家美術館的鎮館之寶。17世紀的荷蘭流行一種名為“Tronie”的畫法，與肖像畫有異曲同工之妙，但通常背景為深色，也不會留下其他暗示模特兒身份的線索，著重表現人物的情緒，《戴珍珠耳環的女孩》正是這類型畫作中的翹楚。畫中的少女回頭凝望著觀者，從而打破時空的隔閡，讓觀者產生一種就是自己讓少女回眸的錯覺；而少女謎樣雙眼與微啟朱唇，更讓畫面充滿想像的吸引力。在畫面安排之外，畫家更擅長光線與色彩的運用：少女的珍珠耳環的細緻反光、嘴角神來一筆的光線表現飽滿潤澤，都讓畫面呈現出彷彿可以觸摸的實質感。

© Mauritshuis

《笑臉男孩》Laughing boy
哈爾斯Frans Hals,1625

哈爾斯筆下的這名男孩，其洋溢的笑容既天真無邪又帶著點淘氣，他毫不羞澀地露出微黃的牙齒，而紅潤的臉頰、蓬亂的頭髮都讓他顯得更加生動、討人喜愛。哈爾斯在這張畫中刻意使用較粗糙的筆法，尤其是頭髮和衣領的部分筆觸更是明顯，從而製造出一種印象式的效果。這種畫法稱作”Tronie”，其目的並不在於描繪精確的肖像，而是要傳達出畫中人物的性格與內心情感。

© Mauritshuis

《杜普醫師的解剖課》
The anatomy lesson of Dr Nicolaes Tulp
林布蘭Rembrandt van Rijn,1632

畫這幅畫時林布蘭年僅26歲，這是他人生第一件大型委託，委託人是阿姆斯特丹外科醫師公會。杜普醫師是當時外科醫師公會的總醫師，圍繞在他身旁的人其實不是醫學界的學生，而是市政府的官員。年輕的林布蘭此時便已展露出他在群像構圖上的非凡才能，他打破一般群像畫排排站好的法則，而讓畫中人物各自有其角色，有的為了看清解剖示範而將身體前傾，有的把頭轉向一旁對照解剖書，而有的則望向觀者，這種配置頓時讓畫面變得生動許多。此外，杜普醫師正在解剖的手臂，其露出的肌腱表現出林布蘭對人體的研究，而這支被解剖的手，與杜普醫師動刀的右手和他講解移動的左手，則構成了微妙的三角性關係。至於林布蘭招牌的「林布蘭光線」效果，也使這一幕充滿了戲劇性。

MAP▶P.185C2

MOOK Choice

艾薛爾宮殿博物館

Escher in Het Paleis

墜入無限魔幻視覺

從中央車站步行12~15分鐘可達；搭乘Tram15至Korte Voorhout站，步行約3分鐘可達 Lange Voorhout 74 427-7730 11:00~17:00，週一休 全票€12.5，優惠票€6.5~9.5，7歲以下免費 海牙藝術博物館聯票全票€27.5，可參觀艾薛爾宮殿博物館，外加莫里斯宮皇家美術館或梅斯達格全景畫美術館2擇1；需事先網上預購 www.escherinhetpaleis.nl

這座宮殿在1896年時由威廉三世的王后艾瑪（Queen Emma）所買下，直到1991年之前，都還是荷蘭王室的冬宮。今日的宮殿則用來展示荷蘭最偉大的平面藝術家艾薛爾（M.C. Escher, 1898-1972）的作品。艾薛爾的錯覺畫充滿化不可能為可能的魔法，最有名的作品包括在同一平面造成落差的《瀑布》（Waterfall）、創造出「走不完的階梯」的《升與降》（Ascending and Descending）與「對色鏡像平行分割」的代表《日與夜》（Day and Night）等。

然而錯覺畫只是艾薛爾所有技巧中的冰山一角，他的版畫作品不但被後世平面藝術家奉為經典，其富含數學公式的構圖法則也在科學殿堂中被廣為討論，而艾薛爾所迷戀的「永恆」與「無限」，更是哲學界熱衷不墜的議題。

MAP▶P.183B4

梅斯達格全景畫美術館

Panorama Mesdag

荷蘭最大的畫作

搭乘22、24、28等號公車至Mauritskade站，步行約5分鐘可達 Zeestraat 65 310-6665 10:00~17:00，週一休 全票€16，優惠票€12，12歲以下免費 panorama-mesdag.nl/en

全景畫是在電影發明之前，歐洲市民重要的視覺娛樂之一，有利用投影布幕的或立體鏡片的表現方式，但像是梅斯達格全景畫美術館中的大型全景畫作，目前世界現存的作品已寥寥無幾。

美術館中，1881年的席凡尼根海灘實景，就在當時海牙學派的梅斯達格（Hendrik Willem Mesdag）和其妻子及其他許多風景畫家的通力合作下完整呈現，此幅長120公尺、高14公尺的360度巨型畫作，讓人彷如走進時光機器，回到過去、走向海邊。在館方極富巧思的在畫作前佈置沙子、樹幹等實物，透過天窗，自然光線為畫面帶來光影明暗的效果，讓這幅「假風景」時時刻刻都在變化。

MAP ▶ P.185B2

獄門博物館與威廉五世王子藝廊

Museum de Gevangenpoort & Galerij Prins Willem V

地牢裡的暗黑世界

從中央車站步行16~18分鐘可達；搭乘Tram15至Buitenhof站，步行約1分鐘可達 Buitenhof 33

獄門博物館

346-0861 週二至五10:00~17:00，週一、六&日11:00~17:00 全票€15，優惠票€7.5，3歲以下免費 www.gevangenpoort.nl

威廉五世王子藝廊

302-3456 12:00-17:00 休 週一 全票€5.5，優惠票€2.5，18歲以下免費；持莫里斯宮皇家美術館門票可免費參觀 www.mauritshuis.nl/nu-te-doen/vaste-collectie/galerij-prins-willem-v

在過去長達7個世紀的歲月裡，這裡是人們避之惟恐不及的陰森牢獄，惡貫滿盈的罪犯被與世隔絕地關押於此，但其中也不乏遭人陷害的政治人物，最有名的便是被誣指叛君並慘遭殺害的荷蘭名臣德維特兄弟（Johan and Cornelis de Witt）。整修過後向一般公眾開放，從擁擠的牢房、森冷的問訊室、陳列各式刑具的儲藏室，到令人毛骨悚然的刑求室，荷蘭黃金時代的陰暗面在此毫無保留地公諸於世。

而與獄門博物館相鄰的威廉五世王子藝廊，則是獄門陰暗氛圍的強烈對比，展示1774年由威廉五世王子帶到此地的個人珍藏，150多件藝術品中，多半是荷蘭黃金時代的大師畫作，另有魯本斯等人的法蘭德斯畫派作品與義大利文藝復興時期名作，展現出荷蘭王室的宮廷氣派。

MAP ▶ P.183B3

海牙美術館

Kunstmuseum Den Haag

品味荷蘭近現代藝術

搭乘Tram 17A或24號公車至Kunstmuseum站下，步行2~3分鐘可達 Stadhouderslaan 41 338-1111 10:00~17:00，週一休 全票€19，優惠票€8，18歲以下免費 www.kunstmuseum.nl/nl

©Hollandmarketing

鵝黃簡潔的外觀，出自建築大師貝拉格（H.P. Berlage）之手，貝拉格認為美術館的外觀不應嘩眾取寵，而要有邀請大眾入內的感覺，因此選用磚塊而非石材來做為外牆。在美術館內部，貝拉格也用了許多手法來取悅參觀者，例如充足的光線來自鑲著銅框的窗戶、長廊兩旁各一長列的鏡子讓人誤認為置身於萬花筒中，在色彩的搭配運用上也是明亮爽快。

館內展示許多19世紀之後的名作、樂器、服裝等。最令館方自豪的，是這裡收藏的蒙德里安（Piet Mondrian, 1872-1944）畫作，數量之多、創作時期之齊全，堪稱世界之冠。蒙德里安是荷蘭「風格派運動」（de Stijl）的領導人物，擅長運用幾何線條與紅、黃、藍3原色將藝術抽象簡化，而館方花了3千萬歐元買進的《Victory Boogie Woogie》，則是蒙德里安未完成的大作，也是這裡的鎮館之寶。

MAP▶P.183B3

和平宮

Vredespaleis

國際公平正義裁決所

搭乘Tram 1至Vredespaleis站下，步行約3分鐘可達 Carnegieplein 2 302-4242 遊客中心：週三至週日12:00~17:00，週一、二休 全票€16.5，8歲以下免費 www.vredespaleis.nl 欲參加導覽團（約50分鐘）需於官網或事先至遊客中心預約，且攜帶護照，內部不允許攝影

©Hollandmarketing

在國際法學界，海牙的和平宮擁有舉足輕重的地位，因為聯合國國際法庭（International Court of Justice）、國際仲裁法院（Permanent Court of Arbitration）和海牙國際法學院（Hague Academy of International Law）都坐落在這棟建築裡，幾乎所有的國際仲裁案件都在這裡進行審理與裁決。和平宮的建築主體為仿哥德式風格，由法國建築師柯多尼耶（Louis Marie Cordonnier）於1913年建造完成。想參觀和平宮壯觀的內部，必須參加導覽團行程，行程將沿途解說國際法庭的成立歷史與運作模式，而大、小法庭、日本館、大樓梯等幾乎所有的內部房間都能參觀到。不參加導覽團也可至遊客中心了解和平宮的歷史。

MAP▶P.183C3

馬德羅丹小人國

Madurodam

幾可亂真的方吋天地

搭乘Tram9至Madurodam站，步行約1分鐘可達 George Maduroplein 1 09:00-18:00 全票€24.5（網路購票另有優惠），2歲以下免費 www.madurodam.nl

小人國雖然範圍不大，但每一件模型、每一吋細微的角落都和實景如出一轍，如果注視太久的話，甚至會覺得自己被吸入那個以1：25縮小的迷你世界，與各色小人兒們一同漫步其中。

園區中共有198組模型，全都是荷蘭各地的場景，包括著名建築、景點、事件、市民生活等。除了精緻的建築物和栩栩如生的人物動作表情，許多模型還設有巧妙機關，譬如聖約翰大教堂前的聖像遊行與遊船經過馬格雷吊橋等，而讓最多人躍躍欲試的，還是會掉出紀念品的台夫特藍瓷工廠與瑪氏巧克力工廠。這些機關有的需要遊客投入10分硬幣，有的則只要按鈕即可。

MAP▶P.183C1、186

席凡尼根海灘

MOOK Choice

Scheveningen

北海邊的夏威夷

搭乘往Scheveningen的Tram 9或22號公車即達 denhaag.com/nl/doen/stranden/scheveningen

席凡尼根海洋世界

Strandweg 13（Boulevard） 354-2100 10:00~18:00 全票€24，優惠票€20.5，2歲以下免費；網路購票享優惠折扣 www.visitsealife.com/scheveningen

席凡尼根博物館

Neptunusstraat 90~92 350-0830 11:00~17:00，週一、二休 全票€10，優惠票€5 www.muzeescheveningen.nl

席凡尼根的沙灘長達數公里，是許多荷蘭人假日攜家帶眷和溜狗散步的最佳去處。自19世紀末開始，人們便湧入這裡享受健康的水療設施，而當時的健康中心庫哈斯（Kurhaus）如今已改為豪華大飯店，宮廷式的建築外觀也成為席凡尼根的地標。

近年來在海灘旁也規劃出一條席凡尼根大道，面對著蔚藍的北海，整排都是海鮮餐廳、購物中心、紀念品商店等，而孩子們最愛的海洋世界（Sea Life Scheveningen）也坐落在這條大道上。距離海濱大道不遠的席凡尼根博物館，則是個展示本地漁村和濱海度假區的史蹟館，包括有當地人的服裝與生活，此外這裡也提供燈塔的遊程，但須事先預約。

MAP▶P.186B1

海洋雕塑博物館

Beelden aan Zee

用線條雕刻人的故事

搭乘Tram 1或23號公車至Scheveningseslag站，沿大路西行，右轉Harteveltstraat即達 Harteveltstraat 1 358-5857 10:00~17:00 週一 全票€17.5，優惠票€8.75 www.beeldenaanzee.nl

在熱鬧的席凡尼根海灘旁，雕塑博物館像是一處寧靜綠洲，讓人們的心靈在烈日的暈晒下恢復平靜。這間博物館成立於1994年，但故事自史庫頓夫婦（Theo and Lida Scholten）於1966年買下第一尊雕塑時便已開始，40多年的收藏下來，今日這裡已成了一間擁有將近1000座雕塑、頗具規模的美術館。展示品的鑄作年代大多在20世紀下半葉，創作者來自世界各地，有的沒沒無名，但也有像是波特羅（Fernando Botero）、查德金（Ossip Zadkine）、曼茲（Giacomo Manzú）等名家的作品。收藏品以「人」為主題，各種人像有大有小，形像從寫實到抽象，架構從敘事到概念，創作的素材也是豐富多樣。而在戶外展區，各種意境的雕塑以白沙碧海為背景，更有種達利畫作般的超現實情境。

台夫特 Delft

文●墨刻編輯部
攝影●墨刻攝影組

海牙南邊的台夫特是個優美的小城鎮，市區在運河環繞下，沿岸樹蔭篩落柔和的光線，合成一派悠閒氛圍。這裡是繪畫大師維梅爾的家鄉，他終其一生都居住於此，並以台夫特的風光為背景，完成一幅幅動人的畫作。

台夫特在海權時代，是荷蘭東印度公司進口中國青花瓷器的重要據點，久而久之，當地藝匠便結合了中國燒瓷技術與荷蘭傳統圖案，發展出獨特的「台夫特藍瓷」藝術，成為荷蘭著名的特產之一。同時，由於荷蘭國父威廉一世是在台夫特遭人暗殺，其遺體被埋葬在新教堂下，自此台夫特也成了歷代王室成員最後的安息地。

INFO

基本資訊

人口：約11萬人

面積：22.66平方公里

區域號碼：(0)15

如何前往

◎火車

台夫特地區有Delft與Delft Zuid兩個火車站，位於市中心的為前者，在查詢班次或購買車票時請千萬注意確認站名。不管是從阿姆斯特丹、鹿特丹或海牙前往，每小時班次都很頻繁，阿姆斯特丹到台夫特的直達車約1小時；從鹿特丹出發的直達車，需時約13分鐘；從海牙出發的直達車，需時約16分鐘；從烏特勒支出發需要在鹿特丹或海牙轉車，約1小時可抵達。

◎路面電車及公車

從海牙中央車站、海牙HS車站及席凡尼根海灘，可搭乘Tram 1到台夫特市區，海牙中央車站到台夫特需時約40分鐘。從鹿特丹中央車站也可搭乘由RET經營的40號公車至台夫特火車站，需時約45分鐘。

市區交通

◎大眾運輸工具

台夫特老城區的範圍非常小，步行或單車是最好的遊覽方式，若真的無法走路，81號公車會穿越老城區，而路面電車1和19號則行駛在老城西緣南北向的主幹道上，可使用OV-chipkaart或是直接使用信用卡買票。在鹿特丹或海牙所購買的大地區遊客1日卡（Tourist Day Ticket），亦可搭乘台夫特的大眾交通工具。

觀光行程

◎運河遊船

Rondvaart Delft

從Koornmarkt 113旁的碼頭出發　212-6385

4~10月11:00~17:00，整點出發（航程約45分鐘）

全票€12.5，優惠票€5.5，4歲以下免費

www.rondvaartdelft.nl

◎歷史導覽徒步之旅

Happy Day Tours

從Marktet廣場出發（新教堂前）　256-5306

週六13:00　全票€9.95　en.happydaytours.nl

旅遊諮詢

◎遊客中心

Stationsplein 7　215-4052

週二至週六10:00~17:00，週日至週一10:00~16:00。

www.indelft.nl/en

Where to Explore in Delft
賞遊台夫特

MAP▶P.194A1

MOOK Choice

新教堂

Nieuwe Kerk Delft

歷代王室安息地

從台夫特車站步行13~15分鐘可達　Markt 80　212-3025　週一至週六10:00~17:00，週日休　舊教堂與新教堂共通票全票€8.5，優惠票€4~7，5歲以下免費　oudeennieuwekerkdelft.nl

台夫特的新教堂擁有荷蘭第二高的教堂鐘塔，高聳的塔尖，讓人不論從何處都能辨認出它的方位。從1396到1496年，這座哥德式的新教堂從木造改建為磚造時，總共蓋了整整100年，工程相當浩大。其鐘塔高達108.75公尺，可以爬上356級階梯到頂樓，觀賞由36個小鐘組成的排鐘，以及台夫特小城的怡人風景。

外觀特殊之外，台夫特新教堂的地位也很崇高。故事要回溯到16世紀末，當時由於新舊宗教對立與經濟稅收問題，加上繼承尼德蘭領地的西班牙王腓力二世（Philip II）採取高壓統治，導致低地國人民揭竿而起，在奧蘭治王子威廉一世（William I, Prince of Orange）領導下，揭開了八十年戰爭的序幕。1580年，腓力二世發佈暗殺威廉的高額懸賞令，4年後，威廉便在台夫特遇刺。威廉的死不但沒有讓西班牙得利，反而使尼德蘭人更為團結，而奧蘭治－拿騷家族（Orange-Nassau）的後代，也順理成章成了獨立後的荷蘭國王。

威廉遇刺後，遺體被埋葬在新教堂，其墓塚華麗絕倫，由雕刻大師韓德烈克（Hendrick de Keyser）及其子彼得合力完成，石棺4角站立著的4座雕像，分別為手持寫有「自由無價」黃金帽子的自由女神、手持天秤的正義女神，以及代表信仰及堅毅的女神。而躺著的威廉王子則以白色大理石雕刻而成，樣貌栩栩如生，連脖子上的衣領皺摺都細緻可辨；威廉王子腳下則是其愛犬，既傷心又平和的表情，讓人動容。數百年來，荷蘭王室成員去世後埋葬在新教堂已成了慣例，墓室雖不對外開放，但遊客可從四周牆上的電視觀看王室葬禮時的隆重過程。

MOOK Choice

MAP▶P.194B2

皇家台夫特陶瓷工廠

Royal Delft / de Koninklijke Porceleyne Fles

陷入靛藍與乳白愛戀

從台夫特車站步行17~20分鐘可達　Rotterdamseweg 196　682-877-302　09:30~17:00，11~3月中旬的週日僅開放12:00~17:00　全票€15，優惠票€7~9，7歲以下免費　www.royaldelft.com

自從中國明清時代的青花瓷器傳進荷蘭後，白底藍紋又晶瑩剔透的瓷器就迷惑了無數荷蘭人的心，也使得16、17世紀陶瓷業在荷蘭蓬勃發展。不過，雖然技術承襲自中國，但台夫特後來也在原料、圖案上發展出創新的風格，因而享譽國際。

台夫特在17世紀時，擁有多達32家製陶業者，但到了19世紀，由於諸多因素影響，許多製陶工廠紛紛倒閉，至今僅有一家尚存。這家名為「瓷瓶」（De Proceleyne Fles）的工廠創立於1653年，雖然中間多次易手，但仍傳承著數百年的技術，因此於1919年獲得「荷蘭皇家」的封號，成為皇家陶瓷工廠。

台夫特藍瓷的價格之所以居高不下，原因在於其採用手繪的方式上色、畫圖。首先，畫師會用炭筆把圖樣磨劃在瓷器上，然後再以含鈷的顏料描繪，平均5個小時才能繪完一個盤子。神奇的是，含鈷的顏料在常溫時是黑色的，經過高溫燒烤後，就成為靛藍色，而顏色的濃淡可以顏料含水的多寡來控制。除了傳統白底藍紋的藍瓷外，也有黑底的黑瓷，由於要多燒一次，所以價格更高。

台夫特藍瓷的圖案除了繁複的花紋外，以荷蘭當地常見的風景、海景、人物、農村生活為主題者也很多，成為遊客最喜愛的收藏，尤其是每年耶誕節推出的2款手繪Christmas Plates，更是需在一年前就先預訂。而在創新方面，荷蘭皇家陶瓷工廠也多方努力和藝術家合作，一幅仿製著名的林布蘭《夜巡》，就是目前工廠附設博物館內最引人注目的作品；2005年時，由數百塊台夫特藍瓷組合成高4公尺、寬40公尺的阿姆斯特丹運河屋全景，更讓台夫特藍瓷在國際博覽會上綻放光芒。

台夫特藍瓷 Delft Blue, Delftware

在中國明末清初時期，歐洲對於中國瓷器的需求日增，台夫特於是發展出仿製中國青花瓷器的山寨版藍瓷，數百年下來，漸漸開始擁有自己的特色，而台夫特藍瓷也因此成為代表荷蘭的象徵之一。在購買台夫特藍瓷時，可以注意其背面的標誌，除了荷蘭皇家陶瓷工廠的Logo之外，左下方標的是藝術家的名字，右下方則是年份的代號，例如2004年是DY，2005年是DZ，最下方則是圖樣的代號。若有被刮傷一小道的痕跡，表示是瑕疵品，價格會便宜一些。

MAP ▶P.194B1

舊城門

Oostpoort

承載歷史印記的塔門

從台夫特車站步行15~18分鐘可達；搭巴士60、63等號在Botanische Tuin或Zuidpoort站下，步行皆約6分鐘可達 Oostpoort 1

昔日台夫特的東城門位處河邊水陸要衝，大約建於1400年左右，是舊城牆唯一存留下來的部分，高聳的雙塔成就了台夫特的著名地標之一。這一帶景色如畫、樹綠水清，城牆城門在藍天白雲的襯托下，宛如童話故事中的場景再現，唯有當貨船或渡輪經過時，鳴響出巨大的喇叭聲，才會讓遊客從中古世紀的懷想中驚醒。

© HollandMarketing

© HollandMarketing

MAP ▶P.194A1

王子博物館

Museum het Prinsenhof

重現黃金歲月

從台夫特車站步行12~15分鐘可達；搭Tram 1、19等至Prinsenhof站下，步行約2分鐘可達 Sint Agathaplein 260-2358 週二至週日11:00~17:00，週一休 全票€14，優惠票€4~10.5，3歲以下免費 www.prinsenhof-delft.nl

與舊教堂隔著運河相望，15世紀時是一間聖亞加大修女院（St. Agatha Convent），館內的牆壁、木梯、樓板，都還保持當時的結構。博物館內展出17世紀時的繪畫、銀器、傢俱與手工藝品，許多是與維梅爾同代的台夫特大師傑作，當然，本地有名的藍瓷藝品也是少不了的。而這裡之所以名為王子博物館，是因為1584年奧蘭治王子威廉一世來到台夫特時，就是住在這間屋子裡，也正是他被刺客暗殺殞命的地方。當年要了王子性命的子彈在牆壁上所留下的彈孔，今日卻成了最讓遊客感興趣的「展覽品」，由於實在太多遊客忍不住伸手一摸，小小的彈孔已被愈挖愈大，館方不得已只好用透明的壓克力板加以覆蓋保護。

MAP ▶P.194A1

舊教堂

Oude Kerk Delft

追憶光影大師維梅爾

從台夫特車站步行12~15分鐘可達；搭Tram 1、19等至Prinsenhof站下，步行約3分鐘可達 Heilige Geestkerkhof 25 212-3015 週一至週六10:00~17:00，週日休 週日 舊教堂與新教堂共通票全票€8.5，優惠票€4~7，5歲以下免費 oudeennieuwekerkdelft.nl

雖然台夫特的舊教堂不若新教堂那般氣勢懾人，但依傍運河的娓娓動人，就像維梅爾的畫作般平實卻感人。參觀舊教堂對大多數遊客來說，就是捕捉光影大師維梅爾的一些步伐。維梅爾出生在台夫特，終其一生都在這裡度過，在他43歲的生命裡僅留下35幅作品，幅幅都令人驚歎。可惜的是至今沒有一幅留在台夫特，就連維梅爾曾居住過的3個家，都因改建而不復蹤跡，唯有在舊教堂的大理石地板上，還能清楚見到刻有其名的墓碑。教堂在維梅爾的墓上放置了鮮花，並陳列一幅維梅爾畫作賞析，讓人緬懷這位大師傑出又堅持的創作生涯。

© HollandMarketing

舊教堂中懸空的祭壇是荷蘭最美的2座祭壇之一，細緻的木雕僥倖躲過1536年的大火，以及後來主張破除偶像崇拜者的破壞，值得細看。

烏特勒支 Utrecht

文●墨刻編輯部
攝影●墨刻攝影組

烏特勒支是荷蘭的第4大城，也是王國的宗教中心。歷史上的烏特勒支興起於羅馬時代，是帝國在萊茵河畔的前哨站；到了中世紀，烏特勒支已發展為低地國最有權力的城市之一，聲勢如日中天；1713年，結束西班牙王位爭奪戰的《烏特勒支條約》即是在此簽訂。

今日的烏特勒支不但是充滿年輕活力的大學城，商業氣息也更加濃郁，運河、教堂、石板路構成的街景在特色商店進駐後，有一種既復古又時尚的氛圍。主教堂鐘塔附近的舊運河是老城裡最熱鬧的地方，興建在路面之下的碼頭，以前是為了方便船隻直接將物品送入住家，現在則改建成一座座露天咖啡廳，形成荷蘭獨一無二的運河風景。午後隨著清風綠蔭，是散步逛街者最喜愛的休息去處。

INFO

基本資訊

人口：約36萬8千人
面積：99.32 平方公里
區域號碼：(0)30

如何前往

大烏特勒支地區共有6個火車站，其中位於市中心的為Utrecht Centraal，在查詢班次或購買車票時請千萬注意確認站名。烏特勒支位於荷蘭的中心地帶，是相當重要的交通轉運點，不管是從阿姆斯特丹、鹿特丹、海牙或馬斯垂克出發，都有直達車且班次相當頻繁。從阿姆斯特丹到烏特勒支，需時約25分鐘；從鹿特丹出發約38分鐘；從海牙出發約38分鐘；從馬斯垂克出發，需時約1小時53分鐘；從布魯塞爾每小時有1班車，需在鹿特丹轉車，需時約2小時54分鐘。

市區交通

◎大眾運輸工具

烏特勒支老城區的範圍非常小，主要遊覽及逛街區域都在步行距離之內，就算前往最遠的中央博物館，從火車站出發也只要20分鐘路程；只有老城區外的施洛德住宅需要搭乘公車或騎乘單車。若有搭乘公車的需求，可使用OV卡或上車直接用信用卡購買單程票即可。

◎單車

Fietsenwinkel Laag Catharijne
Catharijnesingel 28
231-6780
週一至週五09:00~18:30，週六10:00~18:00，週日休
www.laagcatharijne.nl

Fietsverhuur Utrecht
Koningin Wilhelminalaan 2
231-3837
www.fietsverhuurutrecht.nl

◎計程車

在火車站附近可以找到計程車招呼站，或是請旅館櫃檯協助叫車。在非尖峰時段或路況許可時，也可在路邊招車。每輛計程車的收費不一，起錶價最高為€8，2公里後每公里跳錶最高€2.2，車資表張貼於車窗外。

觀光行程

◎遊船

Round Trip Utrecht

登船地點Oudegracht 85

272-0111

航程約1小時，每日11:00~17:00每小時出發（7、8月每半小時出發）

全票€16.5，優惠票€11.5

www.schuttevaer.com

旅遊諮詢

◎遊客中心

Domplein 9（主教堂廣場旁邊）

236-0004

10:00~17:00

www.discover-utrecht.com

MAP▶P.199C2

主教堂與鐘塔

Domkerk Utrecht & Domtoren

歷練滄桑的宗教中心

從中央車站步行12~15分鐘可達；或搭8、50、73等號公車於Janskerkhof站下，步行4~5分鐘可達

主教堂

Achter de Dom 1　231-0403　4~10月週一至五10:00~17:00，週六10:00~15:15，週日12:30~17:00；11~3月11:00~16:00；週六至11:00~15:15，週日12:30~16:00　自由捐獻　www.domkerk.nl

鐘塔

Domplein 9　236-0010　11:00~18:00　全票€13.5，優惠票€8.5　www.domtoren.nl/en　登塔需參加導覽團，請先至遊客中心預約

如果把烏特勒支主教堂當成一個人物的話，「悲劇英雄」大概是個不錯的形容詞。這座教堂曾經是尼德蘭最大、而且是唯一一座主教座堂，它在中世紀的興盛為烏特勒支帶來歷史上最輝煌的一頁，但它所經歷的苦難，也不是其他大教堂所能及。

主教堂最初供奉的是聖馬丁（St. Martin），至少在西元7世紀時就已建有一座小禮拜堂，現存的哥德式建築始建於1254年，當時人們想要蓋一座舉世無雙的大教堂，於是大筆資金開始挹注在鐘塔和教堂的興建上。由於工程實在太過浩大，教堂蓋了200多年都還沒有真正完工，甚至到了16世紀初，就已面臨資金短缺的窘境，使得這座雄偉教堂的屋頂，居然是用木材搭建。

接下來的200年內，主教堂又經歷了一連串打擊，包括1572年席捲尼德蘭的破除偶像運動與1672年的法軍佔領，但真正給予它致命一擊的，是1674年的一場暴風雨，原本就不強固的教堂屋頂經不起風雨摧殘，不但整片被掀翻，還壓垮了教堂的中心部分，所以現在看到鐘塔與教堂主體結構是分離的，垮掉的本堂部分則變成一處廣場。此後主教堂便乏人問津，天主教在烏特勒支的主教座堂也移往他處，直到20世紀初才有人發起重建運動，修復了教堂尚存的部份。

教堂本體雖只剩下耳堂，但從其高挑壯觀的內部空間，仍可想見原來本堂的規模與氣勢，明亮的廊翼留有許多墓地，每一座石刻都纖細精美，和教堂內擺放的當代藝術品相互輝映。後方的小花園則是一個美麗優雅的去處，在此可以見到教堂原有的扶壁、線條細緻的拱門迴廊以及各種花草，當陽光灑下，光影在此遊戲，很是動人。

至於高達112公尺的鐘塔，是每位遊客都想征服的景點；只要夠體力爬上456級階梯，便能俯瞰整個烏特勒支，天氣好時，能見度甚至可達30公里。這座鐘塔興建於1321~1382年，曾是低地國的重要地標之一，在那個年代，通常一座主教堂會有2個鐘塔，但當時考慮到城區範圍太過狹小，所以主事者決定乾脆建一座高一點的鐘塔就好，荷蘭境內最高的教堂鐘塔於焉誕生。

鐘塔導覽人員大多是烏特勒支的大學生，一路上會介紹塔內的陳列品及大大小小的金屬鐘；鐘塔內最大的鐘有8,227公斤，而數量驚人的排鐘若要全部敲到，共需20人才能合奏一首曲子。

MAP ▶ P.199C2

音樂鐘與管風琴博物館

MOOK Choice

Museum Speelklok

清脆樂音異想世界

從中央車站步行約10分鐘可達　Steenweg 6　231-2789　週二至週日10:00~17:00，週一休　全票€15.5，優惠票€8~11.5，3歲以下免費；與鐘塔聯票全票€22，優惠票€12.5　www.museumspeelklok.nl　每小時都有專人免費導覽，但英文導覽需特別要求

©UtrechtMarketing

還記得小時候打開音樂盒，聽到美妙的叮噹樂曲以及看見小人偶跳芭蕾舞時的驚喜嗎？那麼就到音樂鐘與管風琴博物館裡回味一下吧！

自從14世紀世界上第一首自動鳴放的樂曲在荷蘭教堂響起，荷蘭人就迷戀上了這種會自動演奏的機械音樂鐘；1885年，英國人發明了以旋轉有凸點的鐵盤來控制樂器發聲的裝置後，各種音樂盒更是成為當時最流行的禮物和飾品。接著在1900年代，利用打洞的紙來牽動鍵盤，使得自動演奏的鋼琴多了起來，更換曲目也更為方便。年代再近一點，荷蘭街頭出現許多街頭管風琴，一群人圍著會發出巨大樂聲的管風琴機器，或是聆，或是手舞足蹈，或是向聚集而來的鄰居、攤販閒聊一番、買點小吃解解饞，管風琴那華麗、熱鬧的音樂，可以說是製造街頭歡樂最主要的角色，也是許多老一輩人的兒時回憶。

在音樂鐘與管風琴博物館裡，一邊經由導覽人員生動的解說，一邊會播放各式各樣的音樂盒、自動演奏鋼琴和街頭管風琴，包你愉快地享受一個小時的音樂饗宴！

MAP ▶ P.199A2

Hoog Catharijne

啟動狂熱血拼模式

中央車站內　234-6178　週一12:00~20:00，週二至六10:00~20:00，週日12:00~18:00　hoog-catharijne.klepierre.nl/

才剛離開火車月台，就已經一腳踏入全荷蘭最大、擁有超過150間零售店的Hoog Catharijne購物中心，烏特勒支要人瘋狂採購的企圖還真是直接，一點也不遮掩！凡是你想要的任何商品，都可以在此找到，舉凡流行服飾、鞋店、書店、音樂唱片行、超級市場、玩具店、藥妝店、花店、麵包店等，不但一應俱全，還有各種價格讓你挑選，從高單價的時尚精品，到大眾化的平民百貨，一次滿足所有消費族群。

MAP▶P.199C1

雜貨店博物館

Museum voor het kruideniersbedrijf (Betje Boerhave's Shop & Museum)

打翻甜蜜童年調色盤

從中央車站步行約10分鐘可達，或搭乘2、8、74等號公車在Neude站下，步行約2分鐘可達 Hoogt 10 200-6955 週二至四12:30~16:30，週五、六11:30~17:00，週日、一休 免費 www.kruideniersmuseum.nl

如果你想瞧瞧古早味的荷蘭柑仔店，那麼藏在巷子裡的雜貨店博物館不但可以滿足你的好奇心，還能讓你嘗嘗荷蘭人童年中難以忘懷的好滋味！

博物館在1873年時原本由Betje Boerhave女士經營，今日則由基金會管理，博物館1樓為50年代的雜貨店翻版，這裡販賣當時人們常吃的糖果、餅乾和蛋糕。2樓可以見到古老牌子的香皂、茶杯、火柴、茶、酒、巧克力、鈕扣、餅乾模具、古早廣告海報、咖啡機等商品和工具。博物館於2022年底搬至現址，距原址不遠處的這幢建築經過徹底翻新，古色古香的外觀與烏特勒支歷史悠久的市中心完美契合，內部則融合了歷史風格元素和當代的時尚設計。

©UtrechtMarketing

©UtrechtMarketing

©UtrechtMarketing

MAP▶P.199C2

中央博物館

Centraal Museum

用藝術洗滌心靈

從中央車站步行約20分鐘可達，或搭乘2號巴士至Centraal Museum站下，步行約1分鐘可達 Agnietenstraat 1 週二至週日11:00~17:00，週一休 全票€15，優惠票€6.5，12歲以下免費 www.centraalmuseum.nl

荷蘭歷史最悠久的市立博物館，也是烏特勒支規模最大的博物館，建築本身是中世紀修道院，博物館卻極力甩開歷史包袱，近幾年不斷翻新展覽空間，融入更多現代化的設計元素。博物館的5大類館藏為烏特勒支歷史文物、16~18世紀典藏畫作、現代藝術、應用美術以及時尚與服飾，李特維德和風格派的家具設計作品特別值得欣賞。展覽主題都以期間限定的特展方式呈現，最有趣的就是逛中央博物館沒什麼規則，每次都有新體驗。

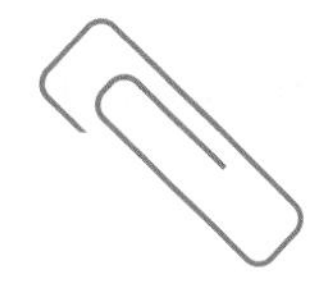

MAP ▶P.199C2

米菲兔博物館

Nijntje Museum

在充滿童趣的兔子窩跳耀

中央博物館對面 Agnietenstraat 2 236-2399 週二至週日10:00~17:00，週一休 全票€12，優惠票€8，2歲以下免費 nijntjemuseum.nl/en 全票適用於2至6歲的兒童

推開大門，入口處金色的大米菲兔就是瞬間啟動童心的開關，任誰見了都會不自覺嘴角上揚！

米菲兔之家屬於中央博物館的分館，2006年才成立獨立展覽館，收集7,000多幅各種造型和動作的米菲兔家族小繪本、封面設計、海報、印刷物及玩偶，從畫家作畫和訪談的影片中，可以了解看似樸拙的線條，隱藏畫家對細節的堅持和對套色配色的嚴謹態度。互動遊戲區佈置成米菲兔的家，最適合小朋友聽故事、看卡通、玩積木、或是幫米菲兔著色穿衣服。為了容納更多參訪的遊客，近年經過大規模的整修及擴建，2023年重新開幕，占地面積達1,500平方公尺，幾乎是以前的2倍，增添了遊戲的空間和咖啡廳，讓無憂無慮的歡笑聲擁有更寬廣的迴盪空間。

在荷蘭遇見Miffy

這隻線條簡單、圓圓臉上總是掛著x的小兔子，天然呆的模樣深受世界各地大人小孩歡迎，她的名字是Miffy，荷蘭人暱稱Nijntje（從荷蘭文小兔子Konijntje簡化而來）。很多人誤以為Miffy和Kitty是好姐妹，一樣來自日本，殊不知米菲兔是誕生在年近50歲的荷蘭中年大叔Dick Bruna手中，當時畫家在海邊與家人度假，看到兒子手上的兔子玩偶，想到自己小時候養的兔子，Dick Bruna想對孩子訴說關於小兔子的故事，這就是米菲兔的雛形，而現在看到的模樣直到1963才被定型。

MAP▶P.199D1

施洛德住宅

Rietveld Schröderhuis

建築大師的代表傑作

搭乘8號公車在De Hoogstraat站下，步行4~5分鐘可達 Prins Hendriklaan 50 236-2310 週二至週日11:00~16:00，5~8月的週五延長至21:00，週一休 全票€19，優惠票€3~10.5 www.rietveldschroderhuis.nl/en 需事先於官網預約導覽行程（約1小時）；館內禁止拍照

早在20世紀初期，荷蘭就已向世界宣告它擁有最頂尖的設計人材。建於1924年的施洛德住宅，是設計師李特維德（Gerrit Thomas Rietveld）第一間完整設計的房子，從外到內的所有施工細節，都和委託人施洛德太太（Truus Schröder-Schrader）經過徹底討論，是一間典型的客製化宅邸。2024年正好問世滿100周年。

李特維德是荷蘭「風格化運動」的代表人物之一，他所設計的紅藍椅（Red & Blue Chair）已成為荷蘭設計界的象徵，而施洛德住宅以紅、藍、黃色線條為點綴的外觀，正令人聯想起紅藍椅的特徵。

這間住宅最大的特點，在於施洛德太太主要活動的樓層2樓，結合了餐廳、起居室、臥室、書房等區域，卻不以固定的牆壁切割空間，而是以可以滑動或旋轉的牆板來做區隔，當牆板完全打開時，是一片完整的活動空間，但當牆板拉起後，固定的插座、洗手盆、書桌、衣櫥、床鋪和其他流動家具等，又可以馬上轉化成各個小單位，變成個別機能空間，將室內空間的利用發揮至最高效能。

除了富於動態的牆壁間隔外，運用大片玻璃窗、彩色支架和陽臺板，穿插在純白的建築主體上，讓室內和戶外有水平的延伸連結，更是影響後來許多當代建築的技法。由於施洛德住宅在形式、功能甚至概念上，都打破傳統的建築框架，為後代建築家開創了新路，影響建築史深遠，因而在2000年時被聯合國教科文組織列入世界文化遺產名錄。

© HollandMarketing

© HollandMarketing

© HollandMarketing

MAP▶P.005C3

MOOK Choice

德哈爾城堡

Kasteel de Haar &Haarzuilens

真實版童話城堡

搭乘火車至Vleuten，於火車站外轉乘往Kockengen方向的127號公車，於Haarzuilens站下，步行18~20分鐘可達。巴士平日每小時1班次，假日每小時2班次，去程會正好接上火車到站時間，建議先看好回程班次時間 Kasteellaan 1, Haarzuilens 677-8515 花園9:00~17:00；城堡導覽每日10:00~17:00，每小時1場次 城堡全票€19，優惠票€12.5；花園全票€7，優惠票€5，4歲以下免費 www.kasteeldehaar.nl 參觀城堡一定要事先預約導覽行程（1小時）；城堡內不能拍照

緩慢踱步不見盡頭的樹林，隨著光線逐漸明亮，視線飛越蜿蜒運河、堅固城門、嫩綠草皮，飛越大片玫瑰花與矮灌木庭院、飛越護城河與懸吊城橋，焦點落在城堡高聳尖塔上。德哈爾城堡略帶神秘地隱身在森林運河間，不失王者氣度的雍容自若，宛若童話裡才會出現的場景。

位於烏特勒支近郊的德哈爾城堡是荷蘭規模最大的私人城堡，歷史可追溯至14世紀，數百年來為Van Zuylen家族所有，17世紀與法國的戰爭中遭破壞變成廢墟，直到男爵Etienne van Zuylen van Nijevelt van de Haar成為城堡繼承人，希望恢復城堡往日榮光，1892年在妻子娘家Helene de Rothschild的資金挹注下，花了20年重建，讓這座中世紀古堡重獲新生，再次成為凝聚家族向心力的聚會度假場所。

德哈爾城堡的重建由設計阿姆斯特丹中央車站和國家博物館的知名建築師Petrus .J.H Guypers所主導，城堡外型、主牆及高塔維持15世紀的原貌，內部運用仿中世紀的新哥德風格，重新設計超過150個房間，金碧輝煌的內部空間成了伯爵夫婦的世界珍藏展示館，可以看到16世紀法蘭德斯掛毯、中國和日本的陶瓷花瓶、日本大名出巡時乘坐的駕籠等。為了整體氛圍，連同135公畝戶外庭園、禮拜教堂、甚至是鄰近城堡的Haarzuilens村都被納入重建工程的一部分，這種主題樂園式的整體規劃，在當時歐洲是前所未見的。

古典的外觀下，Guypers引進20世紀初最先進的居家設備，讓德哈爾城堡變成適合居住的奢華住所，包括電梯、中央空調暖氣系統、從巴黎進口整套燃煤爐具和黃銅廚具，以及每個房間都配置的電燈和冷熱自來水。直到現在，Zuylen家族每年還是會保留一個月不對外開放（通常是9月），作為家族居住及宴會使用。想要參觀城堡內部，必須預約每小時舉辦的導覽，從現代化廚房開始，進入灑滿自然光、如教堂般優雅的挑高大廳，走過中世紀騎士風格的宴會廳和騎士廳，透過細節一窺貴族生活樣貌。

離開奢華的童話的國王世界，順著出口往公車站牌方向就能抵達Haarzuilens村，走入童話中的平民生活：磚造茅草屋頂的小村落，家家戶戶窗戶門板都塗上紅白兩色的Zuylen家族圖紋，非常可愛，因此被暱稱為「紅村」。

馬斯垂克
Maastricht

文●陳蓓蕾・墨刻編輯部
攝影●陳蓓蕾・墨刻攝影組

人說「上帝創造世界，荷蘭人創造荷蘭」，但馬斯垂克並不在這句話的討論之列，它仍是屬於上帝的版本。早在史前時代這裡便已有人類居住，當羅馬帝國企圖把北海海岸納入版圖時，軍隊們很失望地發現那裡只有滿地沼澤爛泥，於是他們往南撤退，直到終於發現可以落腳建城的地方，那便是今日的馬斯垂克。

從這層淵源就可看出：馬斯垂克所在的林堡省（Limburg）和大部分的荷蘭都不一樣，這裡幾乎找不到荷蘭的典型特徵，城市景致也更接近法國與德國，甚至還有自成一格的方言與文化。事實上，馬斯垂克曾經幾乎就要脫離荷蘭而去，這座城市在17、18世紀時曾多次被法國佔領，好不容易重回荷蘭懷抱，又遇上了比利時獨立運動，在1830年的紛爭中，當地駐軍選擇了中立，直到1839年的《倫敦條約》，才確定了馬斯垂克荷蘭國土的身份。也因此，馬斯垂克就像隻荷蘭多長出來的尾巴，硬是插在比利時與德國之間。

1992年是馬斯垂克聲名大噪的一年，歐洲共同體的會員國齊集於此舉行首腦會議，並簽訂了現代史上最重要的《馬斯垂克條約》，歐盟與歐元體系就此風光誕生。了解了這些歷史，有助於旅人領略馬斯垂克的城市之美，附近小鎮裡的羅馬浴池遺跡、舊城區的中世紀城牆、歐洲山城特有的街道景色，都讓人感受到另一個不一樣的荷蘭。

INFO

基本資訊

人口：約12萬5千人
面積：60.06平方公里
區域號碼：(0)43

如何前往

◎飛機

台灣沒有飛機直飛馬斯垂克，若從歐洲其他城市起飛，則可在馬斯垂克東北10公里處的馬斯垂克亞琛機場（Maastricht Aachen Airport）降落。

www.maa.nl/en

◎火車

馬斯垂克地區有Maastricht與Maastricht Randwyck兩個火車站，位於市中心的為前者，在查詢班次或購買車票時請千萬注意確認站名。從阿姆斯特丹到馬斯垂克，每小時約2班直達車，需時2小時27分鐘；從鹿特丹出發需在恩哈芬（Eindhoven）轉車，需時約2小時17分鐘；從海牙出發需在烏特勒支或恩哈芬轉車，需時約2小時40分鐘；從烏特勒支每小時約2班直達車，需時約1小時57分鐘；從布魯塞爾出發須在Liege Guillemins轉車，需時約2小時13分鐘。

機場至市區交通

◎公車

在機場航站外搭乘30號公車（往Maastricht方向），即可直達馬斯垂克火車站。每小時有2~3班車，車程約21~30分鐘。

◎機場巴士

若搭乘的是Ryaniar或Volareweb航空公司的航班，飛機降落後會有前往馬斯垂克市中心的接駁專車。

◎計程車

搭乘計程車前往市區大約需要€30。

市區交通

◎大眾運輸工具

馬斯垂克市中心的範圍不大，而且熱鬧的街道多為行人徒步區，因此步行會是最理想的遊城方式。若實在無法走路，市區的主要幹道也有2、3、4、7、34等多路公車可以乘坐。

◎計程車

在火車站前、市集廣場與維德霍夫廣場，可以找到計程車招呼站。每輛計程車的收費不一，起錶價最高為€7.5，2公里後每公里跳錶最高€2.2，車資表張貼於車窗外。

Taxi Frenske

363-6362

www.taxi-frenske.nl

觀光行程

◎遊船

Tour on the Maas

由Rederij Stiphout公司經營的馬斯河遊船，載著遊客行經聖瑟法斯橋、布尼芳坦美術館、政府建築區域、聖彼得山，船行至與比利時的邊界後折回，全程約50分鐘。該公司還有提供包含參觀聖彼得山洞穴的套裝行程、前往列日的跨國行程、附晚餐的燭光行程與週日的早午餐行程等。

從Maaspromenade 58的碼頭出發（聖瑟法斯橋與威廉明娜橋之間）

351-5300

5~8月每日11:00~17:00，4、9~10月底每日12:00~16:00，其餘月份週六、日12:00~16:00。每小時整點出發

全票€14，優惠票€8

www.stiphout.nl

◎觀光巴士

Zonnetrein

搭乘透明車廂的環保太陽能車遊歷馬斯垂克歷史城區，提供多種語言的語音導覽。

從舊城區遊客中心出發
(0)612-364-416
4月開始，每日11:00~17:00，每小時整點發車
全票€9，優惠票€6.5，4歲以下免費
www.stiphout.nl

旅遊諮詢

◎遊客中心

Kleine Staat 1（Dinghuis中）
325-2121
10:00~16:00（週日11:00~15:00），週一休
www.visitmaastricht.com

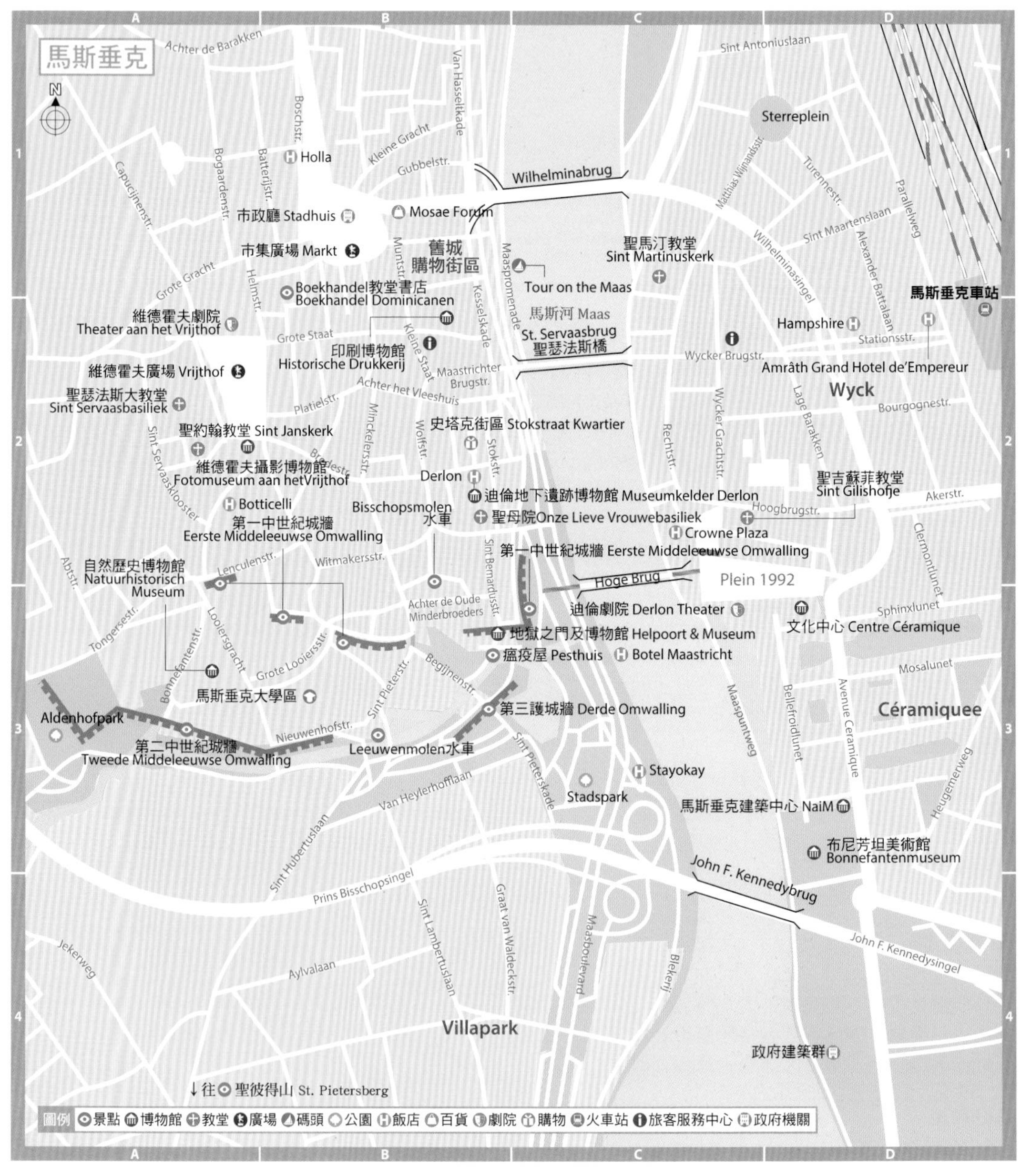

Where to Explore in Maastricht
賞遊馬斯垂克

MAP ▶ P.208C2

聖瑟法斯橋與霍格橋
St. Servaasbrug & Hoeg Brögk

馬斯河的歷史與現代

從火車站步行7~9分鐘可達聖瑟法斯橋；10~12分鐘可達霍格橋

橫跨馬斯河的聖瑟法斯橋，打從13世紀初期便已屹立於此，是荷蘭最古老的橋樑之一。聖瑟法斯橋連接了火車站所在的Wyck區與舊城區，供行人與車輛通過，雄偉的橋身經過800多年仍然英姿煥發，令人驚歎。

2003年，馬斯河上又多了一座只供行人與單車族通行的霍格橋，與古樸堅厚的聖瑟法斯橋對比，霍格橋算是一座筆直簡潔的當代藝術建築，平坦的橋面加上便利的升降梯設備，大受單車騎士、輪椅族、推著娃娃車的媽媽們與拉著行李的觀光客歡迎。

MAP ▶ P.208B1

市集廣場
Markt

庶民生活真實樣貌

從火車站步行約16分鐘可達；搭乘4號公車至Markt站，步行約1分鐘可達 市政廳週一至週五09:00-12:30，14:00-17:00

市集廣場每天早上都擠滿了鮮花、蔬果、肉販、魚市、書報、小吃等攤販，是最能融入當地人生活的地方，也是個能讓你一次吃盡荷蘭街頭小吃的地方。

當廣場上的攤位撤走之後，偌大的石子地面襯托著市政廳，更加顯得精巧典雅。馬斯垂克市政廳（Stadhuis）建成於1659到1664年間，是棟3層樓的建築，而中央的鐘塔則是在1684年加上去的，上面有座由49個小鐘組成的樂鐘，每週六都會定時演奏。市政 的大廳是對外開放的，遊客可一窺室內美麗的灰泥雕飾、華貴壁毯和彩繪天花板。在市政廳附近，有一尊手持火炬的銅像，他是出生於馬斯垂克的自然科學家明克勒斯（Jean-Pierre Minckelers），曾於18世紀時發明了煤氣燈，因此雕像的創作者在他手上放置了一盞「永不熄滅的火焰」。

MAP ▶ P.208B1

舊城購物街區
Winkelgebied in de Oude Stad

古典建築血拼時尚

從火車站步行12~14分鐘可達；搭乘4號公車至Markt站，步行約2分鐘可達

馬斯垂克舊城裡最熱鬧的購物區域，大致為以市集廣場、維德霍夫廣場、史塔克街區（Stokstraat Kwartier）和聖母院為界之間的街區，尤其是史塔克街（Stokstraat）與大街（Grote Straat）一帶，高級精品店、餐廳、百貨公司、紀念品店及旅館等，都藏身在一間間古色古香的屋子裡，文藝復興式建築中，都是當季最流行的款式。而位於市集廣場東邊的Mosae Forum，是當地最大的購物中心，地下街則是超市和美食街，其中一家名為東方行的中國超市，是亞洲背包客們的最愛。

MAP▶P.208A2

維德霍夫廣場

Vrijthof

生活與信仰核心

從火車站步行約需17分鐘可達；搭乘4號公車至Vrijthof站，步行約2分鐘可達

維德霍夫廣場位於馬斯垂克舊城中心，其地位之所以重要，是因為本城2大教堂—聖瑟法斯大教堂與聖約翰教堂就在一旁，象徵著馬斯垂克的宗教精神。此外，廣場也是馬斯垂克主要購物街道的共同終點，大大小小的服飾店、生活用品店、麵包店、餐廳和百貨公司都聚集在這一帶，是馬斯垂克精華地段的核心。

維德霍夫攝影博物館

Fotomuseum aan hetVrijthof

Vrijthof 18　週二至週日10:00~17:00，週一休　全票€12.5，優惠票€6.5，7歲以下免費　fotomuseumaanhetvrijthof.nl

廣場南側的維德霍夫攝影博物館，是一棟16世紀的文藝復興風格建築，原本是一棟聖堂會所，西元1520年後成為當時神聖羅馬帝國皇帝查理五世與他的兒子—後來成為西班牙國王並統治低地國的腓力二世的居所，因此這間博物館又常被稱為西班牙政府博物館（Spaans Gouvernement）。館內保存許多完善的17、18世紀傢俱擺飾、銀器、陶瓷、玻璃、繪畫等藝術品，並舉辦不同主題的攝影展。

MAP▶P.208A2

聖約翰教堂

MOOK Choice

Sint Janskerk

遠眺美景的紅色高塔

從火車站步行18~20分鐘可達；搭乘4號公車至Vrijthof站，步行約3分鐘可達　Vrijthof 24　復活節至秋末的11:00~16:00，週日休　教堂免費，登塔全票€3.5，優惠票€2　www.stjanskerkmaastricht.nl

馬斯垂克的市容帶有典型的歐洲山城風情，要飽覽這片景色，最好的地方就是在聖約翰教堂的高塔上。這座哥德式的教堂大約建於13世紀以後，並在1633年變成新教徒的教堂，儘管如此，聖約翰教堂並不像其他皈依新教的教堂般大力抹除舊教藝術，仍保留了15世紀初期的壁畫與雕像，以及名人政要們的華美墓碑。其他值得一看的，還有Coenrad Pierkens製作於1780年的講道壇，和同年製造的Binvignat管風琴，直到現在，教堂仍時常在週六舉辦風琴演奏會。而70公尺高的鐘樓，其紅色外觀傳說從前是用牛血漆成，不過今日整修時已換上合成塗料。

MAP ▶P.208A2

MOOK Choice

聖瑟法斯大教堂

Sint Servaasbasiliek

珍藏聖寶的主教教堂

從火車站步行約需20分鐘可達；搭乘4號公車至Vrijthof站，步行約2分鐘可達 Keizer Karelplein 6 350-6262 10:00~17:00（週日11:30起） 全票€6，優惠票€4 www.sintservaas.nl/en

聖瑟法斯是羅馬帝國時代的大主教，相傳他在西元384年將主教轄區從通赫倫（Tongres）遷移至馬斯垂克，因而被視為今日荷蘭地區的第一位大主教與馬斯垂克的主保聖人。聖瑟法斯教堂便是蓋在這位主教的墳墓上，西元560年初建時還只是一座小禮拜堂，經過1千多年來的陸續擴建，成為今日規模宏偉的十字型巴西利卡式主教堂。

在聖瑟法斯大教堂中有2處地方絕不能錯過：一個是教堂西翼的皇家大門，夾雜著早期哥德與羅馬式雕飾的拱門上，豎立著一尊尊舊約與新約聖經中的人物；而地面上刻有錯綜複雜的迷宮路線，象徵只有在聖瑟法斯的帶領下，人們才能進入天國，這是出於相傳執掌天堂之門的聖彼得曾經顯靈將鑰匙交給了聖瑟法斯的典故。

另一處便是教堂內的珍寶室，還沒走進入口，就可隱約感受到從房間內散發出金光閃閃的光芒，西元10世紀的黃金十字架、鑰匙、精美的寶物箱、以貴重金屬和寶石打造的宗教器物等，在在顯示低地國當時的財富和對天主教的虔誠。被長廊包圍的中庭裡，還有一座重達7公噸的大鑄鐘，這是荷蘭境內最大的教堂鐘，被當地信徒暱稱為「祖母」（Grameer）。

MAP▶P.208B1

MOOK Choice

Boekhandel教堂書店

Boekhandel Dominicanen

上帝的美麗圖書室

從火車站步行約16分鐘可達；搭乘4號公車至Vrijthof站，步行約1分鐘可達 Dominikanerkerkstraat 1 410-0100 09:00~18:00（週一10:00開始；週四至21:00），週日12:00~18:00 www.libris.nl/dominicanen

從外觀來看，可能會以為：「這大概又是一間教堂吧！」若抱持這種想法過門不入，可就錯過了「世界上最美麗的書店」！

1794年以前，這裡的確是隸屬於多明尼會的教堂，建築年代可上溯至14世紀；但在法國大革命時期，教堂遭到法軍佔領，此後便與上帝分道揚鑣，先後成為軍營、倉庫、工廠、檔案館、活動場地等用途，就是沒能再重拾教堂本業。2004年，馬斯垂克市政府對此廢棄空間再利用，並找來知名的M+G設計事務所操刀，將教堂內部空間改裝為一處美輪美奐的書店。

壯觀的列柱與斗拱、華麗的溼壁畫與精巧的雕刻壁飾都還清晰可見，只是本堂中央豎起一座3層樓的黑色巨大書架，而主祭壇則成了一處名為Coffeelovers的咖啡座。在這裡看書不但有種被靈光籠罩的感覺，從前只可遠觀的聖堂裝飾藝術，如今都近在眼前，難怪引來許多不買書的遊客專程來此拍照。

MAP▶P.208B2

迪倫地下遺跡博物館

Museumkelder Derlon

餐廳內探索古羅馬遺跡

從火車站步行約15分鐘可達；搭乘1、4、5、7等號公車至Mosae Forum/Centrum站，步行8~9分鐘可達 Onze Lieve Vrouweplein 6 321-6770 全票€5 www.derlon.com/home-en

在迪倫酒店（Derlon Hotel）興建開工之前，一群本地的考古學家來到這裡進行勘測，結果在地底挖出了驚人發現—古羅馬時期的城市遺跡。為了在保存考古成果與新酒店的建設之間取得平衡，當局想出了兩全其美的辦法，將考古遺址規劃成一間酒店內的博物館，並和地下室的餐廳空間完美結合，這麼一來人們便能自由參觀這些考古發現，而遺跡也成了餐廳最時尚的裝潢。博物館中展示的遺跡共有9處，年代最久遠的是前羅馬時代的鵝卵石道路，其他還包括朱比特神廟的碎片、一口完整的水井、古城牆的殘垣等，年代約在西元2到4世紀之間。

MAP ▶ P.208B2

聖母院

Onze Lieve Vrouwebasiliek

直達天聽的河岸地標

從火車站步行約15分鐘可達；搭乘1、4、5、7等號公車至Mosae Forum/Centrum站，步行8~9分鐘可達 Onze Lieve Vrouweplein 7 325-1851 08:30~17:00（萬聖節至復活節僅週日開放） 珍寶室全票€3，優惠票€1

馬斯垂克聖母院是本城的地標之一，面向西方的正立面顯得異常高聳，站在教堂底下往上看，幾乎要看不見直沖霄漢的教堂雙塔；而缺少窗戶與裝飾的牆面表現出強而有力的姿態，給人如同要塞般牢不可破的印象，反應當時與黑暗對抗的宗教氛圍。這座正立面約建成於1000年，石材即是來自傾塌的羅馬城牆，這種融入北方Westwork結構的羅馬式（Romanesque）風格，在11世紀的歐洲曾經盛行一時，不過今日尚存者已寥寥無幾。

教堂主體部分的巴西利卡式建築完成於12世紀左右，正立面旁的小禮拜堂是今日遊客進出的入口所在，供奉一尊海之星聖母雕像（Star of the Sea），這稱號最初是象徵聖母有如海面上的星星，為世人指引方向，久而久之就成了海員的守護神。由於聖母院在18、19世紀交接的年代裡，曾短暫淪為軍營及鐵匠鋪，許多聖物寶器就此遺失，因此現在展示在教堂珍寶室裡的，多半是近代的聖器。

MAP ▶ P.208B3

中世紀城牆

Middeleeuwse Omwalling

靜默的城市守護者

沿馬斯河西岸南行即可看到

馬斯垂克從前共有3道城牆，現今殘存的部分集中在馬斯河西岸的市中心南部。正對著霍格橋、轉過地獄之門折而向西，再沿著Lang Grachtje斷續延伸的，是建於1229年的第1道中世紀城牆，由當時的布拉班公爵亨利一世下令興建；後來由於市區發展，城牆內的人口過於擁擠，於是又在1350年左右建了第2道中世紀城牆（現今殘存部分在Jeker河北岸）。到了1516年，又建了第3道護城牆，不過這道城牆今日只剩Jeker河南岸的一小隅。由於這些城牆的關係，馬斯垂克顯得更加古意盎然，至今這些城牆仍能通行，周圍蓊鬱的樹林綠地與涓涓流水，間或出現的砲臺與砲陣，都令走在上頭的人們不由得聊發思古之幽情。

MAP ▶ P.208B3

地獄之門及博物館

Helpoort & Museum

中世紀黑暗關口

從火車站步行約17分鐘可達；搭乘1、4、5、7等號公車至Mosae Forum/Centrum站，步行約11分鐘可達 St. Bernardusstraat 24b 651-066-825 復活節至秋季中期的12:30~16:30 樂捐 www.maastrichtvestingstad.nl/en

地獄之門是馬斯垂克中世紀時城牆的一部分，這道城牆在南邊於16世紀興建完成之前，擔負了本城2個多世紀安危的重責大任。而地獄之門不但是馬斯垂克至今仍留存的唯一城門，也是全荷蘭僅存的中世紀石拱城門，其名字由來緣於黑死病大流行時期，當時的病患會經由這道城門被送到城門外的瘟疫屋（Pesthuis）等死，因此常被視為通往地獄的象徵。

城門上的塔樓現在是一間小巧的博物館，陳列著馬斯垂克舊城牆的文物遺跡與歷史，登樓入內之前需先捐獻，有義工在上面為遊客服務。從地獄之門旁的階梯爬上城牆，可以見到城外的草地與大砲台，附近已改成一座附有噴水池的公園，十分美麗。

MAP ▶ P.208D3

MOOK Choice

布尼芳坦美術館

Bonnefantenmuseum

跨越世代藝術殿堂

從火車站步行12~15分鐘可達；搭乘1、5、57等號公車至Bonnefantenmuseum站，步行約1分鐘可達 Avenue Céramique 250 329-0190 11:00~17:00，週一休 全票€17.5，優惠票€8.75，18歲以下免費 www.bonnefanten.nl/en

布尼芳坦美術館是荷蘭林堡省首屈一指的博物館，館內收藏主要有3大類：考古學收藏品、中世紀到18世紀的藝術收藏以及當代藝術作品。

這座既年輕且令人印象深刻的建築物，由義大利建築師羅西（Aldo Rossi）所設計，巧妙地利用室外的自然光線，營造出獨特的氣氛。一進入美術館內，立刻就會被那長35公尺的木頭階梯所吸引，沿著階梯上樓後便可進入館內不同的展覽室參觀。

考古收藏品的部分，包括中古世紀的雕塑和考古文物，像是9至15世紀的雪花石膏、木製品、里摩的陶瓷、象牙收藏品等，其中較重要的收藏，是來自馬斯垂克當地的雕刻大師Elsloo和Jan van Steffeswert的木刻作品。而16、17世紀的尼德蘭南方畫家布勒哲爾（Pieter Bruegel）、高特（Colijn de Coter）和阿爾斯特（Pieter Coecke van Aelst）等人的畫作，更是館藏的重點。此外，西元14~17世紀的義大利與日耳曼畫作，以及15、16世紀的祭壇雕飾，也是值得一覽的部份。在當代藝術方面，則以近代國際藝術家為主，以極簡抽象藝術派為主軸，展出許多大膽且富創意的作品，與傳統的藝術概念形成強大對比。

MAP▶P.208C1

MOOK Choice

馬斯河遊船及聖彼得山洞穴之旅

Tour on the Maas including a visit to the caves in St. Pietersberg

地底迷宮探險

過聖瑟法斯橋至馬斯河西岸後，沿河岸北行即達　報名及登船處在Maaspromenade 58（聖瑟法斯橋與威廉明娜橋之間）　351-5300　11:00~14:00，每小時1班，行程約需3小時　全票€24.75，優惠票€17.25；亦有含午餐的行程　www.stiphout.nl

美麗的馬斯河岸風景和城市南方的聖彼得山（St. Pieter）洞穴，是許多人來到馬斯垂克的旅行目的，不論你停留在馬斯垂克的時間有多長，建議一定要參加這趟半日遊行程。

聖彼得山丘是座因馬斯河的沖刷作用而形成的石灰泥台地，大約形成於8千萬年前，由於形成年代久遠，地層沈積十分豐富，因此各種化石如貝類、鯊魚牙齒，甚至是長20公尺的爬蟲類遺骸、巨型海龜等，都曾在此發現過。

而由此地所出產的石灰石顏色有些鵝黃，是相當良好的建材來源，馬斯垂克人長久以來就一直切割此處的岩壁來興建屋宇。然而經過長時間的鑽挖，聖彼得山內部的洞穴現在已有超過2萬條通道，宛如一座隱藏在岩石中的迷宮；而自16世紀開始，也有許多藝術家為了各種目的，在這裡的岩壁上留下相當精彩的作品。

這個洞穴同時也是歷朝歷代鄰近區域居民的避難所，從洞裡遺留下來的大型炊事房、水井與禮拜堂皆可看出端倪，尤其是第二次世界大戰時，這裡一度容納了5萬名居民，裡面甚至還有間規模不小的醫院！

由於地下通道宛如迷宮般複雜，且洞內並無照明系統，所以一律得參加導覽團才能進入山洞，會有一位專業導遊帶領遊客在洞內參觀。不過需要注意的是，千萬不要跟丟了，否則可能永遠也走不出這個迷宮！

馬斯垂克近郊 Around Maastricht

MAP ▶ P.005D4

魯爾蒙德名品暢貨中心

Roermond Designer Outlet

一次購足折扣歐洲品牌

搭火車至Roermond站，步行15~20分鐘可達 Stadsweide 2, Roermond, the Netherlands (0)475-351-777 09:00~21:00 www.mcarthurglen.com/en/outlets/nl/designer-outlet-roermond

魯爾蒙德名品暢貨中心位於荷、德邊境的小鎮，若不趕時間，由火車站漫步約15到20分鐘，不妨一邊穿過熱鬧的購物街、舊教堂與廣場，一邊欣賞小鎮風光，購物兼觀光一舉兩得。Outlet品牌從平價運動Adidias、Skechers、Lloyd Shoes，中價位CK、Kipling到高級精品Burberry、Prada等都有，種類則囊括流行服飾、保養美妝、名瓷餐具、法國Le Creuset鑄鐵鍋、德國WMF不鏽鋼鍋具等琳瑯滿目，賣場內另有兒童遊戲設施、咖啡廳、速食店與La Place自助式歐式餐廳，很適合闔家光臨，每個成員都能找到自己想逛的店家。

馬斯垂克近郊Around Maastricht

MAP ▶ P.005C4

La Trappe 修道院釀酒廠

La Trapp Trappist Brewery

上帝的釀酒廠

搭火車至提爾堡站，轉搭往Best方向141號公車，在Moergestel, Abdij Koningshoeven站下，步行約2分鐘可達 Eindhovenseweg3, 5056 Berkel-Enschot 135-722-650 餐廳與禮品店週一至週六11:00~19:00、週日12:00~19:00，酒吧打烊時間18:30；導覽行程須事先上官網預約購票 導覽加啤酒品嘗全票€17.5、導覽12~17歲青少年€10、兒童€3；亦有導覽加啤酒與餐點品嘗 uk.latrappetrappist.com/gb/en.html 需事先上網預訂

La Trappe釀酒廠位於荷蘭南方靠近比利時邊界的提爾堡（Tilburg），是荷蘭境內唯一開放參觀的正統修道院啤酒品牌。19世紀末由於象徵神權的天主教修道院沒落，一群來自法國諾曼第的僧侶於是來到了荷蘭南方地區成立了一處避難所，並命名為王之農莊（Koingshoeven），也就是修道院的前身。為了維生與慈善工作，僧侶們便開始釀造啤酒。歷經了二次世界大戰的動盪，尤其在第二次大戰後物資短缺的艱難時期，修士們更是傾盡全力使釀酒廠得以恢復營運。1960年代，La Trappe正式誕生，至今修道院不斷地擴增設備、經營與改良啤酒配方，引用太陽能發電、收購附近的麥田，使得運送過程中的排碳量遞減，並輔助社會弱勢族群參與釀酒製程。建議可於中午左右抵達，先在直營餐廳享用特色啤酒餐，道地的修道院啤酒燉牛肉、經典肉丸、修道院起司、麵包等，小酌一杯後即可展開參觀之旅。導覽行程含參觀釀酒設備、古早烘培坊、影片欣賞等。

森林國家公園

Het Nationale Park De Hoge Veluwe

文●墨刻編輯部 攝影●墨刻攝影組

陽光透過濃密樹林，灑在小徑上碎成一地亮片剪影，厚厚落葉是森林裡最舒服的地毯，引領你尋找發掘那與湖畔綠地融為一體的藝術雕塑；騎上單車穿越大片森林，還耽溺於溫暖陽光與輕拂臉頰的徐徐微風，下一秒，眼前展開的已是天寬地闊的草原；繼續前行，穿越湖泊和沼澤後，更驚訝的是，竟然在低地之國荷蘭遇見非洲荒原和沙地的景象！

荷蘭唯一的國家級森林公園位於中部地區，佔地廣達5,400公頃，擁有豐富的自然地形及生態環境，還有40公里長的自行車道，若是沒有自備單車，在園內也有提供1,800輛免費取放的白色自行車，讓你盡情倘佯探索，看能不能幸運地遇見紅鹿、獐鹿、摩弗倫羊與野山豬等野生動物，也許還能與歐夜鷹、松樹貂、獾等保育類動物打聲招呼。

除了自然生態環境，森林國家公園內還有珍貴的人文藝術資產－庫勒慕勒美術館。森林公園和美術館在20世紀初期原為庫勒慕勒夫婦（Anton & Helene Kröller-Müller）所擁有，他們希望能創造一個結合文化與自然的空間；1935年因為經濟危機，他們被迫將這片私人產業轉型為基金會，以向銀行獲得貸款；庫勒慕勒太太更將她的驚人收藏，包括為數眾多的梵谷、蒙德里安、畢卡索、塞拉等人的作品捐贈給國家，由荷蘭政府在公園內完成美術館的建設。美術館收藏大量梵谷的真跡，因此公園也得到「梵谷森林公園」的美名。而在美術館後方的雕塑公園裡，也有以各種材質呈現的近代雕塑作品，結合林蔭景觀，成為美景處處的生活藝術。想要充分享受森林國家公園，最好選個好天氣起個大早，用一整天的時間慢慢欣賞！

INFO

如何前往

森林公園共有3處入口：

西入口Otterlo

距離遊客中心3公里。搭乘火車至Ede-Wageningen站，轉乘往Apeldoorn方向的108號公車至Otterlo，再換搭106號或400號公車（僅夏季行駛）進入公園。公車會在各入口停車，讓遊客下車購票，在這裡可選擇開始騎腳踏車或是繼續搭乘公車進入公園，沿途遊客中心和庫勒慕勒美術館均設有站牌。

東入口Hoenderloo

距離遊客中心4公里。搭乘火車至Apeldoorn站，轉乘往Ede-Wageningen方向的108號公車至Hoenderloo鎮的Centrum公車站，換搭106號公車進入公園。週末可搭乘從Apeldoorn出發的400號直達車（僅夏季行駛）。

南入口Schaarsbergen

距離遊客中心10公里，搭乘大眾交通工具比較少由此進入，多使用東、西出入口。搭乘火車至Arnhem，轉乘9號公車在Schaarsbergen, Koningsweg站下，步行4~5分鐘可達

旅遊資訊

Otterlo入口：Houtkampweg 9；Hoenderloo入口：Houtkampweg 13；Schaarsbergen入口：Koningsweg 17

(0)55 378-8166

入園時間依月份而變動，夏季（5~8月）約08:00~21:00，冬季（11~3月）09:00~18:00，4月08:00~20:00，9月09:00~20:00，10月09:00~19:00，關園前1小時停止入園。遊客中心開放時間同樣依月份調整：比開園晚30分鐘開業、比關園早30分鐘打烊。地下生態博物館09:30~17:30

全票€13.05，優惠票€6.55，6歲以下免費。門票可在遊客中心或任何一個入口購買，建議同時購買庫勒慕勒美術館門票，並預約獵人屋的參觀時間

www.hogeveluwe.nl/cn

遊園行程建議

公園內各景點距離較遠，且3個出入口來往的巴士幾乎都是1小時1班次，所以最好早早就出發前往，預留一整天的時間遊玩。建議在出發前，就上網預約好參觀時間、買好森林公園及美術館的門票，可節省許多上車、下車、排隊的時間。園區內在美術館、遊客中心旁設有餐廳供應輕食，獵人屋湖畔也有販售零食和咖啡的小亭子，如果沒帶野餐食物也不需要煩惱午餐的問題。

森林公園內路標很清楚，不用擔心迷路，白色腳踏車是最好的移動工具，可免費使用，在公園入口處、庫勒慕勒美術館、遊客中心及獵人屋皆有停車場可取用及停放。腳踏車都有兒童座椅，座椅可調整自行高低，選好腳踏車記得檢查輪胎和煞車，停車場旁邊都有打氣筒可使用，如果中途才發現車子有問題，就只能牽車到下個停車場了。需要注意的是：煞車系統並不由把手控制，而是靠著反踩踏板來減速，最好先練習一下再出發。

離開時若要返回阿姆斯特丹或烏特勒支，選擇Otterlo出口較方便；若要前往羊角村，可能需要在Apeldoorn過夜，就要搭乘往Hoenderloo方向的公車。

MAP▶P.218A1

地下生態博物館

Museonder

深入地底探險

在遊客中心地下室　09:30~17:30　持公園門票即可進入

你可曾想像過地底下是什麼風景嗎？在森林國家公園遊客中心的地下生態博物館內，你可以像是一隻活動自如的鼴鼠，透過水平的視野，觀察地面之下的一切神奇事物，諸如各種生物、礦物樣本、土壤，甚至是高齡135歲的神木在地底下的盤根錯節，以及地心到底是什麼模樣等。

在這裡，幾乎所有的展示都是互動式的：摸一塊岩石，它就會告訴你它的形成過程；聞一聞箱子，各種氣味背後又有什麼樣的地底故事；水，是如何聚集、如何流出地表的？看到的一塊化石，原來可能是什麼動物的一部份？當你沿著斜斜的樹幹坡道進入這間博物館的同時，也就愈來愈深入地底，一切奇幻的事情都隨著深度的增加而愈來愈吸引人！

MAP▶P.218A1

獵人屋

Jachthuis Sint Hubertus

森林深處的童話城堡

遊客中心出發，沿路標向北，騎單車約30分鐘可達　必須上網預約時段　休11-3月的週一　全票€4，優惠票€2　www.hogeveluwe.nl/cn/activities　需參加導覽團方能進入，可在遊客中心繳費登記。可借用英文或中文語音導覽

依傍著湖水的獵人屋，像極了童話故事中的森林城堡。這棟建築原是庫勒慕勒夫婦在此森林中的居所，和庫勒慕勒美術館一樣，他們特別聘請當時阿姆斯特丹學派的建築大師貝拉格（Hendrik Petrus Berlage）設計建造。海倫·庫勒慕勒對基督教傳統中獵人的守護神聖胡伯特（St. Hubert）的故事相當著迷，故事描述胡伯特在某次狩獵中，於紅鹿的鹿角間看見發光的耶穌背十字架苦像，耳中聽到不知何處傳來的聲音，告訴他若不歸向天主，未來將墮入地獄，胡伯特驚訝萬分，從此獻身教會，最後成為列日地區的主教，教會於胡伯特過世時追諡為獵人守護者。貝拉格以這個故事作為建築的設計概念，兩翼側樓象徵鹿角，中央高塔倒映在水面上正好組成鹿角中的十字架，外牆也能看到胡伯特皈依故事的裝飾磚。

獵人屋不但外觀優美，貝拉格還運用了當代許多先進的建築科技，如中央空調、中央暖氣系統，中央時鐘系統及電梯等；室內陳設也相當具可看性，其裝潢保留了庫勒慕勒太太的巧思，隨處可見的珍貴收藏品、畫作、來自亞洲的佛像與瓷器，讓這棟豪宅彷若一座小型博物館。由於每日的參觀名額有限，因此不要忘了事先預約導覽時間，才算不虛此行。

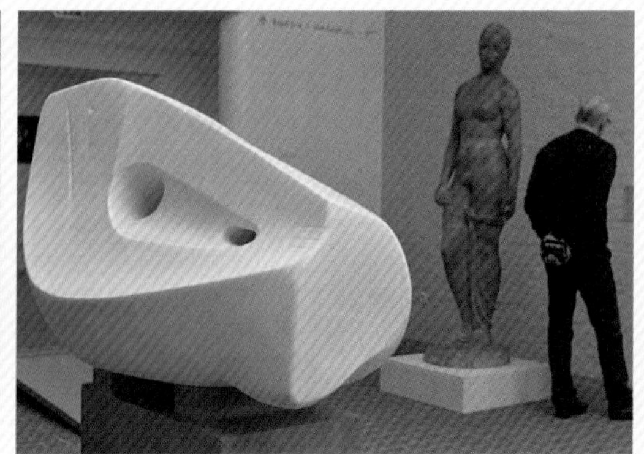

MAP ▶P.218A1

庫勒慕勒美術館

Kröller-Müller Museum

森林裡遇見梵谷

Houtkampweg 6, Otterlo (0)31859-1241 10:00~17:00，週一休 全票€13，優惠票€6.5，12歲以下免費 www.krollermuller.nl

庫勒慕勒美術館因為收藏大量的梵谷作品而聞名於世，幾乎所有遊客一進美術館，就先衝往梵谷藝廊（Van Gogh Gallery），將近90幅油畫以及超過180幅素描讓庫勒慕勒美術館成為世界第2大的梵谷畫作收藏館。

美術館的藝術品都是海倫．庫勒慕勒夫人於1907到1922年間購入的收藏，將近11,500件館藏中，還有新寫實主義（New Realism）、法國印象派點畫法（Pointillism）等畫派作品，在這裡不論是梵谷、畢卡索、蒙德里安（Piet Mondriaan）、莫內、秀拉（Georges Seurat）等人的大作，都能讓參觀者近距離地觀察畫家上色的筆觸和顏料混合的方式。庫勒慕勒夫人對藝術品的喜好範圍相當廣，館內還有許多來自亞洲的佛像、瓷器等。更棒的是，這裡的「警衛」先生可不只是保護這些畫作的守衛而已，如果你有任何關於畫作上的問題，他們也能盡其所能地回答你。

從館內大幅陳列的照片中，可以看出這些收藏原來在獵人屋中擺設的位置，顯示庫勒慕勒夫婦的房子、藝術品與生活如何互相呼應串連。走到室內雕塑展區，大片落地窗加上開放空間的通透設計，引進天光和一室綠蔭，藝術作品就像與自然共存的恆久存在，這就是庫勒慕勒夫人的夢想─藝術、建築與自然的完美結合。

《食薯者》The Potato Eaters, 1885

梵谷在一生中總共畫過3幅《食薯者》，在梵谷美術館的那一幅最亮，左邊的椅子全部都有出現；而庫勒慕勒收藏的這幅是第2幅，整體畫面更昏暗，不重視學院派的繪畫技法，比較強調情感表現，就像畫家說過的：反映真實農民生活的畫，應該要「聞得到培根、煙和蒸馬鈴薯的味道」。

《自畫像》Self Portrait, 1887

梵谷在1885~1888年居住在巴黎的期間，共畫了25幅自畫像，並不是因為他太自戀，而是因為梵谷認為人物畫最能磨練繪畫技巧，但他沒錢聘請模特兒、也沒人要出錢請他作畫，只好對著鏡子畫自己。這個時期梵谷的個人畫風已逐漸建立，他認為自畫像並不只是描繪外在客觀的形體，更要表現人物的特質與想法，他用柔和的藍與綠色調組成畫面，讓畫中的自己看起來冷靜理智，但粗獷的筆觸、明顯的線條以及背景快速的筆法讓整幅畫有動態感，也更能表現眼神中藏不住的焦慮。

《星空下的絲柏樹》
Road with Cypress and Star,1890

梵谷在聖雷米療養院的時期，飽受精神疾病所苦，對自然景物的描繪成為他得到安穩與救贖的力量。絲柏樹是這個時期梵谷最愛的主題，在他眼中，絲柏樹如同埃及的方尖碑一般美麗，在新月與星星異常柔和黃綠色光輝下，綠色火焰燃燒般的大樹向天際伸展，巨大沈穩地支撐整個畫面，旁邊的夜行者顯得更加渺小，他的筆觸強勁有力，線條以漩渦狀將觀賞者捲入畫家創造的世界一那是個與內心的自己掙扎奮戰、同時又懷有對生命與藝術強烈熱情的世界。

《星空下的咖啡館》
Terrace of a Café at Night, 1888

這大概是梵谷最被大眾喜愛、也最廣泛運用於商業範圍的畫作了。這是梵谷居住在南法亞爾（Arles）小鎮時期的作品，咖啡館外牆煤氣燈閃爍溫暖黃光，佔據大部份的視覺焦點，將背景的紫羅蘭色天空襯托得更乾淨透明，鵝卵石地板也染上一層淡黃色光暈。這是梵谷第一次在畫作中表現星星閃爍的夜空，他用客觀的角度描繪遠處稀疏的人、凌亂的桌椅，雖然用溫暖的色調畫出沒有黑色籠罩的咖啡館夜色，濃烈的色彩、筆觸和景物結構卻讓觀者隨著畫家一同抽離喧囂，感受到強烈的孤寂。

雕塑公園 Sculpture Garden

10:00~16:30，週一休　持美術館門票即可進入

透過大片窗玻璃，數座錯落的雕塑映著陽光在美術館不經意的角落中閃閃發亮，推開門，庫勒慕勒美術館的後花園藏著你意想不到的雕塑森林。25公頃的雕塑公園是歐洲最大的戶外雕塑展示場，羅丹（Auguste Rodin）、亨利摩爾（Henry Moore）、杜布菲（Jean Dubuffet）等19世紀末期著名雕塑家的雕塑，散落在水池、草地、花叢、沙地、樹蔭中，讓這座森林充滿不一樣的美感。純白色的渾厚球體在噴水池裡旋轉，跳著芭蕾獨白；像是螳螂人的鋼塑，替這片草皮帶來些許科幻味道；而少女舞蹈雕像、母子雕像則有著陽光般的溫暖。

其中最吸引人的，應屬杜布菲的作品：一大塊凹凸不平、高1.5到1.8公尺的雕塑上，有著一根狀似飛舞的蘑菇，遊客可以從小洞中走上階梯，從蘑菇的莖部爬上這座巨型雕塑，在黑色線條與沒有一塊平地的白色物體上尋找前進的路線。一步一新奇的雕塑公園值得你帶份午餐在此靜靜享用，與這些創作共享美麗舒適的午後時光。

比利時

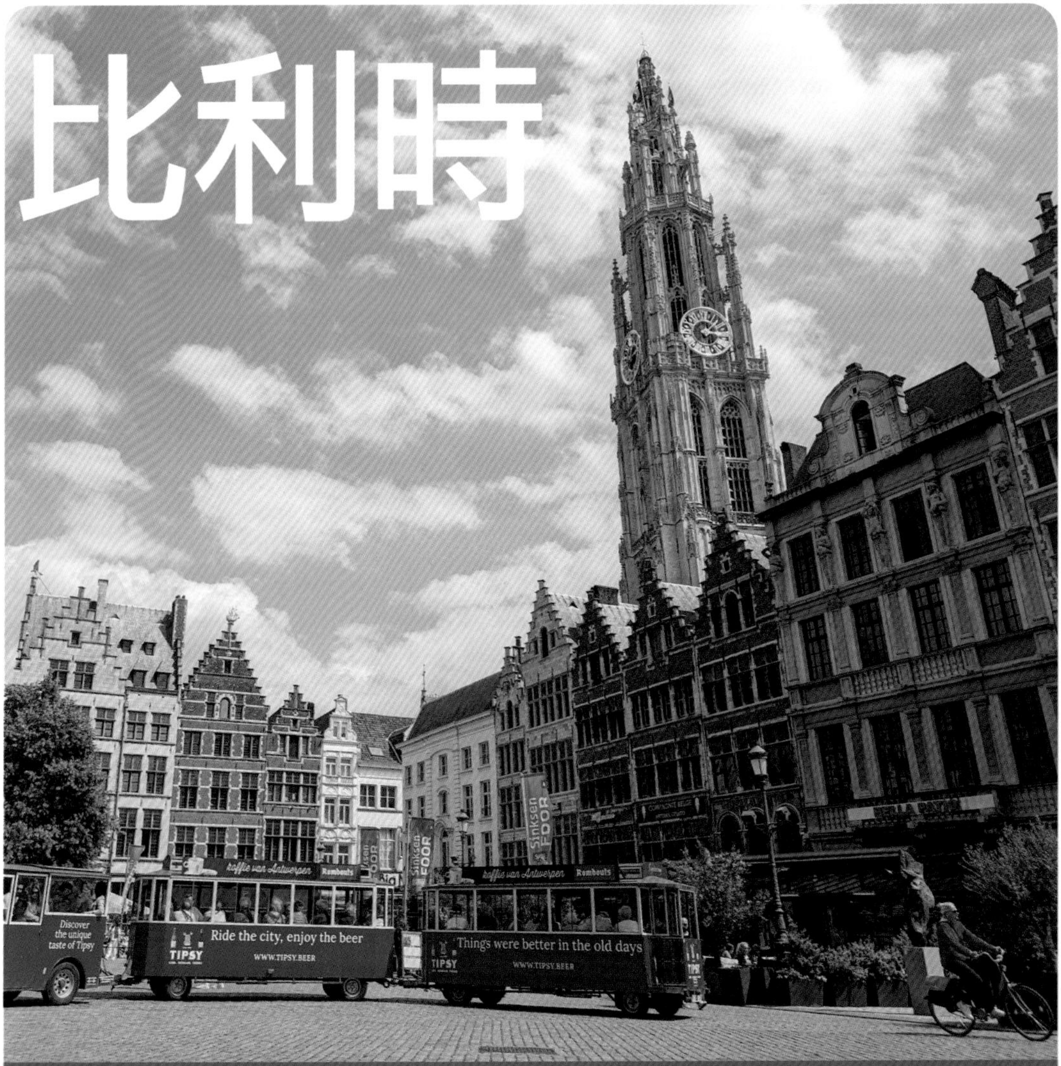
Discover
the unique
taste of Tipsy
koffie van Antwerpen
Rombouts
Ride the city, enjoy the beer
TIPSY
WWW.TIPSY.BEER
Things were better in the old days
Sinksen
FOOR

比利時

Belgium

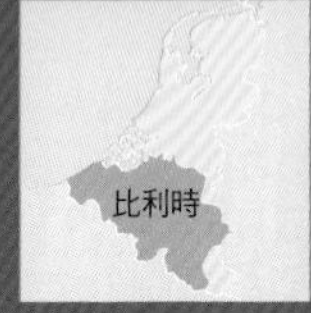

比利時面積僅台灣的5/6，人口也只有千萬出頭，然而地理位置的優勢帶來貿易與工業的繁榮，卻也帶來鄰國長期的入侵及威脅，直到1830年才脫離荷蘭統治，宣布獨立。

複雜的歷史也反應在多元化的語言上：北部的法蘭德斯地區以荷語為主，南部的瓦隆地區使用法語，臨靠德國邊境的少部分地區則說德語。多元語言文化造就了比利時人帶有自我調侃式的獨特幽默，聞名全球的尿尿小童就是這種精神的表現；對各種文化包容開放的態度，所以在小小的比利時旅行，就會有走過半個西歐的感覺。

比利時也是美食之國，啤酒、巧克力、鬆餅、薯條與淡菜等，都享譽世界。此外，歐盟與北大西洋公約組織所在地布魯塞爾、中世紀水都布魯日、風景如畫的根特、鑽石與時尚重鎮安特衛普等都獨具特色。

比利時之最Top Highlights of Belgium

布魯塞爾大廣場Grand Place of Bruxelles

四周被華麗的公會建築包圍，法國文豪雨果曾盛讚「世界上最美麗的廣場」，黃昏時夕陽映照成金碧輝煌，又有「黃金廣場」的美譽。(P.232)

布魯日城區

在布魯日，詩情畫意會向你襲來。擁有眾多世界文化遺產的中世紀之城，迴盪著馬車的達達馬蹄聲，無論是漫步在石子路上，或搭船順著蜿蜒運河穿越時光，都能感受與布魯日相戀的幸福。(P.288)

比利時皇家美術館 Musées Royaux des Beaux-Arts de Belgique

珍藏跨時代的國家寶藏，尤其是早期法蘭德斯畫派的大師傑作，鎮日流連也看不盡。(P.242)

根特的香草河岸 Graslei of Gent

登上聖米歇爾橋，香草河岸整排優雅的山形屋建築倒映水中，飽覽根特最美的風景。(P.302)

布魯塞爾及其周邊

Bruxelles & Around

文●蒙金蘭・陳蓓蕾・墨刻編輯部　攝影●蒙金蘭・墨刻攝影組

一般人對布魯塞爾的印象，總離不開那雕飾得金碧輝煌的大廣場、美麗的聖羽貝購物拱廊、名聞遐邇的「尿尿小童」；不管什麼時候來到布魯塞爾，以大廣場為中心的周遭大小巷弄間，餐廳、商場、博物館等總是擠滿人潮。

然而自從布魯塞爾被選為歐盟的首府之一（另2處為盧森堡市以及法國的史特拉斯堡），這裡就越來越像一座全歐洲的城市，而非僅僅屬於比利時的首都。走在熱鬧的街頭，不時可見到一整面牆壁繪滿了五彩鮮豔的漫畫，夾雜在古典風格、新藝術的建築之間；從第二次世界大戰後，歐洲各地的漫畫家在布魯塞爾的大街上找到發揮空間，至今已有超過50面牆壁、總面積達4,000平方公尺的漫畫在街頭林立，衝突又協調的畫面，是布魯塞爾獨有的特色。

古典與現代混搭、融合，就像街頭隨處可見的啤酒吧和巧克力店，前者是傳承數個世紀的傳統文化，後者則是足以擔任「比利時大使」的極致甜點；一個豪放不羈，一個細膩精緻，卻都同時代表了布魯塞爾精神。

「在布魯塞爾，你永遠不會一個人獨自飲酒。」熱情的比利時人會對你這麼說。在充滿文藝氣息的小酒館裡，當眾人舉起大酒杯，喝到的不只是比利時啤酒的鮮甜氣泡，也飲盡布魯塞爾的百年甘醇。

INFO

基本資訊

人口：約2百13萬人
面積：32.61平方公里
區碼：(0)2
語言：以法語為主（約62%，荷蘭語20%），通常可同時看到2種語言標示，本章節使用法文
城市名稱：法Bruxelles / 荷Brussel / 英Brussels

如何前往

◎飛機

布魯塞爾國際機場（Brussels Airport，簡稱BRU）位於市區東北約11公里處的Zaventem，雖然與台灣之間目前尚無直飛航班，但作為歐洲航運樞紐，很容易便能在香港、新加坡、泰國或歐洲各主要城市轉機前往。

www.brusselsairport.be

◎火車

位於布魯塞爾市中心的3大車站分別為：中央車站（Bruxelles Central/ Brussel Centraal）、北站（Bruxelles Nord/ Brussel Noord）與南站（Bruxelles Midi /Brussel Zuid），國內線火車幾乎3站都停，但跨國列車和高速火車通常只停南站。中央車站與南、北站之間，各有一個小站：Bruxelles Kapellekerk與Bruxelles Congrès，在查詢班次或購買車票時請千萬注意確認站名。從布魯日到布魯塞爾，周間每小時約有2班直達車，需時約1小時；從安特衛普每小時有5班直達車，需時約45分鐘；從根特每小時5班直達車，需時約30分鐘。從阿姆斯特丹出發每小時一班IC，需時約3小時23分鐘，或是搭乘Thalys特快車（需事先訂位），需時約1小時50分。

www.belgiantrain.be/en

機場至市區交通

◎火車

搭乘火車前往市區是最方便有效率的方式。火車站Brussel-Nat-Luchthaven位於機場航站地下1樓，每小時有4班直達車前往市中心的3大火車站，車程約17分鐘。由於布魯塞爾機場2012年剛完成能讓高速火車通行的基礎建設，因此搭乘火車進出機場都需要強制性的付費給承包建設的公司Northern Diabolo，若是在機場售票處或自動售票機買票，Diabolo Fee均已內含於票價內，若使用各種通行證（Eurail Pass、Eurostar, Thalys等），需要額外購買Diabolo Fee票券，單程€6.7。

約04:40~23:59
單程€10.8（含Diabolo Fee）
www.belgiantrain.be/en

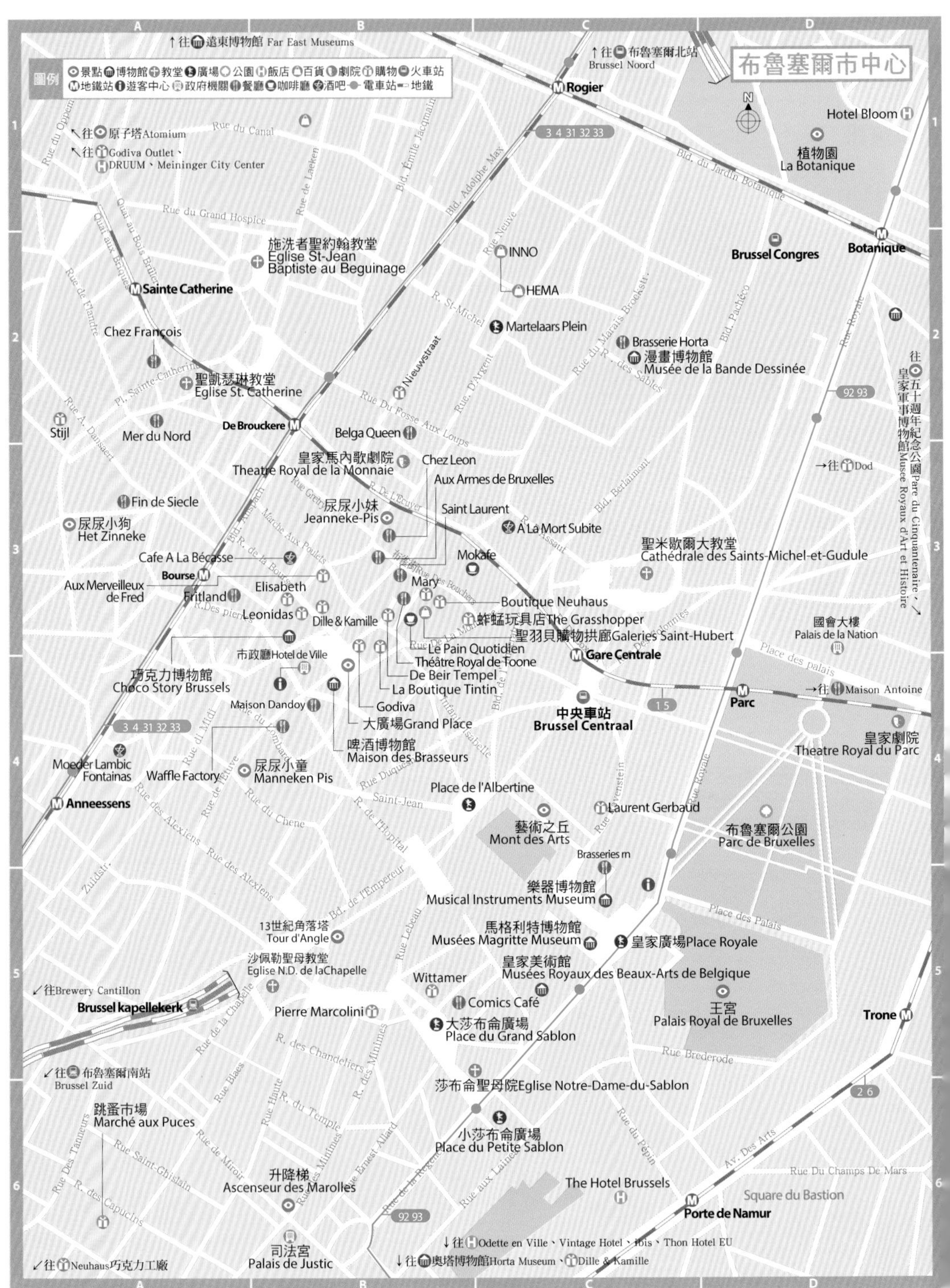

布魯塞爾市中心
圖例
景點 博物館 教堂 廣場 公園 飯店 百貨 劇院 購物 火車站
地鐵站 遊客中心 政府機關 餐廳 咖啡廳 酒吧 電車站 地鐵
↑往遠東博物館 Far East Museums
↑往布魯塞爾北站
Brussel Noord
Rogier
↖往原子塔Atomium
↖往Godiva Outlet、
DRUUM、Meininger City Center
Hotel Bloom
植物園
La Botanique
施洗者聖約翰教堂
Eglise St-Jean
Baptiste au Beguinage
INNO
HEMA
Brussel Congres
Botanique
Sainte Catherine
Chez François
Martelaars Plein
Brasserie Horta
漫畫博物館
Musée de la Bande Dessinée
往皇家五十週年博物館紀念公園Parc du Cinquantenaire、Musee Royaux d'Art et Histoire
聖凱瑟琳教堂
Eglise St. Catherine
Stijl
Mer du Nord
De Brouckere
Belga Queen
皇家馬內歌劇院
Theatre Royal de la Monnaie
Chez Leon
Aux Armes de Bruxelles
→往Dod
Fin de Siecle
尿尿小妹
Jeanneke-Pis
Saint Laurent
尿尿小狗
Het Zinneke
A La Mort Subite
聖米歇爾大教堂
Cathédrale des Saints-Michel-et-Gudule
Cafe A La Bécasse
Mokafe
Bourse
Aux Merveilleux de Fred
Elisabeth
Mary
Fritland
Boutique Neuhaus
Leonidas
Dille & Kamille
蚱蜢玩具店The Grasshopper
國會大樓
Palais de la Nation
聖羽貝爾購物拱廊Galeries Saint-Hubert
Le Pain Quotidien
Théâtre Royal de Toone
Gare Centrale
市政廳Hotel de Ville
巧克力博物館
Choco Story Brussels
De Beir Tempel
La Boutique Tintin
→往Maison Antoine
Parc
Maison Dandoy
Godiva
中央車站
Brussel Centraal
大廣場Grand Place
皇家劇院
Theatre Royal du Parc
啤酒博物館
Maison des Brasseurs
Moeder Lambic Fontainas
Waffle Factory
尿尿小童
Manneken Pis
Place de l'Albertine
Anneessens
Laurent Gerbaud
藝術之丘
Mont des Arts
布魯塞爾公園
Parc de Bruxelles
Brasseries rn
樂器博物館
Musical Instruments Museum
馬格利特博物館
Musées Magritte Museum
13世紀角落塔
Tour d'Angle
皇家廣場Place Royale
沙佩勒聖母教堂
Eglise N.D. de laChapelle
皇家美術館
Musées Royaux des Beaux-Arts de Belgique
Wittamer
↙往Brewery Cantillon
Comics Café
王宮
Palais Royal de Bruxelles
Brussel kapellekerk
Pierre Marcolini
大莎布侖廣場
Place du Grand Sablon
Trone
↙往布魯塞爾南站
Brussel Zuid
莎布侖聖母院Eglise Notre-Dame-du-Sablon
跳蚤市場
Marché aux Puces
小莎布侖廣場
Place du Petite Sablon
升降梯
Ascenseur des Marolles
The Hotel Brussels
Square du Bastion
Porte de Namur
↓往Odette en Ville、Vintage Hotel、ibis、Thon Hotel EU
司法宮
Palais de Justic
↙往Neuhaus巧克力工廠
↓往奧塔博物館Horta Museum、Dille & Kamille

◎巴士

巴士站位於入境大廳下方1層（level 0），共有3個月台。由De Lijn經營的公車系統由A月台及B月台出發，有多條路線行經布魯塞爾市中心，其中272、471號公車前往火車北站，359及659號公車前往地鐵1號線的Roodebeek站。由MIVB/STIB營運的機場巴士則由月台C出發。

De Lijn

約06:00~23:30　www.delijn.be/en

◎機場巴士

若要前往舊城區東邊的歐盟區，可搭乘由MIVB/STIB營運的機場巴士12。機場巴士自C月台出發，大約每30分鐘一班，週一至週五20:00前為直達班次，僅停留幾個大站，平日20:00以後、週末及國定假日時，則搭乘21號巴士。搭乘機場巴士可在Schuman站或終點Luxembourg站下車轉乘地鐵進入舊城區。

Airport Line

約05:30~23:50　€7.5　www.stib-mivb.be

◎計程車

計程車招呼站在入境大廳外，前往市區約€45起。要注意的是：擁有藍黃顏色標誌的才是合法計程車。

市區交通

布魯塞爾的主要景點都在舊城區內，步行是最好的遊覽方式，若要前往較遠的原子塔或獨立五十週年紀念公園，則地鐵、電車是最方便的工具。由於布魯塞爾的丘陵地形，若使用共享單車Villo需特別費爬坡的體力。

◎大眾運輸工具

布魯塞爾的大眾運輸主要由STIB/MIVB負責營運。地鐵（Metro）、地下電車（路面電車行駛於地下時稱為Pre-metro）行經大部分重要地區，而路面電車（Tram）與巴士則彌補地鐵未及之處，讓交通網絡更為完整。最方便的是：車票可於這3種交通工具上互通使用，且刷卡後1個小時內可自由搭乘。車票可於地鐵站的售票櫃台與自動售票機、遊客中心購買，單程票也可上車直接用信用卡刷卡支付。

信用卡感應購票

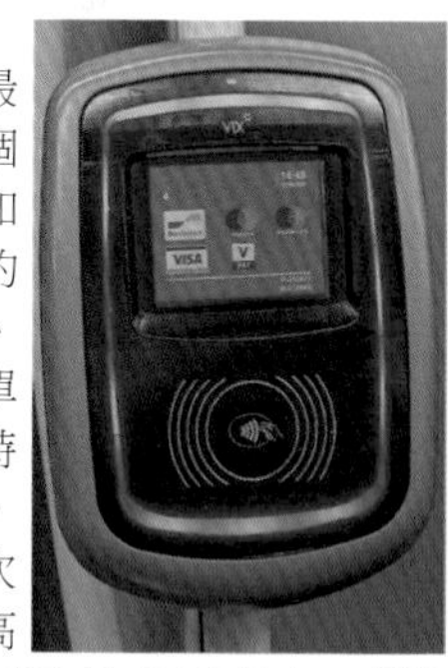

直接使用信用卡感應是最方便、有效率的方式。在每個STIB/MIVB的地鐵站、電車和公車站都可以找到非接觸式的支付驗證機。不用事先購票、不用攜帶現金，而且比購買單程紙本票還便宜。每次連線時驗證同一張卡或智慧型裝置，首次驗證後60分鐘內的每次連線都是免費的；每天的最高金額為€7.50，也就是說：1天內搭乘4次以上，就等於算你1日券。1張卡限定1個人使用。

第一次用信用卡感應時，帳單裡會先扣除€7.50，亦即等同1日券的數目，不過這筆數目會在2至3個工作天後解除，無須擔心；只有已完成的旅程才會被真正扣款。

紙本票單程票€2.6，1日票€8；信用卡感應單程票€2.1，1日票€7.5

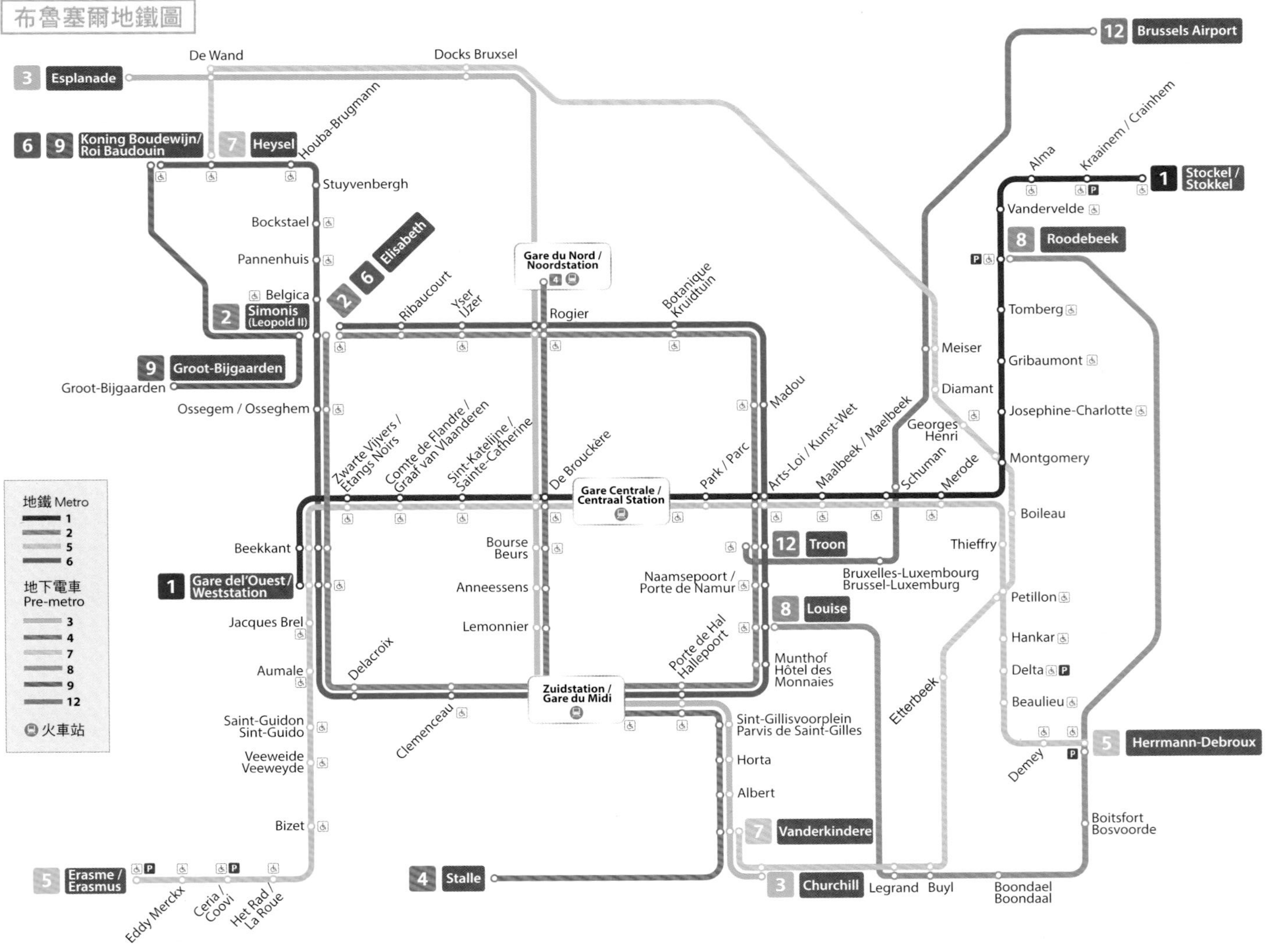

布魯塞爾地鐵圖
De Wand
Docks Bruxsel
3 Esplanade
6 9 Koning Boudewijn/ Roi Baudouin
7 Heysel
Houba-Brugmann
Stuyvenbergh
Bockstael
Pannenhuis
Belgica
2 Simonis (Leopold II)
2 6 Elisabeth
9 Groot-Bijgaarden
Groot-Bijgaarden
Ossegem / Osseghem
Ribaucourt
Yser / IJzer
Gare du Nord / Noordstation
Rogier
Botanique / Kruidtuin
Zwarte Vijvers / Etangs Noirs
Comte de Flandre / Graaf van Vlaanderen
Sint-Katelijne / Sainte-Catherine
De Brouckère
Gare Centrale / Centraal Station
Park / Parc
Madou
Arts-Loi / Kunst-Wet
Maalbeek / Maelbeek
Schuman
Merode
Georges Henri
Beekkant
1 Gare del'Ouest / Weststation
Bourse / Beurs
Anneessens
Lemonnier
Jacques Brel
Aumale
Delacroix
Zuidstation / Gare du Midi
Clemenceau
Saint-Guidon / Sint-Guido
Veeweide / Veeweyde
Bizet
5 Erasme / Erasmus
Eddy Merckx
Ceria / Coovi
Het Rad / La Roue
4 Stalle
12 Troon
Naamsepoort / Porte de Namur
8 Louise
Porte de Hal / Hallepoort
Munthof / Hôtel des Monnaies
Sint-Gillisvoorplein / Parvis de Saint-Gilles
Horta
Albert
7 Vanderkindere
3 Churchill
Legrand
Buyl
Boondael / Boondaal
Bruxelles-Luxembourg / Brussel-Luxemburg
Etterbeek
Thieffry
Boileau
Petillon
Hankar
Delta
Beaulieu
Demey
5 Herrmann-Debroux
Boitsfort / Bosvoorde
12 Brussels Airport
Alma
Kraainem / Crainhem
1 Stockel / Stokkel
Vandervelde
8 Roodebeek
Tomberg
Gribaumont
Josephine-Charlotte
Montgomery
Meiser
Diamant
地鐵 Metro
1
2
5
6
地下電車 Pre-metro
3
4
7
8
9
12
火車站

複數車票載具MoBIB Basic Card

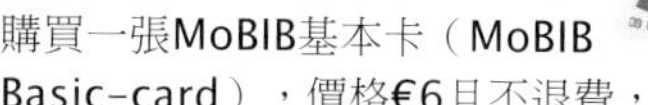

若打算購買大眾交通的10回票等多次通行的車票，也可以先購買一張MoBIB基本卡（MoBIB Basic-card），價格€6且不退費，有效期限5年。比利時的MoBIB基本卡和台灣的悠遊卡概念不太一樣：它不是車票，而是車票的載具，可儲存1日券或複數票券，當地人更會儲存年票、季票等；卡裡的票使用完畢後，期間內可再儲值使用。這種票比較適合打算在比利時長時間居留的人。

$1日票€8(+€6)，10回票€16.8(+€6)

www.stib-mivb.be/index.htm?l=en

地鐵 Metro

凡標示Metro或M字的地方就是地鐵站入口，目前地鐵共有1、2、5、6這4條路線，3、4、7等號則為路面電車行駛於地下的Pre-metro。布魯塞爾的地鐵站都有主題，裝置了超過60件當代比利時藝術，包括繪畫、雕塑等（如Stockel站的丁丁漫畫牆），在忙著查看地圖時，不妨也駐足欣賞一下。

路面電車 Tram

看到紅色標示「Tram」就是路面電車候車站，路面電車的路線延伸至郊區，路線也較為複雜，但路面電車行經地鐵無法深入的街巷內，且可瀏覽窗外風景，是節省時間與體力的另一選擇。

巴士 Bus

巴士的搭乘方式與路面電車類似，目前市區巴士約有50條路線，夜間巴士路線也有十多條，行駛至凌晨3點。但由於巴士路線更為複雜，且時間不易掌控，對初次造訪的遊客較不推薦。

◎單車

布魯塞爾街頭到處可看到名為Villo的自行車出租系統，亮黃色的車身十分搶眼，目前共有360個據點，平均每200公尺就有一站，操作方式類似台北的U-Bike。若想租用這些單車，可以先下載Villo的App，然後註冊帳號，可購買1日或1月方案，1日€1.5、1月€3.5，依螢幕指示設定密碼。輸入密碼解鎖取車，前30分鐘免費，後30分鐘€0.5，1~1.5小時€1，1.5~2小時€2。因此採接力租還車是最划算的方法，也就是在30分鐘到時前，騎到另一自行車站還車，再租借新車。還車時至任一單車站，將車扣在空的車架上，等待指示燈亮起即可。此外，除了平日的上下班尖峰時刻外（07:00~09:00、16:00~18:30），搭乘地鐵可攜帶自行車同行。

Villo

(0)78-051-110 www.villo.be

◎計程車

除了部分火車站門口可現場招攬計程車外，一般都需以電話預約。合格計程車上需有黃藍圖案標誌，上車時啟動里程表，下車時會列印收據。計程車日間起錶€2.6，每公里跳錶€2.3，最低收費€8；夜間行程（22:00~翌日06:00）加收€2。若讓司機等待，每分鐘須加付€0.6。

Autolux

512-3123 www.taxisautolux.be/en

Taxis Bleus

268-0000 www.taxisbleus.be/en

Taxis Verts

349-4949 www.taxisverts.be

優惠票券

◎布魯塞爾卡 Brussels Card

持有布魯塞爾卡，可在使用效期內免費參觀49間博物館，在許多設計師精品店、商店、展覽、餐廳、景點及參加觀光行程，還可享有折扣優惠；加價還可免費搭乘地鐵、電車及公車等大眾運輸工具。布魯塞爾卡可在遊客中心、大型公立博物館購買，或在旅遊局官網上購買後，列印單據至遊客中心領取。

24小時卡€32、加大眾交通+€8、48小時卡€44、加大眾交通+€15；72小時卡€50、加大眾交通+€19

visitbrussels.be

旅遊諮詢

◎皇家廣場遊客中心（BIP）

Rue Royale 2

513-8940

09:00~17:00（特殊節假日請看官網公告）

visitbrussels.be

◎市政廳遊客中心

Grand-Place

09:00~18:00（特殊節假日請看官網公告）

城市概略City Guideline

布魯塞爾市中心就像個5角形的騎士盾牌，被2號與6號地鐵、運河及環狀道路所包圍，這個環狀道路其實是沿著14世紀的城牆遺址修建，而現在只能在南城門附近找到舊城牆。5角形的中心點當然是城市的心臟—大廣場；中央車站在廣場的東邊，鐵路線南北貫穿，5角形以外的北邊有布魯塞爾北站，南邊為跨國火車停靠的南站；東西向的1、2號地鐵及南北向的3、4號地下電車呈十字形，在皇家馬內歌劇院附近的De Brouckére交會，串起舊城區四通八達的交通網。主要的景點都在這個5角形區域內，非常適合徒步遊覽。

以大廣場為出發點，東邊地勢較高，屬於布魯塞爾上城區，皇家美術館、皇家廣場及布魯塞爾公園都在此區；南邊有大小莎布侖廣場，Rue Haute街則是古董及藝術品集散地；地鐵線以北是最熱鬧的名品購物街Nieuwstraat、聖米歇爾教堂及卡通漫畫博物館；Bld. Anspach的西北則是以海鮮餐廳出名的聖凱薩琳教堂區域。

5角形以外的大布魯塞爾區域，地鐵站Arts-Loi以東是高樓林立的歐洲區（Europ），歐盟委員會總部及五十週年紀念公園就在這裡；東南部Louise住宅區擁有許多新藝術建築、公園水池與高檔精品店；西北部Heysel區域有廣大綠地，拉肯公園（Parc de Laeken）、原子塔和小人國都是值得花一個下午悠閒散步的地方。

解讀布魯塞爾路標

法語與荷蘭語都是比利時的官方語言，因此布魯塞爾的路標、火車站、地鐵站名等各種官方告示都須以2種語言標示。

最佳電車路線

路面電車92號是最佳遊覽市區觀光景點的電車路線。路線大致由市區的北部穿越南部，行經多個觀光景點。最佳上車地點為布魯塞爾北站附近的植物園（Botanique），往窗外望去左手邊是布魯塞爾公園，右手邊是皇家廣場，再穿越皇家美術館、大小莎布侖廣場與司法院後，電車左轉進入路易斯大道（Avenue Louise），最後可在奧塔博物館附近的Janson站下車。

布魯塞爾行程建議 Itineraries in Bruxelles

如果你有2天

布魯塞爾觀光景點大多集中在市區，行程安排上以1天的精華遊，或2天加上市郊區漫步就已足夠。若對藝術有興趣，記得要避開星期一，因為大部分的博物館與美術館每週一公休。

第一天行程以大作家雨果盛讚的「世界上最美麗的大廣場」開始，先貫穿舊城區（中世紀的心臟地帶）再爬坡前往上城（大廣場東至東南方），最後回到舊城區品嘗美味晚餐作為完美的結束。

第二天以地鐵或路面電車為主要交通工具。上午先前往位於歐盟區的五十週年紀念公園和軍事、歷史博物館或車迷最愛的汽車世界（Autoworld），中午可前往附近品嘗連德國總理梅克爾也愛的比利時薯條名店，下午再搭乘電車至精品購物區路易斯（Louise Avenue），接著前往欣賞迷人的新藝術風格建築和奧塔大師的私人住宅，若還有時間可前往位於郊區的Neuhaus巧克力工廠，隨後搭電車至西北方Heysel區欣賞原子塔。若是近傍晚時登上原子塔，隨著夕陽西下，夜幕低垂時原子球體亮起光點，有種進入太空旅行超現實的感覺。

如果你有3~4天

如果能在布魯塞爾多待幾天，有更充裕的時間探索這個城市，不妨跟著遊客中心的地圖來一趟卡通漫畫之旅或是新藝術建築之旅，還能前往著名的歷史戰場滑鐵盧，或是造訪大拜哈爾登城堡（Groot-Bijgaarden）、哈勒國家森林公園（Hallerbos）等。

布魯塞爾散步路線
Walking Route in Bruxelles

由①**大廣場**做為起點，見識大文豪雨果口中最美麗廣場與華麗的公會建築後，從嵌入天鵝雕塑建築旁的小巷Rue de l'Etuve前行，穿越兩旁盡是鬆餅與巧克力專賣店小巷，即可抵達②**尿尿小童**雕像。接著原路返回廣場後沿著Rue de Colline直走，就會遇到世界最古老拱廊——③**聖羽貝購物拱廊**。

逛完拱廊後由進第一個出口左轉循著熱鬧的小巷前進，就會進入餐館林立的④**布雀街**，⑤**尿尿小妹**就隱藏在知名淡菜餐館Chez Leon前方的小巷子裡。由布雀街直行至Rue des Fripiers右轉前行，先前往引爆比利時獨立革命的⑥**皇家馬內歌劇院**，再到⑦**卡通漫畫博物館**重拾兒時回憶，最後繞經雄偉壯觀的⑧**聖米歇爾大教堂**。沿著大路繼續前進，接下來路程則需爬坡前往上城的博物館區。

先爬坡至⑨**藝術之丘**的高點俯瞰整個市區，接著欣賞⑩**樂器博物館**美麗的新藝術建築。右轉進入Rue de la Regence博物館區後，可選擇⑪**馬格利特博物館**欣賞超現實主義大師的作品，或選擇在比利時首屈一指的⑫**皇家美術館**停留，飽覽法蘭德斯畫派大作。

再沿著Rue de la Regence繼續前進，即抵達⑬**莎布侖聖母院**，其對面就是有名的⑭**小莎布侖廣場**，逛累了還可在附近的大莎布侖廣場稍歇，品嘗美味的巧克力或咖啡。

由Rue de la Regence繼續前行，即可到司法院旁的廣場Place Poelaert居高臨下眺望城市風景，這時可搭乘免費的⑮**升降梯**回到下城區，漫步充滿特色小店的巷弄，最後以⑯**13世紀角落塔**作為終點。

距離：約5公里　**時間**：約3~4小時

> ### 布魯塞爾的治安問題
>
> 遊客多的大城市都是歹徒下手最好的地方，在布魯塞爾旅遊要特別注意大廣場和布魯塞爾南站周圍，搭乘地鐵與上下電扶梯時須注意後背包。遇到陌生人靠近需要特別小心，即使對方出示警徽和證件，也有可能是假造，別輕易相信。
>
> 常見的犯案手法是2~3人為一組，有人負責吸引你的注意力、有人負責偷竊。南站附近出現有假扮警察的行竊手法：先由第一個人問路或攀談，接著假警察出現盤查，藉口要檢查證件和是否換到偽鈔，用類似魔術的手法伺機偷走現金。

Where to Explore in Bruxelles & Around
賞遊布魯塞爾及其周邊

MAP ▶ P.226B3

大廣場

MOOK Choice

Grand Place

布魯塞爾的華麗大廳

從中央車站步行5~8分鐘可達

來到布魯塞爾，旅客首先報到的地方一定是大廣場，這裡不但是世界文化遺產，法國大文豪雨果更曾讚譽為「歐洲最美麗的廣場」。廣場四周大部份是以前的同業公會，每棟建築都有自己的名字，並將特色表現在屋頂或門楣裝飾上；可惜原先的木造中世紀建築大都無法逃過法王路易十四在1695年攻打布魯塞爾時所帶來的破壞，現存的建築物大部分是在那之後重建的；而現在金碧輝煌的樣貌，則是20世紀以來陸續重新整修後的結果。吸睛的亮點，當然是氣派恢宏的國王之家和市政廳。

早在11世紀時，廣場中央便是市集所在地，而今廣場上仍保有花市，在夏季時分，廣場上也會舉辦不定期的音樂會。夜間的大廣場燈火輝煌，展現出童話城堡般的夢幻浪漫韻味，白天和夜晚來此，都有不同的樂趣。

市政廳 Hotel de Ville Bruxelles

☎279-2211 ◷週一、三、日10:00~18:00，週五、六15:00~20:00，週二、四休。英語導覽：15:00&17:00，全程約45分鐘 $全票€15，優惠票€6，6歲以下免費。建議在官網上事先預約導覽行程 🌐www.brussels.be/city-hall

市政廳是大廣場上最引人注目的哥德式建築物，同時也是比利時境內保存最好的國家建築之一，它的美麗不僅止於那雕刻精細的外觀，高達96公尺的鐘塔更是雄偉壯觀。這棟建築分別由數位建築師在不同時期建造，最原始的左翼部分建於1402到1420年，是Jacob van Thienen的傑作；右翼則由另一位不知名的建築師建於1444年，所以呈現左右不對稱的格局；而鐘樓則是在1455年由Jan van Ruysbroek所設計。

市政廳1樓建有一條17個拱孔的迴廊，鐘塔頂部立有一尊聖米歇爾征服巨龍的鑲金雕像，底部有一扇拱型大門，門上方的壁面則雕有象徵正義、賢明、和平、法律和力量的雕像。自大門進入後可抵達市政廳的中庭，若想參觀市政廳內部，建議在官網上事先預約導覽行程。

❶麵包之家或西班牙國王之家 La Maison des Boulangers ou le Roi d'Espagne

麵包之家在西元1697年完工，是一棟義大利和法蘭德斯風格的建築，與一旁的房子相比，更具古典格調。此建築由麵包同業行會所修建，該行會是昔日布魯塞爾參加人數最多、同時也是最富有的行會之一。大門上立著行會守護聖人聖奧伯的半身銅像，而在第3層樓的牆面上，雕有西班牙國王查理二世配戴武器的半身雕像，其屋頂為圓8角半球型，球頂立有一名持旗的小金人。目前是最適合欣賞廣場的露天咖啡座。

❷獨輪車樓 La Brouette

於西元1697年由油漆業行會所建，屋頂上盡是雕著鮮花和水果的浮雕，在正立面上鑲有油漆業守護聖人聖吉爾的塑像。目前是頗受歡迎的餐廳。

❸袋子樓 Le Sac

這是木匠和銅匠之家，建於西元1697年，大門上裝飾著具有特色的雕刻：一人手持袋子、另一人將手插入其中。樓下目前是星巴克（Starbucks）咖啡廳。

❹母狼之家La Louve

這是服飾用品商的行會，這棟樓在17世紀時被一位水手買下，其建築立面在法軍砲擊後僥倖留下。3樓的立面浮雕，是敍述古羅馬建國者羅穆路斯和其孿生兄弟，在襁褓時由母狼養育成人的故事。而在頂樓有一隻漆金的鳳凰展翅高飛。

❺小號角樓 Le Cornet

又稱船夫之家，這棟房子在西元1434年時曾被船夫們買下，是一座典型的義大利和法蘭德斯建築。房子的上層裝飾以鐵錨、航海繩索等用具，建築師將房子的屋頂三角楣建成船尾型，十分特殊。

❻狐狸樓Le Renard

在西元1699年時由一群商人重建，曾是弓箭手行會。建築的立面裝飾著多樣化的雕塑圖案，而2樓的雕像則分別代表真理、謊言、分歧與和平。

❼星星之屋 L'Etoile

門牌8號的星星之屋是廣場上最小的一棟建築，同時也是最古老的。它在13世紀時就已存在，14世紀成為當地法官長的住所。原本的建築在1695年被大火摧毀，後來又於1897年重建。

這棟建築的騎樓裡有一座知名的銅鑄浮雕，是為了紀念當地人民英雄賽爾克拉斯（Everard't Serclaes）的抗敵事蹟。1356年，法蘭德斯伯爵為了爭奪繼承權而入侵布拉班特公爵的領土，並佔領了布魯塞爾地區，勇敢的賽爾克拉斯領導其他市民反抗，終於重新奪回城市，但他最後卻被撤退的伯爵刺殺，在此處斷氣。這座斜躺的浮雕就是表現賽爾克拉斯臨終前的模樣。傳説觸摸雕像（尤其是手臂）會帶來好運，因此整尊雕像早已被往來遊客摸得發亮。

❽天鵝樓 Le Cygne

天鵝樓是肉商行會的總部，它在1698年重建，樓頂的塑像分別代表繁榮、農業和屠宰業。西元1847年時，馬克思（Karl Marx）與恩格斯（Friederich Engels）就是在這棟房子裡起草著名的《共產黨宣言》，同時這裡也是比利時勞工黨的成立會所。現在則是相當知名的高級餐廳。

❾黃金樹樓（啤酒博物館）L'Arbre d'Or（Belgian Brewers Museum）

Grand Place 10　511-4987　11:00~17:00（週六12:00開始），週二、日休　全票€5（含品嘗一杯啤酒）　beermuseum.be/en

這棟屋頂山牆有金色樹木裝飾的華麗建築，以前是啤酒釀造業的行會，法軍砲擊毀壞後在1695年重建，1、2樓間的浮雕描繪穀物豐收和啤酒的運送，3樓也有金色的大麥裝飾。現今這間房舍的地下室已改建成啤酒博物館，內部展現少部分18世紀的啤酒製造工具與現代化的啤酒製造流程。不過館內的空間很小，和多樣化的啤酒工廠參觀行程差很多。展覽部分不需要有過多期待。

❿布拉班特公爵之家 Residence of the Dukes of Brabant

這是大廣場上最重要的建築之一，偌大的建築事實上包含了6間房舍，分別代表著制革業、磨坊業、煤炭業、雕塑業和採石業行會，於西元1698年完工。之所以稱為布拉班公爵之家，是因為該建築的立面裝飾有歷任布拉班特公爵們的半身雕像。建築上方有著花瓶式的欄杆頭冠，三角楣飾則雕刻有繁榮之意的圖案，整體帶有義大利的貴族風格。

⓫天使樓 L' Ange

天使樓在15世紀時是一所修道院，外觀反映出義大利法蘭德斯式建築風格。

⓬裁縫行會
La Chaloupe d'Or ou la Maison des Tailleurs

這2棟房子在1695年的法軍砲擊後，重建合併為裁縫行會。在大門上方鑲有行會守護聖人的半身塑像，而樓頂上的雕像則是聖邦尼法斯。

⓭鴿子樓 Le Pigeon

鴿子樓原本是畫家行會。1851年，維克多・雨果（Victor-Marie Hugo）因為反抗拿破崙三世而流亡到布魯塞爾時，曾短暫居住於此。

⓮地方官辦公室 La Chambrette de l"Amman

這間房子原本是木造建築，其立面鑲有布拉班公爵的徽章。

⓯國王之家（布魯塞爾市立博物館）
La Maison du Roi（Brussels City Museum）

☎279-4350 ⏰週二到週日10:00~17:00，週一休 $全票€10，優惠票€4~6（每月的第一個週日免費） 🌐www.brusselscitymuseum.brussels/en

國王之家最初建於13世紀，是一座完全以木頭打造的建築，當時是做為市政府的麵包屋。當腓力二世於1555年繼承布拉班公爵時，在此設立了稅務局，也因此成為公爵之家；翌年他又繼承了西班牙王位，這裡更順理成章成為國王之家，儘管從未有國王居住過此地。八十年戰爭前夕，腓力二世派遣親信阿爾瓦公爵來此鎮壓反抗勢力，國王之家於是成了國家監獄，著名政治家愛格蒙伯爵與霍恩伯爵的最後一夜就是在這棟建築中渡過，在石柱台基上還刻有2位伯爵被處死的經過。200年後的法國大革命，這裡又成為人民皇宮。

自1873年起，國王之家重新修建成新哥德風格的建築，現今內部為布魯塞爾市立博物館，地面層展示許多珍貴的畫作、掛毯、雕塑、陶、瓷器藝術品，還有原本在市政廳上方的原版雕像，1樓可透過油畫、素描、照片及模型認識城市的發展和大廣場的歷史，但最有趣的展覽是在3樓角落的小房間，這裏可說是尿尿小童的更衣間，收藏800多套來自世界各國贈送給尿尿小童的服裝，不管樣式或數量都十分可觀，仔細找找，其中也有來自台灣贈送的衣服。

⑯頭盔樓 Le Heaume

這棟優美的法蘭德斯建築，早在10世紀時就已存在。

⑰孔雀樓 Le Paon

孔雀樓外觀以鍍金的花環雕飾為主，屋頂有一扇美麗的小窗，在18世紀曾是居民住家。

布魯塞爾花毯節 Brussels Flower Carpe

除了春天賞花，夏日造訪比利時也能欣賞美麗的花花世界。每2年舉辦一次的布魯賽爾花毯節，是全球最大的花毯主題活動，由比利時各地前來的義工們，在大廣場上鋪滿近80萬朵、萬紫千紅的鮮花，拼湊成一張巨型的花毯，場面十分壯觀；黃昏時像一幅畫作，入夜後打上燈光再加上聲光煙火秀，更是絢麗迷人。花毯節最早可追溯到1971年，最初是為了慶祝聖母升天日，在比利時各個城市和其他天主教國家都有，後來布魯塞爾則演變成每屆以不同主題設計花毯圖案，規模最大也別具意義。

布魯塞爾大廣場

每雙數年8月中旬的聖母升天日

www.flowercarpet.be/en

©BrusselsFlowerCarpet

MAP ▶ P.226A4

尿尿小童

Manneken Pis

比利時最有名的小孩

從中央車站步行8~10分鐘可達

你可以不知道布魯塞爾市長是誰，卻不能不認得街角上的尿尿小童！他的身形小到需要走近才能看得真切，卻是布魯塞爾最知名的城市標誌。這座惹人喜愛的小銅像僅有53公分高，豎立於1619年，關於他的傳說很多：有人說這位名叫「小朱利安」（Julianske）的5歲男孩半夜起床上廁所時發現法軍炸城的炸藥引線已點燃，於是靈機一動用尿澆熄火源；最可信的說法是關於洛林公爵古德菲三世（Godfrey III），相傳在1142年的戰役中，此地受到來自赫林貝爾亨（Grimbergen）的攻擊，士兵把年僅2歲的公爵掛在樹枝上保護，結果小公爵朝著敵陣撒了泡尿，大大提振了士氣，也使得戰役反敗為勝。

平日裡，尿尿小童是一絲不掛的，但每到特殊節慶時，人們就會替他穿衣戴帽，據說他的服裝多達800多套，堪稱世上造型最多變的雕像；他的衣服都收藏在大廣場上的國王之家內。

MAP ▶ P.226B3

聖羽貝購物拱廊

Galeries Saint-Hubert

在藝廊優雅逛街

從中央車站步行約5分鐘可達　購物拱廊共有4個出入口，分別位於Rue du Marché aux Herbes、Rue des Bouchers、Rue de l'Ecuyer和Rue d'Arenberg上　www.grsh.be/en/home

聖羽貝購物拱廊初建於1847年，是一棟集新古典主義與義大利風格於一身的建築。這座購物商場共分為3個部分：王后商場（Galerie de la Reine）、國王商場（Galerie du Roi）和王子商場（Galerie des Princes），裡面有各式各樣的精品名店與高級餐廳，巧克力名店Neuhaus、Mary、Pierre Marcolini、Leonadas等都在此處，還有來自法國北部的Meert也在此開了分店。商場內氣氛熱鬧而優雅，感覺像在美術館長廊逛街。商場的其中一條出口與以美食著稱的布雀街相通，所以在這裡很容易就可以找到填飽五臟廟的餐廳。

MAP ▶ P.226C3

聖米歇爾大教堂

Cathédrale des Saints-Michel-et-Gudule

舉辦皇家婚禮的主教教堂

從中央車站步行5~6分鐘可達　Parvis sainte-Gudule　219-7530　教堂週一至週五07:00~18:00，週六08:00~15:30，週日14:00~18:00；寶物室不定期開放；羅馬地窖僅預約開放　教堂免費；寶物室全票€2，12歲以下免費；羅馬地窖全票€4　www.cathedralisbruxellensis.be/en

比利時最重要的教堂之一，教堂的2座高塔表現出十足的火焰式哥德風格。教堂始建於1226年，一直到17世紀才正式完工，因此整座教堂的結構都是在不同時期修建而成，譬如內部聖壇是在13世紀完成，而正廳則竣工於14世紀。教堂內的彩繪玻璃是參觀的重點，這些精緻且美麗的彩繪玻璃大多是16世紀的產物；在正廳後方的藝廊裡還有一幅「最後的審判」，是不可錯過的佳作。這裏也是1999年比利時國王菲利普舉行婚禮的地方。

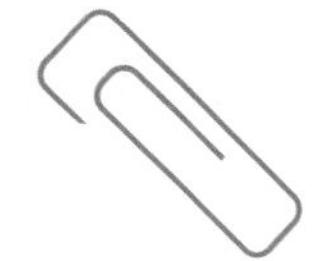

尿尿小妹與尿尿小狗

Jeanneke-Pis &Het Zinneke

尿尿小妹

地圖座標：P.226B3　Impasse de la Fidelité / Getrouwheidsgang

尿尿小狗

地圖座標：P.226A3　Rue de Chartreux 31h

或許是因為尿尿小童太受歡迎，為了吸引遊客，市中心又陸續誕生了尿尿小妹與尿尿小狗的雕像。尿尿小妹建立於1987年，隱身在布雀街裡一條熱門的酒吧巷，據說當時的餐廳老闆認為只有尿尿小童太不公平，所以也委託雕塑家打造了尿尿女童；不論真假與否，這個噱頭的確吸引了大批遊客前來一探究竟。

到了1999年，不遠處的時髦購物街轉角也出現了第3座令人莞爾的雕像：尿尿小狗，原來當地的社區委員會委託了比利時的雕塑名家Tom Frantzen打造的街頭藝術，乍看平凡的的土狗卻象徵了布魯塞爾的種族融合與多元文化，與原本設立的柱子恰巧結合成一張熟悉又耐人尋味的街景。

MAP ▶ P.226B3

巧克力博物館

Choco Story Brussels

療癒心靈香甜滋味

從中央車站步行7~8分鐘可達　Rue de l'étuve / Stoofstraat 41　514-2048　10:00-16:30　休週一（假日除外）　全票€14，優惠票€7.5~12，3歲以下免費　choco-story-brussels.be/index.php/en/museum

想體驗最「甜蜜」的一趟旅程？距離大廣場僅數步之遙的巧克力博物館，位於一棟建於1698年的古老建築中，館內介紹可可豆的產地、巧克力的歷史、烘培的過程，與達成純滑巧克力的製作秘訣。各種不同巧克力如白巧克力、牛奶巧克力等所使用的原料不盡相同，這裡也有詳盡的展示；其中還能見識到意想不到的巧克力藝術，例如用巧克力做成的禮服與帽子等配件。整座博物館中最值得推薦的，就是能親眼見到巧克力師傅現場示範夾心巧克力的傳統製作過程，幸運者還有試吃的機會。

MAP▶P.226C4

藝術之丘

MOOK Choice

Mont des Arts / Kunstberg

眺望城市的法式庭園

從中央車站步行約3分鐘可達

藝術之丘建立於1960年代，是一段連接大廣場與皇家廣場的美麗斜坡，法式風格的寬闊庭園，是布魯塞爾居民最愛的約會聖地。若順著寬闊的石階往上爬，首先看到的是國王阿爾伯特一世（Albert I，1909~1934年在位）穿著軍裝騎在馬背上的雕像一阿爾伯特在第一次世界大戰時與人民並肩作戰，頑強抵抗德軍，戰後又積極建設國家，因此深受廣大人民的愛戴；而他的妻子伊莉莎白王后的雕像，則捧著花束在對街與他遙遙相望。

斜坡的右方是國家圖書館，左方面朝山丘的拱門後有一組整點報時的樂鐘，12個數字旁各站著一個可愛的小人，代表著比利時歷史上12個重要人物。登上最高一排石階後，可眺望整個市區，視野極為廣闊，夜間花園裡則會打上五彩燈光。繼續往上坡前進，則會抵達著名的博物館區域。

MAP▶P.226D5

王宮

Palais Royal de Bruxelles

國家宴會廳

從中央車站步行約10分鐘可達；搭乘巴士38、71等至Koning站下，步行約2分鐘可達 Rue Brederode, 16 551-2020 www.monarchie.be

王宮位於布魯塞爾公園南端，名義上是比利時王室的官邸，但王室家族其實並不住在這裡，國王與王后將居所選擇在更寬敞宜人的拉肯城堡（The Royal Castle of Laeken），現在是國王菲利普·李奧波德·路易·馬里（Philippe Léopold Louis Marie）招待外賓及辦公的地方。王宮建於早期布拉班特公爵（Dukes of Brabant）的領地上，曾在西元1731年毀於火災，1820年在荷蘭王威廉一世（King William I）統治時期開始重建，1904年經過李奧波德二世（King Leopold II）翻新外觀後，擴建為路易十六式風格。王宮僅在夏季開放民眾參觀；如果看到王宮外面的比利時國旗飄揚時，表示國王現在正在比利時國境內。

MAP ▶P.226B5

大、小莎布侖廣場

Place du Grand Sablon & Petite Sablon

享受陽光與美味

從中央車站步行10~15分鐘可達；搭乘Tram 92、93、95等至Petit Sablon站，步行1~2分鐘可達

莎布侖一字源自於法語「沙」之意，說明這裡是昔日通往市中心的路線中所經過的一塊濕沙地區，而如今一切都改觀了！位在斜坡上的大莎布侖廣場四周全被雅致的房屋圍繞，成了時尚、富有、繁忙的地區，廣場旁開著高價骨董店、藝術畫廊、流行的餐廳酒吧，以及布魯塞爾一流的巧克力店，充滿了生命與活力。尤其夏日來臨時，坐在室外享受陽光與美味，是感受布魯塞爾美好氣氛的最佳所在。廣場上有座智慧女神噴泉，是1751年來自英國伯爵的謝禮。

隔著聖母院的小莎布侖廣場中央，則是座小巧迷人的公園，特別適合停下腳步稍作休息。噴泉中央的青銅雕像是為了紀念2位烈士：愛格蒙伯爵與霍恩伯爵，他們因為反抗西班牙王腓力二世的高壓統治，而於1568年被處決。公園四周共有48座代表中世紀公會理事的青銅雕像，圍繞著雕像的鑄鐵欄杆，是出自新藝術風格建築師保羅・漢卡（Paul Hankar）之手。

MAP ▶P.226B5

莎布侖聖母院

Eglise Notre-Dame-du-Sablon

出現聖母神諭的信仰中心

從中央車站步行10~12分鐘可達；搭乘Tram 92、93、95等至Petit Sablon站，步行1~2分鐘可達 Rue des Sablons 647-9539 10:00~18:00（週六、日09:00開始）

始建造於14世紀的莎布侖聖母院位於大小莎布侖廣場之間，外觀是華麗的哥德式建築，內部有優美的大理石雕塑與彩繪玻璃。西元1304年時，這裡原只是座由弓箭手公會創建的小教堂，因一次聖母顯靈的事蹟而聲名大噪，吸引許多人前來朝聖，而成為布魯塞爾重要的宗教據點。之後聖母院花了一整個世紀重建，到了19世紀末在李奧波德二世的城市規劃下，周遭的房屋被拆除，形成了教堂與廣場目前的面貌。許多王室成員與名人最後都埋葬於此，包括托爾與塔西家族（Thurn and Taxis）的墓地，他們在16世紀時替布魯塞爾引進郵政系統，掛有家族名號的郵件巴士「塔西」，就是現代計程車「TAXI」一詞的來源。

MAP▶P.226C5

比利時皇家美術館

Musées Royaux des Beaux-Arts de Belgique

MOOK Choice

跨越時代的國家寶藏

從中央車站步行10~12分鐘可達；搭乘Tram95等至Koning站，步行1分鐘可達 Rue de la Régence 3 508-3211 週二至週五10:00~17:00，週末11:00~18:00，週一休 古典大師美術館全票€10，優惠票€3~8；與馬格利特博物館聯票全票€15，優惠票€5~10，19歲以下免費；耳機導覽€4（有英語） www.fine-arts-museum.be 每月的第一個週三13:00起免費

比利時皇家美術館是比利時的招牌美術館，之前分成3大主題館：古典大師美術館（Musée Oldmasters Museum）、當代美術館（Musée d'Art Moderne）與世紀末博物館（Musée Fin-de-Siècle），後來又加入了馬格利特博物館（Musée Magritte Museum）、維爾茨博物館（Musée Wiertz Museum）和莫尼耶博物館（Musée Meunier Museum），建築物各自獨立，但有地下通道彼此相通。

古典大師美術館重要的藝術收藏大多來自法國革命時期的政府充公品與法國政府的委託保管物，包括許多15到18世紀的雕塑、繪畫與素描作品。由於法蘭德斯南部的繪畫作品佔了館藏的絕大多數，再加上美術館以年代的先後順序展出，所以可以清楚了解在法國大革命前的舊制度下，藝術作品的發展與演變情形。

參觀路線可以從法蘭德斯早期藝術家，如魏登（Rogier van der Weyden）、克里斯圖斯（Petrus Christus）、勉林（Hans Memling）和波希（Hieronymus Bosch）開始，漸漸了解到16世紀藝術的發展動脈，其中最精華的部分是布勒哲爾父子（Pieter Bruegel）展廳所展出的畫作。

之後進入17和18世紀的展覽區，可觀賞到魯本斯、范戴克（Anthony van Dyck）等安特衛普畫派的大師傑作。此外還有為數眾多的義大利、法國和西班牙的藝術作品，也值得欣賞。

若對於近現代藝術有濃厚興趣，還可利用電梯進入當代美術館，這裏展出19~20世紀的繪畫，繼續完成藝術巡禮。而2013年成立的世紀末博物館，呈現出1868~1914年代布魯塞爾的藝術家們如何將新藝術的浪潮推向整個歐洲，讓這個歐洲首都也成為藝術的首都！展品包含文學、繪畫、歌劇、音樂、建築及攝影作品，參觀後對於當時流行的新藝術風格（Art Nouveau）會有更全面的了解。

《天使報喜》（Mérode Altarpiece, 1420~1440），弗雷馬爾大師Master of Flemalle

這幅畫雖然描述的是神聖的場景，但在現實生活的細節上卻刻畫得十分細膩，像是桌上的花瓶與祈禱書，以及雕刻精細的長椅；而身著白衣的天使和身披紅袍的瑪麗亞，還有她身後的綠色椅罩，色彩形成視覺上的強烈對比。

《基督被釘上十字架與追隨者》（Crucifixion With a Donor, 1480~1485），波希Hieronymus Bosch

波希一向以他高度的創造力點出畫中細節而聞名。釘在十字架上的耶穌，左邊是瑪麗亞和他最喜愛的門徒聖約翰、右邊則是2位不可考的追隨者，很可能是畫作的委託人。畫面的背景光線與色彩製造出一股敏銳的氣氛，這也是為何波希能成為傑出畫家的原因。

《聖母、聖子和奶水》（La Vierge à la soupe au lait, 1500~1510），吉拉德．大衛Gerard David

這幅畫被認為是吉拉德．大衛晚期最傑出的作品，他將日常生活情景帶入聖母對聖子的關愛之情，與當時其他畫家強調臉部表情的關愛有很大差別。

《亞當和夏娃》（Adam et Ève, 1545~1546），老盧卡斯．克拉納赫Lucas Cranach the elder

克拉納赫是文藝復興時期重要的日耳曼畫家，這幅畫被譽為是具有高貴氣質、優雅的雙版畫。有趣的是夏娃右手上的蘋果還留有亞當的齒痕，表現出幽默的一面。

《伯利恆的調查》（Le dénombrement de Bethléem, 1566），老布勒哲爾Pieter Bruegel

老布勒哲爾最受歡迎的畫作之一，在畫中可看到懷有身孕的

瑪麗亞騎著驢子初抵伯利恆，畫中場景被認定是1566年的布拉班村。畫中的每件事物都觀察得很仔細，生動的人物表現出日常生活動態，就連動物都顯現出一股生氣。

《貴族女士及其女兒的肖像》（Portrait of Porzia Imperiale and Her Daughter, 1628），范戴克Anthony van Dyck

17世紀時，范戴克曾在義大利停留一段時間，而這幅畫便是他那時為一位貴族女士和她的女兒所畫的肖像。畫裡的母親手持扇子，女兒正在彈琴，表示出他們的財富與喜好。

《馬拉之死》（Death of Marat, 1793），雅克．路易．大衛Jacques-Louis David

這是大衛最負盛名的畫作，也是鎮館之寶之一。這幅寫實畫中的人物馬拉（Jean-Paul Marat），是法國大革命時期雅各賓專政的要角之一，他於1793年在巴黎家中的浴室被政敵謀殺，在當時的社會上引起一陣騷動。而大衛正是馬拉的朋友，被委任畫出當時的情景。

《攀登髑髏地》（La montée au Calvaire, 1634~1635），魯本斯Peter Paul Rubens

這幅畫是魯本斯為布魯塞爾附近一座教堂繪製的裝飾畫，主題是攀登髑髏地（耶穌被釘死在十字架上的地方）。魯本斯以對角線的手法將畫中人物延伸到畫面上方，再加上精巧的顏色排列，使得這幅畫十分生動。

《勃艮第的安東尼肖像》（Antoine de Bourgogne, 1460），魏登Rogier van der Weyden

在被證實是勃艮第的安東尼肖像之前，這幅畫一直被稱為「持箭的男人」。他脖子上所戴的金色項鍊，是在1456年所得到的榮譽。

MAP▶P.226C5

馬格利特博物館

MOOK Choice

Musée Magritte Museum

超現實異想幻境

從中央車站步行8~10分鐘可達；搭乘Tram95等至Koning站，步行1分鐘可達 Place royale / Koningsplein 2（需從Rue de la Régence 3進入） 508-3211 週二至週五10:00~17:00，週末11:00~18:00，週一休 全票€10，優惠票€3~8；與比利時皇家美術館聯票全票€15，優惠票€5~10，19歲以下免費；耳機導覽€4（有英語） musee-magritte-museum.be/en 每月的第一個週三13:00起免費

也許你不認識比利時20世紀最偉大的超現實主義藝術家雷內・馬格利特（René Magritte），但一定對這幅畫有印象：一個西裝筆挺的男人臉上被一顆綠色蘋果遮住（The son of man）。馬格利特創作出夢境般的畫面，獨特的思維不但影響了許多當代藝術家的畫風，更常被運用於電影、商業廣告、海報、書籍封面等。

博物館收藏超過200件大師的畫作、素描和雕刻，從他的求學、結婚，活躍於廣告界等不同的歷程，搭配作品，讓人更能了解他的一生。馬格利特擅長把平凡的事物放在不凡的思想脈絡裡，然後賦予人們習以為常的事物一番新意義。必看名畫包括了他在1954年的作品《光之帝國》（Empire of Light），乍看之下是一幅描繪夜景的畫作，屋前街燈照亮了小屋，並投射倒影在街燈照射的水面上，筆觸就像照片般真實，然而這幅畫的上半部卻是大白天才看得到的藍天白雲，完全顛覆了現實世界。而這些如潛意識的拼湊式畫面，不只是夢境，也是真實人生的反映與反諷。其他名作包括位於的3樓《祕密的遊戲者》（Le Joueut Secret），是馬格利特第一幅超現實的畫作；位於1樓的《白日夢》（La Page Blanche）和2樓的《返鄉》（Le Retour）也不容錯過。

帶一盒馬格利特回家

馬格利特的畫作不僅受到大眾的喜愛，也深獲各品牌廠商的青睞。比利時知名巧克力品牌Neuhaus、皇家御用餅乾品牌Jules Destrooper紛紛推出結合馬格利特畫作的鐵盒包裝，可在巧克力專賣店、超市等找到，品嘗美味之餘，還能收藏喜愛畫家的畫作！

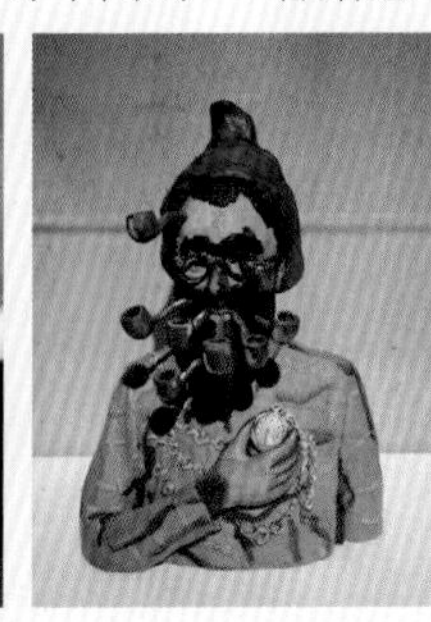

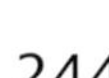

MAP▶P.226C5

樂器博物館

MOOK Choice

Musical Instruments Museum

搭乘音樂時光機

從中央車站步行7~10分鐘可達；搭乘巴士71等至Koning站，步行約1分鐘可達 Hofberg 2 Montagne de la Cour 545-0130 09:30~17:00（週六、日10:00起），週一休 全票€15，優惠票€8~13，18歲以下免費 www.mim.be

準備好你的耳朵，這是一場聽覺與視覺的華麗探索，乘著音樂的羽翼環遊世界、穿梭古今。樂器博物館成立於1877年，原本隸屬於布魯塞爾皇家藝術學院，最初以教授學生音樂史為目的，直到1992年才正式列為皇家藝術史博物館的分館之一。

樂器博物館擁有世界上數一數二的樂器收藏量，館藏超過7,000件，展示將近1,200種樂器，地下1樓的「機械式音樂」是旅程序曲，從17~18世紀的精巧音樂盒到20世紀初的錄音混音設備都值得玩味；1樓是充滿驚奇的中章，除了有系統的介紹各式各樣鍵盤樂器、弦樂器、管樂和打擊樂家族外，還有來自全球各地的特殊樂器，長頸鹿可愛造型的印度魯特琴、蘇格蘭風笛、像木雕作品的非洲木箱鼓和神鬼奇航中章魚船長彈奏的古大鍵琴，最匪夷所思的是9頭蛇般的管樂器。當你站在樂器的面前揣測到底該如何吹奏、會發出什麼聲音時，最棒的是互動導覽設備提供的耳機中會立刻傳來動人音樂，並講述關於樂器的小故事。而2樓則是以西方音樂型態為主軸，可以聽到中世紀、文藝復興到當代音樂類型的變化。

展品豐富多樣，建築本身也值得欣賞。這棟鑄鐵與玻璃建構的新藝術風格建築，原本是老英格蘭百貨公司，1898年由Paul Saintenoy設計，當時就因為頂樓的絕佳視野聞名布魯塞爾。

童心未泯漫畫牆之旅Comic Strip Trails

比利時有超過700位漫畫家，是世界上擁有漫畫家密度最高的國家，自從1991年到現在，布魯塞爾街頭已有超過80幅漫畫牆藝術，而且還在不斷增加中，大多數為比利時漫畫家的作品，充滿童趣的壁畫和新古典風格街道、中世紀石板道路結合，為城市增添許多色彩，也讓人見識到比利時人幽默風趣的一面。可循著旅遊局的建議路線，沿路尋找自己感興趣的壁畫；也不妨信步而行，也許某個轉角就會遇見驚喜。

www.visit.brussels/en/visitors/plan-your-trip/comic-strip-trail

MAP ▶ P.226D4

布魯塞爾公園

MOOK Choice

Parc de Bruxelles

城市裡打造森林

從中央車站步行約10分鐘可達；搭乘Metro1、5等至Parc站下，步行約3分鐘可達 Place des Palais, Rue Royale 06:00~21:00

布魯塞爾公園是最靠近市中心的一塊綠地，最北端是比利時議會所在的國會大廈（Palais de la Nation），最南端則是比利時國王的王宮。這座18世紀風貌的經典法式公園有著對稱的格局，最早曾是布拉班特公爵的私人花園，1770年代重新整建後加設了噴水池、雕像以及綠樹成蔭的步道。皇家劇院（Theatre Royal du Parc）就位在公園旁，靠近王宮的一角還有販賣飲料與冰淇淋的小店。夏天時，這裡是附近市民、慢跑者與上班族打發午休時間最喜愛的場所。

MAP ▶ P.226C2

漫畫博物館

MOOK Choice

Musée de la Bande Dessinée

打開歡樂兒時記憶

從中央車站步行11~15分鐘可達；搭火車至Congrès站下，步行約3分鐘可達 Rue des Sables 20 219-1980 10:00~18:00，週一休 全票€13，優惠票€6~10，6歲以下免費 www.cbbd.be

這座3層樓的建築物原本為一間批發布莊，由新藝術風格建築大師奧塔所設計，現在則成為大人小孩都喜歡的漫畫聖地，讓「第九藝術」與新藝術在此相遇結合。進入博物館，角落的「藍色小精靈」（The Smurfs）模型首先迎面招呼，接著是《丁丁歷險記》裡的丁丁雕像，冒險犯難的他與忠犬米路正準備搭乘紅白相間的火箭前往月球，帶你探索天馬行空的想像世界！博物館內採光明亮，讓原本挑高的空間更為寬敞，1樓是收藏超過3萬冊藏書的圖書館與閱讀室；2樓的常設展廳則透過原稿、生動模型及多媒體影片，介紹連環漫畫的誕生與動畫一步步形成的過程。館方並從2005年開始，特別設置了丁丁之父一比利時漫畫家艾爾吉（Hergé）的專區向其致敬；3樓展示近60年來比利時與歐洲漫畫的歷史以及以這棟建築物為主題大型插畫作品。特別推薦1樓的奧塔咖啡廳（Horta Brasserie），其建築與裝潢出自建築師奧塔本人之手，挑高空間的天花板並帶有新藝術風格的裝飾，喜愛新藝術風格的人不容錯過。

MAP ▶ P.226B3

皇家馬內歌劇院

Theatre Royal de la Monnaie

比利時獨立導火線

從中央車站步行8~10分鐘可達 Place de la Monnaie www.lamonnaiedemunt.be/en 歌劇院未對外開放參觀，僅有買票欣賞表演者可以入場

位於繁忙的購物大街附近，皇家馬內歌劇院是比利時最重要的藝術中心之一，也具有特別的歷史意義。歌劇院原為皇家鑄幣局，後來因為建築老舊而被拆除；新的劇院由荷蘭政府於1818年建成，但荷蘭人始料未及的是：這座宏偉的新古典主義建築，竟成了落成的13年後比利時脫韁而去的導火線！1830年，起於法國的自由主義在歐陸刮起一陣革命熱潮，在宗教與文化上更接近法國的比利時，也開始高張起民族意識。同年8月25日，《波荷蒂西的啞女》（La Muette de Portici）這齣激進的歌劇在馬內歌劇院上演，當男高音唱起「對祖國崇高的愛」一曲時，音樂的力量煽動早已不滿的人民，革命之火於是就在歌劇院內點燃，爆發了比利時的獨立運動。

MAP ▶ P.226B5

13世紀角落塔

Tour d'Angle

布魯塞爾第一座防禦城牆

從中央車站往藝術之丘方向前進，沿著Rue de la Chapelle直走約7分鐘可達 Boulevard de l'Empereur 36

走在歷史悠久的古都裡，隨時能撞見近千年的古蹟。這座古老的轉角守衛塔與被保護起來的斷壁殘垣，是布魯塞爾第一座防禦圍牆的一部分。城牆建造於13世紀，總長約4公里，沿牆設有7個大門與50個守衛塔；

歷經700多年的戰亂摧殘，如今圍牆已不復存在，市區內只留下少數遺址。旁邊是醒目保齡球館的守衛塔，就在城牆的轉角處，因此也被稱為「角落塔」。另一座圍牆遺址「黑塔」（Black Tower）則在聖凱薩琳教堂的附近。

MAP ▶ P.226B6

奧塔博物館

Horta Museum

線條優雅藝術宅邸

搭乘Tram 81、92等至Janson站，步行約3分鐘可達 Rue Américaine 27（Saint-Gilles） 14:00~17:30（上午僅開放團體參觀，週六、日11:00開始），週一休 全票€12，優惠票€3.5~10，18歲以下免費 www.hortamuseum.be 館內禁止拍照

美術館由建築巨擘維克多・奧塔（Victor Horta，1861~1947）的私人住所和工作室改建而成，已列為聯合國教科文組織的世界文化遺產。他是首位在布魯塞爾開創新藝術風格的建築大師，2棟屋子完成於新藝術發展最蓬勃的時期（約1898至1901年），外觀乍看不起眼，但屋內卻是令人震驚的明亮、優美與和諧；不像其他新藝術建築帶有令人目眩神迷的企圖，這裡顯然是單純為了居住而設計。低調的外觀是典型的比利時建築師風格，他們希望把更多的樂趣藏在室內。

奧塔在1919年將2間房子出售，直到1969年時才成為開放參觀的博物館。住家內所有的馬賽克鑲嵌、彩繪玻璃、傢俱、油畫和壁畫等，都一直保持著完整的狀態。奧塔的感性流露在屋內的每個小細節中：欄杆、燭台、流線型門把，尤其是中央樓梯間鐵製的弧線裝飾、鏡子與花朵圖樣的設計，再加上頂部的彩色玻璃引入大量自然光，無不美得令人屏息。也由於這棟代表新藝術風格的建築反映了20世紀初藝術、思想與社會的變遷，在2000年被列入世界文化遺產。

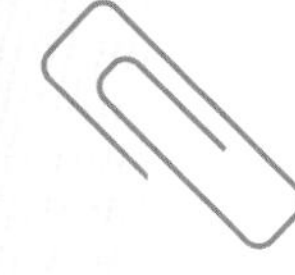

新藝術風格散策Art Nouveau Trails

新藝術盛行於19世紀末到20世紀初，特點是由各種自然元素如花卉、植物、水滴、波浪等為創作靈感。1893年布魯塞爾從郊區掀起一波新藝術風格的建築運動，然後遍及市區，著名的建築包括了樂器博物館、聖羽貝購物拱廊、漫畫博物館等，如果對這類建築有興趣，從路易斯大道（Avenue Louise）到奧塔博物館這一帶，有比較密集且具代表性的宅邸，可以循序探訪。

首先不妨搭乘路面電車92、93等號於Bailli站下車，然後徒步尋訪以下具新藝術風格的宅第：索爾維公館（Hotel Solvay, Avenue Louise 224）→塔西爾公館（Hotel Tassel, Rue Paul-Emile 6）→香柏蘭尼公館（Hotel Ciambberlani, Rue Defacqz 48）

→奧塔博物館→貓頭鷹公館（Les Hiboux, Avenue Brugma 55）→水波咖啡館（La Porteuse d'Eau, Avenue Jean Volders 48a）。回程可於地鐵Porte de Hal站搭車返回。

MAP▶P.226D3

五十週年紀念公園

Parc du Cinquantenaire

自由與獨立象徵

搭乘地鐵1、5號於Merode站下，步行約2分鐘可達

皇家軍事博物館 Musée Royal de l'Armée Bruxelles

Parc du Cinquantenaire 3 737-7811 09:00~17:00（售票至16:00），週一休 全票€12，優惠票€9，6歲以下免費 www.klm-mra.be/en

五十週年紀念博物館 Cinquantenaire Museum

Parc du Cinquantenaire10 741-7331 09:30~17:00，週一休 全票€18，優惠票€6~12，18歲以下免費 www.artandhistory.museum/en

汽車世界 Autoworld

Parc du Cinquantenaire11 736-4165 10:00~17:00，週六、日延長到18:00 全票€17，優惠票€9~15，6歲以下免費 www.autoworld.be

為了慶祝比利時獨立50週年，1880年時大舉闢地打造五十週年紀念公園舉辦博覽會，凱旋門兩翼的建築都於當年落成，寬闊綠色草地上巍峨高聳的凱旋門則是李奧波德二世請建築師於1905年建造。凱旋門中間的雕像象徵法蘭德斯，8座女神雕像圍繞，象徵比利時8個省份；通過拱門後左翼是皇家軍事博物館，擁有歐洲最完整的軍事武器收藏，展示中世紀到二次世界大戰以來的軍服、武器、航空飛機和戰鬥機等，值得軍事迷來朝聖。

右翼建築中是五十週年紀念博物館和汽車世界：五十週年紀念博物館內分為4個部分介紹世界文明，展示從古埃及、希臘、羅馬到印度及中國等文物，此外也包含比利時全國出土的文物和歐洲各地的裝飾藝術工藝品。汽車世界則是古董車迷必訪之地，第二次世界大戰前，汽車曾是比利時的重要產業，汽車世界中展示了1886~1970年代超過400輛保存良好的古董車，可以看到比利時王室用車、還有甘迺迪總統參加遊行使用的同款車，也可以了解汽車的設計及比利時汽車工業的歷史發展。

MAP▶P.226D1

植物園

La Botanique

活躍的藝文基地

搭乘Metro 2、6至Kruidtuin站下，步行約2分鐘可達 Rue Royale 236 218-3732 11:00~18:00（週末12:00起） www.botanique.be/en 天黑後不宜獨自前往

植物園靠近火車北站，外圍是車潮擁擠的交通要道，園內則成了一個忙裡偷閒的休憩場所。公園裡有草坪、小橋、雕像、精心修剪的樹木、野鴨與天鵝玩樂的小湖，還有一座大溫室，一邊是英式庭園風格，另一邊是對稱格局的法式風格。

植物園於1797年成立，起初是提供植物系學生學習的場地，後來園區於1826年關閉，裡面的花草植物也移往他處；而園內一棟17世紀的建築則變成了法國文化中心（French Community Cultural Center），現在則為舉辦戲劇、音樂與展覽等文化活動的場所。

MAP ▶P.226A1

原子塔

MOOK Choice

Atomium

超現實科幻地標

搭乘Metro 6至Heysel站，步行7~10分鐘可達 Square de l'Atomium 1 475-4775 10:00~18:00（閉館前30分鐘停止售票），全景餐廳：11:30~15:00 全票€16，優惠票€8.5~14，17歲以下免費 www.atomium.be 登上觀景台的電梯需要排長龍，建議事先上網預約

造型前衛的原子模型，原本是1958年世界博覽會的精神象徵，建築構想來自放大1,650億倍的鐵晶體分子，帶有超現實感的原子模型在當時曾被誇讚為「全球最令人驚嘆的建築」，因此在世博會結束後，保留下來，從此成為布魯塞爾最有名的地標之一。

原子模型在2005年重新整修結構後開放，高達102公尺、共有9個直徑18公尺的球體，以3根巨大的柱子支撐，由20支管道相連；球與球之間可搭乘管道內的手扶梯移動，彷彿進入科幻電影中的未來空間，十分奇妙。

塔內除了介紹原子塔歷史的常設展外，也不定期舉辦以科學或藝術為主題的特展。先搭乘電梯一口氣上升到頂端，360度全景景觀迎面而來：拉肯公園大片綠地、布魯塞爾的城市景觀在腳下展開，天氣晴朗時，甚至還能遠眺安特衛普；圓球上半部設有餐廳，在此用餐是最浪漫的體驗。

搭直達電梯下樓後，別忘了再循著樓梯，一站站探訪不同球體內的世界。到了夜晚，點綴球體外圍的2,970盞燈同時亮起，點點星芒如湛藍夜空中的美麗行星。

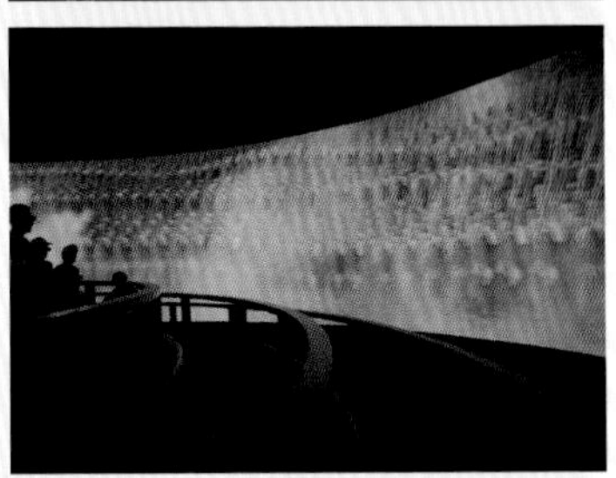

布魯塞爾周邊 Around Bruxelles

MAP▶P.005B5

滑鐵盧古戰場

Waterloo Battlefield

拿破崙的最後一役

從布魯塞爾火車南站搭巴士W於Braine- l'Alleud Route de Nivelles下車，步行約7分鐘可達 Route du Lion 1815, Braine-l'Alleud 352-0910 10:00~17:00（6~9月09:30~18:00） 巴士1日券€8；1815套票（Pass 1815，含獅子丘、紀念博物館、全景廳、烏谷蒙與語音導覽）全票€29，優惠票€16~26 www.waterloo-tourisme.com，www.waterloo1815.be

人造山丘上面佇立著一座雄獅雕像，這裡是1815年拿破崙慘敗的地方。滑鐵盧位於布魯塞爾南方約20公里，若登上226階的獅子丘（The Lion's Mound），一邊眺望著遠方恬靜遼闊的平原，一邊遙想當初兩軍浴血死戰、壯烈犧牲，不禁唏噓戰爭的無情。

1815年6月16日，拿破崙率領法軍與率領英荷聯軍的威靈頓公爵苦戰，最初法軍取得優勢不斷衝擊英軍陣營，到了6月18日早上，拿破崙苦等不到手下格魯希率領的3萬先發部隊前來救援，反而被英荷普聯軍的普魯士援軍搶先一步趕到，就在拿破崙要於6月18日晚間6點宣布勝利時，突遭英荷普聯軍襲擊，不到3小時就被擊潰，當時的激戰，死傷人數達6萬多人。拿破崙在滑鐵盧戰役慘敗，不僅結束了他的政治生涯，也改變了歐洲的命運，之後在聯軍攻占巴黎後，他在被放逐的6年後就過世了。

當初浴血苦戰的古戰場，如今成了觀光勝地，其中最醒目的是高約43公尺的獅子丘，由荷蘭國王為當初在戰役中負傷的王子所建—這座面朝法國的鐵鑄獅子以戰役中剩下的槍砲鑄成，重達28公噸。山腳下設有慶祝滑鐵盧200週年的紀念博物館與4D電影院，場內設備新穎，由多媒體影音互動的方式呈現這場戰役的相關歷史文物。對滑鐵盧來說，每年最重要的一天莫過於6月18日，當日除了會舉辦真槍實彈的戰役實況，並有免費巴士接送穿越不同戰爭景點，遊客可前往軍隊搭營的烏谷蒙（Hougoumont Farm），見識穿著軍裝的演員們重演當日的情景，親身體驗當年的戰地生活面貌。

布魯塞爾周邊 Around Bruxelles

MAP ▶P.005B5

哈勒國家森林公園

Hallerbos

藍紫色夢幻森林

搭乘火車在哈勒（Hal/Halle）站下，然後轉搭公車114（週一至週五）於Vlasmarktdreef 站下，即可抵達入口。週末或國定假日造訪，則需換搭2號巴士於Lembeek Congo下車，下車後步行約15分則可抵達Vlasmarktdreef入口 國家森林全年開放，藍鈴花期約4月中至5月初，每年依氣候影響而不同，確切花期請見官網 Vlasmarktdreef 4, Hallerbos, Halle www.hallerbos.be/en 免費 回程時間需多加留意，以免錯過末班公車

位於布魯塞爾南方約30分鐘車程，每年到了4月中旬，山坡林地上就會開滿野生的藍鈴花（Bluebell），原本只是當地人才知道的私房景點，若是在清晨或黃昏造訪，白色霧濛濛的森林裡就像是鋪上了整片藍紫色的地毯般，美得十分魔幻。

哈勒國家森林公園占地542公頃，在第一次世界大戰期林地遭德軍砍伐，幾乎全毀，大戰後在造林與復育計畫的努力下，才恢復成目前的樣貌。森林裡共有4處擁有珍貴植物的林地被規劃為約100公頃的保護區，偶爾在步道上也會撞見小鹿、野兔等野生動物出沒。除了藍鈴花季外，平日也是十分適合健行踏青的好地方。花季時建議可留意當地舉辦的藍鈴節（Bluebell Festival）活動，期間除了可免費參觀森林博物館外，並有免費的周末接駁公車往返車站與森林入口間，可節省不少時間。

布魯塞爾周邊 Around Bruxelles

MAP ▶P.005C4

通厄倫

Tongeren

歐洲最大的古董市集

搭火車至Saint-Trond/Sint-Truiden站下，轉乘23號巴士至Tongeren Koemarkt站下，步行約1分鐘可達 Veemarkt、Maastrichterstraat、Leopoldwal, Tongeren 週日07:00~13:00 www.visittongeren.be/en/antiques-market-tongeren

熱愛復古老件與古董迷的朝聖之地。通厄倫是個人口約3萬的小鎮，從1976年起開始週日古董市集至今，目前約有共400多個攤商參加，週日一大早就聚集了來自英、美、法等世界各國的遊客前來尋寶，當然其中也不乏專業的古董賣家與買家。市中心成了一個大型的中世紀市集，舉凡古董傢俱、銀器餐具、古玩和珍稀收藏品、二手衣、古書等應有盡有，整區逛完約2~3小時。

通厄倫是比利時最古老的城鎮，建立於西元1世紀，鎮上的名勝如聖母大教堂前方廣場上的雕像，是紀念西元前54年抵抗羅馬人的當地英雄安畢歐瑞克（Ambiorix），也很值得一看；西元4世紀時，這裡有了第一位主教，也是第一個信仰基督的城鎮，因此鎮上的珍寶收藏館（Tesum）也有許多金碧輝煌的宗教聖物。

布魯塞爾周邊 Around Bruxelles

MAP ▶P.005B4

大拜哈爾登城堡

Kasteel van Groot-Bijgaarden/ Château de Grand Bigard

期間限定的城堡花園

搭乘火車在Groot-Bijgaarden站下，步行11~15分鐘可達；或由北站搭乘巴士R15在Groot-Bijgaarden Kerk站下，步行4~5分鐘可達 Isidoor Van Beverenstraat 5, Groot-Bijgaarden 每年4月初至5月初，10:00~18:00 全票€16，優惠票€14，6歲以下免費 www.floralia-brussels.be/en/floralia-brussels

離布魯塞爾市區約7公里的大拜哈爾登城堡平日不對外開放，每年只在布魯塞爾花展的1個月期間開放民眾入園參觀。古堡建造於17世紀，周圍有屹立數百年的老樹與護城河，河面則靜靜地映照著老樹倒影，見證著古堡興衰歷史，十分樸實又幽靜。城門以一座5拱橋連接外界，2頭石獅子佇立在橋頭看守著進出城門的唯一入口。

大拜哈爾登城堡共占地14公頃，花園部分是在19世紀規畫設計完成，漫步園區，有種獨享私人花園的樂趣。花園聘請了來自荷蘭的花卉專家設計，花展期間展出約170萬種特色球莖花卉，春季花朵依照時序盛開，搭配古老的塔樓建築與小橋、溪谷等美景，別有一番恬靜的樂趣。建議中午前造訪是最好時機，不僅遊客人數較少，還可以體會獨享整座城堡花園的感覺。

MAP▶P.005C4

透明教堂

Doorkijkkerk

丘陵上的另類藝術

搭乘火車至Saint-Trond/Sint-Truiden站下，轉乘23號巴士至Borgloon Grootloonstraat站下，然後步行約15分鐘可達 Doorkijkkerk 全年開放 www.borgloon.be 地點位於寧靜的果園，行程安排需特別留意回程的時間

位在丘陵上的透明教堂是個非常另類的景點，由比利時建築師Pieterjan Gijs和Arnout Van Vaerenbergh運用生鏽的鐵板，搭建成100個堆砌的層次而形成的教堂，層次間的縫隙使人的視線能夠穿透空間，不論在教堂裡或在外面，不同的角度看到的風景都不同，尤其是天氣好的黃昏，風景更是迷人，最適合帶著野餐靜靜欣賞。

透明教堂建造最初的目的來自政府的藝術推廣計畫，希望能將藝術帶入室外的公共空間中，沿著Borgloon這個小鎮還有其他的藝術作品，但都不及透明教堂來得知名。教堂的荷蘭文名”Doorkijk”意思是「視線穿透」，英文名”Reading between the Lines”則更耐人尋味，讓人試圖讀出言外之意。

©MaasmechelenVillage

©MaasmechelenVillage

MAP▶P.005C4

馬斯梅赫倫名品暢貨中心

Msssmechelen Village

讓荷包失守的大型Outlet

搭乘火車至Genk再轉乘44號公車，在Eisden VDAB站下，步行8~10分鐘可達；或搭乘由布魯塞爾市中心出發的專車，需時約1.5小時 Zetellaan 100, Maasmechelen 089-774-000 10:00~18:00（週六、日至19:00） www.thebicestercollection.com/maasmechelen-village/nl 購物專車並非天天發車，且名額有限，建議事先上網預約購好車票

馬斯梅赫倫購物村距離布魯塞爾約105公里，L型的街區擁有超過100家的品牌入駐，商品從服飾配件到保養品，全年度提供7到4折的購物優惠，除了國際知名服飾品牌如Armani、Boss、Max Mara、Michael Kors…也有Ice Match、Neuhaus、Leonidas等比利時品牌，以及adidas、Levis、Nike等運動休閒品牌、知名廚具 Le Creuset等，保證不會空手而回。購物村裡還貼心地設置了兒童戶外活動區，讓全家人都能盡興遊玩；逛累了，也有4家餐廳可以選擇享用。

Where to Eat in Bruxelles
吃在布魯塞爾

MAP▶P.226B3 布雀街（依羅賽克雷）Rue des Bouchers (Ilot Sacre)

從中央車站步行7~8分鐘可達

就像比利時許多其他街道一樣，布雀街保留了它中世紀的名字。西元1960年時，市議會將此區命名為「依羅賽克雷」，意思為「神聖的地區」，禁止任何建築與街道被破壞。如今，這裡成為布魯塞爾最有名的一條觀光美食街，兩旁餐廳與酒館林立，到了夜晚，霓虹招牌與各式各樣的海鮮陳列讓人口水直流，是著名的觀光勝地。街名的意思為屠夫、肉販，因此也稱為「屠夫街」。然而，大部分的當地人若是想吃海鮮，其實通常不會來到這裡，而會選擇前往聖凱瑟琳教堂附近的知名海鮮街Baksteenkaai。其中以淡菜聞名的餐廳Chez Léon是布雀街裡最受歡迎的一間百年老店。

MAP▶P.226B3 Chez Léon

從中央車站步行7~8分鐘可達　Rue des Bouchers 18　511-1415　12:00~23:00（週五、六至23:30）　www.chezleon.be

布雀街上的百年淡菜（孔雀蛤）老店，在巴黎也有分店，自1893年開幕以來，餐廳已拓展為串連9棟房子、可容納400名以上食客的龐大規模，是比利時最大的一家餐廳。這裡以各種口味料理的淡菜鍋、薯條與自家釀製的啤酒最為有名，上菜速度極快，非常適合全家前往用餐，12歲以下的小朋友還能獲得免費的兒童餐點（旅行團例外）。

MAP▶P.226B3 Aux Armes de Bruxelles

從中央車站步行7~8分鐘可達　Rue des Bouchers 13　511-5550　週一至五12:00~14:30、18:00~22:30（週五中午休息），週六12:00~23:00，週日12:00~22:30　www.auxarmesdebruxelles.be

布雀街內另一家知名老店，已有60多年歷史，受到不少商業人士與中產階級喜愛，是更正式的高級餐廳，2018年被Chez Léon的老闆買下。室內的裝飾藝術雅致、服務生優雅專業，提供淡菜、海鮮、牛排等比利時傳統料理，雖然價位稍高，但提供的用餐品質實屬一流。

MAP▶P.226A3 Fin de Siecle

從中央車站步行13~15分鐘可達；搭乘Metro1、5至De Brouckère站，步行7~8分鐘可達　Rue des Chartreux 9　493-378-062　12:00~24:00　www.findesiecle.be/fds-en.html

深受當地人歡迎的道地比利時料理餐廳，位於市中心沒有明顯的招牌，但餐廳內總是座無虛席，菜單寫在牆上，但似乎前來的常客毫不介意，早已熟門熟路地知道要點哪道佳餚。這裡以傳統招牌菜聞名，即使簡單的食材也處理得恰到好處，名菜包括烤香腸馬鈴薯泥、燉兔肉、烤豬腳還有以奇美啤酒入菜的燉牛肉。服務員人員也非常友善。

MAP ▶ P.226A2 Mer du Nord

從中央車站步行10~12分鐘可達；搭乘Metro 1、5至Sainte-Catherine站，步行約5分鐘可達 Rue Sainte Catherine 45 513-1192 週二至週六11:00~18:00，週日11:00~20:00，週一休 noordzeemerdunord.be/?lang=en

這是一家只有吧檯而沒有座位的海鮮熟食店，合理的價格受到布魯塞爾各社會階層的人士歡迎，店門口總是站滿了饕客，白領菁英、市井小民與遊客，全都一起站在這裡享受佳餚美酒。當日菜單皆寫在後面的黑板上，較受歡迎的有海鮮湯、新鮮生蠔、白酒淡菜、酥脆炸魚、焗烤扇貝鮮蝦等各類海鮮料理，並依時節變換推陳出新，不但現點現做，還可搭配白酒、香檳。

MAP ▶ P.226D4 Maison Antoine

搭乘Metro 1、5至Schuman站下，步行約11分鐘可達 Jourdanplein 1 230-5456 11:30~凌晨01:00 www.maisonantoine.be

位於歐盟總部附近的薯條店，曾被紐約時報盛讚為「世界上最美味的薯條」，店內貼滿名人光顧的照片，還包括德國總理梅克爾，可說是聲名遠播。老闆Antoine從1948年時與妻子在這個小廣場上創業，夫妻倆早上在家裡的小院子切薯條、中午才開業，至今已經是第3代了；早期只有2種沾醬，現在已成為全年無休，並雇員團隊工作，還提供多種炸物與30多種沾醬。店門口大排長龍總是司空見慣。

MAP ▶ P.226A3 Fritland

從中央車站步行9~10分鐘可達 Rue Henri Maus 49 514-0627 11:00~凌晨01:00 www.fritlandbrussels.be/acceuil

位於市中心的絕佳位置，口耳相傳的人氣薯條店之一。薯條好吃的秘訣在於每天使用新鮮的馬鈴薯切片，再在不同溫度的牛油中油炸2次。店裡並提供法國麵包夾薯條與油炸香腸，最後再淋上醬汁的自創漢堡，十分驚人！

MAP ▶ P.226B4 Waffle Factory

從中央車站步行7~8分鐘可達 Rue du Lombard 30 502-3147 08:30~21:00，週五~日延長至22:00 www.wafflefactory.com

藝術之丘上的小黃車有著便宜美味的鬆餅，但若想找個位置，又不想前往高價的名店，Waffle Factory可說是最佳的選擇。這家比利時鬆餅速食店在法國北部及比利時各大城市都有它的蹤跡。店內生麵團都是現場揉製、篩粉攪拌，鬆餅也是現點現做，最吸引人的是特殊的少油配方，降低12%熱量。除了鬆軟的布魯塞爾鬆餅和香脆的列日鬆餅，燻雞、火腿、起司、洋蔥等也能夾進鬆餅中。

MAP ▸ P.226A4 Moeder Lambic Fontainas

從中央車站步行12~15分鐘可達 8 place Fontainas 503-6068 週一至週四16:00~24:00，週五至週六12:00~凌晨01:00，週日12:00~23:00 www.moederlambic.com

因擁有46種生啤與300種以上酒單而聞名的Moeder Lambic，就在離布魯塞爾大廣場不遠處，走進室內看著吧檯前一字排開的拉吧畫面很令人震撼，店內酒保與服務員都是啤酒的專家，若煩惱不知該選哪款酒，建議可坐在吧檯前，讓帥氣的酒保推薦適合的酒款，才不虛此行，尤其店內有許多市面上買不到或釀酒廠沒貨的啤酒。店內通常附上一小碟麥芽作為搭配啤酒的小點心，喝啤酒吃麥芽十分別出心裁。

MAP ▸ P.226B3 Mokafe

從中央車站步行6~7分鐘可達 Galerie du Roi 9 511-7870 07:30~23:00（週一20:00提早打烊）

Mokafe位於聖羽貝購物拱廊的中心，提供一個逛街歇腳最好的休憩點，坐在室外區享受早午餐，觀察拱廊內來往的人群，體驗當個道地的布魯塞爾居民的時光。每個星期日早晨，常會看到許多當地人帶著報紙，在咖啡廳內待上數個小時，每個人似乎都沉浸在自己的小世界裡。這裡的咖啡、早餐、鬆餅都是物有所值，而且價格合宜。

MAP ▸ P.226C4 Brasseries rn

從中央車站步行7~10分鐘可達；搭乘巴士71等至Koning站，步行約1分鐘可達 Rue Montagne de la Cour 2 502-9508 www.mim.be/en 目前整修中，暫停營業

就在樂器博物館的頂樓，新藝術風格的鑄鐵窗框，以優美花紋弧線圈住整個城市，絕佳的地理位置加上無敵景觀讓，總是座無虛席。餐點選擇性多，比利時傳統料理、排餐及義大利麵，坐在灑滿陽光的露台，喝杯香檳眺望布魯塞爾傑比鱗次櫛比的古城高塔和新式建築，是物超所值的高級享受。即使沒有買門票進入博物館，只要在入口處說明用餐，也可搭電梯進入。

MAP ▸ P.226B3 Le Pain Quotidien

從中央車站步行5~6分鐘可達 Galerie de la Reine, 11 502-0220 08:00~18:00，週六、日延長至19:00 www.lepainquotidien.com

創立於比利時的輕食麵包店，在布魯塞爾有多家分店；在巴黎、倫敦等地也都有分店。” Le Pain Quotidien” 法文意思為「每日的麵包」，餐廳以有機食材製作美味可口的手工麵包與甜點，可外帶也可點杯咖啡在店內享用，此外湯、沙拉、三明治等輕食也提供不想餐餐大魚大肉的另一種選擇。

MAP P.226B3 Théâtre Royal de Toone

從瑪麗恩廣場沿Tal東行約120公尺即達。 Tal 12 (0)89 219-9400 www.paulaner-im-tal.de 每日10:00~24:00。

寶萊納(Paulaner)是來自慕尼黑的啤酒，從1524年一家小酒館開始，發展成行銷全球的品牌，目前在台灣也有以它的啤酒掛帥的餐廳。既然來到慕尼黑，不妨到這家位於鬧區的發跡老店坐坐。店面看起來不大，其實後面還有相當廣大的中庭，食物以巴伐利亞的家常菜為主，價位中等，慕尼黑香腸拼盤、水煮牛肉等都很推薦。

MAP P.226B3 Café a La Bécasse

從中央車站步行8~10分鐘可達 Rue de Tabora 11 511-0006 11:00~24:00（週五、六延長至凌晨01:00） www.alabecasse.com

很難想像藏身於狹小入口之後的，竟是市中心最古老的酒館之一，開業至今已將近150年，酒館內的長型桌椅皆是歷史悠久。這裡有種類繁多的比利時啤酒可供選擇，包括生啤酒、黑啤酒、修道院啤酒及最受女性歡迎的水果啤酒等，特別推薦以石頭杯子裝盛的清新白啤酒。此外，酒館也供應香腸、火腿、三明治、奶酪等特色傳統小吃。

MAP P.226A2 Chez François

從中央車站步行約15分鐘可達；搭乘Metro 1、5至Sainte-Catherine站，步行約3分鐘可達 Quai aux Briques 2 511-6089 12:00~14:30、18:30~22:30 restaurant-francois.be

老店François就位於凱薩琳教堂附近的海鮮街，現任老闆安娜瑪莉的曾曾祖父在此以一家薯條店創業，家族後來改賣海鮮，1960年後開始經營餐廳，目前在餐廳旁仍保留提供外賣海鮮的熟食店。店內招牌為以獨門秘方烹製的龍蝦大餐，同時也提供牡蠣、鮮魚、淡菜等美味海鮮料理，價位十分高檔。

MAP P.226C3 A La Mort Subite

從中央車站步行6~8分鐘可達 Rue Montagne-aux-Herbes Potagères 7（Warmoesberg 7） 513-1318 11:00~24:00，週六11:30開始，週日休 www.alamortsubite.com/en

店名為「猝死」之意，來自於常客在離開前，最後賭上一把廝殺分出勝負的口號。酒館於1880年創業，1910年由新藝術時期的比利時建築大師執行裝潢設計，走進館內迎面而來的鏡子、大理石柱與逐漸退色的比利時歌手舊照映入眼簾，目前店內裝潢與酒單仍維持著1928年改建的裝置藝術風格。酒館內提供自家釀製的9種"Mort Subite"蘭比克系列啤酒為主。

MAP P.226C2 Brasserie Horta

從中央車站步行11~15分鐘可達；搭火車至Congrès站下，步行約3分鐘可達 Rue des Sables 20 217-7271 10:00~18:00，週一休 www.brasseriehorta.be/en

欣賞完漫畫博物館的畫作，逛累的旅客可以到1樓的Brasserie Horta小酒館歇腳，兩層樓的餐廳保留了原來挑高的空間和新藝術建築的裝飾，再以漫畫畫作和啤酒瓶作為布置的點綴，營造出懷舊氣氛，提供的餐點以簡單的三明治與沙拉為主，也可以品嘗到當地特色菜餚和啤酒，如薯條配碗豆湯。

Where to Buy in Bruxelles
買在布魯塞爾

MAP ▶ P.226A6 跳蚤市場Marché aux Puces

搭巴士48、52等號在Jeu de Balle站下，步行約2分鐘可達；搭火車在Brussel Kapellekerk站下，步行約8分鐘可達 Place du Jeu de Balle 79 09:00~14:00，週六、日延長至15:00

靠近南城門的馬洛爾區（Marolles）中央廣場，原本是17世紀負責修建上城的工匠聚居地，現在則是移民聚集的地區，鄰近街區都是年輕藝術家的工作室、藝廊、古董傢俱店和時尚咖啡館。每天早上，廣場上是生氣勃勃的跳蚤市場，舊書、杯盤、油畫、古錢幣、裝飾品、古董相機和傢俱，無奇不有的商品等著你慧眼來尋寶。

MAP ▶ P.226B3 La Boutique Tintin

從中央車站步行5~6分鐘可達 Rue de la Colline 13 514-5152 10:00~18:00（週一12:00開始） boutique.tintin.com/en

由比利時漫畫家艾爾吉（Hergé）創作的漫畫《丁丁歷險記》（Les Aventures de Tintin et Milou），在西方世界享有極高的知名度，據說連前法國總統戴高樂的床頭都放了一本。如果你也是丁丁的粉絲，走進這家店，恐怕很難不買東西地全身而退。店內所有相關紀念品的價格都很高檔，商品種類眾多，包括丁丁的餅乾、文具、T恤、玩具、布偶等等，還有丁丁與每位角色的縮小模型，讓漫畫裡的人物彷彿不再遙不可及。

MAP ▶ P.226B3 De Beir Tempel

從中央車站步行6~8分鐘可達 Rue du Marché aux Herbes56（Grasmarkt 56） 502-1906 10:00~19:00 biertempel.wixsite.com/debiertempel

這家1996年開業的比利時啤酒專門店，在布魯日也有分店。從早期僅有200種啤酒的階段不斷擴展，今日已達到提供超過600種酒類的規模，其中包含許多罕見、手工釀造，以及瓶子設計精美、酒標特殊的啤酒。而為了讓啤酒喝起來味道更好，同時加強啤酒的香氣，各個廠牌還設計與啤酒特性相應的啤酒杯，這些杯子上印有該廠牌的專屬徽章，在店內也有販售。即使是不愛喝酒的人，以啤酒為主題的禮物，也是有特色的伴手禮。

MAP ▶ P.226B3 Dille&Kamille

從中央車站步行6~8分鐘可達 Rue du Marché aux Herbes 36/5 669-3001 09:30~18:30，週日10:00~18:00 www.dille-kamille.com

Dille&Kamille是來自荷蘭的家居與園藝生活用品店，若你是烹飪與田園鄉村風格的愛好者，來到這裡包準沒錯。從料理烹調用品、可愛的糕點製作模型、園藝花草用具、健康食品（如橄欖油、紅酒醋、花草茶）、廚房布置到木製兒童玩具等，應有盡有。Dille&Kamille在比利時境內有許多分店，除了布魯塞爾有2處外，在布魯日、根特和安特衛普都能找得到。

MAP ▶ P.226B4 Dandoy

從中央車站步行7~10分鐘可達 Rue Charles Buls 14 512-6588 10:00~19:00，週六、日09:00開始 maisondandoy.com

Dandoy是布魯塞爾歷史最悠久的烘培坊，開業於1829年，在布魯塞爾市區及近郊總共有7家分店。目前老闆已是第6代，仍依循家族經營模式，並傳承百年的傳統作法來製作麵包，口味上屬於比利時老一輩人所懷念的「古早味」。招牌為比利時傳統的肉桂黑糖薑餅（Speculoos）、水麵薄餅（Water-thin biscuits）、香料麵包（pain d'epices）與希臘麵包（pain a la greque）等等。二樓設有咖啡館，可享用現烤鬆餅。

MAP ▶ P.226B3 Elisabeth

從中央車站步行7~10分鐘可達 43 Rue au Beurre 344-3303 10:00~22:00 www.elisabethbrussels.be

Elisabeth小小的店鋪中濃縮比利時各地的甜點精華。女老闆走遍比利時全國，與各地手工甜點師傅合作，引進帶有肉桂香味的聖尼可拉斯生日餅乾（Speculaas）、尖鼻子形狀的覆盆子軟糖（Cuderdon nose）或是布魯塞爾的Frederic Blondeel手工松露巧克力等。最受歡迎的是巧克力甜瓜蛋糕，就像用巧克力包裹棉花糖，輕飄飄的甜蜜味道，據說就是比利時的老奶奶風味。

MAP ▶ P.226B3 蚱蜢玩具店The Grasshopper

從中央車站步行6~8分鐘可達 Rue du Marché aux Herbes 39~43 511-9622 10:00~19:00 www.thegrasshopper.be

充滿童心的城市裡當然少不了玩具店，位於綠色優美建築裡的蚱蜢玩具店，是佔地兩層樓的玩具樂園，不僅小朋友為之瘋狂，大人也很容易迷失其中。店內充滿許多歐洲風格的玩具，從觸感讓人感覺溫暖的木製火車、各種絨毛動物、教育類地圖、地球儀、芝麻街的大型人偶，到卡通人物生活雜貨，應有盡有，是間讓大人與小孩逛起來都開心的商店。

巧克力的甜蜜誘惑

既然來到巧克力甜點王國，體重之類的問題就暫時拋到腦後吧！巧克力和鬆餅是許多人對比利時的第一印象，而比利時巧克力之所以風靡世界，是因為第一顆含有果仁內餡的夾心巧克力（Praline）就是由Neuhaus所發明的。香濃可口的魅力不只瀰漫大街小巷，布魯塞爾的巧克力商們更相繼用他們的專長，標記國家的重要事件，Pierre Marcolini就曾在國王Baudewijn新婚時，為這個世紀婚禮創造大人小孩都愛的牛奶巧克力醬Fabiola。

不讓巧克力專美於前，傳統糕點也是這個城市的重頭戲，不管是有宗教故事助陣的Speculaas，還是賣相絕佳的Merveilleux，都讓人垂涎三尺；當然，不管是哪一種甜點蛋糕，如果沒有巧克力口味，比利時人可不會買單。走在大廣場地區，三五步一間甜點店，讓整個布魯塞爾籠罩在甜蜜的空氣中。

MAP ▶ P.226B3 Aux Merveilleux de Fred

從中央車站步行6~8分鐘可達　Rue du Marché aux Herbes 7　540-2608　08:00~19:45　www.auxmerveilleux.com

Aux Merveilleux de Fred的廚房採開放式設計，路過的人一定會被糕點師傅專注的神情和動作所吸引，而店內招牌的商品Merveilleux是一種蛋白霜餅乾小點心，外層裹上奶油，再鋪滿巧克力碎片，而這種甜滋滋的比利時傳統小點心，卻是在1985年法國主廚Frédéric的重新研發下發揚光大的。店內有各種口味的Merveilleux；巨型奶油麵包也是鄰近上班族採購的首選。

MAP ▶ P.226B5 Pierre Marcolini

從中央車站步行10~15分鐘可達；搭乘Tram 92、93、95等至Petit Sablon站，步行1~2分鐘可達　Rue de Minimes 1　514-1206　週一至週四10:00~19:30，週五、六延長至20:00，週日19:00提前打烊　www.marcolini.com

Pierre Marcolini於20多年前在此開設了首家店鋪，他把自己在甜點領域的豐富背景運用在巧克力製作上，而使成品更具嶄新創意，比如伯爵茶夾心、布列塔尼鹹奶油焦糖等創新口味，都是他的得意之作，因此在短短十數年間便贏得許多大獎。他也曾在日本節目「料理東西軍」中露臉，本身已成為巧克力產品的代言人。目前紐約、倫敦、巴黎、東京等地都有分店。位於大莎布侖廣場的店鋪共有3層，木質地板與黑色色調裝潢，櫥窗內展示他的巧克力藝術品。

MAP ▶ P.226B3 Boutique Neuhaus

從中央車站步行5~6分鐘可達 Galerie de la Reine 25~27 512-6359 10:00~21:00 www.neuhauschocolate.com

來自瑞士的Jean Neuhaus於1857年在聖羽貝購物拱廊中成立了第一家店鋪，後來第2代將店鋪改為巧克力專門店；到了1912年，第3代老闆發明了世界上第一顆含有內餡的夾心巧克力（Praline），因而在市場上大受歡迎；如今全球各地品牌都生產多樣口味夾心巧克力，而Neuhaus的分店也遍布全球。比利時國王艾伯二世在位時，曾將其指定為皇室御用巧克力。值得一提的是，店內還推出知名漫畫丁丁（Tintin）、藍色小精靈、藝術大師馬格利特等主題的巧克力，特別值得收藏。

MAP ▶ P.226B5 Wittamer

從中央車站步行約10分鐘可達；搭乘Tram 92、93、95等至Petit Sablon站，步行1~2分鐘可達 Place du Grand Sablon 12 318-1622 週二至週五07:30~18:30，週六、日07:00~18:30，週一08:30~17:30 www.wittamer.com

位於大莎布侖廣場旁邊的巧克力老店Wittamer門前有大幅搶眼的粉紅色篷棚，很難不被發現。創始人Henri Wittamer於西元1910年開店，一直到現在都還是家族企業，由成員們共同監督經營：孫子掌管門牌6號和12號的巧克力商店，曾孫女則經營門牌13號的高檔咖啡廳。目前製作巧克力的工作室仍在商店後面，使得店內空氣中時時飄盪著令人垂涎的香味。店內販售各種糕點、三明治，還有多款不同造型的創意巧克力，巧克力師傅們透過每3個月更換一次的櫥窗，向路人展示他們的最新巧思。

MAP ▶ P.226B3 Mary

從中央車站步行6~8分鐘可達 Galerie de la Reine 36 511-3959 10:00~20:00 www.mary.be/en

1919年，熱愛巧克力的Mary女士創立了以自己為名的巧克力品牌，她終身未嫁，終其一生投入巧克力事業中，不僅是比利時知名的老品牌，也是皇家御用品牌之一。除了口味與造型獨特的夾心巧克力外，Mary發明了在巧克力片的兩端稍微彎曲一些的貓舌（Cat tongues）的純巧克力片，目前除了在聖羽貝購物拱廊有分店外，在地址位於Rue Royal 73的另一家分店因洛可可風格的室內裝潢而登上了「有生之年必去的1000家店」的榜單。

MAP ▶ P.226B3 Godiva

從中央車站步行7~10分鐘可達 Grote Markt 21~22 511-2537 週一至五10:00~23:00，週六11:00~23:00，週日11:00~17:00 godiva.eu

Godiva大概是最知名的比利時巧克力品牌了，即使在本地也屬於高檔的巧克力。由Joseph Draps在1926年創立，創立初時只是在布魯塞爾家中的地下室，以小型批發方式製作販售巧克力，如今在全球卻有超過450家分店，雖然已被土耳其公司收購經營，但直到現在許多巧克力仍沿用Draps的創意和配方。

MAP ▶ P.226B3 Leonidas Beurre

從中央車站步行7~10分鐘可達 Rue au Beurre 34 512-8737 10:00~22:00 www.leonidas.com

與其他巧克力名店相比起來，Leonidas的價格較為親民。這家店的創始人是原籍希臘的巧克力師傅Leonidas Kestekides，年輕的Leonidas於1913年從美國前往根特參加博覽會時，因為愛上了本地的少女，而決定在比利時永久定居。後來他陸續在布魯塞爾、根特等地開設店面，現在全球已有多達1,400多家門市。

MAP ▶ P.226C4 Laurent Gerbaud

從中央車站步行4~5分鐘可達 Rue Ravenstein 2D 511-1602 週二至四12:00~18:00，週五~週日12:00~18:45，週一休 www.chocolatsgerbaud.be

位於時髦的藝文中心Bozar斜對面的新潮巧克力店，創始人Laurent Gerbaud曾在中國旅居過，正因為如此，亞洲文化成了他巧克力靈感的來源。不僅品牌的設計以篆刻字體寫著「巧克力」3個字，風味也十分的亞洲：夾心巧克力內餡包含了柚子、蜜汁金桔、薑等，其中摩洛哥孜然與義大利榛果都曾獲得巧克力大獎。堅持不量產、不含香精添加劑，全球僅此一家。

MAP ▶ P.226A6 Neuhaus巧克力工廠

搭火車至Anderlecht Yzerkruis站，步行9~10分鐘可達；亦可搭電車5號於Eddy Merckx站下，步行9~10分鐘可達 Postweg 2, Vlezenbeek, Belgium 568-2211 週一至周六09:00-18:00 www.neuhauschocolates.com

除了市中心的巧克力名店，離市區車程約30分鐘的郊區也有2家名店的巧克力工廠與Outlet，甜食控不容錯過。其中以位於市區南邊的Neuhaus巧克力工廠最值得推薦，店裡幾乎各種口味的巧克力、餅乾都可無限試吃，產品因為即期或無包裝等因素，價格約市價的5到8折，對需要購買大量伴手禮的遊客是個不錯的選擇。

MAP ▶ P.226A1 Godiva Outlet

由搭乘電車2、6號於Simonis站下車，出站後往伊莉莎白公園方向的Avenue de Jette前進，步行約4分鐘即可抵達 Avenue de Jette 4 647-0292 11:00~18:00，週日休 godiva.eu

除了上述的Neuhaus巧克力工廠，另一家Godiva Outlet因距離市區較近，很多人會選擇到這裡選購；只是店面相對較小、試吃的種類與折扣也比較少，只有約市價8到9折左右；雖然不多，對巧克力控來說，也是大大的滿足了。

Where to Stay in Bruxelles
住在布魯塞爾

©Druum

©Druum

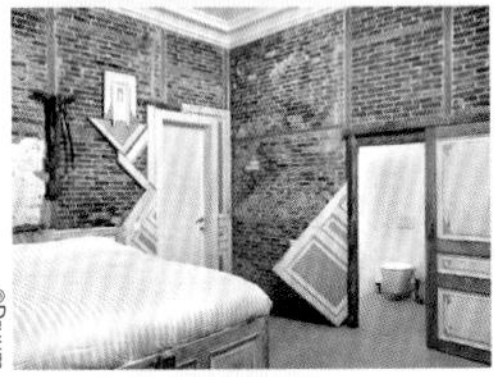
©Druum

©Druum

MAP ▶ P.226A1 Druum

搭乘Metro 1、5至Sainte-Catherine站，步行9~10分鐘可達；或搭巴士33等號在Ninoofsepoort站下，步行約2分鐘可達 Rue du Houblon 63 472-054-240 www.druum.be

由設計師合資創業的當代設計B&B。位於一棟19世紀的古老宅第中，共有6間房，每間房間都由不同藝術家依其理念設計不同主題的裝飾。例如來自俄羅斯藝術家Ištvan IštHuzjan將其中一間房設計為4人床的藝術家工作室，或者是建築檔案室（HS63）裡可以發現建築草圖與錄音檔案，以及現場音樂錄音室等奇妙的空間。

©The Hotel Brussels

©The Hotel Brussels

©The Hotel Brussels

©The Hotel Brussels

MAP ▶ P.226C6 The Hotel Brussels

搭乘Tram92、93等至Louiza站，步行約3分鐘可達 Boulevard de Waterloo 38 504-1111 www.thehotel-brussels.be/en

The Hotel Brussels位在路易斯大道附近的高級精品街，不論身處何處遠遠地就可看到其高聳的大樓。這家4星級飯店走時尚高雅風格，轉角房型視野特好，可俯瞰夕陽西下時舊城區、司法院的美景，享受居高臨下的感覺。餐廳由名廚掌廚，窗外有充滿綠意的花園，用餐環境特別舒適愜意。

MAP ▶ P.226A1 Meininger Hotel Bruxelles City Center

搭乘Metro 1、5至Comte de Flandre站，步行約7分鐘可達；或搭巴士33等號至Porte de Flandre站，步行約5分鐘可達 Quai du Hainault 33 209-6110 www.meininger-hotels.com/en/hotels/brussels

這棟可俯瞰運河、外觀醒目的紅磚大樓原本是啤酒釀酒廠，曾一度是藝術展覽館，後來才被德國酒店集團買下成為平價旅館。整棟大樓共4層，室內保留了原本工業風的設計，甚至牆上還留有當時的褪色塗鴉。有多種房型如上下舖、私人、家庭房等共150間可供選擇，特別適合需控制預算的旅客。公共區域包含了早餐吧、廚房與撞球檯等娛樂設施，由於大部分是年輕人與學生入住，夜晚的公共區域會很熱鬧。

©Meininger Hotel Bruxelles City Center

©Meininger Hotel Bruxelles City Center

©Meininger Hotel Bruxelles City Center

MAP ▶ P.226B6 Thon Hotel EU

搭乘Metro1、5號至Maalbeek/Maelbeek站下，步行約1分鐘可達 Wetstraat /Rue de la Loi 75 204-3911 www.thonhotels.com

坐落在歐盟區域新潮的大樓間，簡潔俐落有設計感的商務型連鎖飯店。明亮開闊的大廳，擺設一組組色彩繽紛的舒適沙發，適合和朋友或同事聚會聊天。深淺錯落的灰色是空間的主調，每個房間各自有飽和的高彩度傢俱作為視覺焦點，也許是鮮橘色的沙發、寶藍色腳凳、亮綠色床頭板或是胭脂紅電視櫃，保持空間的乾淨無壓感，卻又不失活力。餐廳的早餐吧相當豐盛，假日時會延長供應至中午，適合步調悠閒的旅客。

MAP ▶ P.226B6 Vintage Hotel

搭乘Tram92、93等號至Stefania站下，步行約1分鐘可達；或搭Metro 2、6至Louiza站下，步行約5分鐘可達 Rue Dejoncker 45 533-9980 www.vintagehotel.be

由早期的護理之家變身，在曾經營餐館的夫妻檔老闆規劃下，於2008年重新開幕為精品設計旅館。房間走的是60年代復古風設計，每一間房都不相同；牆壁裝飾以色彩豐富的普普藝術圖案，再搭配15、16世紀的古董椅子，令人為之驚豔。這棟建於20世紀初期的建築還有座美麗的後院，在1樓也設有酒吧和餐廳，提供簡單但豐富的早餐。

©Vintage Hotel

©Vintage Hotel

MAP ▶ P.226D1 Hotel nhow Brussels Bloom

搭乘Tram92、93等號至Gillon站下，步行約1分鐘可達；或搭Metro 2、6至Kruidtuin站下，步行約3分鐘可達 Rue Royale 250 220-6611 www.nhow-hotels.com/en/nhow-brussels-bloom

位於花團錦簇的布魯塞爾植物園附近，Hotel nhow Brussels Bloom也將美麗的風景延伸到室內。旅館有7種房型，為了呈現百花齊放的概念，邀請了來自世界各地、共287位極具創意的年輕藝術家們，替每間客房手繪壁畫，除了提供他們展現才華的舞台，也為每一間房間帶來獨特的個性，每一次入住都能有新感受。旅館附設有高樓層的健身房，是眺望市區景緻的好地點，且位於市區中心，徒步即可到達各大博物館與觀光景點。

©Odette en Ville

©Odette en Ville

©Odette en Ville

©Odette en Ville

MAP ▶ P.226B6 Odette en Ville

搭乘Tram81、93等至Bailli站，步行約3分鐘可達 Rue du Châtelain 25 640-2626 www.odetteenville.be/en

Odette的經營者將比利時邊境的法國小鎮精神帶入這座繁華的國際大都會，塑造出深具美感又自由輕鬆的高檔精品酒店。酒店內部裝潢以深黑色為基調，1樓有高雅的圖書館、開放式壁爐、沙龍、餐廳等等，牆上的攝影作品與設計師家具呈現主人的獨特品味。客房則依據是否包含更衣室、壁爐、陽台等不同設計，區分為4個等級。

©Hotel ibis

©Hotel ibis

©Hotel ibis

MAP ▶ P.226B6 Hotel ibis Styles Brussels Louise

搭乘Tram81、93等至Bailli站，步行約1分鐘可達 Avenue Louise 212 644-4416 www.ibis.com

整間飯店以白色為主調，但在公共空間則點綴著紅、綠、藍3個企業識別色。對於待在單一色調的房間內，反應可能會頗為兩極，譬如在吃早餐時偶而會讓人誤以為來到了學校餐廳或醫院，但對於白色的愛好者來說，這裡的環境則帶來一種平靜與彷彿來到天堂般的錯覺。

安特衛普
Antwerpen

文●蒙金蘭・陳蓓蕾・墨刻編輯室　攝影●蒙金蘭・墨刻攝影組

安特衛普是比利時的第二大城、世界的鑽石工業中心、時尚重鎮，也是巴洛克大師魯本斯施展才華的舞台。安特衛普市區不大，幾乎所有博物館、歷史古蹟等觀光景點，都能徒步抵達，而且市區到處是迷人的酒吧、咖啡館、古董店和餐廳，漫步其中，可感受城市獨特的文藝氣息。

安特衛普有「鑽石之城」的美譽，中央車站附近的鑽石店家密布，是著名的鑽石特區及猶太社區，全球超過70%的鑽石都在這裡進行加工與交易。縱然鑽石璀璨奪目，安特衛普的藝術氣息也不遑多讓，這裡在17世紀是法蘭德斯畫派的核心、巨匠魯本斯意氣風發的舞台，從美術館、教堂、廣場上的雕像，處處都是大師的蹤跡。安特衛普市區也隨處可見文藝復興、巴洛克時期的建築與雕像，不僅散發著懷舊的氣息，也深具前衛的時尚魅力。80年代畢業於皇家藝術學院的「安特衛普六君子」（Antwerp six），初試啼聲便震驚各界，為當時創意低迷的時尚圈注入新意，更打響了安特衛普「流行設計之都」的名號。

安特衛普港也是歐洲最繁忙的港口之一，斯海爾德河（Schelde）在此注入北海，從12世紀就開始發展為貿易港，到了16世紀中葉，更是取代了泥沙淤積的布魯日，逐漸發展成為目前歐洲第2大、世界10大港口之一。

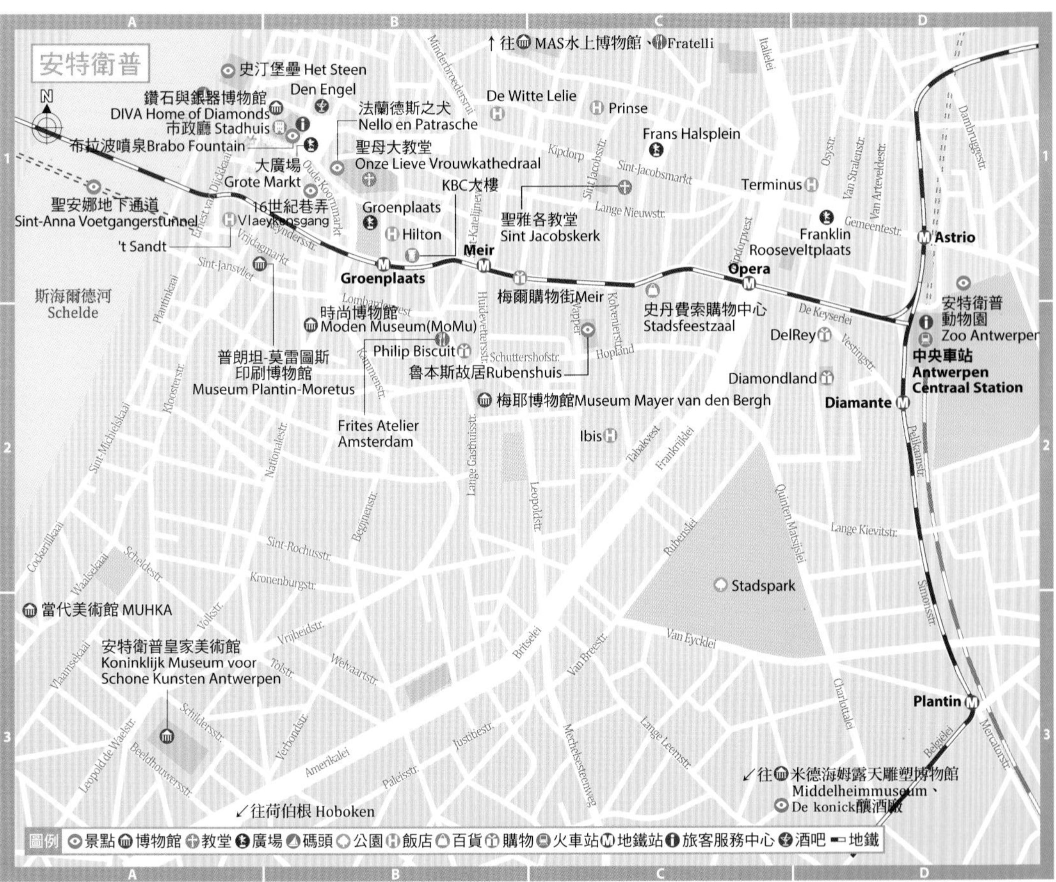

INFO

基本資訊

人口：約1百零6萬人

面積：204.32平方公里

區碼：(0)3

語區：荷蘭語區

城市名稱：法Anvers／荷Antwerpen／英Antwerp

如何前往

◎飛機

安特衛普國際機場（Antwerp International Airport，簡稱ANR）位於市區東南約6公里處，提供往返其他歐洲城市以及其他洲際的航線，主要為Tui Fly和Asl Fly集團等的航班。從機場搭乘51、52、53號公車，約10分鐘可至安特衛普貝爾海姆車站（Antwerpen Berchem）。

www.antwerp-airport.com

若從其他歐洲城市或亞洲國家出發，更方便的是降落在布魯塞爾國際機場，於機場轉乘火車，或搭乘機場巴士（Airport Express），約45分鐘即可抵達安特衛普中央車站（Antwerpen Centraal）。

www.brusselsairport.be

布魯塞爾機場巴士Airport Express

www.airportexpress.be

◎火車

安特衛普市中心的最主要的車站是中央車站（Antwerpen Centraal），其他另有安特衛普貝爾海姆與安特衛普南站（Antwerpen Zuid），在查詢班次或購買車票時請千萬注意確認站名。從布魯塞爾南站

妥善運用3日票或10次票

由於安特衛普、布魯日和根特這幾個觀光重鎮，大眾交通都是屬於De Lijn的營運系統，票券可以通用；而且這幾個城鎮在當地並不需要頻繁地搭車，建議不妨善加運用3日票或10次票（同行的朋友甚至可共用10次票），合法且有效地發揮車票的效用。

到安特衛普中央車站，每小時約 3~4班火車，需時約45分鐘；從布魯日出發每小時約有3班，需要約1.5小時；從根特出發每小時3班，需時約1小時。從布魯塞爾機場每小時2班直達車，需時約35分鐘；從荷蘭鹿特丹出發，每小時1班直達車，需時約70分鐘。

市區交通

◎大眾運輸工具

由中央車站步行至舊城中心的大廣場（Grote Markt）約25分鐘路程，但是這段路兩旁有眾多商場、餐廳、商店等，相當精彩，建議往返可以一趟搭電車、另一趟步行，互相配合，既不會太累、更不至於錯過途中的美好事物。

遊覽安特衛普大致上以大廣場和綠色廣場（Groenplaats）為中心點，大部分的知名景點都在步行距離之內，若要前往稍遠的安特衛普皇家美術館、當代美術館、釀酒廠或露天雕塑博物館等，則可搭乘電車或巴士等大眾交通工具。

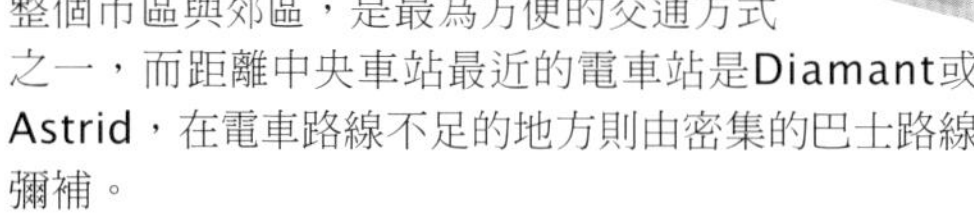

安特衛普的電車與巴士同屬De Lijn營運的系統。路面電車稱為Tram，在路面下的電車則通稱Premetro或Metro，路線涵蓋整個市區與郊區，是最為方便的交通方式之一，而距離中央車站最近的電車站是Diamant或Astrid，在電車路線不足的地方則由密集的巴士路線彌補。

中央車站站內設有市區交通諮詢中心Lijnwinkels（週一至週五08:00~17:00，週六08:00~16:00）可購買車票及索取地圖。車票亦可於自動購票機購買，或者上車後直接以信用卡感應購買。單次票效期為1小時，可在時限內自由轉乘電車與巴士；10次通行票每次使用的效期也是1小時；而1日票的效期為24小時，3日票的效期為72小時。1天只要搭車達3趟以上，1日票就值回票價了！

De Lijn

單次票€2.5；來回票€5；1日票€7.5；3日票€15；10次票€17

www.delijn.be/en

◎Velo環保共享單車

安特衛普是著名的單車友善城市，以完善的單車停泊系統見稱，市區內遍布Velo共享單車的租借站，一出中央車站的正門、側門就可看得到。街頭隨時可看見紅黃白相間的Velo車，安特衛普人不論任何社會階層與年紀，皆擁抱環保單車帶來的便利。購買1日或1週通行的Pass，最方便的方式為下載官網的App完成

註冊，之後便可依照指示取得單車。或者也可前往位於中央車站最尾端出口的Velo諮詢中心洽詢預購。

$1日通行Pass：€5，1週通行Pass：€12，須以信用卡支付

206-5030

www.velo-antwerpen.be/en

◎計程車

市區內的計程車並不多見，可在中央車站或Groenplaats叫車，或是先打電話預訂，所在地附近的咖啡廳、酒吧、餐廳、飯店均可協助叫車。計程車採跳錶計費，通常起錶價為€3，每公里跳錶約€2，夜間加成。若讓司機等待超過1小時，則加價約€35。

DTM Taxi

485-176-410

www.taxiantwerpen.com

A-Taxi

474-390-766

taxibedrijfantwerpen.be

觀光行程

◎觀光遊船

斯海爾德河巡航之旅

僅在夏日推出的斯海爾德河遊船行程，常結合多種不同主題推出，如啤酒與巧克力巡航之旅、午餐巡航等等，出發日期時間多有變動，請上官網確認。

從Steenplein出發

0472-214-056

航行時間約75分鐘

全票€20起，依不同主題調漲價格

www.flandria.nu

烤薄餅遊船Pancake boat

一邊欣賞安特衛普港口景觀，一邊享受比利時煎薄餅的遊全行程，適合闔家大小，全程約1小時45分鐘。

從Steenplein出發

0475-696-880

4-10月週日12:00、13:30、15:00、16:30

全票€29，優惠票€24

www.flandria.nu

◎觀光列車

車廂連結著車廂的觀光列車，從Groenplaats出發沿著主要景點繞行市區，一趟約40分鐘，語音導覽會以多國語言沿途介紹各個景點。

Groenplaats

0497-113-974

1月中至9月底12:00~16:00，每小時1班

全票€10，優惠票€6，4歲以下免費

touristram.be/en/sightseeing

◎路面電車之旅

乘坐運行了近50年的復古路面電車繞行城市一周，體驗非觀光區當地人真正生活的樣貌，除了經過城市的熱門景點，還包括部分的郊區區域。市區電車路線以9號路線最適合觀光。9號電車起點為Silsburg，行經安特衛普貝爾海姆車站、新藝術建築老街、多間美術館，終點為牛奶市集（Melkmarkt），這裡是《法蘭德斯之犬》（A Dog of Flanders）裡的少年（即日本卡通《龍龍與忠狗》的龍龍）每日前往賣牛奶的地方，旁邊就是大廣場、聖母大教堂等主要景點。

www.delijn.be/en

優惠票

◎安特衛普城市通行證Antwerp City Pass

持安特衛普城市通行證可在有效期限內免費參觀15間博物館、4間教堂和3大景點，無限次搭乘De Lijn營運的大眾交通工具，並在眾多景點和店家享有10~25%的折扣優惠；租用單車也享有75折優惠，並獲得一本導覽手冊。城市通行證可在遊客中心、聖母大教堂或直接在官網上購買。

24小時€45，48小時€55，72小時€65

antwerpcitypass.be/en

旅遊諮詢

◎大廣場遊客中心

Steenplein 1 221-1333

10:00-18:00

visit.antwerpen.be/en

◎中央車站遊客中心

P000D2

Koningin Astridplein（地面層靠近樓梯處）

09:00-17:00（週日及假日至16:45）

MAP▶P.267D2

安特衛普中央車站

Centraal Station Antwerpen

精雕細琢的鐵道聖殿

Koningin Astridplein 27

中央車站最早在1836年誕生時，僅是一座以木頭屋簷遮蔽、4條軌道的火車站，直到1905年後才興建為現在鐵道大教堂的氣派建築。車站於2006年重新整修，設計成上下共4層的月台空間，並將底層提供給往來巴黎、鹿特丹等國際高速列車使用，迎接川流不息的旅客。這座富麗堂皇的新巴洛克式建築，採用大量的金屬與玻璃建材，加上古典的大鐘、金碧輝煌的壁飾與氣派的石階，曾被媒體評選為「世界上最美麗的車站」之一，並享有歐洲「鐵道聖殿」（The Railway Cathedral）之美譽。

大量的自然光透過玻璃屋頂灑落站內，替繁忙的車站增添悠閒舒適的氛圍，天氣好時更可見到藝術學院的學生們在大廳中拿著畫筆、認真素描的情景。即使沒有搭火車，也別錯過車站的輝煌！

車站內設有超市、書報攤、星巴克等店家供旅客打發時間，遊客中心也在其中，可索取免費地圖或購買各種主題的散步路線手冊。

安特衛普動物園
Zoo Antwerpen

從中央車站步行約2分鐘可達
Koningin Astridplein 20~26
10:00~18:00 全票€32.5，優惠票€26.5~30.5，3歲以下免費
www.zooantwerpen.be/en

走出車站的右手邊，便是著名的安特衛普動物園，它不僅是世界上最古老的動物園之一，地理位置也很特殊：就建在寸土寸金的市中心，可說是都市叢林裡的一片綠洲。動物園擁有種類共950多種、多達5000隻動物。

梅爾購物街

Meir

在歷史建築群裡購物

從中央車站步行13~15分鐘可達；或搭乘Tram 3、5等至Meir Metro Station站下車即達 商店多於18:00打烊，週每月的第一個週日營業，其餘週日皆公休

梅爾街可說是整座城市的購物櫥窗，是條無車的行人徒步區，悠閒地走在大道上除了琳瑯滿目的櫥窗、街頭藝人表演，還可一邊欣賞歷史建築。若由中央車站方向前進，首先映入眼簾的便是法蘭德斯畫家凡戴克（Anthony van Dyck）的雕像與街道兩旁華麗宏偉的建築，這些建築物曾經是16到19世紀貴族們的豪宅，如今這些昂貴租金的豪宅皆由國際連鎖品牌H&M、ZARA，以及百貨公司INNO等進駐。其中最特別的購物中心為城市節慶大廳（Stadsfeestzaal），前身是建於1908年的宴會展覽廳，在2000年燒毀後7年，才又重新開始營業，內部裝潢得富麗堂皇，宛如遇火鳳凰般再度重生。梅爾街50號是建於1745年的洛可可風格梅爾宮殿（Paleis op de Meir），拿破崙曾在1811年買下並砸下重金裝潢重建，但最後卻無緣入住，之後又成了比利時國王的行宮，目前已成為國家古蹟，仍保留了華麗的鏡廳與豪華的家具，一樓則有咖啡廳與巧克力專賣店。

MAP▶P.267B1

KBC大樓

KBC Toren(Boerentoren)

歐洲第一座摩天大樓

從中央車站步行約20分鐘可達；或搭乘Tram 3、5等至Meir Metro Station站，步行約2分鐘可達 Eiermarkt 20

別小看這座不起眼裝飾藝術（Art Deco）風格的商業大樓，建造於1920年的KBC大樓可是當時歐洲第一棟的摩天大樓，因為當時主要來訪的客戶都是需要借貸的農民，因此又有「農民高塔」（Boerentoren）的稱號。所有突破傳統的創新都會遭到質疑，這座建築物也不例外，當時保守的歐洲認為摩天大樓破壞了城市美麗的天際線，因此嚴禁建造，一直到了1950年代才解禁，因此也讓這棟26層樓高的大樓維持了20多年最高摩天大樓的頭銜。

MAP ▶ P.267C2

魯本斯故居

MOOK Choice

Rubenshuis

巴洛克大師的工作與生活

從中央車站步行13~15分鐘可達；或搭乘Tram 3、5等至Meir Metro Station站，步行約6分鐘可達 Hopland 13 201-1555 10:00~17:00，週六、日延長至18:00，週三休；圖書館09:30~17:00，週六、日休 全票€12，優惠票€8，18歲以下免費；只參觀花園全票€8 www.rubenshuis.be

法蘭德斯派藝術大師魯本斯（Peter Paul Rubens, 1577~1640）在義大利學畫8年後，因母親辭世而返回安特衛普，之後就在這棟宅院中渡過了人生的最後29年（1611~1640年），雖然期間他到處旅遊，但最後總是回到這個由他親手打造的華麗豪宅。在他去世後，這棟文藝復興－巴洛克風格的故居陸續轉手了好幾回，直到1937年才由市政府買下，經過精心修復後，重新開放給畫迷朝聖。

屋內展示大師的臥房、起居室，還包括用來娛樂訪客與達官貴人的藝廊。很早便已享受成功滋味的魯本斯在這裡展示他和其他藝術家的雕塑及畫作。此外，從花園裡觀賞華麗的樓房裝飾，不難看出當時魯本斯走紅的程度。屋內另一邊為大型工作室，據稱魯本斯曾在此完成超過2千幅作品。當時他受到上流社交圈的青睞，為了應付龐大的訂單，許多大幅作品通常由他設計指點後，再交由學徒們畫上背景完成。屋內展示魯本斯數十幅畫作，包括他的自畫像、第二任妻子海倫肖像、以及年輕時的畫作《樂園裡的亞當與夏娃》等。

近年，魯本斯故居再度閉館整修，2024年8月底重新開放後，改以「魯本斯體驗館」（Rubens Experience）的形式，透過嶄新的多媒體互動設備，讓參觀者更進一步認識魯本斯。圖書館同時對外開放。

MAP ▶ P.267B1

聖母大教堂

MOOK Choice

Onze Lieve Vrouwkathedraal

中世紀的摩天樓

從中央車站步行22~25分鐘可達；或搭乘Tram 3、5等至Groenplaats Metro Station站，步行約2分鐘可達 Groenplaats 21 213-9951 週一至週五10:00~17:00，週六10:00~15:00，週日13:00~17:00 全票€12，優惠票€10，18歲以下免費 www.dekathedraal.be

花了2個世紀（1352~1521年）才興建完成的聖母大教堂，不僅是比利時最高、規模最大的哥德式教堂，教堂裡的石牆與彩繪玻璃窗也訴說著許多興盛衰敗的故事。教堂內部以華麗的巴洛克風格為主，收藏了價值不菲的雕塑，以及宗教題材的繪畫等藝術作品，其中以魯本斯的4幅畫作最為知名：上十字架（The Raising of the Cross）、下十字架（The Descent from the Cross）、聖母升天（Assumption of the Virgin）與基督復活（The Resurrection of Christ）。這也是賺人熱淚的日本卡通《龍龍與忠狗》（原作《法蘭德斯之犬》）裡，立志成為畫家的主人翁龍龍，臨終前想看到的畫作。教堂的鐘樓高達123公尺，是低地國中最大的哥德式建築，有「中世紀的摩天大樓」之稱，其實教堂原先的設計是雙塔建築，但因為一場大火意外與經費短缺，建完單塔後就停止了，直到現在，反而變成聖母大教堂的一個特色。而教堂的正門口上方的石雕則講述著「最後審判」的情景：中央的天使正在秤人死後的靈魂重量，惡人前往有魔鬼迎接的地獄，善人前往天堂與聖人同在，十分警世。此外，教堂內部四周環繞著美麗的彩繪玻璃，分別完成於15至17世紀，而木雕的唱詩班席位、壯觀的管風琴、告解室等，每年夏季還會舉辦管風琴音樂會，特別值得造訪。

法蘭德斯之犬A Dog of Flanders

卡通《龍龍與忠狗》的原著《法蘭德斯之犬》出自英國作家薇達（Ouida）1872年的創作，故事描述小男孩與狗相依為命、但終於不敵命運捉弄的悲劇結局。這部作品在比利時的名氣不大，原因是大部分比利時人並不認同書中描述的法蘭德斯與悲情，反而在日、韓、台較受到矚目，因此吸引許多前來朝聖的遊客。2016年底市府特別在教堂門口前建造了一座雕像，讓龍龍與阿忠長眠於聖母大教堂，或許在夢中，龍龍就能與喜愛的畫作相遇。

MAP▶P.267B1

大廣場與布拉波噴泉

MOOK Choice

Grote Markt & Brabo Fountain

華麗建築堆砌的廣場

從中央車站步行22~25分鐘可達；或搭乘Tram 3、5等至Groenplaats Metro Station站，步行約5分鐘可達

大廣場被許多華麗的16、17世紀建築群環繞，娓娓地訴說著這城市過去光榮的歷史。廣場四周有燦爛輝煌的公會建築、迷人的16世紀市政廳與酒吧，而正中央就是有名的布拉波噴泉。傳說中，邪惡的巨人強行向每艘航行過斯海爾德河（Schelde）的船隻收取保護費，一名勇敢的羅馬士兵布拉波（Brabo）於是奮起反抗，最後不但打敗了巨人，還砍斷了他的手掌丟入河中。因此，「扔手」的荷文”Handwerpen”，其諧音也被傳為是「安特衛普」市名的由來，紀念品店也常常以手掌為形象做成各式紀念品和巧克力。事實上，安特衛普荷文的原意是「上升之地」。

廣場四周的公會建築，早期並沒有門牌號碼，而是以屋頂上的金漆雕像來辨別，站在廣場中央，仔細瀏覽每家公會不同的主題家徽，也是另一番樂趣。此外廣場旁的小巷弄、石頭路，處處充滿中世紀風情，而廣場上門牌第5號的Den Eengel，則是深受當地人喜愛的酒吧，走累了，不妨坐下來喝杯道地的比利時啤酒，愜意地欣賞廣場的迷人風光。

MAP▶P.267B1

市政廳

Stadhuis

氣度恢弘的行政中心

從中央車站步行22~25分鐘可達；或搭乘Tram 3、5等至Groenplaats Metro Station站，步行約5分鐘可達 Grote Markt 1 09:00~18:00 免費

建於1561到1565年，是北方文藝復興時期最古老的建築之一，正立面外牆上有3個壁龕，正中央的是聖潔的城市守護者，兩旁的女神雕像分別表示智慧與公義，象徵著一個清廉政府該有的美德。

這座建築融合了法蘭德斯地區與義大利形式的設計，可看出安特衛普當時的城市化過程已發展到相當完善的地步。市政廳內部有氣派的石階、描繪著城市歷史的壁畫以及室內裝潢，引領遊客們進入19世紀的氛圍。

MAP ▶P.267B1

鑽石與銀器博物館

DIVA Museum

閃耀璀璨奪目光芒

從中央車站步行約25分鐘可達；或搭乘Tram 3、5等至Groenplaats Metro Station站，步行約5分鐘可達 Suikerrui 17~19 360-5252 10:00~18:00，週三休 全票€12，優惠票€8，18歲以下免費 www.divaantwerp.be/en

世界上80%的原石和50%切割後的裸鑽，都是在安特衛普進行交易，鑽石如同安特衛普的重要DNA，扮演著城市經濟發展的關鍵，長久以來即享有「世界鑽石中心」的地位。故事的源由要回到海權時代，鑽石產地剛果從前是比利時的殖民地，而透過鑽石展覽館的陳列，更能了解其歷史發展。

2018年5月於大廣場市政廳後方開幕的鑽石與銀器博物館，前身是省立鑽石博物館，並由中央車站搬遷至舊城區，經重新規劃整合，再以新的風貌呈現。新館除了展示鑽石的歷史，一些從17世紀以來、出自設計師手下、光芒四射、價值連城的收藏品更是不容錯過。

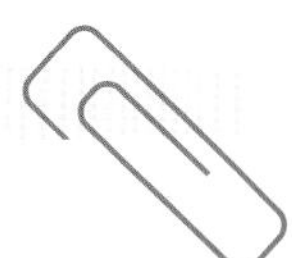

餅乾之城Kokenstad

上個世紀時，安特衛普擁有超過20家以上的餅乾與巧克力製造工廠，讓城市裡的各個角落飄散著甜蜜的香味，因此早期的安特衛普有著「餅乾之城」（Kokenstad）的封號。現在雖然大部分的工廠已經消失或遷移，但似乎依舊嗅得到製作甜食的傳統，甜點控必造訪的名店包括在銀座也開起分店的DelRey、傳統糕餅店Philip Biscuit、百年鬆餅老店Desire de Lille等。安特衛普市每年1到3月皆會舉辦甜點週、巧克力週的優惠活動，到時別忘了購買優惠券，即有機會以便宜的價格體驗名店美食。

DelRey www.delrey.be/en

Philip Biscuit www.philipsbiscuits.be

Desire de Lille desiredelille.be/en

MAP ▶ P.267A1

史汀堡壘

Het Steen

中世紀防禦堡壘

從中央車站步行27~30分鐘可達；或搭乘Tram 3、5等至Groenplaats Metro Station站，步行約10分鐘可達　Steenplein 1　安特衛普故事館10:00~18:00　安特衛普故事館全票€7，優惠票€5，6歲以下免費

史汀堡壘是安特衛普市區內最古老的一棟建築物，荷文「Steen」的意思為「石頭、城堡」，西元800年此處遭挪威人洗劫，後來堡壘又被重建作為神聖羅馬帝國的重要防禦，在中世紀時被用來控制往來安特衛普的水路交通，以及斯海爾德河的航運通行。直到西元1823年以前，城堡也曾被用作囚禁重刑犯的監獄；其後又成為國家海事博物館等不同用途。

位於堡壘入口處有座巨人雕像，那是民間傳說中惡名昭彰的妖怪Lange Wapper，雕像手插著腰、眼神兇狠地望著腳下兩個驚恐的鄉民，十分傳神。據說他居住在水岸河邊，時常欺騙婦女或玩弄醉漢。原海事博物館的收藏已移往他處，經過整修後，內部現在改設為安特衛普故事館（The Antwerp Story）。

MAP ▶ P.267A1

聖安娜地下通道

Sint-Anna Voegangerstunnel / St-Anna tunnel

斯海爾德河底的時光隧道

從中央車站步行27~30分鐘可達；或搭乘Tram 3、5等至Groenplaats Metro Station站，步行約6分鐘可達

斯海爾德河貫穿安特衛普市，將城市分為左右兩半，而這條建於河床底下的步行通道，便是聯繫歷史悠久的老城區與現代左岸的絕佳橋樑。通道於1931年開始動工，全長572公尺、深達31公尺，內部保留了當初建造時的木製電扶梯以及復古的警告標誌，彷彿帶人走入歷史。地下通道的寬度足夠行人與雙向自行車通過，走進貼著白色磁磚的筒狀隧道，感覺像是一種超現實的冒險。整趟穿越時間約10分鐘左右，若走累了，對岸也有電車可搭回舊城區各熱門景點。

每逢週日，聖安娜地下通道前的Sint-Jansvliet廣場會有二手骨董市集，著名的古董商店街也就在轉角處，老件骨董迷不要錯過。

MAP▶P.267B1

MAS水上博物館

Museum aan de Stroom

老城市新地標

搭乘Tram 7、24等在Antwerpen MAS站下，步行約5分鐘可達 Hanzestedenplaats 1 338-4400 10:00~17:00（閉館前1小時停止售票）；全景景觀台：09:30~22:00；週一休 常設展全票€10，優惠票€6；常設展+臨時展全票€12，優惠票€8，18歲以下免費 www.mas.be

2010年完成的MAS位於舊碼頭區裡，是政府進行都市更新的重點地區之一。MAS的外觀十分搶眼，有如十數個巨大盒子堆疊起來的螺旋塔，每一層樓圍著中心進行1/4的旋轉，每上一層樓望出去的景觀又會不同，當抵達頂樓時，令人驚嘆的360度全景映入眼簾。

博物館展示關於安特衛普的過去、現在與未來，收藏來自國家海事博物館、民俗博物館等將近50萬件文物。其中海事博物館展出黃金時代荷蘭成為海上霸權的各項文物與船隻模型，其中還有來自中國的碼頭工人學習英語而留下的手稿。常設展位於4樓到8樓，展覽主題分別為世界城市、國際港口、貿易與航運、生命與死亡等。推薦黃昏時可以直奔免費開放的博物館頂樓，視野極佳可360度眺望，一覽港口城市的風貌。

MAP▶P.267B1

16世紀巷弄

MOOK Choice

Vlaeykensgang

一窺16世紀生活面貌

從中央車站步行約25分鐘可達；或搭乘Tram 3、5等至Groenplaats Metro Station站，步行3~5分鐘可達 Oude Koornmarkt 16

這條獨特的小巷隱藏在靠近聖母大教堂附近繁忙的街道上，巷弄有通往3個不同方向的出入口，若從Oude Koornmarkt 16號地址進入，就宛如一腳踏進了16世紀，映入眼簾的是低矮的樓房與狹窄通道，地上的碎石子路、房屋建築與門牌仍保留著當初的樣貌。

這裡曾經是負責教堂的警報鐘聲者、鞋匠以及窮人們居住地方，如今整頓後成了熱門的景點，讓無數的旅人一窺16世紀的生活樣貌。記得特別留意其中一戶大門的門鎖，設計成「凹」字型，其目的在於讓摸黑回家的醉漢能夠輕易地找到鑰匙孔，十分耐人尋味。

MAP▶P.267A1

普朗坦—莫雷圖斯印刷博物館

Museum Plantin-Moretus

MOOK Choice

文化傳承重要推手

從中央車站步行約25分鐘可達；或搭乘Tram 3、5等至Groenplaats Metro Station站，步行約5分鐘可達 Vrijdagmarkt 22 221-1450 10:00~17:00，週一休 全票€12，優惠票€8，18歲以下免費 www.museumplantinmoretus.be

安特衛普在15、16世紀時是歐洲印刷業的重鎮，而來自法國的普朗坦（Christopher Plantin）更是當時業界最有影響力的出版商，他於1555年在這裡開設了一間印刷廠，成為他事業的立足點。普朗坦於1589年過世後，印刷廠由莫雷圖斯家族所繼承，並經營了長達300年之久。當時銷售量最好的出版品就是聖經，而荷蘭以南區域有一半以上的聖經都是出自普朗坦家族之手，而且他們不僅出版各種不同領域如植物、地理、文學等類的書籍，也買斷設計師獨特的字體，並擁有專門的工作室創造新字型，是當時其他印刷商所望塵莫及的。

遊客可以在普朗坦以前的工作室中見識仍能運轉的印刷機器、製版機等歷史文物，或在專人示範下瞭解16世紀一本書被印製完成的過程。16世紀的歐洲人要完成一本書的印刷，得耗費數十個程序與人力，為期2至3個月的時間，不只需有專門刻板製板的工匠，還要有使用人力操作的印刷機器；一頁一頁地印刷，等待紙張油墨乾燥後，才能集結成冊。當時老百姓平均月薪約是現在的5歐元，但一本書的價格則要250歐元，書本可說是給少數菁英與王公貴族所消費的產品。

館內的收藏還包括世界上最古老的印刷機（約西元1600年）、早期的印刷原料、珍貴的活字印刷本古騰堡聖經（Gutenberg Bible）、豐富的印刷圖像，以及包括魯本斯在內的大師蝕刻板畫收藏等，完整見證了15至18世紀的印刷歷史。由於歷史意義非比尋常，因此聯合國教科文組織在2005年將此地列為世界文化遺產。

MAP▶P.267B2

時尚博物館

MoMu

引領潮流時尚殿堂

從中央車站步行約25分鐘可達；或搭乘Tram 3、5等至Groenplaats Metro Station站，步行3~5分鐘可達 Nationalestraat 28 470-2770 10:00~18:00，週一休 全票€12，優惠票€8，18歲以下免費；館內圖書館免費開放 www.momu.be

安特衛普皇家學院擁有世界上最知名的設計學系，80年代「安特衛普六君子」的出現，更將這個以貿易及藝術出名的港口之都推向時尚圈龍頭的地位。要追尋安特衛普的時尚氣息，時尚博物館MoMu成了必訪之地。

MoMu位於一棟19世紀末名為「Mode Natie」的美麗建築內，除了1、2樓為博物館本身外，還有餐廳及流行專門書店，其他樓層則為法蘭德斯流行協會（FFI）、皇家藝術學院的服裝設計系，以及圖書館。時尚博物館於2002年9月開張，經常會變更展覽主題，館內有25,000件以上的收藏品，除當代設計師的作品外，也包括歷史性的傳統服裝、飾品、蕾絲等。而MoMu所在的這條國際街（Nationalestraat）上，也不乏著名設計師的個人精品店，例如時尚六君子之一的德瑞斯・凡諾頓（Dries Van Norten），就將他的流行殿堂（Het Modepaleis）開設在這裡。

MAP▶P.267B2

梅耶博物館

Museum Mayer van den Bergh

藝術玩家私人收藏

從中央車站步行約20分鐘可達；或搭乘Tram 3、5等至Meir Metro Station站，步行約5分鐘可達 Lange Gasthuisstraat 19 338-8188 10:00~17:00，週一休 全票€10，優惠票€6，18歲以下免費 www.museummayervandenbergh.be

弗里茲・梅耶・凡・登貝爾（Fritz Mayer van den Bergh，1858~1901）畢生熱愛藝術收藏，在他43歲驟然逝世後，他的母親為了達成其夢想，於是將豪宅改建成博物館，向世人展現他的收藏品味。有別於一般大型博物館的陳列方式，梅耶博物館中超過3千件的藝術品，都很優雅且「親密」地擺放在各個小房間內，包括13到18世紀的畫作、雕塑、錢幣、瓷器、彩繪玻璃、古董家具等，其中最具代表性的展品為老布勒哲爾（Pieter Brueghel the Elder）的《瘋女芙麗特》（De Dulle Griet）。

MAP▶P.267A3

安特衛普皇家美術館

MOOK Choice

Koninklijk Museum voor Schone Kunsten Antwerpen

法蘭德斯畫派朝聖地

搭乘Tram 4至Antwerpen Museum站下，步行約1分鐘可達 Leopold de Waelplaats 1 224-7300 10:00~17:00，週四延長至22:00，週六、日延長至18:00 全票€20，優惠票€10，18歲以下免費 kmska.be/en

自從2011年閉館整修，經過長達11年的規劃擴建，安特衛普皇家美術館終於在2022年重新對外開放，藝術愛好者們得以再見識法蘭德斯畫派的最大寶窟！

這座比利時荷語區最大的美術館，座落在一棟19世紀新古典主義的建築中，館內收藏多達8,400件藝術品，年代從1350年迄今。其中，以完整的法蘭德斯畫派收藏為大宗，囊括黃金時期的法蘭德斯原始繪畫流派：凡德威登（Rogier van der Weyden）、勉林（Hans Memling）、范艾克（Jan van Eyck）等大師名作。此外，最具代表性的收藏就屬17世紀「安特衛普3傑」—魯本斯、凡戴克、喬登斯（Jacob Jordaens）的畫作，館內收藏魯本斯的作品約有20幅，《東方三博士的禮頌》（The Adoration of the Magi）及《維納斯出浴》（Venus Frigida）等都是代表性的傑作。而眾多近代藝術家如馬格利特、保羅・德佛（Paul Delvaux）、里克・烏特（Rik Wouters）等人，也都在此擁有一席之地。

除了古典大師外，由於比昔日多了2萬多平方公尺的展示空間，得以展出更多近代藝術家的作品，例如比利時近代頗傑出的畫家兼版畫家詹姆斯・恩索爾（James Ensor），安特衛普皇家美術館收藏的數量傲稱世界第一。

MAP▶P.267A3

安特衛普當代美術館

Museum van Hedendaagse Kunst Antwerpen(M HKA)

老穀倉與現代藝術的火花

搭乘Tram 4至Antwerpen Museum站下，步行4~5分鐘可達 Leuvenstraat 32 260-9999 11:00~18:00，週一休 全票€14，優惠票€8，18歲以下免費 www.muhka.be

當代美術館位於風格獨具、設計感十足的白色巨型建築內，馬上便能吸引到路過遊客的眼光。事實上，M HKA是由1920年代的碼頭穀物倉庫所改造而成，於1987年重新脫胎換骨成為國際化的當代藝術中心。館藏包括了從70年代至今，超過150件比利時和各國藝術家的作品，像是出生於安特衛普的藝術大師帕納馬倫科（Panamarenko）、呂克・圖伊曼斯（Luc Tuymans）、楊・法布爾（Jan Fabre）等人的藝術品。而登上位於樓頂的咖啡館，則是個一覽城市風景的絕佳好地方。

聖母聖子雕像

漫步市區中，抬起頭，你會發現眾多樓房都內嵌著一座聖母聖子雕像，尤其是在16世紀古巷弄（Vlaeykensgang）周圍，更有許多華麗的造型。早期西班牙佔領安特衛普的期間，為了傳播天主教信仰，因而實施了廣建雕像的鼓勵政策，當時只要在自家牆壁外圍擺上聖母聖子像，便能減免稅收，所以也造成了如今處處充滿了宗教雕像的景象。

MAP ▶P.267C1

聖雅各教堂

Sint Jacobskerk

魯本斯最後安息地

從中央車站步行約15分鐘可達；或搭乘Tram 3、5等至Meir Metro Station站，步行約5分鐘可達 Sint-Jacobstraat 9 14:00~17:00 www.sintjacobantwerpen.be

聖雅各教堂以魯本斯最後安息之地聞名，吸引了大批遊客前來造訪悼念。教堂興建於1491至1656年，在當時是間極富盛名的教堂，當地貴族與仕紳為了炫耀自己的財富，計畫興建比聖母大教堂更高的高塔，卻因為資金問題而只建了55公尺便作罷。除了魯本斯家族之墓外，教堂還收藏了包含魯本斯、凡戴克、喬登斯以及其他藝術家的多幅宗教畫與雕塑作品。教堂外觀是一座15世紀的哥德式建築，內部卻是巴洛克風格，共有23個祭壇，魯本斯的墓就在主祭壇後方的小堂中，上方的《聖母與聖人》（Our Lady surrounded by Saints）畫作是他本人的作品。

MAP ▶P.267C3

De konick釀酒廠

De konick Bieren

結合科技的互動導覽

搭乘Tram 2、6等至Antwerpen Harmonie站，步行約3分鐘可達 Mechelsesteenweg 291 866-9690 週二至週五11:00~17:30，週五延長至20:00，週一休 全票€16，優惠票€14，4歲以下免費 www.dekoninck.be/en

De konick是安特衛普的特色啤酒之一，創始者Konick家族從19世紀開始釀造啤酒，使其成為此地區最受歡迎的啤酒之一；2010年，De konick成為大集團旗下的品牌之一。

釀酒廠位於安特衛普市區南方車程約20分鐘之處，參觀導覽行程已全程自動化：導覽路線裡共有10間融合聲光效果的互動室，分別介紹歷史、釀造過程等小故事，以互動影音的方式進行，參觀者可依照自己的節奏慢慢體驗，一趟走完需時約75到90分鐘。最後一站，不妨前往酒吧體驗一杯免費的啤酒，為此行畫上完美的句點。

安特衛普周邊Around Antwerpen

MAP▶P.267C3

米德海姆露天雕塑博物館

Middelheimmuseum

藝術與自然融為一體

搭乘Tram 15等至Berchem Koninklijkelaan站，再步行18~20分鐘可達；或搭21、33等號巴士至Antwerpen Lindendreef站下，再步行8~10分鐘可達 Middelheimlaan 61 288-3360 10~3月10:00~17:00，4&9月10:00~19:00，5~8月10:00~20:00，週一及國定假日休 免費 www.middelheimmuseum.be

佔地27公頃的米德海姆位於市區南方，早期曾是貴族們的私有財產，因1950年在此舉辦一屆國際雕塑雙年展，從此成為常設的露天雕塑博物館。場地內陳列的雕塑超過480座，其中大約有200件作品於開放式的露天空間展出，不可錯過的作品包括羅丹（Auguste Rodin）的「巴爾札克像」（Monument a Balzac）、

亨利・摩爾（Henry Moore）的「王與后」（King and Queen）、亞歷山大・考爾德（Alexander Calder）的「狗」（Dog），以及查德金（Ossip Zadkine）、卡加洛（Pablo Gargallo）、雷諾瓦（Auguste Renoir）、烏特（Rik Wouters）等藝術家的作品。漫步其中，可感受大自然與藝術融為一體的美妙。

每年夏天的安特衛普爵士音樂節也在這裡舉行，許多國際級音樂家與樂迷齊聚交流，是米德海姆的另一亮點。

安特衛普周邊Around Antwerpen

MAP▶P.267A3

荷伯根

Hoboken

尋找龍龍與忠狗

搭乘火車在Hoboken-Polder站下，再步行10~15分鐘可達遊客中心；或搭13、14等號巴士往Hoboken方向，在Kioskplaats站下車即達

荷伯根遊客中心

Kapelstraat 3 820-3080 週一至週五09:00~17:00

「5、6年級朋友們」的兒時記憶一日本卡通《龍龍與忠狗》的故鄉，就在安特衛普南方的小村莊荷伯根。荷伯根的名字，傳說來自於一個小男孩不小心把三明治（當地方言發音如「伯根」）掉進了斯海爾德河中，所以他大叫了聲：「停！」（當地方言發音如「荷！」），於是便成了「荷伯根」。《龍龍與忠狗》的原著，是來自英國作家薇達於1872年創作的小說《法蘭德斯

之犬》，因為故事受到日本人喜愛，如今成了荷伯根觀光上的賣點。

除了在遊客中心門口豎立了龍龍和阿忠的雕像供粉絲拍照打卡外，故事裡他們最後被埋葬的聖母教堂，也在徒步10分鐘的路程內；而故事中被誤以為是龍龍放火燒掉的風車（Windmolen），也被製成了6公尺高的模型放在Broydenborg公園後方的小學操場上。

布魯日 Brugge

文●蒙金蘭・陳蓓蕾・墨刻編輯部
攝影●蒙金蘭・墨刻攝影組

「在布魯日，詩情畫意會向你襲來。」一點兒也沒錯，來到布魯日，才知道什麼叫「風景如畫」。布魯日像個上了鎖的中古世紀木箱，幸運地躲過了第二次世界大戰的戰火，鎖住了數個世紀的繁華；走在街頭，無時無刻不感受到那股被傳統與藝術洗鍊過的氛圍。

12、13世紀間，羊毛紡織和布料貿易讓布魯日成為稱霸西歐的港口；14世紀的金融市場技術，更是吸引威尼斯商人前來取經；只可惜通往北海的重要海道因泥沙淤積嚴重而無法行船，加上政治局勢的轉變，使得布魯日的黃金歲月在16世紀初畫下句點。

失去經濟的龍頭地位，布魯日沈寂了數百年，也因此得以保存完整的歷史古蹟。整個舊城區已被聯合國教科文組織評定為世界文化遺產，而這些文化藝術寶藏，終究為城市找回往日榮光。

“Brugge”在荷蘭文中是「橋樑」的意思，一條條小而精緻的運河和一座座精緻的橋樑，在這座古城裡縱橫交錯，也讓布魯日獲得了「比利時的威尼斯」之美名。乘坐遊船順著蜿蜒的運河貫穿市區，也是另一種悠閒的旅遊方式，兩岸皆是布魯日有趣的風格建築，尤其是那些中古世紀遺留下來的修道院或醫院等古蹟，更讓人一發思古之幽情。

比利時…布魯日 Brugge

INFO

基本資訊

人口：約11萬9千人
面積：140.99平方公里
區碼：(0)50
語言：荷蘭語區
城市名稱：荷Brugge／法Bruges／英Bruges

如何前往

◎火車

布魯日火車站位於市區西南方2公里左右，步行前往市區約20分鐘，也可在火車站外側的巴士站搭乘巴士前往市中心的市集廣場。從布魯塞爾南站（Brussels Zuid）到布魯日，週間每小時約有2班直達車，需時約1小時；從安特衛普每小時有1班直達車，或是在根特（Gent/Gand）的聖皮耶特車站（Sint-Pieters）轉車，需時約1小時30分鐘；從根特出發，每小時4班次，需時約25分鐘。從歐洲其他主要城市出發前往，均須於布魯塞爾南站轉乘。

市區交通

◎大眾運輸工具

想要飽覽布魯日的美景，徒步是最好的方式；布魯日的市區範圍不大，景點都在步行就能抵達的地方。

若需要搭乘大眾運輸工具，有巴士可以搭乘，荷語區皆屬於De Lijn營運的系統，因此車票皆可通用。巴士由總站穿梭於市中心與郊區之間，班次頻繁，每隔幾分鐘就有一班。大部分由火車站離開的巴士，都是前往市中心的市集廣場。巴士前方皆有標示號碼與目的地，如果不放心的話，上車時可再次與司機確認。

妥善運用3日票或10次票

由於安特衛普、布魯日和根特這幾個觀光重鎮，大眾交通都是屬於De Lijn的營運系統，票券可以通用；而且這幾個城鎮在當地並不需要頻繁地搭車，建議不妨善加運用3日票或10次票（同行的朋友甚至可共用10次票），合法且有效地發揮車票的效用。

搭車時需招手向司機示意，車票可預先於車站或遊客中心等地購買，也可上車後直接刷信用卡感應購買。單次票效期為1小時，可在時限內自由轉乘電車與巴士；10次通行票每次使用的效期也是1小時；而1日票的效期為24小時，3日票的效期為72小時。1天只要搭車達3趟以上，1日票就值回票價了！

De Lijn
單次票€2.5；來回票€5；1日票€7.5；3日票€15；10次票€17
www.delijn.be/en

◎單車

布魯日市區有超過50條單行道，若是騎乘自行車則雙向都能通行，十分方便。除了租車中心，許多飯店也提供租車服務。團體的自行車之旅通常在某個特定地點集合，依主題與時間長短而有不同的價格。

Koffieboontje
Hallestraat 14
338-027
09:00~22:00
1小時€5起，1日€15起
www.adventure-bike-renting.be

Bruges Bike Rental
Niklaas Desparsstraat 17
616-108
10:00~20:00
1小時€4起，4小時€10起，1日€13起
www.brugesbikerental.be

◎計程車

Taxi Snel
5036-3649
www.taxisnel.be/en

ASAP Taxi
494-948-098
www.asaptaxi.be

觀光行程

◎運河遊船

為時半個小時的運河之旅，絕對是遊覽水都必體驗的行程之一。搭船往返於風景詩情畫意的運河上，在水波蕩漾的歷史光影下，用不同的角度重新認識布魯日，將會有許多驚奇的發現。所有船隻都行駛相同的路線，船伕也會同時用好幾種不同的語言來解說景點與歷史。

鐘樓後方的橋畔、聖母大教堂、市政廳附近的運河皆有船票售票處

3月中~11月每日10:00~18:00，最後出發時間17:30

全票€15，優惠票€9，4歲以下免費

www.visitbruges.be/en/things-to-do/sightseeing/bruges-boat

◎觀光馬車

馬車將帶領遊客穿越布魯日蜿蜒的歷史街道，車程約30分鐘，中途會在比京會修道院稍作停留。

在市集廣場搭乘

345-401

09:00-18:00

每輛馬車收費€70（最多可乘坐5人）

koets.sightseeingbrugge.com

◎觀光巴士

由Sightseeing Line經營的小型觀光巴士，沿途經過布魯日各大著名景點，全程50分鐘，車上並有個人耳機式語音導覽設備，可選擇多國語言（可惜沒有中文）。車票於上車後購買。

從市集廣場出發

355-024

首班車為每日10:00發車，末班車發車時間：4月至18:00，5~9月至19:00，10~3月約為16:00~17:00（視日落時間而訂）。每30分鐘發車

全票€25，優惠票€20

www.citytour.be

旅遊諮詢

◎火車站遊客中心Infokantoor Stationsplein

Stationsplein5（布魯日火車站內）

10:00~17:00

◎市集廣場遊客中心Infokantoor Markt

Markt 1　10:00~17:00

◎音樂廳遊客中心Infokantoor t' Zand

't Zand 34　444-646

10:00~13:00、14:00~17:00

www.visitbruges.be/en

Where to Explore in Brugge
賞遊布魯日

MAP▶P.285A3

市集廣場

Market Square

城市的心臟

從火車站步行約25分鐘可達；或搭乘巴士1、2等號在Brugge Dijver站下，步行約5分鐘可達 Markt

市集廣場是布魯日最熱鬧的廣場，也是中世紀的商業中心，從西元958年起就已有頻繁的商業活動，過了千年之後，現在每週三仍有傳統市集，吸引不少人前來尋寶。廣場中央的銅像是為了紀念民族英雄楊布雷德爾（Jan Breydel）與彼得康寧格（Pieter de Coninck），他們在1302年反抗法國佔領的戰役中曾立下汗馬功勞。廣場四周被華麗的公會建築與歷史古蹟圍繞：東側是哥德式建築的省議會、郵局；南邊是高聳雄偉的鐘樓；而那一排排山形牆的迷人公會建築，如今全成了現代裝潢的餐廳與咖啡廳。

其中值得一提的是門牌16號的克能堡咖啡廳（Craenenburg），它在歷史上具有特殊的意義：這裡是15世紀時神聖羅馬帝國皇帝馬克西米連（Emperor Maximilian）因反稅政變，被憤怒的人民囚禁百日的地方，最後他雖然獲釋，卻不願遵守當初的協定，反而將布魯日的貿易權轉至安特衛普，讓當時泥沙淤積日漸嚴重的布魯日雪上加霜，布魯日從此結束了它的黃金歲月，塵封於歷史中。

布魯日市集 Markets in Brugge

布魯日有許多迷人的廣場，熱鬧的廣場上每周都有市集吸引遊客駐足。最主要的市集廣場每週三有傳統市集，販賣以食品為主，也可看到鮮花、園藝用品等；音樂廳附近的讚德廣場（'t Zan）上，每逢週六早晨可見到服飾與販賣生活用品的市集；而著名的魚市場（Vismarkt）每週三到週六的早上則販賣漁夫自北海打撈回來的魚獲，現場也買得到許多傳統海鮮小吃。每逢周末，市場還會出現許多販賣小玩意兒的攤販。

市集廣場：每週三08:00~14:00

讚德廣場：每週六08:00~13:30

魚市場：每週三~週六08:00~13:30

©JanDHondt

MAP▶P.285A3

鐘樓

MOOK Choice

Belfort

布魯日全景盡收眼底

從火車站步行約25分鐘可達；或搭乘巴士1、2等號在Brugge Dijver站下，步行約5分鐘可達 Markt 7 448-743 夏季09:00~20:00，冬季09:00~17:00 全票€15，優惠票€13，7歲以下免費 www.museabrugge.be

從高處可以看到布魯日最棒的景象，因此就從爬樓梯開始吧！位於市集廣場上的鐘樓建於1240年左右，最初是政府用來存放珍寶及市政檔案的地方，後來則成了城市的強盛象徵。鐘樓高約83公尺，原本的高度比現在更高，但因在1493及1741年兩度被火燒毀，之後便決定不再重建。想要登上鐘樓得先通過366層階梯的大考驗，當然，登頂後的報償也不會令人失望：布魯日的城市全景盡入眼簾，開闊的視野讓人有王者蒞臨的暢快感。

鐘樓的機械結構一共分為3個部份：大鐘、鍵盤及自動機械裝置。在登上樓頂的沿途中，可以看到鐘樓的整體機械結構，而在到了第220層階梯後，還能看到一口被稱之為「勝利之鐘」的巨大銅鐘，它僅在特殊場合時才會發出聲響。至於常常響遍布魯日的優美鐘聲，則來自於一組由47口小鐘構成的排鐘，每年著名的布魯日排鐘演奏會，便是在這裡舉辦的。

MAP▶P.285B3

省議會

Provinciaal Hof

外型優美的辦公場所

從火車站步行約25分鐘可達；或搭乘巴士1、2等號在Brugge Dijver站下，步行約5分鐘可達 Markt 2

位於市集廣場東側的新哥德式風格建築，早在1285年時，原址就已有一棟商業用途的建物，直到1787年被拆毀，改建為混合古典風格的房屋，後來於1850年由省政府買下，並擴大建物的規模，又將它列為省級機構。但在1878年，一場大火摧毀了大部分的建築，一直到1921年間才重新興建為現在所看到的雄偉外觀。主建築的部分是西法蘭德斯省的省議會，並未對外開放，目前為接待外賓、舉辦會議與展覽的場所。右側紅色磚牆的建築則是郵局。

MAP ▶P.285B3

城堡廣場

MOOK Choice

Burg Square

駐足在中世紀時空

從火車站步行約28分鐘可達；或搭乘巴士1、2等號在Brugge Dijver站下，步行約5分鐘可達 Burg

在鐘樓腳下不遠處的城堡廣場，在西元2世紀就有人居住了，到了第9世紀，這裡成了法蘭德斯伯爵的領地，歷史氛圍濃郁。周圍的建築每棟風格皆不相同，其中以擁有眾多壁畫的市政廳最為出色；市政廳西側的建築，是以擁有耶穌聖血而聞名的聖血禮拜堂；而另一邊則是過去曾為舊法院的史蹟館，以及布魯日的行政中心。穿過史蹟館和市政廳之間的拱門過橋後，會看到露天魚市場（Vismarkt），這個自1821年即已存在的魚市場，每週三至週六早上都有運自北海的新鮮漁獲在此販售。從魚市場順著運河走經Steenhouwersdijk和Groenerei，則會看見布魯日2座最古老的石橋：Meebrug和Peerdenbrug。

MAP ▶P.285B3

史蹟館

Civiele Griffie

珍貴史料守護館

從火車站步行約28分鐘可達；或搭乘巴士1、2等號在Brugge Dijver站下，步行約5分鐘可達 Burg 11a 448-743 暫時閉館整修中，預定2025年重新開放

建於1534至1537年之間的一棟文藝復興風格建築，建築的正面是手握天秤象徵正義的女神像，

旁邊還有拿著十誡版的摩西。這棟建築自18世紀起便是布魯日法庭的所在地，裡面有古老的法庭座椅，還有查理五世壁爐與皇室成員肖像。目前除了保存城市史料外，日後博物館的主題正重新規劃中，暫時不對外開放。

©ToerismBrugge

©ToerismBrugge

MAP ▶ P.285B3

市政廳

MOOK Choice

Stadhuis

藝術中閱讀歷史

從火車站步行約28分鐘可達；或搭乘巴士1、2等號在Brugge Dijver站下，步行約5分鐘可達 Burg 12 448-743 09:30~17:00（16:30後停止售票）全票€8，優惠票€4~7，13歲以下免費 www.museabrugge.be

布魯日市政廳是低地國家中最古老的哥德式建築之一，興建於1376至1420年，但建築主體曾在19世紀被改建過。其外觀由分別設立在兩層樓的48扇玻璃窗和錐形的尖塔組成，在2樓有一間令人讚嘆的哥德式大廳，從前是用來當作政府官員會見賓客的地方，內部飾以精美華麗的木雕裝飾，至今仍保存著原始格局與樣貌。

華麗的哥德廳具有豐富的歷史意義，它是低地國中最早設立的議會場所，當時是由勃艮第公爵腓力三世（Philip the Good）所掌控的。哥德廳裡的小陽台，是公眾演說或聚會時樂團演奏音樂的地方；而以藝術觀點來看，內部最重要的部分是建於1385至1402年的木雕花紋天花板，由6個雙排的圓拱木雕所組成，其支幹有12條，代表著新約聖經。在圓形屋頂靠牆盡頭處有16個渦型裝飾支架，是代表一年中的12個月份和大自然的4大元素。館藏包括布魯日使用的第一批金幣；大廳內部有12幅記載布魯日歷史的精采壁畫，原有的牆飾是於1410年所陳設，但不幸已遺失，現今擺設的壁畫則大約繪於1895至1905年之間。12幅壁畫從入口左手邊開始，代表的意義分別為：布魯日士兵自1302年的金馬刺戰役中凱旋歸國、1430年由勃艮第公爵腓力三世創立金羊毛騎士團、亞爾薩斯的德里克於1150年帶聖物與聖血來此、聖約翰醫院的休息室、布魯日市政廳當局重新頒發榮耀給市民、亞爾薩斯的菲利浦頒給布魯日市民特權、布魯日市長拜訪凡艾克的畫室、印刷商Jan Britto在1446年販賣著作時的情景、Lodewijk van Male在1446年時為市政府鋪設奠基、有法蘭德斯詩人之父之稱的Jacob van Maerlant、15世紀時在布魯日舉辦的自由貿易會議，以及1404年開鑿Zein運河。

©ToerismBrugge

MAP ▶ P.285B3

聖血禮拜堂

MOOK Choice

Basiliek van het Heilig Bloed

展示耶穌聖血的古老教堂

從火車站步行約28分鐘可達；或搭乘巴士1、2等號在Brugge Dijver站下，步行約5分鐘可達　Burg 13　336-792　10:00~17:15（週五、週日&假日2樓教堂10:45~12:15進行宗教儀式，不對外開放）　教堂免費。博物館：全票€5，12歲以下免費　www.holyblood.com

聖血禮拜堂是城堡廣場上最古老的建築，內部供奉著西元1150年第二次十字軍東征時，法蘭德斯伯爵「亞爾薩斯的德里克」（Derrick of Alsace）由伊斯坦堡帶回來的耶穌聖血。1樓與2樓的2個教堂有著截然不同的風格：1樓是興建於12世紀的羅馬樣式教堂，簡單樸實、沉穩肅穆；樓上則是15世紀被改建的新哥德式教堂，內部有精雕細琢的木製天花板和彩繪玻璃窗，金碧輝煌，當中存放著著名的聖血遺物。聖血被裝在2層的玻璃瓶子裡，兩端並有黃金雕飾，民眾可排隊前往瞻仰神父手上握著的聖血遺物。樓上的小博物館則展出與聖血相關的古物，如聖物箱、王冠、繪畫、木雕等。

聖血遊行 Heilig-Bloedprocessie

每年一度的聖血遊行在耶穌升天日那天舉行，終年放在聖物箱裡的聖血遺物便會被拿出來遊行展示，讓大眾瞻仰。這項傳統遊行從12世紀就已開始，到了20世紀，遊行內容與形式演變得更多元與不同，後來還加入聖經故事，由布魯日的市民裝扮聖經人物，從亞當夏娃、摩西十誡、耶穌誕生、最後的晚餐、耶穌受難、一直演到十字軍東征，並重現當年德里克攜帶聖血歸來的景況。當中穿插戲劇、歌舞，除了市民還有動物如牛、羊、馬等一起登場，整個遊行約1~2小時，熱鬧非凡。聖血遊行是比利時宗教界的一大盛事，每年都吸引成千上萬的遊客前來參與，也是布魯日市民引以為傲的傳統，並在2009年正式列為聯合國教科文組織的無形文化遺產。

復活節後第40天　這天下午各博物館、美術館均不開放

MAP ▶P.285A4

救世主大教堂

St. Salvatorskatherdraal

布魯日最古老教堂

從火車站步行約21分鐘可達；或搭乘巴士1、2等號在Brugge Sint- Salvatorskatherdraal站下，步行約1分鐘可達 Steenstraat 336-188 教堂週一至週五10:00~13:00、14:00~17:30，週六10:00~13:00、14:00~15:30，週日14:00~17:00；珍寶室週一至週五10:00~12:30、14:00~17:00，週六10:00~12:30，週日14:00~17:00 免費 www.sintsalvatorskathedraal.be

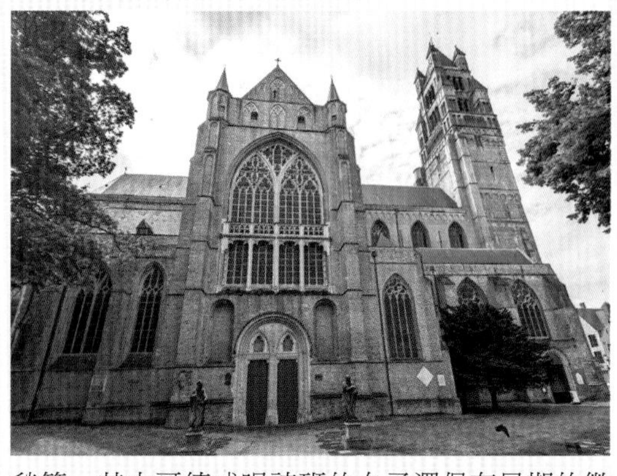

建於12到15世紀之間，是布魯日最古老的一座教堂，教堂外觀為哥德式建築，教堂內有著中古世紀的墳墓、古老管風琴、布魯塞爾手工刺繡掛毯等，其中哥德式唱詩班的台子還保有早期的徽章。此外，珍寶室裡14至18世紀豐富的法蘭德斯畫派的畫作，也是參觀的重點。

MAP ▶P.285B4

格洛林美術館

Groeningemuseum

法蘭德斯繪畫演變史

從火車站步行約22分鐘可達；或搭乘巴士1、2等號在Onze-Lieve-Vrouwekerk站下，步行約3分鐘可達 Dijver 12 448-743 09:30~17:00，週一休 全票€15，優惠票€7~13，13歲以下免費 www.museabrugge.be

格洛林美術館興建在一座舊的修道院院址上，館藏量十分豐富，包含有前後長達6個世紀的南尼德蘭法蘭德斯藝術作品（The Flemish Primiives），其中以文藝復興時期之前的畫作為主軸，例如：楊凡艾克（Jan van Eyck）與他的學生克利托斯（Petrus Christus）、勉林（Hans Memling）、彼得普巴斯（Pieter Pourbus）、維登（Rogier van der Weyden）、波希（Hieronymus Bosch）等人的大作；此外還有一些重要的近代藝術作品。格洛林美術館以年代的順序陳設畫作，所以遊客可從14、15世紀的藝術品開始，循序漸進地欣賞到20世紀的近代藝術，完整了解法蘭德斯藝術在歷史上的演變。其中不能錯過的名畫有凡艾克的《卡農的聖母》（The Madonna with Canon van der paele）、波希《最後的審判》（The Last Judgment）等。

MAP▶P.285A4

格魯休斯博物館

Gruuthuse Museum

中世紀豪宅華麗生活

從火車站步行約22分鐘可達；或搭乘巴士1、2等號在Onze-Lieve-Vrouwekerk站下，步行約1分鐘可達 Dijver 17C（聖母大教堂旁） 448-743 09:30~17:00，週一休 全票€15，優惠票€7~13，13歲以下免費 www.museabrugge.be

15世紀的格魯休斯家族因獨佔了一種可增添啤酒風味的混合香料而非常富有，如今屋內古老華麗的木樑、如迷宮般的房間皆幸運地被保存下來，展示著許多無價的家具、銀器、蕾絲、陶器與精美的掛毯藝術，可以想見當時貴族優渥的生活。館藏依據玻璃、器皿、瓷器等不同類別，分別存放在1到22號的房間裡，讓遊客能更有系統與概念地欣賞。此外，館內最特別的一處，是2樓一間建於1472年的小教堂，這個特別的空間以橡木裝潢打造，只要透過窗戶，便可俯瞰隔壁聖母大教堂的祭壇，富貴人家因此不用出門，也能在這裡做禮拜。

MAP▶P.285A4

聖約翰醫院博物館

Museum Sint-Janshospitaal

古醫院欣賞藝術巨作

從火車站步行約19分鐘可達；或搭乘巴士1、2等號在Onze-Lieve-Vrouwekerk站下，步行約2分鐘可達 Mariastraat 38 09:30~17:00，週一休 全票€15，優惠票€7~13，13歲以下免費 www.museabrugge.be

成立於12世紀的舊聖約翰醫院，最初是由修士與修女所共同管理，一直到1977年都還是當作醫院使用，是歐洲最古老的醫院之一，可以看到17世紀的舊藥局中，保存了古時各式各樣裝著藥材的陶瓷瓶與藥罐。

©ToerismBrugge

除此之外，舊聖約翰醫院還擁有眾多15世紀的藝術大師勉林（Hans Memling）的巨作。勉林在布魯日生活與工作，並畫下他生平最重要的傑作，包括《聖凱瑟林的神秘婚禮》（The Mystical Marriage of Saint Catherine）、《瑪姬的崇敬》（The Adoration of the Magi）與聖尤蘇拉的遺物箱（Saint Ursula Shrine）等大作。其中聖尤蘇拉的遺物箱是博物館的鎮館之寶，也是比利時七大珍寶之一（The official 7 wonders of Belgium），這只雕工精美的箱子描述著聖尤蘇拉畢生的生活與聖蹟，和伴隨著她的11,000位聖女，她們抵達科隆和巴塞爾，以及教宗在羅馬迎接她們，還有教宗隨著她們返回科隆的景象。

MAP ▶P.285A4

聖母大教堂

MOOK Choice

Onze Lieve Vrouwekerk

典藏米開朗基羅之作

從火車站步行約20分鐘可達；或搭乘巴士1、2等號在Onze-Lieve-Vrouwekerk站下，步行約1分鐘可達 Mariastraat 448-743 09:30~17:00（週日13:30起） 全票€8，優惠票€4~7，13歲以下免費 www.onthaalkerk-brugge.be

聖母大教堂以收藏米開朗基羅的《聖母與聖子像》（Madonna and Child）聞名，這座白色的大理石雕像是米開朗基羅早期之作，原本由貴族為奉獻給錫安那教堂（Siena Church）而訂購，但後來卻因債務累累無力付款，反而讓布魯日商人購得，並在1514年贈送給聖母大教堂。這也是米開朗基羅生前唯一流落在義大利以外的雕像作品。

聖母大教堂於1220年開始興建，耗費長達200年的時間，因此混合了許多不同的建築風格。教堂外觀有座高達122公尺的塔樓，是全市最高的建築，內部則有白色牆柱搭配黑白相間的地磚、裝飾華麗的巴洛克式木製祭壇以及精美的繪畫，如《基督最後的晚餐》。教堂最後方並有末代勃艮第公爵「大膽的查理」及其女兒瑪莉的墳墓，上方有兩人平躺且雙手合併的鍍金青銅雕像。

MAP▶P.285A5

比京會修道院

MOOK Choice

Begijinhof

中世紀女性心靈與生活庇護所

從火車站步行15~16分鐘可達 Begijnhof 24-28-30 330-011 週一至週日07:30~20:30 免費

比京會是一個成立於13世紀的婦女宗教組織，當時由於戰亂頻仍，加上黑死病肆虐，社會上有許多未婚婦女及寡婦，為了生存，他們必須結合成一個自給自足的社群，這便是比京會的創立目的。比京會的婦女們平日除了事奉上帝、從事勞動外，還要照顧老弱殘疾，但她們並未如修女般立誓，因此可以擁有自己的財產，且不用過著戒律嚴格的生活，隨時也都可離開。

歐洲有許多比京會修道院，位於布魯日的這所成立於1245年，被列為世界文化遺產之一，目前已不再有任何比京會婦女居住，看到的都是天主教本篤會（Benedicitines）的修女。修道院周圍被綠樹成蔭的運河與白牆圍繞，院內有大片綠色草坪與白揚木，後方一整排紅白色的山形牆房屋靜靜屹立，氣氛特別寧靜安詳，宛如來到世外桃源。遊客們可在此漫步，拜訪建立於1602年的小教堂，體會當時婦女們隱居生活的面貌。

MAP▶P.285A5

半月啤酒廠

Brewery De Halve Maan

啜飲金黃誘惑

從火車站步行約17分鐘可達；或搭乘巴士1、2等號在Onze-Lieve-Vrouwekerk站下，步行約4分鐘可達 Walplein 26 444-222 4-10月11:00-16:00（週六至17:00）。導覽團每小時出發，全程約45分鐘 全票€16，優惠票€8.5（包含品嘗一杯啤酒），7歲以下免費 www.halvemaan.be

還沒踏進半月，就聞到空氣中濃郁的啤酒香氣。半月是布魯日現存最後一間啤酒釀酒廠，早在1546年，釀酒廠就已登記有案，直到1856年當地的釀酒家族才在原址成立了半月釀酒廠。經歷160多年後，現在由家族第6代經營，並開放啤酒廠給大眾參觀。整趟導覽行程共計約45分鐘，遊客將了解啤酒味道的深度與麥芽烘烤程度之間的

關係，以及用於生產啤酒的香料混合物等。

目前啤酒廠的招牌是名為「布魯日瘋狂」（Brugse Zot）的啤酒，由麥芽、啤酒花和特殊的酵母釀造而成。導覽結束後，當然不能忘了慰勞自己，一定要來杯美味的布魯日啤酒。

除了釀酒廠外，還附設餐廳與酒吧。

MAP▶P.285A6

愛之湖公園

MOOK Choice

Het Minnewater

談一場浪漫愛戀

從火車站步行15~16分鐘可達 Minnewater Park

綠色草坪與寧靜湖泊上，天鵝和水鴨愜意悠游，橋墩垂柳倒影水面，畫面如詩，愛之湖公園不愧是布魯日最羅曼蒂克的景點之一。狹長形的愛之湖是為了調節運河水量開鑿的人工湖，昔日曾是熱鬧的碼頭，用以連接布魯日與根特的水運，1979年之後改建成公園，也可搭乘遊覽船，由水路造訪此地。

愛之湖名字的傳說來自一個悲傷的愛情故事：一個女孩愛上了父親並不中意的男子，在父親意願與所愛之間煎熬，她只好逃離家園，躲在湖畔的樹林中，不幸的是，她的愛人太晚才發現她的藏身地點，找到她時她已精力耗盡，死在他的懷裡。傷心的情人最後築起水壩，把女孩葬在河床中間，然後放水淹沒。此外，愛之湖南方的橋梁旁邊的高塔，則是早期用做防禦用途的彈藥庫（Poertoen）。

MAP ▶ P.285B2

楊凡艾克廣場&布魯日熊

Jan van Eyckplein& Brugs Beertje

將油畫發揮到極致的先驅

搭乘巴士2號在Brugge Jan van Eyckplein站下即達 Jan van Eyckplein

楊凡艾克（1370-1441年）是早期法蘭德斯畫派最偉大的畫家之一，也是繪畫史上第一位將油畫材料使用到極致的大師，他與他的哥哥在布魯日完成了許多驚世畫作，例如收藏於根特聖巴弗教堂的《神秘羔羊》與根特祭壇畫。這個小廣場曾經是昔日船隻停靠卸貨的舊港口，兩旁房屋則是昔日的富人區，但現在已物換星移，只剩下楊凡艾克的雕像仍佇立在這個以他為名的廣場中。

©ToerismBrugge

小廣場裡還有一個亮點：如果你仔細看，一隻站在轉角處的布魯日熊（Brugs Beertje），就在不遠處的Poortersloge (Burgher's Lodge) 建築中，這兒曾是14、15世紀時的貿易商人聚集的場所。

MAP ▶ P.285C2

蕾絲中心

Kantcentrum

編織花漾浪漫

©ToerismBrugge

©ToerismBrugge

搭乘巴士2號在Brugge Molenbrug站下，步行約5分鐘可達 Balstraat 16 330-072 展覽館：09:30~17:00，現場製作：14:00~17:00；週日休 全票€8，優惠票€6，12歲以下免費 www.kantcentrum.eu/en/home

走在布魯日的街道上，到處都看得到販賣蕾絲的商店，天氣好時，還可看到許多婦女坐在自家門口編織蕾絲。而在中世紀即以蕾絲聞名的布魯日，也有一間致力於保存推廣蕾絲技術的蕾絲中心。中心位在耶路撒冷教堂的隔壁，由一所小救濟院改建而成，目前展示各式各樣當地婦女與中心學生的蕾絲作品。每日下午遊客還可在作坊中親眼見識到現場蕾絲製作。此外，蕾絲中心出版蕾絲雜誌及開班授課，有師資訓練、青少年課程、暑期班等，官網與櫃台並販賣製作材料、工具，與價格合理的完成品。

蕾絲編織

編織是布魯日的傳統特色，幾乎每家紀念品商店都有販賣精緻的手工織布。布魯日的編織一向出名，主要是當地婦女在16世紀時便以這項工作維生，造就出許多精細的花樣與編織手法，日後幾乎家家戶戶的婦女都延續著傳統的方式，編織出受歡迎的布料花紋。雖然，目前在布魯日已經不像往昔那樣經常可以看到婦女坐在門口織布的情景，不過，若對蕾絲編織有興趣的人，還是可到蕾絲中心參觀，或是去店裡選購條美麗的手工藝術。

根特

Gent

文●蒙金蘭・陳蓓蕾・墨刻編輯室
攝影●蒙金蘭・墨刻攝影組

根特是個大學城，處處可見充滿活力的年輕學子；根特也保留了許多中世紀美麗的建築，加上靜靜流淌的運河貫穿其間，像濃縮中世紀精華的甘露，醇香迷人。

中世紀的根特因海權貿易和紡織工業穩站龍頭，與布魯日合作，同為法蘭德斯伯爵國最重要的商業城，11至14世紀是其黃金時期，曾是僅次於巴黎的歐洲第2大城，長達500多年是北海低地國最大的城市，勢力龐大的同業公會形成一股獨立於君權與神權之外的市民力量。然而到了15世紀，因為布魯日港口泥沙淤積，被迫將貿易特權地位轉讓給安特衛普，根特的繁華也隨之在16世紀沈寂。

還好，深厚的手工業基礎，讓根特得以在19世紀初靠著紡織工業化重返歐洲舞台。1913年的世界博覽會，重新開啟根特的建設契機，大規模古城修復計畫、以輕軌連接聖皮耶特車站及老城，順利將根特推向觀光產業。而現在每年7月全城動員的根特藝術節（Gentse Feesten）更是老城新生的最佳體現：以古蹟為背景，各類型的藝術在街頭巷尾展演，歷史與現代藝術的火花吸引無數遊客參與。

陽光下，展現繽紛多彩的城市生命力；夜幕低垂時，中世紀公會建築在燈光中重新甦醒。老城的街燈經過整體規劃，運河水岸精心設計的燈光打亮一城浪漫，間接照明又不至於搶走古城風采，夜景宛如電影場景，是獲得米其林指南3顆星評價的夜之城。

INFO

基本資訊

人口：約47萬5千人 **面積**：157.77平方公里
區碼：(0)9 **語言**：荷蘭語區
城市名稱：荷Gent /法Gand /英Ghent

如何前往

◎火車

根特市區有2個火車站：根特聖皮耶特（Gent Sint-Pieters）和根特丹普特（Gent Dampoort），主要的火車如IC及IR列車停靠的車站為Sint-Pieters，查詢列車時刻需特別注意確認站名。從布魯塞爾南站出發，每小時6班直達車，需時約30分鐘；從布魯日每小時5班直達，需時約27分鐘；從安特衛普出發每小時3班直達車，需時約1小時。從阿姆斯特丹、盧森堡或巴黎等鄰近國家前往，可搭乘高速跨國火車至布魯塞爾南站轉車。

市區交通

◎大眾運輸工具

根特的景點大多集中於舊城中心，由根特聖皮耶特火車站到舊城區有點距離，建議直接搭乘1、3等號電車前往；若是從根特丹普特火車站要前往舊城區，10、11、12a或12b等號巴士均可到達。

根特的大眾運輸工具包含巴士及電車，和布魯日一樣屬於De Lijn營運的系統，站牌上皆有標示號碼與目的地。搭車時需招手向司機示意，車票可預先於車站或遊客中心等地購買，也可上車後直接刷信用卡感應購買。單次票效期為1小時，可在時限內自由轉乘電車與巴士；10次通行票每次使用的效期也是1小時；而1日票的效期為24小時，3日票的效期為72小時。1天只要搭車達3趟以上，1日票就值回票價了！

妥善運用3日票或10次票

由於安特衛普、布魯日和根特這幾個觀光重鎮，大眾交通都是屬於De Lijn的營運系統，票券可以通用；而且這幾個城鎮在當地並不需要頻繁地搭車，建議不妨善加運用3日票或10次票（同行的朋友甚至可共用10次票），合法且有效地發揮車票的效用。

De Lijn
單次票€2.5；來回票€5；1日票€7.5；3日票€15；10次票€17 www.delijn.be/en

◎偉士牌機車Vespa

造型復古的偉士牌，和古城的石板路街道格外相襯，騎車穿梭大街小巷頗有電影「羅馬假期」中的浪漫。租車會提供路線建議，前往郊區也很方便。

La Bella Vespa
Beukenlaan 65 (0)485-464-949
11:00~18:00 €40起
www.labellavespa.be

◎計程車

除了火車站以外的地方，計程車叫車比較不容易，可先使用電話叫車。

BVBA Arttaxi
478-068-080 www.arttaxi.be

觀光行程

◎運河遊船

保留中古世紀公會建築的水岸是根特最迷人的景緻，搭乘導覽船，帶你穿越造型各異的橋樑，從水面欣賞舊城兩岸建築。

登船處Graslei（肉市場Vleeshuis旁運河）
269-0869 11:00~16:00，全程40分鐘
全票€10，優惠票€6.5~9，2歲以下免費；使用根特城市卡免費
www.gent-watertoerist.be

優惠票券

◎根特城市卡Ghent City Card

持城市卡可於有效期間內免費進入歷史建築、博物館與景點，也包含觀賞《神秘羔羊的崇拜》。此外，

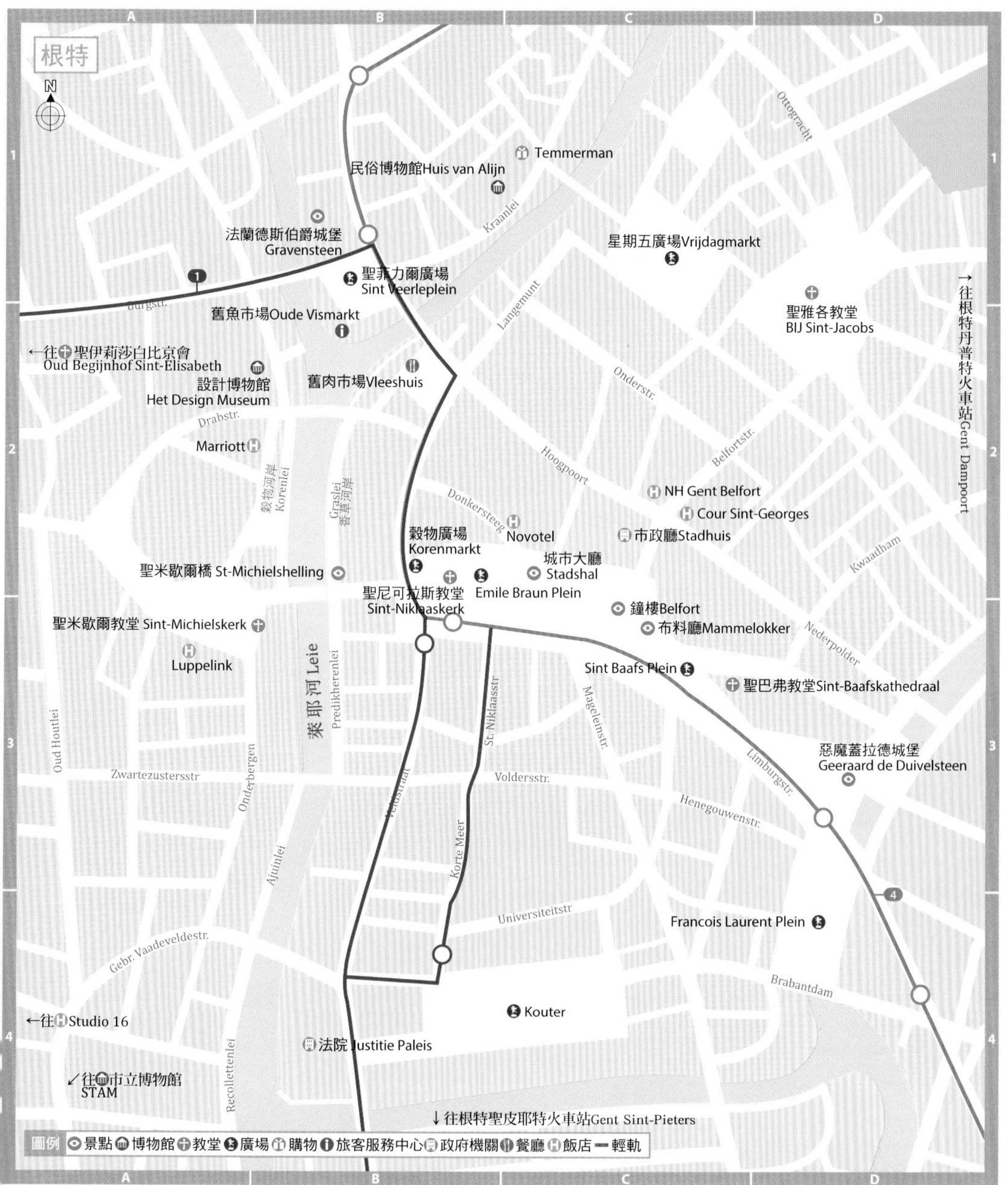

也可無限次數搭乘De Lijn營運的公車和電車。城市卡可在遊客中心、Lijnwinkels售票處、博物館以及大部分的飯店購買。

$48小時€42，72小時€48 www.visitgent.be

旅遊諮詢

◎遊客中心Visit Gent

Sint-Veerleplein 5（舊魚市場內）

266-5660 10:00~17:00

MAP▶P.301B2

香草河岸&穀物河岸

MOOK Choice

Graslei & en Korenlei

童話唯美水岸

從根特聖皮耶特火車站搭Tram1、3在Gent Oude Houtlei站下，步行約8分鐘可達聖米歇爾橋

如果要為根特選一個代表性的景觀，從聖米歇爾橋上框住香草河岸、穀物河岸的華麗山牆屋與運河倒影，絕對是拍照首選！

中世紀歐洲是城市崛起的年代，在王國貴族的君權與宗教掌控的神權之外，海洋貿易與商業的興盛讓原本受到壓迫的農人有另一個能夠掌握自己命運的選擇。隨著商業的影響性日益擴大，同業組織公會、進而組成市政廳集體議事治理城市，最有勢力的產業公會往往也是權力核心，所以在保留著中世紀風情的地方，最華美的建築都是同業公會。作為當時低地國的第一大城，貨物由通往海港的斯海爾德河（Scheldt）與通往內陸的萊耶河（Leie）運送，在香草及穀物河岸卸貨至岸旁的公會倉庫，法蘭德斯階梯式的山牆建築是商人們權力與財富的象徵：從山牆上的階梯數，就能判斷該行會的勢力。萊耶河東側是香草河岸，有自由船員同業公會、小麥秤量檢查公會、穀物倉庫及泥水匠公會等，現在是餐廳和露天咖啡座；西側是穀物河岸，有16世紀的啤酒釀造廠、非自由船員同業公會等，有些已改成旅館。

根特最佳拍照賞景勝地

聖米歇爾橋（Sint-Michielsbrug）橫跨縱貫根特舊城區的萊耶河（Leie），站在橋上，能飽覽城市最美的風光，無論白天或晚上都是拍照的最佳地點。拱橋外型十分典雅，橋梁於20世紀初完工，路燈上有聖米歇爾雕像裝飾。在這兒視野可遠及聖巴弗大教堂、法蘭德斯伯爵城堡、聖尼可拉斯教堂、鐘樓與其間的哥德式、巴洛克風格建築，以及香草河岸、穀物河岸的華麗山牆屋皆能盡收眼底，非常賞心悅目。

MAP ▶P.301B2

聖尼可拉斯教堂

Sint-Niklaaskerk

工商行會的信仰中心

從根特聖皮耶特火車站搭Tram1、3在Gent Zonnestraat站下，步行5~6分鐘可達 Cataloniëstraat 269-1482 10:00~16:00 免費 mkgent.be/kerk/st-nicholas-church

從香草河畔的穀物廣場（Korenmarkt）到聖巴弗廣場（Sint Baafs Plein）之間，是老城最熱鬧的區域，短短數步之遙，就有聖尼可拉斯教堂、鐘塔和聖巴弗大教堂組成「三塔連線」的中世紀天際景觀，密集的教堂數量不難推想當時在此居住的工商人口數量。

聖尼可拉斯教堂原為10世紀羅馬樣式，13到15世紀以青石重建，採用當時低地國盛行的斯凱爾特哥德樣式（Scheldt Gothic），特點之一就是教堂高塔不在入口處的正上方，而是在教堂中殿和耳堂的交叉處，這樣的構造可以讓光線透過高塔照亮耳堂時，有一種聚光效果。比較特別的是：許多大型公會在教堂內都設有獨立禮拜堂。

MAP ▶P.301C2

城市大廳

Stadshal

串聯歷史與現代的建築

從根特聖皮耶特火車站搭Tram1、3在Gent Vogelmarkt站下，步行5~6分鐘可達 Poeljemarkt

為了在舊城中心灌注新活力，根特舊城更新計畫中的重要一環，就是位於三塔連線之間的城市大廳。4個角落的水泥柱支撐起寬15公尺、長40公尺的鋼骨架構，木造頂棚的造型像2棟架高的相連尖頂木屋，橡木外層包覆玻璃，1,400個小窗讓光線穿透，隨著時間在廣場裡流轉變化。

當這座當代建築出現時，曾引起不小「破壞歷史景觀」的爭議，然而其中隱含了許多融入城市歷史的細節，例如高度與周圍房舍相似，不會破壞天際線景觀；雙屋頂設計則類比市政廳2種建築風格的山牆，象徵城市從過去走向一個更開放的現代化空間，創造了一個充滿活力的半戶外展演場所。

MAP▶P.301C3

鐘樓

MOOK Choice

Belfort van Gent

敲奏城市浪漫與富裕

從根特聖皮耶特火車站搭Tram1、3在Gent Vogelmarkt站下，步行5~6分鐘可達 Sint-Baafsplein 2 233-3954 10:00~19:00，導覽行程15:30 全票€11，優惠票€2.2~5 www.belfortgent.be

漫步根特舊城區的石板路，響徹全城的鍾聲鳴奏悠揚樂音，譜寫出城市的中世紀浪漫，也是根特市民自治及城市富裕的象徵。91公尺高的鐘塔建於14世紀，巨大金龍自1377年就矗立塔頂守護這座城市，同時也象徵著市政特權的監護者。現在的金龍已更新，原始版本則放在塔內展示。中世紀以前，鐘聲都帶有宗教意涵；隨著城市興起，鐘塔開始有平時警衛及報時的角色，特殊節慶時則以鍾琴音樂告知節日到來。鐘塔上共有53口銅鐘，整點時參觀鐘塔可看到像音樂盒原理的機械設備牽動塔頂的銅鐘，演奏不同的音樂。搭乘電梯直上塔頂，可欣賞360度的古城風光，鐘塔自1999年起已列入世界文化遺產。

緊鄰鐘塔的布拉班特哥德式建築是建於15世紀的布料廳（Lakenhal），這是根特最豪華的公會建築，紡織工業為城市帶來繁榮，布料與紡織公會自然也成為掌握市民權力的中心。

MAP▶P.301C2

市政廳

Stadhuis

濃縮歐洲建築風格

從根特聖皮耶特火車站搭Tram1、3在Gent Vogelmarkt站下，步行6~7分鐘可達 Botermarkt 1 226-5660 08:00~17:00，週六、日休 historischehuizen.stad.gent/en/city-hall

如果沒特別提醒，很難將鐘樓後方2棟風格迥異的建築聯想在一起，事實上這是1棟建築物，屬於根特的市民政治中心—市政廳。市政廳從15世紀開始建造，歷經4個世紀，18世紀才完工，從外觀就能看出歐洲建築風格的發展：面對Hoogpoort這面的是火焰般造型誇張的哥德式牆面，而鐘樓這面則是注重平衡而理智的文藝復興式建築。內部也是風格多變，Arsenal Hall使用木頭圓形拱頂，而供市民交換結婚誓言的Wedding Chapel則以彩繪玻璃為裝飾主軸。

MAP▶P.301C3

聖巴弗大教堂 MOOK Choice

Sint-Baafskathedraal

典藏比利時國寶

從根特聖皮耶特火車站搭Tram1、3在Gent Vogelmarkt站下，步行約5分鐘可達 Sint-Baafsplein 1 269-2045 教堂08:30~17:30（週日13:00起），《神秘羔羊的崇拜》AR遊戲10:00~17:00（週日13:00起） 教堂免費。參觀《神秘羔羊的崇拜》全票€12，優惠票€5；《神秘羔羊的崇拜》加AR遊戲全票€16，優惠票€8 www.sintbaafskathedraal.be

教堂可追溯至12世紀的羅馬式教堂遺址，神聖羅馬帝國的查爾斯五世在此受洗後，開始在遺跡上修建哥德式教堂，於16世紀完工，現在因收藏許多和宗教相關的大師之作而聞名。值得欣賞的包括12世紀羅馬建築樣式的禮拜堂、巴洛克式主教祭壇以及畫家魯本斯創作的宗教繪畫，地下室寶物廳中有主教的墓石及15世紀濕壁畫等。教堂中最重要的國寶級作品是西元1432年由凡艾克兄弟（Hubert and JanVan Eyck）創作的《神秘羔羊的崇拜》（The Adoration of the Mystic Lamb），許多人列隊進入參觀就是為了這幅名畫，這是世上最早帶有簽名的法蘭德斯畫派作品，被譽為法蘭德斯繪畫最高傑作。《神秘羔羊的崇拜》是多翼式開閉型祭壇組畫，內外各12幅，畫作主題取材自聖經故事，流血的羔羊象徵耶穌犧牲自己挽救人類的上帝之愛。不過偉大的作品可說是命運多舛，躲過對聖像破壞的時期，在與拿破崙的戰爭中又落入法國之手，回到聖巴弗大教堂後，左下角那幅《公正的審判》（De Rechtvaardige Rechters）又在1934年被盜，至今依然下落不明。

目前還設計AR的虛擬實境遊戲，讓參觀者有如置身《神秘羔羊的崇拜》情境之中，行程分40分鐘和60分鐘。可惜目前尚無華語版本；有英語可供選擇。

MAP▶P.301C1

星期五廣場

Vrijdagmarkt

根特最古老廣場

從根特聖皮耶特火車站搭Tram1、3在Gent Vogelmarkt站下，步行約11分鐘可達 Vrijdagmarkt 市集週五07:30~13:30，週六11:00~18:30

數個世紀以來，星期五廣場一直是根特的政治和社會中心，四周的房子大約都可追溯至18世紀，中心昂然而立的是14世紀初帶領根特貿易與工業蓬勃發展的重要人物Jacob van Artevelde。現在廣場依然生氣勃勃，每週五早上和週六下午，廣場市集吸引無數人潮聚集，周圍都是適合您閒午後的咖啡館或夜晚小酌的酒館，在傳奇酒館Tavern Dulle Griet，可以喝到超過250種比利時啤酒。

MAP▶P.301B2

舊肉品市場

Vleeshuis

地區限定滋味

從根特聖皮耶特火車站搭Tram1、3在Gent Oude Houtlei站下，步行11~12分鐘可達 Groentenmarkt 7

香草河畔一整排顯眼的石造建築是中世紀肉品交易的市場，15世紀時，城鎮的肉品都集中在這個室內空間販售以控制新鮮度和品質，買不起肉的民眾，會在市場將結束時來要一些碎肉或內臟回家，建築內部還設有同業公會和禮拜堂。肉品市場之前改裝成一間餐廳，目前則休業整修中。

MAP▶P.301B1

聖菲力爾廣場

Sint Veerleplein

18世紀前的恐怖刑場

從根特聖皮耶特火車站搭Tram1、3在Gent Oude Houtlei站下，步行約12分鐘可達；亦可在Gent Lippensplein站轉乘Tram2，至Gent Gravensteen站即 Sint-Veerleplein

聖菲力爾廣場位法蘭德斯伯爵城堡對面，看似被美麗優雅的古老山形屋圍繞，其實卻有著駭人聽聞的過去。從15世紀初直到18世紀，這裡是將罪犯處以極刑的場所，製造偽幣者會被五花大綁丟進油鍋或熱水中，也是謀劃起義者、宗教改革者被斬首或執行絞刑的地點。廣場轉角有棟海神雕像的建築入口，是從前的舊魚市場（Vismijn），現在則是遊客服務中心。

MAP▶P.301B1

法蘭德斯伯爵城堡

Gravensteen

中世紀黑暗血腥史

從根特聖皮耶特火車站搭Tram1、3在Gent Oude Houtlei站下，步行約12分鐘可達；亦可在Gent Lippensplein站轉乘Tram2，至Gent Gravensteen站即達 Sint-Veerleplein 11 225-9306 10:00~18:00 全票€13，優惠票€2.7~8，12歲以下免費。門票含多媒體導覽 www.gravensteengent.be

早在10世紀，根特領主法蘭德斯伯爵Arnulf I就已經在萊耶河與支流包夾的這塊隆起沙洲修築堡壘，12世紀菲利浦伯爵（Count Philip of Alsace）繼承領地，為了挫折本地貴族的氣焰，於1180年下令將原本的木製堡壘重建成以石塊堆砌的堅固城堡要塞。隨著14世紀伯爵移居至Prinsenhof以後，城堡就只剩下供市政當局使用的行政功能，陸續作為鑄幣局、法院、監獄等，18世紀還成為紡織工廠及員工的宿舍。

現在的城堡是最能感受中世紀黑暗面的地方，除了法蘭德斯伯爵家族和城堡的歷史，大部份區域展示著中古歐洲的武器和各式各樣的刑求道具，那些電影中才會出現的鎖子甲、盔甲、比人還高的長劍和斷頭台都近在眼前，搭配圖說不難想像中世紀的肅殺及慘無人道的血腥歷史。若覺得心情太沈重，攀上城堡高塔，城市的繁榮與萊耶河在腳下蔓延，頗有王者駕臨的御風暢快。

MAP▶P.301A2

聖伊莉莎白比京會

MOOK Choice

Oud Begijnhof Sint-Elisabeth

守護數個世紀女性的聚落

從根特聖皮耶特火車站搭Tram4在Gent Brugsepoort站下，步行約2分鐘可達；或搭Tram1、3在Gent Galgenberg站下，步行11~12分鐘可達 Begijnhofdries www.elisabethbegijnhof.be

中世紀時期低地國因長年戰亂，失去丈夫或父親的獨居女性們組成庇護所，這就是比京會，也有人譯作凡人修女院。不同於女子修道院嚴苛的紀律，對於宗教沒有嚴格的規範、也沒有明顯階級差異，比較像自給自足的女性共居社區。根特有3座列入世界文化遺產的比京會，其中位於舊市區西邊的聖伊莉莎白比京會建於13世紀，曾遭受破壞，17世紀才又修復完成；1874年由於空間不足，又在市郊修建大比京會取代此處，新建的院落生活機能更加完備；而在舊城東南方、規模最小的聖母比京會建於1235年，是保存最好的一個文藝復興前的比京會，現在則作為藝文場所使用。

現在聖伊莉莎白比京會的長圍牆已去除，簡樸精神仍從開窗小、樓高矮、潔白整齊的山形屋間流露，而社區周圍同時存在羅馬天主教、東正教和新教教堂，表現出比以往更高的宗教寬容精神。即使現在已變成中產階級的居住社區，盈盈綠意的寬敞庭院依然能感受到中世紀那份祥和靜謐。

味蕾與根特的邂逅

飲食是認識地方文化絕佳的鑰匙，根特亦有許多傳承百年的美味。幾乎每間餐廳都能找到當地的代表料理：奶香濃郁的雞肉奶油燉菜（Waterzooi）；從前由修道院掌控、以香料釀造的稀有啤酒Gruut適合佐餐；而顏色繽紛的Jenever甜琴酒嘗來後勁十足，有的甜膩、有的帶著果香的清爽；喜歡甜食的人，就嘗嘗覆盆子軟糖Cuberdons，外型像小小的尖鼻子、外層是稍有硬度的糖衣、包裹濃稠的覆盆子醬，濃縮甜蜜的滋味，最適合當茶點，其中位於Groentenmarkt 附近的百年麵包店Himschoot是城市中的傳奇美味之一。若想一網打盡傳統風味點心，在星期五廣場附近、如同雜貨店博物館的Confiserie Temmerman不會讓你失望。

盧森堡

Luxembourg

西歐內陸的迷你小國盧森堡大公國素有「森林與溪谷的國度」之稱，面積約2,586平方公里，只比台中市大一些；地勢北高南低，境內充滿綠意盎然的大自然與鄉鎮美景。東邊與德國的邊境有莫色爾河流經，是著名的葡萄酒產區；西邊與比利時、南邊與法國相鄰。盧森堡戰略位置重要，被歐洲列強環伺，自古就是強權的練兵場，經常轉手不同國家：有很長一段時間屬於神聖羅馬帝國，後經西班牙、法國等大國的統治或割讓，最終於19世紀後才開始成為獨立自主的國家。

而位於貝特留斯河（La Pétrusse）溪谷上方、和國家同名的碉堡城市——盧森堡市（Luxembourg City）為其首都，由於地理位置得天獨厚，有著易守難攻的特性，是固若金湯的天然防禦要塞；而沿著城牆邊保留下來的舊城區，也名列聯合國教科文組織的世界遺產，是拜訪盧森堡主要的旅遊城市。

盧森堡之最Top Highlights of Luxembourg

康尼徐走廊 Chemin de la Corniche

由「歐洲最美麗陽台」康尼徐走廊遠眺，是盧森堡市最具代表性的景色，清澈的溪流、河谷對岸小鎮與高地上的堡壘都盡收眼底，如同一處大自然的畫廊。(P.314)

維安登 Vianden

盧森堡極具療癒的鄉村風景，瓦爾河蜿蜒流過被森林包圍的中世紀小鎮，城堡腳下的生活是與世無爭的純樸，讓大文豪雨果也醉心迷戀的地方。(P.320)

盧森堡地下要塞 The Casemates

探索神秘的山壁岩石深處，這座固若金湯的防禦堡壘，內部如迷宮般的通道錯綜複雜，甚至曾設有廚房、電影放映室等，幾世紀來守護著國家安全。(P.316)

莫色爾河酒莊 The Moselle

沿著莫色爾河岸的丘陵是綿延42公里的著名葡萄園區，搭乘遊覽船順流而下，走進葡萄園間的釀酒廠，品味香醇芬芳。(P.322)

盧森堡市及其周邊
Luxembourg City & Around

文●蒙金蘭．陳蓓蕾．墨刻編輯部　攝影●陳蓓蕾．墨刻攝影組

盧森堡市昔日是建於貝特留斯河溪谷上方的碉堡城市，因為大自然的天然屏障，使其擁有固若金湯、易守難攻的特性；更由於地處列強環伺之地，而有「北方的直布羅陀」稱號。

今日的盧森堡市經濟繁榮，國民所得在全球名列前茅，是歐洲除了倫敦以外的第2大金融市場。尤其在舊市區的街道上，投資銀行與金融機構林立，路上更是充滿白領菁英行色匆匆，處處可見繁榮的景象。

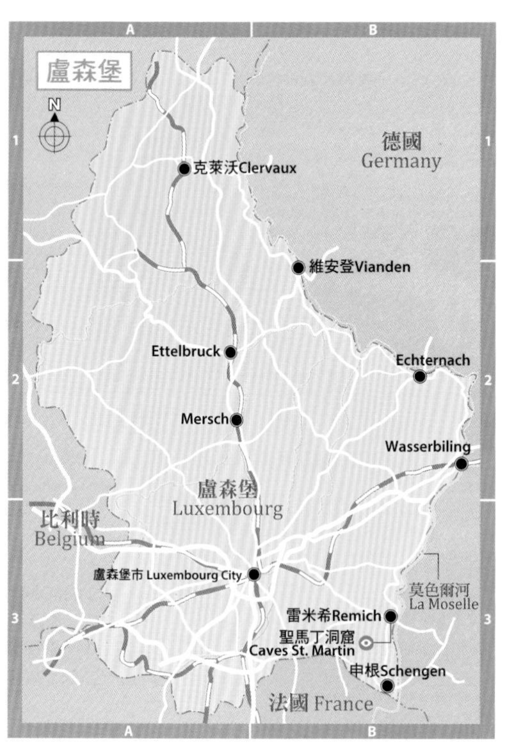

盧森堡除了是個均富的社會，也是個文化大熔爐，市內超過10萬的市民中，60%以上為外國移民，市區看到的人約2/3是每日往返的跨國通勤者。對觀光旅客而言，必逛行程除了漫步舊城區、見識地下要塞外，站在跨越貝特留斯河的高橋上、俯瞰翠綠山林、舊市區與清澈溪流溫柔包覆的碉堡，這高低落差的奇景、如詩的畫面，就是拜訪盧森堡市最好的理由！

在這個被盛讚為森林與溪谷的王國，綠意盎然且寧靜純樸的鄉村風景更是極具魅力。無論是令大文豪雨果心醉的小鎮維安登，或是搭遊船沿著莫色爾河造訪葡萄酒鄉雷米希，還有因簽證聞名的小鎮申根，都是與眾不同的難忘旅程。

INFO

基本資訊

人口：約65萬人　**面積**：2,586平方公里
國碼：352（無區碼）

如何前往

◎飛機

盧森堡國際機場（International airport Luxembourg）位於盧森堡市區東方約6公里處，提供飛往德國、比利時、荷蘭、法國等歐洲航線服務，從台灣前往無直飛航班，需要從鄰近國家轉機。從機場可搭乘6、16、29等號公車至市中心及中央車站，營運時間大約從05:30~23:30，10~15分鐘一班次。

www.lux-airport.lu

◎火車

從布魯塞爾南站到盧森堡中央車站（Gare Centrale

Luxembourg），每小時有1班直達車，需時約3小時；從阿姆斯特丹前往需在布魯塞爾轉車，需時約5小時30分；從法國巴黎出發，搭乘TGV需時約2小時；從德國科隆出發，需時約4小時。盧森堡中央車站位於市區南方，步行至市中心約需15分鐘，也可搭乘公車。

市區交通

盧森堡市中心極為迷你，沒有電車或地鐵，步行是最好的遊覽方式。若要到稍遠的歐盟區域（Kirchberg District）或其他城鎮，則可搭乘公

大眾交通，免費！

自2020年3月1日起，搭乘盧森堡境內所有公共交通的普通艙，包括火車、巴士、纜車、電車等，一律免費！如果你想享受一下頭等艙，單買一張短程單程票（Kuerzzäitbilljee）€3，2個小時之內可不計里程隨意搭乘火車及巴士（意思是幾乎能到達國內的每個角落）；1日票（Dagesbilljee）於生效後可使用至隔日凌晨04:00，價格€6。

車，幾乎所有公車都會行經中央車站。
www.mobiliteit.lu

◎單車

在市區可見到許多Vel' OH!的單車站，若想租用這些單車，就跟台灣的U Bike一樣簡單。可先下載官網的App完成註冊，之後便可於租借站依照指示取得單車。還車時至任一單車站，將車扣在空的車架上，等待指示燈亮起即可。

1日€2，3日€5
www.vdl.lu/en

◎計程車

在盧森堡不能隨手招車，必須至景點或車站附近的計程車站搭車。

觀光行程

◎貝克要塞Bock Casemates

從貝克要塞出發
10:00~18:00，週日休，全程約1小時
全票€18，優惠票€9~14.5，4歲以下免費
www.luxembourg-city.com/en

◎文策爾城牆漫步Wenzel Circular Walk

從遊客中心報名出發
3~10月每週六15:00~18:00，全程約3小時
全票€24，優惠票€12~19.5，4歲以下免費
含參觀貝克要塞
www.luxembourg-city.com/en

◎City Train in the Old Town Luxembourg

搭乘復古小火車造型的迷你巴士，順著環狀城壁到溪谷旁的Grund區域，穿越貝特留斯河谷，全程約40分鐘。

Montée de Clausen（近貝克要塞入口處）
全票€15，優惠票€10，3歲以下免費
sightseeing.lu

優惠票券

◎盧森堡卡Luxembourg Card

效期內可免費參觀博物館、美術館、城堡、宮殿等，以及免費租用單車、全國近80個景點或店家享免費或折扣優惠。可在遊客中心、旅館、火車站、各大景點或旅遊局官方網站購買。

1日卡€14，2日卡€22，3日卡€31；3~5人可購買團體卡，1日卡€31，2日卡€54，3日卡€77

旅遊諮詢

◎盧森堡市遊客中心

30, Place Guillaume II（威廉二世廣場）
222-809

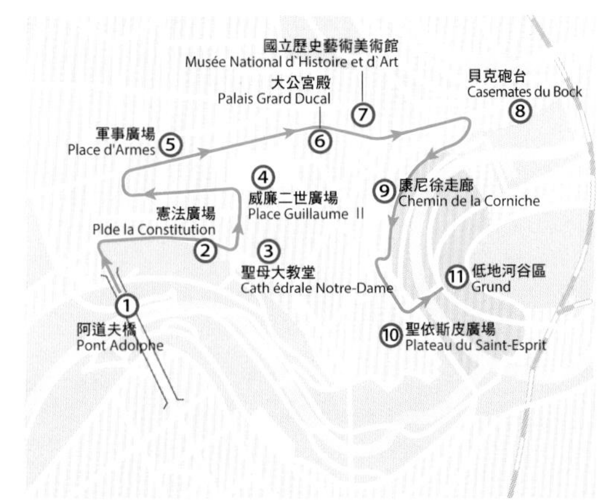

週一至週六09:00~18:00，週日11:00~16:00
盧森堡市www.luxembourg-city.com/en
盧森堡www.visitluxembourg.com

盧森堡市散步路線 Walking Route in Luxembourg

盧森堡市區主要的交通工具以公車為主，舊城區內景點集中，很適合漫步。若從中央車站出發，可沿著右前方的Avenue de la liberté直行約10分鐘，即可抵達著名的①**阿道夫橋**。過了阿道夫橋後往右手邊直行，即可看到佇立著黃金女神雕的花園平台—②**憲法廣場**，這兒是眺望貝特留斯河谷和阿道夫橋的最佳地點。欣賞完盧森堡獨特的高低落差奇景後，由憲法廣場往東走，首先抵達有著細長尖塔的③**聖母大教堂**，再由教堂旁的小巷Rue Chimay往北走，隨即進入了舊城區的核心。首先映入眼簾的是遊客中心所在的④**威廉二世廣場**，以及不遠處餐館林立的⑤**軍事廣場**，可選擇稍加休憩或是在甜點名店用餐補充體力。

接著往東步行約900公尺，即可抵達⑥**大公宮殿**，往北走可找到⑦**國立歷史藝術美術館**，繼續往東走500公尺就會遇見⑧**貝克砲台**。

參觀完貝克砲台，可返回原路前往⑨**康尼徐走廊**，飽覽河谷風景，最後在⑩**聖依斯皮廣場**搭乘升降梯抵達低地河谷區，探索⑪**低地河谷**風景，然後由河谷區返回舊市區。

距離：約4.5公里
所需時間：約2.5~3.5小時

盧森堡市

MAP ▶P.311B2

威廉二世廣場
Place Guillaume II

遊舊城區起點

從中央車站步行18~20分鐘可達

遊客中心就位在廣場旁，所以威廉二世廣場幾乎是所有人認識盧森堡市的起點。中央的銅像是1840~1849年間統治盧森堡的尼德蘭國王兼任盧森堡大公威廉二世，豎立銅像是為了感謝他給予盧森堡大公國憲法議會的自治權，銅像底座帶著王冠、威風凜凜的獅子，就是盧森堡市的市徽。南邊的新古典建築是市政廳，每週三早上，廣場上的農產市集可以看到許多地方性農產品。東側還有一個較小的克萊兒芬坦廣場（Place Clairefontain），是為了紀念已逝的公爵夫人夏綠蒂而建，廣場中央立有她的雕像。

盧森堡市

MAP ▶P.311C2

大公宮殿
Palais Grand-Ducal

MOOK Choice

華麗的國家政治中心

威廉二世廣場向東步行4分鐘即達　17, Rue du Marche-aux-Herbes　7月中至8月，在遊客中心可報名參觀大公宮殿的導覽團（約45分鐘）　成人€12，兒童€6

大公宮殿在中世紀時原本是市政廳，但在1554年因為火藥爆炸而毀壞，於1572年重建為一座擁有北方文藝復興風格正立面的雄偉建築。18世紀之後，荷蘭國王身兼盧森堡大公，這座建築也成了代理人的居所；到了1890年，盧森堡不再附屬於荷蘭，這裡也順理成章成了大公宮殿。

宮殿建築的正面為文藝復興風格，在名義上是大公的居所，但其實大公一家人是居住在城外的Berg Castle城堡內，目前宮殿主要作為辦公與招待外賓之用，若是看到宮殿主樓升起國旗，就表示大公正在宮殿中。宮殿右翼是巴拉斯宮（La Balace），自1859年起改為下議院，同時也是國宴舉辦的場所。而宮殿前也有穿著傳統軍服的衛兵，每天上午10點到下午6點，每2個小時會進行一次換哨儀式。值得一提的是：若想細細欣賞宮殿建築，對面Chocolate House的2樓有著極佳的視野，是個享用美食美景的好地方。

盧森堡市

MAP▶P.311C2

康尼徐走廊

Chemin de la Corniche

歐洲最美麗的陽台

貝克要塞旁沿著城牆的小路即為康尼徐走廊，或是從高架橋（Viaduc）旁的Plateau du Saint-Esprit直接搭乘通往河谷的升降梯；從威廉二世廣場步行約5分鐘可達

被盧森堡作家貝堤・韋伯（Batty Weber）形容為「歐洲最美麗陽台」的康尼徐走廊，是一條昔日要塞的城牆走道，往北通往貝克地下要塞與貝克岬觀景台（Bock Promontory）、往南連接聖靈稜堡（Holy Ghost Citadel），沿途則是風景如畫的阿爾吉特河谷（Alzette valley）。由於過去的要塞屏障都已被清除，因此清澈的溪流、河谷對岸名為Grund的小鎮，與Rham高地上的堡壘都清晰可見，寧靜的氣氛與岩壁上方熱鬧的舊市區迥然不同，如同一處自然的畫廊。這裡可以看到盧森堡市最具代表性的風景，也是拍照的絕佳場所。康尼徐走廊走到盡頭，阿爾吉特河也出現了支流，沿著城壁西行至阿道夫橋的這段，欣賞的是貝特留斯河谷的景色，這是一條彷彿與世無爭的河谷，靜靜地橫臥在舊城下方，是當地居民的休閒之處。而走下河谷，也能清楚看到地下要塞的一些遺跡。

免費升降梯穿越高地低谷

盧森堡市地勢高低起伏極大，若走累了，位於聖依斯皮廣場（Plateau du Saint-Esprit）的免費電梯是往返位於高地的舊城區與低地河谷區（Grund）的絕佳工具。鑿入55公尺深度的岩石中，電梯可直達地下4層樓深度的低谷區，十分方便。

Plateau du Saint-Esprit

盧森堡市

MAP ▶ P.311C2

國立歷史藝術美術館

MOOK Choice

Musée National d'Histoire et d'Art

發掘小國豐富歷史

威廉二世廣場向大公宮殿方向步行，宮殿後方即達 Marché-aux-Poissons 479-3301 10:00-18:00（週四至20:00） 休週一 成人€7，週四17:00後免費 www.mnha.lu

在舊城區建築中，國立歷史藝術博物館極簡風格的現代箱型建築特別醒目。展出內容相當廣泛，地下展廳陳列了盧森堡近數十年來重要的考古發現，包括史前時代的文明與羅馬時代的遺跡。上層則用來展示中世紀藝術品、宗教藝術、古幣勛章、盔甲兵器、要塞殘骸和15世紀到當代的畫作。此外，也有一部份是展現盧森堡人生活方式的傳統工具與居家用品。而博物館所收藏的17、18世紀裝飾藝術，則展示在附近Rue Wiltheim上的城市歷史博物館中。

©Visit Luxembourg

盧森堡美食與名店

盧森堡市是米其林餐廳密集度最高的城市，外來移民多，軍事廣場周圍餐廳能享受到各國道地美食，基本上很少有踩到地雷的機會。大公宮殿往貝克要塞的小路右側有一條穿越房屋的古聯絡道，這裡是以前的舊魚市場（Ilot Gastronomique），現在則是餐廳密集區，想試試盧森堡風味傳統菜，入口處的Am Tiirmschen不會讓你失望。除了正餐，甜點也是市民生活必需品，位於Grand Rue街上的Oberweis是經過皇家認證的品牌，不管是選購巧克力或蛋糕，都會誤以為自己在挑選精品珠寶；而大公宮殿正對面的Chocolate House則是男女老少都喜愛的溫馨小店，各種口味的熱可可和鬆軟大蛋糕連西裝筆挺的上班族也抵抗不了甜蜜威力。

盧森堡市

MAP ▶ P.311B2

憲法廣場

Place de la Constitution

遠眺溪谷絕世美景

從威廉二世廣場步行約5分鐘可達 Place de la Constitution

聖母大教堂旁的憲法廣場修建在貝特留斯要塞之上，突出於溪谷之間，這裡有一片面積不小的花園平台，是眺望貝特留斯河谷和阿道夫橋的最佳地點。廣場上的Gelle Fra紀念碑，則是紀念在第一次世界大戰中犧牲的盧森堡人，紀念碑頂端手持桂冠的黃金女神（Goden Lady）則是盧森堡自由與榮耀的象徵。

盧森堡市

MAP▶P.311B3&D2

MOOK Choice

盧森堡地下要塞

The Casemates

岩壁中的迷宮探險

貝克要塞Casemates du Bock

從威廉二世廣場步行約8分鐘可達　10, Montée de Clausen　222-809　09:45~19:15，每次最長停留45分鐘　全票€10，優惠票€5~8，4歲以下免費

貝特留斯要塞Casemates de la Pétrusse

從威廉二世廣場步行約2分鐘可達　Place de la Constitution　222-809　3~10月11:30~15:00（週日至14:30）　全票€18，優惠票€9~14.5，4歲以下免費　需參加旅遊局的導覽團

盧森堡地下要塞是一個歷史上偉大的工程，想要好好參觀這個要塞，一定得先從了解它的歷史著手。西元963年，齊格菲伯爵（Count Siegfried）在這塊突起的山岬上建立了一座碉堡，在接下來的幾個世紀裡，後人不斷地加強防禦工事，使它成為一處堅固的防衛系統。儘管如此，在1443年還是無法抵擋勃艮第人想要攻佔盧森堡的野心，自此盧森堡幾經易幟，被鄰近各國統治長達4個世紀之久。由於碉堡的修建橫跨了數個世紀，先後參與興建者包括勃艮第人、西班牙人、法國人、奧地利人和德意志聯邦的公民，終於，他們將盧森堡建立成一座防禦性超強的城市，因而有「北方的直布羅陀」之稱。

這座具強大防禦功能的城市一共由24座碉堡、16個牢固的軍事防禦系統和一條長達23公里的地下通道所組成，這些通道深達岩石內部約有40公尺，通道內不但可容納數千名士兵和馬匹，同時也設有廚房、麵包店和屠宰場等設施，範圍之龐大、通道之複雜，猶如一座迷宮。現存最早的要塞是貝特留斯要塞，西班牙人於1644年為了加強中世紀的城市防禦體系而建，要塞平台就是今日的憲法廣場。到了17世紀末，盧森堡為太陽王路易十四統治下的法國所佔領，法軍元帥沃邦（Sébastien Le Prestre de Vauban）是一位史上有名的軍事工程師，在他的策劃下，要塞強度獲得進一步提升。而後，在接下來的一個世紀裡，修建工程由奧地利人接手。

直到1867年，確定盧森堡中立地位的《第二次倫敦條約》簽訂，根據條約內容，盧森堡必須將要塞拆除。自那一年起，當地軍民便陸續自碉堡撤離，前後花費了16年的時間才完全撤離完畢。但在1875年時，由於將浩大的碉堡拆除會毀壞部分城市結構，政府便決定將碉堡的入口處和幾個連接各通道的出口封住，只留下部份通道（總長達17公里），並於1933年起開放給大眾參觀。要塞在歐洲歷史上角色重要，因此在1994年被名列世界文化遺產。

目前只有2個要塞開放參觀，其中貝特留斯要塞需跟隨導覽，而另一座貝克要塞則規模較大，是主要的觀光路線。值得一提的是：貝克要塞入口處的考古地下室有10世紀的碉堡遺址，是城市的起源。離開考古地下室後，便正式進入迷宮般的複雜通道，岩壁被鑿出一間間砲室，透過砲眼可看到岩壁外幽靜的河谷風景。在碉堡內還有一口深達47公尺的水井，確保了圍城戰時的飲用水來源，十分有意思。要塞出口可通往低地河谷區，連接著從前圍繞整個城市的文策爾環狀城牆遺跡（Wenzelsmauer）。

盧森堡市

MAP ▶ P.311B2

聖母大教堂

Cathédrale Notre Dame de Luxembourg

有高聳尖塔的信仰中心

從威廉二世廣場步行約5分鐘可達 7, Rue Notre Dame 462-023 08:00~18:00，週日09:00~19:00 免費 www.cathol.lu/www

聖母大教堂是盧森堡的主教座堂，教堂的始建於1613年。這座具有晚期哥德式風格的教堂，原本屬於耶穌會所有，但在18世紀末開始供奉城市及國家的守護聖人聖母瑪麗亞，並於1870年時被教宗庇護九世（Pius IX）欽點為聖母大教堂。雖然教堂整體是以哥德式的建築為基礎，但在內部的柱子上卻有阿拉伯式及印度雕刻，在北面出口處的門檻也刻有具文藝復興及巴洛克風格的雕花，比較有趣的是這裏供奉的聖母與聖子像，會在特殊宗教日換上不同衣服，而在更換衣服時總吸引無數教徒前來觀禮。此外，盧森堡大公在1953年時的婚禮，也是在聖母大教堂中舉辦。教堂共有2個入口，在聖母街（Notre Dame）入口處有耶穌會的創立者雕像，在憲法廣場旁的入口處則供奉著聖母瑪利亞雕像。

©Visit Luxembourg

盧森堡市

MAP ▶ P.311A3

阿道夫橋

Pont Adolphe

橫跨溪谷的優雅弧線

從威廉二世廣場步行13~15分鐘可達

又稱為「新橋」，橫跨貝特留斯河谷，被譽為歐洲最傑出的建築之一。這座拱橋建於1900至1903年間，由獨立後的第一任大公阿道夫下令建造，因而以大公命名。其享譽國際的緣由，就在於它是當時全世界最大的石砌拱型橋樑，橋高約42公尺，總長為153公尺，而橋拱的最大跨幅更是超過85公尺，非常壯觀。阿道夫橋也是連接新市區和舊市區的主要管道，現已成為盧森堡市的市標，一到夜晚打上照明燈，景致十分美麗。新市區那端連接Avenue de la Liberte可直達中央車站，兩邊都是歐洲主要銀行及企業聚集地，橋頭如城堡般的建築則是國家儲蓄銀行（State Savings Bank）的所在，銀行中有個很特別的銀行博物館（Musée de la Banque），在橫跨新市街的地下通道中展示藝術畫作。

名瓷工廠Outlet

全球知名的瓷器品牌Villeroy & Boch在盧森堡市郊設有直營工廠Outlet，離市中心車程約20分鐘左右，店內的瓷器總類琳瑯滿目，經典系列如法式花園、Design Naif鄉村、聖誕系列等，價格約市價的5~7折。

由中央車站搭乘公車21號於Villeroy & Boch Quai 2下車即達
週一至週六09:00-17:00 330 Rue de Rollingergrund

盧森堡市

MAP▶P.311B2

軍事廣場

Place d'Armes

城市娛樂大廳

從威廉二世廣場步行2~3分鐘可達

不同於安靜而略帶莊重的威廉二世廣場，僅相隔一條街的軍事廣場呈現生氣勃勃的熱鬧氣氛。廣場名稱的由來是因為這裏曾是衛兵駐紮營地，1554年城市大火後，才仿造布魯塞爾大廣場興建。現在的軍事廣場完全不帶兵戎氣息，扮演城市娛樂大廳的角色，四周環繞知名餐廳和咖啡館，相鄰的Rue Philippe II和Grand Rue則是名品購物大街，廣場東邊華麗建築是屬於市政廳的集會展覽場Cercle Cité，每個夏天週末，各種音樂會和舞蹈表演讓廣場越晚越熱鬧。

盧森堡市

MAP▶P.311D1

Dräi Eechelen博物館（同恩要塞）

Fort Thüngen-Musée Dräi Eechelen

懸壁上的3顆橡實

搭乘Tram1或公車12號等，於Philhrmonie/ MUDAM Quai1站下，步行約8分鐘可達 5, Park Dräi Eechelen 264-335 週二至週日10:00~18:00，週三延長至20:00，週一休 免費 www.m3e.lu

阿爾吉特河對岸與老城區遙遙相望的高地，擁有3座砲塔的同恩要塞像茵綠草地上的3顆巨大橡樹種子，外型相當討喜，所以得到「3個橡實」的可愛暱稱。同恩要塞是1733年奧地利人統治時期興建的，是構成盧森堡防禦線的重要部分，隨著1867年盧森堡中立國地位確立，要塞也遭到拆除，只留下部分城牆及地下通道，現在的砲塔是在遺址上重建，從館內的特別展覽室可以看到要塞修復前後的老照片。博物館內展示盧森堡民族及防禦工事的輝煌歷史，從1443年勃艮第人統治下的盧森堡市開啟歷史旅程，到1903年阿道夫橋的建造作為結束。除了歷史文物，大型模型搭配光線展演，清楚看到環繞城市的要塞和砲台分佈、不同年代的規模及其對國家歷史的影響。參觀完別忘了登上砲塔眺望由碧綠河谷、斑駁城牆及老城高塔組成的風景畫。

盧森堡市

MAP▶P.311D1

歐洲廣場

Place de l'Europe

在盧森堡看見歐洲

搭乘Tram1或公車12號等，於Philhrmonie/ MUDAM Quai1站下，步行約5分鐘可達 音樂廳www.philharmonie.lu

從舊城區搭公車，跨越鐵路和阿爾吉特河上鮮豔的紅色大橋後，就會抵達新市區Kirchberg。這裏又叫歐洲區，寬闊平整的街道兩邊聳立造型前衛的新興大樓，歐洲共同體法院、歐洲投資銀行、歐洲議會等歐盟中心組織都座落於此。

歐洲廣場上種植了許多白樺樹，每一棵樹都代表一個歐盟國成員，從地上的石板刻字可以找到創始會員國及最新加入的國家。兩旁分別是歐洲會議中心和新地標建築—音樂廳（Philharmonie），希臘神殿般的白色列柱外型出自法國建築師Christian de Portzamparc之手，也是盧森堡管弦樂團交響樂團的主場。

盧森堡市

MAP▶P.311D1

現代藝術美術館

Musée d'art moderne Grand-Duc Jean (MUDAM)

空間、光線及藝術對話

搭乘公車194、120於Philhrmonie/MUDAM站下車，步行5分鐘即達 3, Park Dräi Eechelen 453-7851 週二至週日10:00~18:00，週三延長至21:00，週一休 全票€10，優惠票€7，21歲以下及週三18:00後入場免費 www.mudam.com

位於同恩要塞3座石造高塔後方，前衛玻璃碉堡衝破天際，在綠蔭環繞的公園中，連結歷史遺址與現代藝術，既醒目又協調，這座令人過目不忘的建築由知名華裔建築師貝律銘所設計。美術館沿著要塞遺址的城牆而建，45度角切割平面，從空中俯瞰就像是箭頭伸展兩翼包覆遺址，運用當代建築元素詮釋歷史碉堡的意象，是充分與周圍自然及歷史環境對話的傑作。外牆使用特殊的淡蜂蜜色石灰石，能反射光線的細微差異，透過玻璃天幕引進自然光，隨著四季及一天的時間推移呈現不同的打光效果，挑高的展廳中既能柔和襯托藝術品，又能賦予不同表情。美術館是當代藝術的最佳舞台，展覽作品涵蓋油畫、素描、雕塑、攝影和多媒體素材等。

©Visit Luxembourg

維安登Vianden

MAP▶P.310B2

維安登

MOOK Choice

Vianden

文豪雨果的最愛

搭乘火車至Etterbruck下車（車程約30分鐘），再轉搭巴士180號至Vianden，Place Engelmann站（車程約30分鐘）即達

遊客中心

1A, rue du vieux marché, Vianden（公車站對面） 834-257 週一至週五09:00~12:00、12:30~17:00，週六、日及假日10:00~16:00 www.vianden-info.lu

雨果之家La maison de Victor Hugo

37, rue de la Gare, Vianden 2687-4088 4至10月每週二至週日12:00~18:00，11至3月11:00~17:00，週一休 全票€5 www.victor-hugo.lu

登山纜車

39, rue du Sanatorium 復活節後到10/19日每日10:00~17:00

橫跨瓦爾河（Our）兩岸的小鎮，在中世紀時期是城牆環繞、，擁有5個城門且手工業興盛的大城，山頂上矗立的伯爵城堡則是地方權力象徵。15世紀拿騷家族（House of Nassau）接管這個地區，由於統治者的不重視而讓維安登逐漸沒落。沿著河谷邊的寧靜小鎮和街上濃濃中世紀風情，不但是1862年法國文豪雨果第一次造訪就迷戀心醉的地方，現在更是遊人如織的觀光勝地。除了漫步小鎮感受那份悠閒外，從瓦爾河對岸搭乘纜車到山頂、俯瞰童話故事裡的小鎮美景將是此行最美的記憶；到達山頂後若有時間，可再沿著登山小路前往城堡。1871年雨果逃亡時曾居住數月的房子就在小鎮入口的橋邊，整修設置了雨果博物館，空間不大，除了當時居住的傢俱原貌以外，還展示了作家的素描繪畫及文字，透過多媒體導覽可以更認識這位文豪的生平。

維安登城堡Chateau de Vianden

下公車後沿斜坡向上步行5~8分鐘可達 834-1081 1~2月及11~12月10:00~16:00，3月及10月延長至17:00，4~9月延長至18:00 全票€10，優惠票€2.5~5，6歲以下免費 www.castle-vianden.lu

維安登城堡修建於11~14世紀期間，當時勢力與盧森堡伯爵不相上下的維安登伯爵，在羅馬時期的碉堡和卡洛林王朝（Carilingian）時期的庇護所遺跡上修築自己的權力象徵。1417年，拿騷家族取得城堡的所有權，對同時也是尼德蘭統治者的拿騷家族來説，維安登城堡只是個無足輕重的財產，從此，城堡再也不是伯爵的住所，開啟衰敗的命運：1820年荷蘭國王威廉一世將城堡內的物品逐一出售，最後甚至連屋頂牆壁使用的石磚都一塊一塊賣出。殘破不堪的城堡終於在盧森堡大公接管下得以重生，並於1977年正式納入國有財產。

維安登城堡是羅馬加上哥德式的綜合體，17世紀又添加了文藝復興元素，是中古封建時期城堡的代表作。雖然原本的傢俱早已流落四方，跟隨貼心的中文語音導覽，走過展示騎士甲冑和兵器的武器廳、挑高禮拜堂、掛滿烹飪用具的大廚房、以及精心挑選傢俱重現中古生活的宴會廳，不難想像當時伯爵家族生活的樣貌。而每年7月底至8月初舉辦的中世紀慶典是最熱鬧的時刻，有中古擊劍、音樂及手工藝表演。

克萊沃Clervaux

MAP▶P.310A1

克萊沃城堡

Château de Clervaux

文化藝術點亮大自然

搭乘火車至Clervaux站下（車程約1小時），步行約15分鐘可達城堡 6, Montée du Château

博物館

5~10月週四至週二10:00~17:00，週三休；11~4月僅週末開放 全票€5，優惠票€3，21歲以下免費 www.clervaux.lu/fr/le-chateau-de-clervaux.html

Family of Man攝影展

929-657 3~12月週三至週日12:00~18:00；1~2月休，3~12月週一、二休 全票€6，優惠票€4，21歲以下免費 steichencollections-cna.lu/eng

克萊沃遊客中心

11, Grand-Rue, Clervaux 920-072 10:00~12:00、12:30~18:00 www.visit-clervaux.lu/en

克萊沃是盧森堡市北方約60公里的山中小鎮，位於國家公園（Natural Park of the Our）區域內，美麗的自然景觀，以及長達85公里的健行路線，吸引不少歐美人士來此度假。

被森林包圍的白色城堡令人驚艷。城堡興建於12世紀，歷經數次戰爭破壞，二次大戰後經整修重建，現在是2個博物館和1個攝影展：阿登尼斯突圍戰博物館（Musée de la Bataille des Ardennes）展出二戰時期德國納粹在比、盧交界所發動的戰役相關史料；另一個是盧森堡城堡模型博物館（Musée de Maquettes des Châteaux Forts du Luxembourg）。

最值得不遠千里而來的是列為世界非物質文化遺產之一的攝影展《四海一家（Family of Man）》。攝影師Edward Steichen為紐約現代藝術中心（MoMA）籌辦以人為主題的展覽，展出的503幅攝影作品來自68個國家，包括273位素人、專業攝影師或藝術創作者。1955年第一次在紐約展出，然後巡迴世界各國150個博物館，最後落腳Edward Steichen的故鄉盧森堡。展覽以主題區塊帶領觀賞者走過人生歷程，從生命的起源、成長、朋友、愛情、家庭、工作、衰老至死亡。

雷米希Remich

MAP ▶P.310B3

雷米希

Remich

莫色爾河酒鄉

搭乘411、413等號巴士在Remich, Gare站下即達 2369-9774 10:00~17:00 remich.lu/en

莫色爾河遊船

3~10月底11:00~18:30，航行時間約1小時 全票€12.5，優惠票€6，6歲以下免費 navitours.lu/en/home

初秋時節，莫色爾河沿岸像一條金黃色的彩帶，舞動空氣中飄散的醉人香醇，結實累累的飽滿葡萄在陽光下閃爍。隨意漫步葡萄園之路，造訪歷史酒莊或隱藏山壁中的酒窖，或是搭乘Princesse Marie-Astrid的遊船順遊而下，品嘗美酒與佳餚，就是旅行的真義。

莫色爾河是盧森堡的葡萄酒鄉，釀酒歷史可追溯至數千年前的古羅馬時期，產區從南部申根（Schengen）向北延伸到Wasserbillig，綿延42公里，主要種植白葡萄品種如Riesling、Auxerrois、Pinot Gris以及Pinot Blanc。為了控制品質，沒有混雜其他區域葡萄的優質酒品都會貼上"Marque nationale - appellation controlee"的酒標，其中以使用Pinot Gris釀製的特級葡萄酒Grand Premier Cru及Riesling釀製的氣泡酒Crémant最具代表。

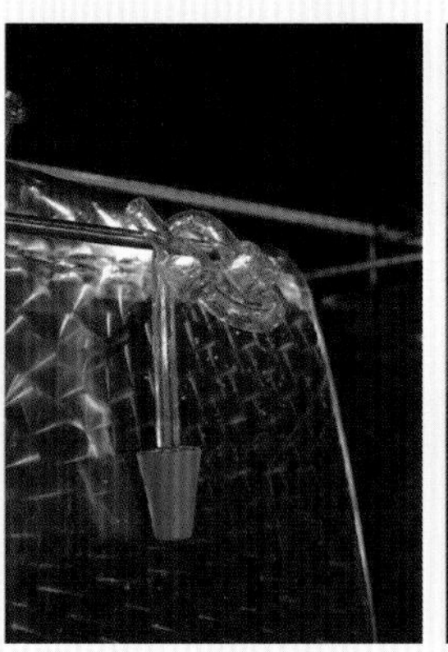

雷米希Remich

MAP ▶P.310B3

聖馬丁酒窖

Caves St. Martin

岩壁中的醉人芳香

搭乘411號巴士在Remich, Caves St. Martin站下，步行約3分鐘可達 53 Route de Stadtbredimus, Remich 2369-9774 參觀酒窖：3/15至12/15日10:00~11:30、13:30~17:00（週二下午開始），週一休 全票€9，含酒窖導覽及一杯氣泡酒€11.5 cavesstmartin.lu/en

7位共同創立者在雷米希附近的河岸發現這塊富含鈣質的巨大岩石，有適合葡萄酒釀造的天然環境，於是在1919年開鑿這個洞窟中的酒窖。聖馬丁酒窖使用傳統方式釀造氣泡酒，每瓶氣泡酒需要在恆溫12度與一定的溼度下、自然發酵至少2年後，再靜置於酒窖3~4個月才能產出。金色泡泡敲打玻璃杯的細微聲音代表喜悅，而這樣費時生產的氣泡酒就是行程的完美句點。導覽人員帶你認識葡萄酒的釀製過程、以前的釀酒大木桶、裝瓶工具以及現代化設備。

申根Schengen

MAP ▶ P.310B3

申根

Schengen

名聞全球的村莊

搭乘402號巴士於SCHENGEN, Ennen am Doref站下（車程約35分鐘），步行約5分鐘可達

申根遊客中心

6 Rue Robert Goebbels, Schengen 2666-5810 11~3月10:00~17:00，4~10月10:00~18:00 www.visitschengen.lu

申根，要前往歐洲的遊客一定認識這個名字；令人驚訝的是：這個大名鼎鼎的地方，竟然只是盧森堡東南邊界、種滿葡萄的小村莊。

讓申根聲名大噪的起點在1985年6月14日，西德、法國、荷蘭、比利時和盧森堡等5個創始會員國，在遊船Bateau Marie Astrid上正式簽署申根公約，目的是取消會員國間的邊境管制，持有任一會員國有效簽證或身分證皆可短期任意進出任一會員國。莫色爾河岸豎立申根公約紀念碑，3座高3.5公尺的鋼柱象徵著歐盟概念的萌芽－歐洲煤鋼共同體（ECSC），而3顆銅星則代表著法國、德國與荷比盧經濟聯盟3方接壤的邊境；莫色爾河對岸，左邊是德國、右邊是法國，而腳下這個寧靜的小公園就是開啟歐洲的大門。

申根歐洲博物館
Musée européen Schengen

申根遊客中心對面 2666-5810 閉館整修中，預計2025年6月重新開放

在申根公約簽署的25週年時成立，透過互動式多媒體設備說明申根公約的內容、在歐洲歷史上的重要性、以及與歐盟（EU）的差異。更重要的是：向每個來訪者傳達申根公約所代表的自由移動及去疆界化的重要意義。

The Savvy Traveler
聰明旅行家

文●墨刻編輯部　圖●墨刻攝影組

基本資訊

◎荷蘭

正式國名：尼德蘭王國（het Koninkrijk der Nederlanden）

面積：41,526平方公里

人口：約1,780多萬人

首都：阿姆斯特丹（Amsterdam）

宗教：雖然荷蘭一向被認為是新教國家，但隨著宗教影響力愈來愈弱，信仰羅馬天主教的人口反而超過基督新教。目前天主教徒約佔總人口29%，新教徒15%，穆斯林5%，其他則為無神論者與不可知論者。

種族：超過80%的人口是純正荷蘭人，外來移民以印尼、土耳其、德國人較多。

語言官方語言為荷蘭語與菲士蘭語（僅在菲士蘭省使用），南方的林堡省與布拉班省也有各自的方言。幾乎所有荷蘭人都能用英語溝通。

◎比利時

正式國名：比利時王國（荷語Koninkrijk België /法語Royaume de Belgique）

面積：30,528平方公里

人口：約1,158多萬人

首都：布魯塞爾（Bruxelles）

宗教：75%以上信奉天主教，少部分信奉基督新教與伊斯蘭教。

種族：60%為佛蘭芒人（Vlaams，北部），40%為瓦隆人（Walloon，南部）。

語言：官方語言為荷蘭語（55%，多分佈北部）、法語（44%，多分佈南部）、德語（1%），但比利時人的荷蘭語與法語在腔調上與荷蘭、法國本地不同。一般人交談則會使用弗蘭芒語與瓦隆語等方言。

◎盧森堡

正式國名：盧森堡大公國（Grand-Duché de Luxembourg）

面積：2,586平方公里

人口：約65萬多人

首都：盧森堡市（Luxembourg City）

宗教：87%信奉天主教，少部分信奉基督新教與猶太教。

種族：76%為盧森堡人，外來移民以葡萄牙人和義大利人最多。

語言：官方語言為盧森堡語、德語與法語。盧森堡語是一般人的日常口語，德語為書面用語，法語則是正式的高級書面用語。

簽證辦理

從2011年1月11日開始，台灣遊客前往包含荷蘭、比利時、盧森堡在內的歐洲36個國家和地區，無需辦理申根簽證，只要持有效護照即可出入申根公約國，6個月內最多可停留90天。有效護照的定義為，預計離開申根區時最少還有3個月的效期。

但要注意的是，儘管開放免簽證待遇，卻不代表遊客可無條件入境，移民官有時會在入境檢查時要求提供相關證明文件，建議隨身攜帶以備查驗。入境申根國家可能需要查驗的相關文件包括：來回航班訂位紀錄或機票、英文行程表、當地旅館訂房紀錄或當地親友邀請函、足夠維持旅歐期間生活費之財力證明、公司名片或英文在職證明等等。另外，原本辦理申根簽證所需的旅遊醫療保險，雖同樣非入境時的必備證明，但最好同樣投保，多一重保障。

目前「歐盟旅行資訊及許可系統」(ETIAS)仍在建置中，預計2025年中開始，國人前往包含義大利、法國、西班牙、葡萄牙等歐洲30個國家和地區，需要事先上網申請ETIAS且獲得授權，手續費€7。ETIAS有效期限是3年，或持有護照到期為止。效期內只要持有效護照及ETIAS即可不限次數出入申根公約國，無需再辦理申根簽證，6個月內最多可停留90天。

歐盟ETIAS官網

travel-europe.europa.eu/etias_en

荷蘭在台辦事處

台北市信義區松高路1號13樓之2（遠雄金融中心）

(02) 8758-7200

週一至週五09:00~17:00

www.nlot.org.tw/tc

比利時台北辦事處

台北市民生東路三段131號6樓601室（環球商業大樓）

(02) 2715-1215

週一至週五09:00~12:00、13:30~16:00

taipei.diplomatie.belgium.be/en

盧森堡台北辦事處

台北市信義區基隆路一段333號18樓1812室

(02)2757-6007

www.investinluxembourg.tw

旅遊諮詢

荷蘭旅遊局

荷蘭的遊客服務中心代號與他國不同，是以VVV（Verenining voor Vreemdelingen Verkeer）為標誌。

www.holland.com/global/ tourism

荷蘭交通路線規劃網站

9292.nl

比利時旅遊局

www.visitbelgium.com

盧森堡旅遊局

www.visitluxembourg.com

盧森堡市旅遊局

www.luxembourg-city.com/en

飛航資訊

從台灣前往荷比盧地區，最有效率的方法是搭乘KLM荷蘭航空從台北直飛阿姆斯特丹的飛機（與中華航空共用班號），一天一個航班，不需中停曼谷，飛行時間約為12~13小時。搭乘中華、長榮航空直飛班機，需要在曼谷短暫停留，再搭乘原機飛往阿姆斯特丹，飛行時間去程約17~18小時，回程約16~17小時（含過境短留的1.5小時）。搭乘國泰航空則需要在香港轉機。比利時、盧森堡與台灣之間沒有直飛航班，都需要在歐洲其他國家轉機前往，或是搭乘亞洲的航空公司，在曼谷或新加坡轉機前往。

若不知如何選擇航空公司，建議善用機票比價網站Skyscanner，填寫出發、目的地及時間後，可選擇只要直達班機或轉機1~2次，網站上會詳細列出所有票價比較、飛航時間及提供服務的航空公司組合。

Skyscanner

www.skyscanner.com.tw

旅遊資訊

◎時差

荷比盧3國位於同一時區，時間比台灣慢7小時，若實施日光節約時間，則時差為6小時。日光節約時間是從3月最後一個週日至10月最後一個週日。

◎貨幣與匯率

荷比盧目前通行的貨幣是歐元（€），紙幣面額有€5、€10、€20、€50、€100、€200、€500，硬幣面額有¢1、¢2、¢5、¢10、¢20、¢50、€1、€2。1歐元約等於新台幣35.5元（實際匯率會有變動）。

◎電壓

電壓均為220V（荷蘭為230V，但也適用220V電器），台灣電器需使用圓形的兩孔轉接插頭。

◎打電話

台灣直撥荷蘭：002＋31＋城市區碼去掉前面的0（例如阿姆斯特丹是20）＋電話號碼

台灣直撥比利時：002＋32＋城市區碼去掉前面的0（例如布魯塞爾是2）＋電話號碼

台灣直撥盧森堡：002＋352＋電話號碼

荷比盧直撥台灣：00＋886＋城市區碼去掉前面的0（例如台北是2）＋電話號碼

◎網路

住宿的飯店民宿，不管哪種等級，大多提供免費無線網路，許多餐廳和咖啡館也開始提供這項服務。若常有使用網路的需求，可考慮在國內先購買依天數、流量計費的網卡，或是網路漫遊分享器。

◎小費

在荷比盧，服務費通常已被包含在消費中，因此沒有給小費的硬性規定，一般在餐館付帳時，如果覺得服務不錯，可在刷卡付費時加上小費的數目。住在高級飯店，可支付€1~2小費給行李小弟或房間清理人員；住在一般旅舍則可以不必付小費。搭乘計程車時，若是請司機幫忙搬運行李，則建議給€1元小費。

◎飲水

基本上荷比盧的自來水皆可直接飲用，不習慣硬水的人，可購買礦泉水，又分為無氣泡（still water）及氣泡水（sparkling water）兩種。

◎公廁

在荷比盧上公廁，通常都要付費，一般而言是€0.5~1，因此身上最好帶有足夠的零錢。盡量把握機會好好利用博物館及用餐的餐館，有時餐廳廁所設有密碼鎖，密碼若沒有寫在收據上，就需至櫃檯詢問。不過在某些荷蘭及比利時大城市，常可看到各種造型的簡易男廁（只能小便），雖然不甚衛生，但至少是免費的；至於女士，還是準備零錢吧。

◎治安

荷比盧的治安整體而言堪稱良好，但主要觀光景點還是有許多不法份子專挑遊客下手行偷拐搶騙之事，尤其是荷蘭阿姆斯特丹中央車站到紅燈區一帶，以及比利時布魯塞爾南站及大廣場周圍，都需要特別謹慎。電車或地鐵也是扒手最常做案的地方，人多時一定要把後背包拿到身前。此外，較大額的現金和信用卡最好分開存放。

緊急聯絡電話

荷蘭：警察、消防、急救112

比利時：警察101、消防急救112

盧森堡：警察113、消防112

外交部海外急難救助免付費電話：00-800-0885-0885

駐荷蘭台北代表處：（31）654 948-849(急難重大事件使用)

駐歐盟兼駐比利時代表處：（32475）472-515(急難重大事件使用)

◎購物退稅

荷比盧的加值稅已包含在售價中（荷蘭19%、比利時21%、盧森堡15%），只要進入貼有「Tax Free」標誌的商店購物，並符合以下資格及可退稅：

1.同一人、同一天，在同一家店購物達退稅標準，荷蘭需消費達€50以上、比利時消費達€50以上、盧森堡消費達€74以上。不過住宿、食品及餐飲無法退稅。

2.非歐盟國籍且在歐盟國停留時間未超過3個月。結帳時，記得向店家索取「Global Refund Cheque」（免稅購物證明），上面需標明商品價格、數量及總額。在離開荷比盧或歐盟國家最後一站時，將免稅購物證明、收據、未使用的商品交給海關驗證蓋章，把免稅購物證明送回機場的退稅點（Cash Refund Office），扣除手續費後即可選擇領取現金、匯款至指定銀行信用卡或將支票寄至填寫的地址。例如阿姆斯特丹的史基浦機場是旅客最後一站，則需到史基浦機場3號出境大廳的國際退稅組織辦公室（位於22號報到處對面）辦理退稅。在荷蘭最高可退回購買金額的15.5%、比利時可退回約8.7~15%、盧森堡最高可退回13%。

信用卡比現金好用

荷比盧3國目前厲行電子化、無紙化，愈來愈多地方不收現金、只收信用卡，就連搭乘大眾交通工具、眾多小型商店，都只需刷信用卡即可達成目的，所以旅遊這3個國家不用換匯太多現金，但一定要帶著至少2張信用卡（以免卡片出狀況，無法支付成功），並隨時保管好自己的信用卡。

建議下載WhatsApp

就像在台灣幾乎人人都有"line"一樣，歐洲最普遍使用的通訊軟體是"WhatsApp"，甚至有些民宿也會在接受訂房後，要求以WhatsApp進行後續的溝通。所以，建議行前下載WhatsApp，以便在歐洲更暢行無阻。

◎旅遊常見荷／法文單字對照表

中文	荷蘭文	法文
週一	Maandag	Lundi
週二	Dinsdag	Mardi
週三	Woensdag	Mercredi
週四	Donderdag	Jeudi
週五	Vrijdag	Vendredi
週六	Zaterdag	Samedi
週日	Zondag	Dimanche
休息中	Gesloten	Fermé
東	Oost	Est
南	Zuid	Sud
西	West	Ouest
北	Noord	Nord
男廁	Heren	Hommes
女廁	Dames	Femmes
氣泡水	Koolzuurhoudend	Gazeuse
無氣泡礦泉水	Koolzuurvrij	Plate
車站	Station	Gare
車站月台	Perron	Quai
出口	uitgang	Sortie
入口	Ingang	Entrée
到達	Aankomst	Arrivée
出發	Vertrek	Départ

荷蘭 比利時 盧森堡

MOOK NEWAction no.86

The Netherlands, Belgium & Luxembourg

作者
蒙金蘭・墨刻編輯部

攝影
蒙金蘭・墨刻攝影組

主編
蒙金蘭

美術設計
洪玉玲・董嘉惠・駱如蘭・許靜萍・羅婕云

地圖繪製
董嘉惠・墨刻編輯部

出版公司
墨刻出版股份有限公司
地址：115台北市南港區昆陽街16號7樓
電話：886-2-2500-7008
傳真：886-2-2500-7796
E-mail：mook_service@cph.com.tw
讀者服務：readerservice@cph.com.tw
墨刻官網：www.mook.com.tw

發行公司
英屬蓋曼群島商家庭傳媒股份有限公司城邦分公司
地址：115台北市南港區昆陽街16號8樓
電話：886-2-2500-7718　886-2-2500-7719
傳真：886-2-2500-1990　886-2-2500-1991
城邦讀書花園：www.cite.com.tw
劃撥：19863813
戶名：書虫股份有限公司

香港發行所
城邦(香港)出版集團有限公司
地址：香港九龍土瓜灣土瓜灣道86號順聯工業大廈6樓A室
電話：852-2508-6231
傳真：852-2578-9337
E-mail：hkcite@biznetvigator.com

馬新發行所
城邦(馬新)出版集團 Cite (M) Sdn Bhd
地址：41, Jalan Radin Anum, Bandar Baru Sri Petaling, 57000 Kuala Lumpur, Malaysia.
電話：(603)90563833
傳真：(603)90576622
E-mail：services@cite.my

製版・印刷
藝樺設計有限公司・漾格科技股份有限公司

經銷商
聯合發行股份有限公司（電話：886-2-29178022）
誠品股份有限公司
金世盟實業股份有限公司

城邦書號
KV3086

定價
499元

ISBN
978-626-398-059-4・978-626-398-058-7（EPUB）
2024年9月初版

首席執行長 Chief Executive Officer
何飛鵬 Feipong Ho

生活旅遊事業總經理暨墨刻出版社長 PCH Group President & Mook Managing Director
李淑霞 Kelly Lee

總編輯 Editor in Chief
汪雨菁 Eugenia Uang

副總編輯 Deputy Editor in Chief
呂宛霖 Donna Lu

編輯 Editor
趙思語・唐德容・林昱霖・李冠瑩・蔡嘉榛
Yuyu Chew, Tejung Tang, Lin Yu Lin, Mao Li, Cai Jia Zhen

資深美術設計主任 Senior Chief Designer
羅婕云 Jie-Yun Luo

資深美術設計 Senior Designer
李英娟 Rebecca Lee

影音企劃執行 Digital Planning Executive
邱茗晨 Mingchen Chiu

資深業務經理 Senior Advertising Manager
詹顏嘉 Jessie Jan

業務經理 Advertising Manager
劉玫玟 Karen Liu

業務專員 Advertising Specialist
程麒 Teresa Cheng

行銷企畫經理 Marketing Manager
呂妙君 Cloud Lu

行銷企畫主任 Marketing Supervisor
許立心 Sandra Hsu

業務行政專員 Marketing & Advertising Specialist
呂瑜珊 Cindy Lu

印務部經理 Printing Dept. Manager
王竟為 Jing Wei Wan

國家圖書館出版品預行編目資料

荷蘭.比利時.盧森堡/蒙金蘭, 墨刻編輯部作. -- 初版. -- 臺北市：墨刻出版股份有限公司出版：英屬蓋曼群島商家庭傳媒股份有限公司城邦分公司發行, 2024.09
328面 ;16.8×23公分. -- (New action ; 86)
ISBN 978-626-398-059-4(平裝)
1.CST: 旅遊 2.CST: 荷蘭 3.CST: 比利時 4.CST: 盧森堡
747.29　113012164